U0574388

明代浙东
学术史

贾庆军 著

人民出版社

　　贾庆军　1974 年生，河北望都人，历史学博士，宁波大学人文与传媒学院历史系副教授。先后就读于河北师范大学、陕西师范大学、南开大学。主要从事浙东文化、中外文化交流和比较研究。在《史学理论研究》《自然辩证法研究》《史学月刊》《史林》《当代中国史研究》《江淮论坛》《南开学报》及其他期刊发表学术论文六十余篇，在《电影文学》《大众文艺》《书屋》等发表影评、杂文、随笔等十余篇，出版《冲突抑或融合：明清之际西学东渐与浙江学人》《黄宗羲的天人之辨：兼论中国传统文化之特质》《王阳明天学初探：以四句教为中心的考查》《从天人两分到良知宇宙：王阳明天人思想的历史演变与实践》等五部专著，合著两部。

前　言

　　明代浙东学术史主要以明代学人的经史学术成就为研究对象。这部学术史将按时间顺序，把明代浙东学术分为三个阶段：明初期、明中期、明后期。每个阶段以经史相互交错的形式进行撰述，即每时期的经学描述在前，史学撰述在后。在展现明代经学思潮演变规律的同时，也力求将每个学人的思想或史学成就放在整个时代潮流中进行理解和定位。由此，这部学术史将展现明代学术发展的清晰脉络，并揭示清代学术的走向。

　　本书将分阶段进行学术史的撰写，每阶段皆先描述学术活动的时代背景，选取具有代表性的人物及其学术进行分析研究，概括出每个人物在整个学术史上的地位，并描述出整个明代学术的发展历程。在具体的学术分析上，运用文献解读的方法，对原始文献进行解读。在解读过程中，力求掌握古人之思维方式，对其学术进行客观评价。在个案解读的基础上，对个案进行比较分析，以此来对每个人物的学术特点和学术地位进行合理评价。

　　本书在如下几方面有所创新：

1. 详尽展现出明代浙东学人的学术发展脉络。在经学方面，明代浙东学人经历了这一过程：初期的朱陆理学和心学之争胜，中期阳明心学圆通，中后期阳明后学从理一元论到气一元论的转化，最终致使朱子格物之学的复兴。与经学相对应，在史学方面出现了由道统史到史学逐渐独立的倾向，并致使经学史学化、考证化，催生了乾嘉考证学派。

2. 对每个学人的学术研究都进行了深入细致之分析阐释，力求客观而全面地展示浙东学术之特征。

3. 对学界有争议之观点进行梳理和廓清。如对阳明致良知、知行合一、万物一体等思想的阐释，对阳明理一元论和刘宗周气一元论的历史定位和评价，明末朱子之学与流行程朱理学之异同，以及明末实学的本质，等等。

本书力求在这些方面有所突破，但由于笔者水平所限，难免有疏漏之处，还请专家不吝赐教。

目　录

第一章　明朝浙东学术发展的社会文化背景

明朝的建立，对传统文化的全面恢复奠定了基础，尤其是科举制度的推行，对于普及儒家文化功不可没。儒家文化的再度普及和复兴为浙东学术的发展提供了有利条件。除了这一制度上的有利条件，还有思想上的积累，即程朱理学和陆九渊心学的传播和发展。

一、明初科举制度的推行：儒家文教的世俗化、全民化

明统治者建立政权之后，其首先要做的事情就是恢复儒家正统文化，而儒家文化的核心就是礼乐。在《明史》中有清楚记载，朱元璋政权甫定，首先设立的政府机构就是礼、乐二局，"《周官》、《仪礼》尚已，然书缺简脱，因革莫详。自汉史作《礼志》，后皆因之，一代之制始的然可考。欧阳氏云：'三代以下，治出于二，而礼乐为虚名。'要其用之郊庙朝廷，下至闾里州党者，未尝无可观也。惟能修明讲贯，以实意行乎其间，则格上下、感鬼神，教化之成即在是矣。安见后世之礼，必不可上追三代哉。明太祖初定天下，他务未遑，首开礼、乐

二局，广征耆儒，分曹究讨"①。由此可见朱元璋对礼乐的重视。其重视的原因在于，要对元朝的统治表现出某种优越性。古老的华夷之辨这时就又产生了作用。针对元朝的野蛮之治，务必要以华夏正统文明之治进行修正，而这非礼乐不可。再者，礼乐文明对于建立稳定统一的统治秩序是大有裨益的。

明统治者坚持礼乐教化，以维护自己统治的合法性和稳定性。"古先圣王，治定功成而作乐，以合天地之性，类万物之情，天神格而民志协。盖乐者，心声也，君心和，六合之内无不和矣。是以乐作于上，民化于下。秦、汉而降，斯理浸微，声音之道与政治不相通，而民之风俗日趋于靡曼。明兴，太祖锐志雅乐。是时，儒臣冷谦、陶凯、詹同、宋濂、乐韶凤辈皆知声律，相与究切厘定。而掌故阔略，欲还古音，其道无由。太祖亦方以下情偷薄，务严刑以束之，其于履中蹈和之本，未暇及也。文皇帝访问黄钟之律，臣工无能应者。英、景、宪、孝之世，宫县徒为具文。殿廷燕享，郊坛祭祀，教坊羽流，慢渎苟简，刘翔、胡瑞为之深慨。世宗制作自任，张鹗、李文察以审音受知，终以无成。盖学士大夫之著述止能论其理，而施诸五音六律辄多未协，乐官能纪其铿锵鼓舞而不晓其义，是以卒世莫能明也。稽明代之制作，大抵集汉、唐、宋、元人之旧，而稍更易其名。凡声容之次第，器数之繁缛，在当日非不烂然俱举，第雅俗杂出，无从正之。"②

可见，在明统治者看来，礼、乐是教化万民、安定统一的关键

---

① 《明史》卷四七《礼志·吉礼一》。

② 《明史》卷六一《乐志一》。

手段，凡社会动荡、统治不稳者，皆因其不识礼、乐之真义，徒具虚名和空相，所以朱元璋等力求恢复古代礼、乐真义，务求合天地之道，以便江山稳固，社稷长存。

朱元璋不仅自己认可儒家礼乐文化，也积极向周边朝贡国推荐，如朱元璋在给高丽王王颛的诏书中说："朕虽德薄，为天下主，王已称臣备贡，事合古礼。凡诸侯之国势将近危，故持危保国之道不可不谕王知之。古者王公设险以守其国，今王有人民无城郭，民人将何所依？为国者未尝去兵，今王武备不修则国威弛。民以食为天，今濒海之地不耕，则民食艰。凡国必有出政令之所，今王有居室而无厅事，则无以示尊严于臣下，朕甚不取也。历代之君，不间夷夏，惟修仁义礼乐以化民成俗。今王弃而不务，日以持斋守戒为事，欲以求福，失其要矣。……夫王之所以王高丽者，莫不由前世所积，若行先王之道，与民兴利除害，使其生齿繁广，父母妻子饱食暖衣，各得其所，则国永长，修德求福莫大于此。王何不为此而为彼哉！有国之君，当崇祀典，闻王之国牺牲不育，何以供境内山川城隍之祀乎？古人有言：'国之大事在祀与戎。'若戎事不修，祀事不备，其何以为国乎？……其间或有强暴者出，不为中国患必为高丽扰。况倭人出入海岛十有余年，必知王之虚实，此亦不可不虑也。王欲御之，非雄武之将、勇猛之兵不可远战于封疆之外。王欲守之，非深沟高垒，内有储蓄，外有援兵，不能以挫锐而擒敌。……且知王欲制法服，以奉家庙，朕深以为喜。今赐王冠服、乐器、陪臣冠服及洪武三年《大统历》、《六经》、《四书》、《通鉴》、《汉书》，至可领也。"①

_____

① 《明太祖实录》卷四六"洪武二年冬十月壬戌"条。

在这里，朱元璋用儒家思想来教导王颛如何进行内政和外交的治理。对内来说，就是实施仁义礼乐之治，"历代之君，不间夷夏，惟修仁义礼乐以化民成俗"。而仁义之核心内容就是：对内"与民兴利除害，使其生齿繁广，父母妻子饱食暖衣，各得其所"；① 对外要修武备，扬国威，保境安民。礼乐则是维护仁义的润滑剂，是对国民的培育和教化，体现为国民的整体素质。无怪乎明太祖初定天下，他务未遑，首开礼、乐二局，广征耆儒，分曹究讨。

除此之外，儒家正统文化中的另外一个核心内容就是夷夏之辨，即建立一个以中国为核心的国际等级秩序，而这被称为天道秩序。在给王颛的诏书中，第一句就是朱元璋自称为"天下主"，四边之国乃是朝贡之属国。朱元璋强调，维护天道秩序还需尊奉天道的国家团结一心，共同对付不尊天道者或破坏天道者，"其间或有强暴者出，不为中国患必为高丽扰。……王欲守之，非深沟高垒，内有储蓄，外有援兵，不能以挫锐而擒敌。"果然，后来中朝并肩抵御倭寇入侵。

可见，儒家文化无论对内政还是外交来说，都可以提供很大的支持和维护。这是朱元璋对儒家文化尊崇的主要原因。朱元璋特意送给高丽王《大统历》、"六经"、"四书"、《通鉴》和《汉书》等体现儒家天道正统之书，其用意显而易见。这就是要以儒家文化为核心，建立一个安定和谐的天下秩序。如此，我们就不难理解明朝为何要大力推行科举制，弘扬儒家正统文化了。

在明朝，科举达到了其鼎盛时期。统治者对儒家文化尊奉有加，

---

① 《明太祖实录》卷四六"洪武二年冬十月壬戌"条。

科举考试就成了普及和传播儒家文化的最好方式。考试要确保选举出对儒家文化有较高修养的人才。明朝正式科举考试分为乡试、会试、殿试三级，但在这三试之前，还要先参加童试和院试。

童试即童生考试，是由地方庠学举办。通过之后，再参加县学和府学考试，即院试。府学考试通过之后，便成为秀才。这之后，才能参加真正的科举三试。

乡试是省级考试，由南、北直隶和各布政使司举行。考试地点在南、北京府、布政使司驻地。乡试每三年一次。考试的试场称为贡院。考试时间在秋季八月，故又称"秋闱"。凡是本省科举生员（秀才）与监生（非正常手段获得乡试资格者）均可应考。主持乡试的有主考二人、同考四人、提调一人，其他官员若干人。考试分三场，分别于八月九日、十二日和十五日进行。乡试考中者称举人，第一名称解元。放榜之时，正值桂花飘香，故又称桂榜。

会试是由礼部主持的全国性考试，在乡试的第二年举行。全国的举人在京师参加会试，考试时间在春季二月，故称"春闱"。会试也分三场，分别在二月初九、十二、十五日举行。会试考官的人数比乡试要多一倍。考中的称贡士，第一名称会元。

殿试在会试后当年举行，时间最初是三月初一。明宪宗成化八年起，改为三月十五。所有贡士都参加殿试。殿试由皇帝亲自主持，只考时务策一道。殿试完毕后，录取分三甲：一甲三名，赐进士及第，第一名称状元，第二名为榜眼，第三名称探花，合称三鼎甲。二甲赐进士出身，三甲赐同进士出身。二甲、三甲第一名皆称传胪。一、二、三甲通称进士。进士榜要用黄纸书写，故称金榜，中进士则称"金榜题名"。

殿试之后，状元即可授翰林院修撰，榜眼、探花则授编修，其余进士通过考核后则叫翰林院庶吉士。庶吉士三年后再次考试合格者，则分别授予翰林院编修、检讨等官职，其余的分发各部任主事等职，或优先委用为知县。

明代考试的主要内容就是"四书""五经"。明确指定这些儒家经典作为考试内容，在明代是最为明显的。前朝也曾经指定过"四书"，但像明朝这样重视并将其推向顶峰的很少。考试的主要形式是八股文。八股文以"四书""五经"中的语句做题目，按要求来阐述其中的义理。措辞要用古人语气。结构有一定程式，字数有一定限制，句法要求对偶。八股文也称制义、制艺、时文、时艺、八比文等。八股文主要部分是起股、中股、后股、束股四个段落，每个段落各有两段，篇末用大结。八股文是由宋代的经义阐释（主要是朱熹的注解）演变而成的。

客观上讲，八股取士本身具有一定的价值。首先，将儒家文化普及全民。这种制度化的教化对于提高全国民众的文化水平是有一定价值的。其次，八股文的消极作用即是其僵化的对偶形式。如此对形式的追求有可能对内容形成某种伤害，但这是对高水平的人来说的。对于一般的百姓来说，能写作八股文已经是具有相当的文化水平了。

朱舜水在总结明朝兴亡经验教训时，也肯定了明朝科举制度所做出的贡献："明初以制义取士，初时功令犹严，后来数十年间，大失祖宗设科本旨。"① 这说明科举取士在明朝统治初期一直是有效的，

---

① （明）朱舜水著，朱谦之整理：《朱舜水集》，中华书局1981年版，第1页。

只是到了后来，才失去了其科举之本旨，即"忠君爱国，出治临民"①，逐渐导致官场的混乱和溃败。

因此，尽管八股取士有其弊端，但整体上推进了明朝国民的儒家素养，在全国形成了儒家文化复兴的大潮。在这大潮之中，浙东儒家文化和学术的发展也得到了推动和滋养。对儒家正统思想的继承和发扬，成为浙东学人的主要任务和表现。

二、思想上的积累：宋元朱陆理学、心学之交互影响

(一) 理学的影响

到了宋代，儒学经历了一次大的革新和发展。这就是儒学的系统化。这种系统化主要是受到佛道思想的影响而产生的，因为佛道思想都是从宇宙论的基础上来论述的，具有强大的体系和影响力，而宋之前的儒家思想只是碎片式的教导和语录。汉朝出现的阴阳五行说、天人感应说对儒家的改善并不完整。一方面，其思想只停留在后天形象上，没有将先天融合进来；另一方面，其谶纬、迷信色彩更容易招致非议。因此，到了唐宋时期，大儒都觉得有重新整理和复兴儒家思想的必要。这个工作最后由周敦颐完成了。周子在太极学说的基础上，将儒学进行了宇宙论或本体论上的系统阐释。程颢、程颐兄弟则将这一体系逐渐扩充和完善，而集大成者则是朱熹。他们所发展出来的体系就是理学体系。

朱子的理学体系最为完善，他将宇宙看作理之宇宙。天人关系也是建立在这样一个宇宙的基础上。整个世界就是一个理的世界，

---

① （明）朱舜水著，朱谦之整理：《朱舜水集》，中华书局1981年版，第1页。

物物一太极。人的任务就是去认知存在于天地万物中的理，从而将世界安排得井井有条。当然这里所说的理并不是现代自然科学意义上的规律或知识。朱熹所说的理乃是宇宙整体条理，即道德秩序层面的条理。

表面上看，朱子是理一元论者，但实际上，理的世界必须要借助于气才能形成。因为没有气，则不能解释恶之存在，所以朱子的宇宙就出现了二元分裂，即理与气、性与心、心与物之两分①。这种两分的结果就产生了两种性：本然之性和气质之性（《朱子语类》卷四）。如此一来，天理就成了外在于人的存在，对人形成了压制和束缚，这样会导致两种情况：要么是以本然之性（道德或精神）压制气质之性（物质），要么是承认物质之独立性，为其以后的解放和造反提供依据。日后形成的广为人知的礼教吃人现象和唯物主义的反抗就是这两种情况的极端反映。

理学的局限对于一般人来说是感觉不到的。能将理、气、心、性等于儒家"五德"（仁、义、礼、智、信）和"五伦"（父子、君臣、夫妇、兄弟、朋友）结合起来形成一个完整的体系，对于绝对大多数人来说，已经是了不起的成就了。统治者和儒家士人对理学体系都推崇备至。很快，理学就成为宋代主流思想和文化了。

_____

① 唐君毅先生敏锐地观察到，朱子其实并不是严格的二元论者。气是由理而生的，可说是理一元论，但问题是，作为本源，并不是全部之理都必然实现于气。理的范围是大于气的，"有必能实现于气者，有不必而可能实现于气者"。如此，理气就不能等同起来了，而且气从理生出来之后，气也拥有了自己的独立性。由此，理气虽然同源，但又截然二分（见唐君毅《中国哲学原论·原性篇》，中国社会科学出版社 2005 年版，第 234—240 页）。在朱子这里，理之大全作为造物本源单独存在，而生气之理则又是理气合一之存在。这种有分有合之混合存在让朱子的理气观看上去十分复杂和矛盾。从整体上看，其理气之分裂特征更明显。

理学对浙东学术的影响也是比较明显的。明州"杨杜五子"对理学是心向往之，而他们正是浙东学术的奠基者。到了明代，理学的影响依然强劲。诸多大儒如刘基、方孝孺、宋濂等依然对其崇拜有加。

（二）陆九渊心学的影响

朱子的学说导致人们向外求理，人们主要靠外在的规范来约束和指导自己。这时朱子反而忘了最主要的东西，即心。如果这些规范只是外来的或异质的，人心如何接受并服从它呢？一种人们不愿意服从的法规，其存在能够长久吗？而如果人心是一张白纸，任由外面的事物来浸染和描绘它，它就不用再去认知外面的事物，随它来摆布就好了。这就是朱子理学所遗漏的问题。因为朱子只把心看成了一个认知心。除此以外，它一无所有。

正是陆九渊看到了理学的问题，才提出了其著名的心学思想。他认为，宇宙万物之理皆在心中，"宇宙便是吾心，吾心便是宇宙。"由此形成了其著名的命题"心即理"。① 这样就解决了为何人们能够认知并遵从各种礼仪规范的问题，因为这些理已经在人们心中。心学与其说是对理学的反叛，不如说是对理学的补充和完善。当宇宙法则直接落实到人心，人就更能主动接受天理，而不是被外在的教条强制束缚，而且人心比之僵化的教条还要开明和高明，不易产生制度化教条导致的逆反心理。二元或二性分裂的弊端在陆九渊这里得到了克服。

---

① 邢舒绪：《陆九渊研究》，人民出版社 2008 年版，第 40、83、154 页。

　　陆九渊的心学还是有它的局限的。首先，他并没有从宇宙论上阐明天人之关系；其次，他也没有描述人心之理如何在现实中生成和实现。如果只是做向内顿悟的简易功夫，如何能解决其于万物的关系，而这些都要等到阳明来解决。

　　虽然象山之心学有些问题，但并不妨碍其影响力。心学作为高明的思想逐渐被少数精英所接纳。到了明代，浙东大儒宋濂提出过一些心学思想，而陈白沙接过心学的接力棒，对明代学术尤其是浙东学术产生了很大的影响。

第二章　明初浙东学人的学术奠基和成就（一）

一、刘基的经学思想研究

（一）刘基生平简介

刘基（1311—1375），字伯温，浙江青田九都南田山之武阳村（今浙江文成县南田镇岳梅乡武阳村）人。刘基天资聪明，12 岁考中秀才，乡间皆称其为"神童"。

泰定元年（1324），刘基入郡庠（府学）读书。泰定四年（1327），他离开府学，向处州名士郑复初学程朱理学。刘基博览群书，诸子百家无一不窥，尤其对天文地理、兵法数学，更有特殊爱好，潜心钻研揣摩，十分精通。

元统元年（1333），刘基考中进士，由于元末兵荒马乱，在家闲居三年。

至元二年（1336），被元朝政府授为江西高安县丞（正八品），但因其正直得罪地方豪绅，致使其辞官归乡。

至正二十年（1360），被朱元璋请至应天（今南京）任谋臣，刘基辅佐朱元璋先后灭陈友谅、张士诚等势力。至正二十七年（1367），参与制定朱元璋的灭元方略，并得以实现。共参与军机八年，筹划全局。

朱元璋即皇帝位后，刘基上奏制定军卫法。洪武三年（1370），太祖授刘基为弘文馆学士。十一月，大封功臣，又授刘基为开国翊运守正文臣、资善大夫、上护军，封诚意伯，食禄二百四十石。第二年，赐刘基还归家乡。后被人诬告，为皇帝所忌，诏回南京。

洪武八年（1375）正月下旬，刘基染病。朱元璋派胡惟庸带了御医去探望，刘基病更加严重。三月下旬，朱元璋特遣人员护送刘基返乡。他于农历四月十六卒于故里，享年六十五岁。

刘基精通天文、兵法、数理等，尤以诗文见长，所作寓言辛辣讽刺时政。其著作均收入《诚意伯文集》。

（二）刘基的理学思想

1. 刘基的宇宙观：天以理、气创世

刘基的宇宙观是继承了程朱理学的观点，但也有自己的特色。对他来说，宇宙乃是天所生成。天则分为两部分，即理之天和气之天。在《天说上》中，他说："天之质，茫茫然气也，而理为其心，浑浑乎惟善也，善不能自行，载于气以行。"① 可以看到，天分成了两部分，其材质是气，其心是理。也可以说，天之躯体是气，天之

---

① （明）刘基著，林家骊点校：《刘伯温集》（上），浙江古籍出版社2011年版，第186页。

心是理，但理不能自己运行，需要气这个躯体来实现自己。于是，理借助于气生成万物。

在《神仙》篇中，刘基将气生万物的过程描述了出来，他说："天以其气分而为物，人其一物也。天下之物异形，则所受殊矣。修短厚薄，各从其形，生则定矣。惟神仙为能有其受，而焉能加之？故物之大者一天而无二。天者，众物之共父也。"① 天是通过气来创生万物的，气之长短厚薄不同，就形成了不同形状的万物，而人乃其中的一物。但万物并不只是气，也包括理。只不过理是一种灵明无形的存在，自己无法成形和运转，只能通过气来实现。所以，万物都是理气合一之存在。

综上所述，刘基的宇宙就是天所生成的，而天则通过理和气来创造万物。在刘基这里，天、理、气都是不同的存在。天包括理和气，理、气就如同天的心和身体。在天的理气中，理是头脑性的存在，气乃身体式的存在，两者合起来才能生成万物。

2. 刘基的善恶观

刘基的善恶观是建立在其宇宙观基础上的。在刘基看来，天心即理为善，而恶乃是从气中产生的。这主要在其《天说》篇中，其文如下：

> 或曰："天之降祸福于人也，有诸？"曰："否天乌能降祸福于人哉？好善而恶恶，天之心也。福善而祸恶，天之

① （明）刘基著，林家骊点校：《刘伯温集》（上），浙江古籍出版社 2011 年版，第 68—69 页。

道也。为善者不必福，为恶者不必祸，天之心违矣。使天而能降祸福于人也，而岂自戾其心以穷其道哉？天之不能降祸福于人亦明矣。"曰："然则祸福谁所为与？"曰："气也。"曰："气也者，孜孜焉为之与？"曰："否。气有阴阳，邪正分焉。阴阳交错，邪正互胜。其行无方，其至无常，物之遭之，祸福形焉，非气有心于为之也。是故朝菌得湿而生，晞阳而死；靡草得寒而生，见暑而死。非气有心于生死之也，生于其所相得，而死于其所不相得也。是故正气福善而祸恶，邪气祸善而福恶。善恶成于人，而祸福从其所遇。气有所偏胜，人不能御也。"

曰："然则天听于气乎？"曰："否。天之质，茫茫然气也，而理为其心，浑浑乎惟善也，善不能自行，载于气以行，气生物而淫于物，于是乎有邪焉，非天之所欲也。人也者，天之子也，假于气以生之，则亦以理为其心。气之邪也，而理为其所胜，于是乎有恶人焉，非天之欲生之也。朱、均之不肖而以为子，非尧、舜之所欲也。蛲蛔生于人腹而人受其害，岂人之欲生此物哉？"曰："然则天果听于气矣？"曰："否。天之气本正，邪气虽行于一时，必有复焉。故气之正者，谓之元气。元气未尝有息也，故其复也可期，则生于邪者，亦不能以自容焉。秦政、王莽是已。"

曰："跖之寿，操、懿之得其志，而子孙享之。岂天之有所私耶？"曰："气之复也，有迟有速，而人之生也不久，故为恶之人，或当其身而受罚，或卒享福禄而无害。当其身而受罚者，先逢其复者也。享福禄而无害者，始终乎其气者也。以懿继操，以裕继懿，不于其身，而于其后昆。谓天之有所私，不可也。故见祸福而谓之天降于人者，非也。气未复，而以祸福责于天，亦非也。不怨天，不尤人，夭寿不贰，修身以俟，惟知天者能之。"①

这里所说的天，都是从天心或理的角度来说的。一开始，刘基就认为天心是善的，其天然的好善恶恶，而天之道也是给善以福而予恶以祸的。天心和天道就是理。虽然天心天道好善恶恶，但其自身是不能运行的。能运行的是气，所以说天不能降祸福于人，说的是理不能降祸福于人，但气是可以的。

不动的理是善的，那么气如何产生恶的呢？刘基说得清楚，理全然是善的，但理并不能够运行，它必须借助于气才能动。正是因为气的存在才会产生恶，但是气并不全然是恶的，气也不是一心努力作恶。之所以产生善恶祸福，全是气之无心所为，这也是气的特征决定的。气分阴阳，而在阴阳交错之时就会出现正邪之分。这并不是说阳就是正气，阴就是邪气。正邪之分主要是因为阴阳组合的协调与否。当阴阳协调产生正气之时，善就会得到好的境遇，善人善行皆会得到福报，而恶人恶行则会招致灾祸。当阴阳不协调产生邪气时，善就会遭遇恶劣的环境，这时的善人善行反而不得好报，恶人恶行却获得了好处。

气之正邪不仅是福祸的来源，还是恶的来源。正气是与理相合的，遵循理之引导，所以正气能够给善提供好的环境并推进善的发

① （明）刘基著，林家骊点校：《刘伯温集》（上），浙江古籍出版社 2011 年版，第 186—187 页。

展，给善以福报，而邪气则会突破理之束缚，对善进行破坏，由此则产生了恶。恶人恶行都是邪气胜过理的结果。

那么，天或者天之理会放任邪气为所欲为吗？刘基认为不会的。虽然邪气会有一时的放纵，但理及其指引的正气终究会回复过来，战胜邪气，使世界返回正轨。因此，我们就会看到，历史上的恶人恶行会猖狂一时，甚至恶人得到了福报，但天和天之理是公平的，它一定会贯彻善有善报、恶有恶报的总体之道。即使有的恶人自己并未得到报应，但其子孙却可能因此招致灾祸。这就是天道或天理的本性。天之气也是以正气或元气为本的，也即以善为本。

这里的善恶不仅是人的道德层面的，也包括自然层面的，即万物和人的物质层面的，正如刘基所说："气行而通，则阴阳和，律吕正，万物并育，五位时若，天之得其常也。气行而壅，壅则激，激则变，变而后病生焉。故吼而为暴风，郁而为虹霓，不平之气见也。抑拗愤结，回薄切错，暴怒溢发，冬雷夏霜，骤雨疾风，折木漂山，三光荡摩，五精乱行，昼昏夜明，瘴疫流行，水旱愆殃，天之病也。雾浊星妖，晕皆祲氛，病将至而色先知也。天病矣，物受天之气以生者也，能无病乎？是故瘥疠夭札，人之病也"①，"有元气，乃有天地。天地有坏，元气无息。尧、舜、汤、武立其法，孔子传其方。方与法不泯也，有善医者举而行之，元气复矣。"② "气者，道之毒药也；情者，性之锋刃也。知其为毒药、锋刃而凭之以行者，欲使之

---

① （明）刘基著，林家骊点校：《刘伯温集》（上），浙江古籍出版社 2011 年版，第187—188 页。

② （明）刘基著，林家骊点校：《刘伯温集》（上），浙江古籍出版社 2011 年版，第188 页。

也。呜呼！天与人，神灵者也，而皆不能不为欲所使。使气与情得以逞其能，而性与道反随其所如往，造化至此，亦几乎穷矣。"①

这三段中的第一段讲的是自然层面的善恶，这里所说的病就是恶。第二段是人性或其道德层面产生的善恶。第三段则说得更明确，气和情就是恶产生的根源。气产生的乃是自然层面的恶，情产生的主要是道德层面的恶，而情也不过是气的一种表现形式，所以归根结底，气是各种恶产生的根源。可以说，万物包括人的物质层面和道德层面的善恶都是由于气之正邪产生的。

由此可知，刘基的善恶观就比本书后面将要提到的方孝孺的善恶观更完整。方孝孺的善恶观只是停留在人事上。若刘基的理气、天人关系再融通一点，其思想就和阳明的思想很接近了。

3. 刘基的天人观

刘基的天人关系是怎样的呢？首先，人乃是天之子，但这个天子乃是万物中最灵之存在，天将其理亦传给了人，于是人乃是最接近于天的存在。天人合一就是从这一意义上来说的。如刘基在《天说上》中说："人也者，天之子也，假于气以生之，则亦以理为其心。"② "人，物之灵"。③ 人乃天地之灵显而易见。不仅如此，在《神仙》中，他还说，唯有人能够超拔其他物种，成为圣人甚至是神

---

① （明）刘基著，林家骊点校：《刘伯温集》（上），浙江古籍出版社 2011 年版，第53—54 页。

② （明）刘基著，林家骊点校：《刘伯温集》（上），浙江古籍出版社 2011 年版，第186 页。

③ （明）刘基著，林家骊点校：《刘伯温集》（上），浙江古籍出版社 2011 年版，第68 页。

仙。其言如下：

> 虺韦问于罗离子奇曰："或称神仙，有诸?"曰："有之。"曰："何以知之?"曰："以物。"请问之，曰："狐，兽也；老枫，木也，而皆能怪变。人，物之灵，夫奚为不能怪变? 故神仙，人之变怪者也。怪可有，不可常，是故天下希焉。"曰："神仙不死乎?"曰："死。"曰："何以知之?"曰："天以其气分而为物，人其一物也。天下之物异形，则所受殊矣。修短厚薄，各从其形，生则定矣。惟神仙为能有其受，而焉能加之? 故物之大者一天而无二。天者，众物之共父也。神仙，人也，亦子之一也。能超乎其群，而不能超乎其父也。夫如是，而后元气得以长为之主，不然，则非天矣。"

> 郁离子曰："贪与廉相反，而贪为恶德，贪果可有乎? 匹夫贪以亡其身，卿大夫贪以亡其家，邦君贪以亡其国与天下，是皆不知贪者也。知贪者，其惟圣人乎? 圣人之于仁义道德，犹小人之于货财金玉也。小人之于货财金玉，无时而足，圣人之于仁义道德，亦无时而足。是故文王、周公、孔子，皆大圣人也。文王视民如伤，自朝至于日中昃，不遑暇食。周公思兼三王以施四事，以夜继日，坐而待旦。孔子曰：'吾有知乎哉? 无知也。'圣人之贪于仁义道德若是哉！故以其贪货财金玉之心，而贪仁义道德，则昏可明，狂可哲，而人弗能也。故于货财金玉则贪，而于仁义道德则廉，遂使天下之人，专名贪为恶德而恶之，则

小人之罪也。"①

在这里，刘基谈到了人成为神仙和圣人的可能性。神仙乃是人之变形，圣人则是具有仁义道德之人，这是人与其他物种的区别所在。人在天地间的地位可谓是高的，但人并没有超出天之范围，天依然是其父母。

其次，人能参天。这主要体现在其《天说下》中，其内容如下：

> 或曰："天灾流行，阴阳舛讹，天以之警于人与？"曰："否。天以气为质。气失其平则变。是故风雨、雷电、晦明、寒暑者，天之喘汗、呼嘘、动息、启闭、收发也。气行而通，则阴阳和，律吕正，万物并育，五位时若，天之得其常也。气行而壅，壅则激，激则变，变而后病生焉。故吼而为暴风，郁而为虹霓，不平之气见也。抑拗愤结，回薄切错，暴怒溢发，冬雷夏霜，骤雨疾风，折木漂山，三光荡摩，五精乱行，昼昏夜明，瘴疫流行，水旱愆殃，天之病也。雾浊星妖，晕珥祲氛，病将至而色先知也。天病矣，物受天之气以生者也，能无病乎？是故瘥疠夭札，人之病也；狂乱反常，颠蹶披揭，中天之病气而不知其所为也。虽天亦无如之何也，惟圣人有神道焉。神道先知，防于未形，不待其几之发也。尧之水九载，汤之旱七载，天下之民不知其灾。朱均不才，为气所胜，则举舜、禹以当之。桀、纣反道，自绝于天，则率天下以伐之。元气之不

---

①　（明）刘基著，林家骊点校：《刘伯温集》（上），浙江古籍出版社 2011 年版，第68—69 页。

汩，圣人为之也。

曰："然则人胜天与？"曰："天有所不能而人能之，此人之所以配天地为三也。"曰："《书》曰：'作善降之百祥，作不善降之百殃。'非与？"曰："此天之本心也。而天有所不能，病于气也，惟圣人能救之，是故圣人犹良医也。朱、均不肖，尧、舜医而瘳之；桀、纣暴虐，汤、武又医而瘳之。周末孔子善医，而时不用，故著其方以传于世，《易》、《书》、《诗》、《春秋》是也。高、文、光武能于医而未圣，故病少愈而气不尽复。和、安以降，病作而无其医。桓、灵以钩吻为参苓，而操、懿之徒，又加鸩焉，由是病入于膏肓，而天道几乎穷矣！"

曰："然则元气息矣乎？"曰："有元气，乃有天地。天地有坏，元气无息。尧、舜、汤、武立其法，孔子传其方。方与法不泯也，有善医者举而行之，元气复矣。"①

对刘基来说，人乃万物之灵，甚至能做天不能做的事情，就是医治天的病。天之所以会生病，如前所述，天以气来生化运行，在运行过程中，气之偏邪就会导致天之病。天之病可以分为两种：一种是自然层面的恶，包括万物和人的自然层面的恶；一种是人性上的病，即人之道德善恶。这两种病都不能由天自己来医治，只能通过人来医治，尤其是圣人，"虽天亦无如之何也，惟圣人有神道焉"，"而天有所不能，病于气也，惟圣人能救之，是故圣人犹良医也。"

---

① （明）刘基著，林家骊点校：《刘伯温集》（上），浙江古籍出版社2011年版，第187—188页。

对于自然之病，圣人通过各种技术手段来治理，如尧治水、汤治旱；对于人道德上的病，则通过对天道的探索、践行和传播来进行救治，如"朱、均不肖，尧、舜医而瘳之；桀、纣暴虐，汤、武又医而瘳之。周末孔子善医，而时不用，故著其方以传于世，《易》、《书》、《诗》、《春秋》是也。"尧、舜、汤、武通过对天道的领悟和践行来医治朱、均、桀、纣所带来的病患；孔子则将天道记载于书籍，使医治社会病患之药方得以保存和传播。这就是人参天功的具体表现。

关于人参天之功，在《天道》中刘基也有所论述。他借郁离子之口说："蚕吐丝而为茧，以自卫也，卒以烹其身，而其所以贾祸者，乃其所自作以自卫之物也。蚕亦愚矣哉！蚕不能自育，而托于人以育也。托人以育其生，则竭其力，戕其身，以为人用也弗过。人夺物之所自卫者为己用，又戕其生而弗恤，甚矣！而曰：天生物以养人，人何厚，物何薄也！人能财成天地之道，辅相天地之宜，以育天下之物，则其夺诸物以自用也，亦弗过；不能财成天地之道，辅相天地之宜，蚩蚩焉与物同行，而曰天地之生物以养我也，则其获罪于天地也大矣！"①

通过人对蚕的利用这一案例，刘基指出，人能够体察天地运行之道，并相助天地哺育生养万物，这时人即使利用万物来为自己服务，也是应该的；人若没有帮助天地生养万物，却要肆意取用他物，则是没有尽到参天之职责，有违天地之托，罪孽深重。

刘基还通过问卜的例子来说明人乃万物之灵，是推动天地运行

---

① （明）刘基著，林家骊点校：《刘伯温集》（上），浙江古籍出版社2011年版，第52—53页。

的唯一动力，与其求助于天、鬼神和占卜，还不如求己。其言如下：

> 东陵侯既废，过司马季主而卜焉。季主曰："君侯何卜也？"东陵侯曰："久卧者思起，久蛰者思启，久懑者思嚏。吾闻之畜极则泄，闷极则达，热极则风，壅极则通。一冬一春，靡屈不伸；一起一伏，无往不复。仆窃有疑，愿受教焉。"季主曰："若是，则君侯已喻之矣，又何卜为？"东陵侯曰："仆未究其奥也，愿先生卒教之。"季主乃言曰："呜呼！天道何亲？惟德之亲；鬼神何灵？因人而灵。夫蓍，枯草也；龟，枯骨也，物也。人，灵于物者也，何不自听而听于物乎？且君侯何不思昔者也？有昔者，必有今日。是故碎瓦颓垣，昔日之歌楼舞馆也；荒榛断梗，昔日之琼蕤玉树也；露蚕风蝉，昔日之凤笙龙笛也；鬼磷萤火，昔日之金釭华烛也；秋荼春荠，昔日之象白驼峰也；丹枫白荻，昔日之蜀锦齐纨也。昔日之所无，今日有之，不为过；昔日之所有，今日无之，不为不足。是故一昼一夜，花开者谢；一秋一春，物故者新。激湍之下，必有深潭；高丘之下，必有浚谷。君侯亦知之矣，何以卜为！"①

天道或天理需要气来运行，而在气或气生成的万物中，人乃是最灵的，所以天理的实现和推进最终依赖人。因此，刘基才会说，"天道何亲？惟德之亲；鬼神何灵？因人而灵。夫蓍，枯草也；龟，枯骨也，物也。人，灵于物者也，何不自听而听于物乎？"天道并不

---

① （明）刘基著，林家骊点校：《刘伯温集》（上），浙江古籍出版社 2011 年版，第 53 页。

会对人表现出亲近，真正能体现出天道之亲的是人之仁德；鬼神也是万物之一，其灵明也不会自己显现，而要借助于人才会体现出来。用于占卜的蓍草和龟甲不过是一般的物而已，怎么会灵过人呢？所以听信这些低级事物的占卜，不如听信自己。可见，天地间的一切，包括天理、神鬼、万物的发育生长，都要通过人才能得以实现。人参天之重要性不言而喻。

人要参天，就必须对天的一切进行认知和了解。刘基借楚南公之口谈到知天的必要性，其内容如下：

> 楚南公问于萧寥子云曰："天有极乎？极之外，又何物也？天无极乎？凡有形，必有极，理也，势也。"萧寥子云曰："六合之外，圣人不言。"楚南公笑曰："是圣人所不能知耳，而奚以不言也？故天之行，圣人以历纪之；天之象，圣人以器验之；天之数，圣人以算穷之；天之理，圣人以《易》究之。凡耳之所可听，目之所可视，心思之所可及者，圣人搜之，不使有毫忽之藏。而天之所闷，人无术以知之者惟此。今又不曰不知，而曰不言，是何好胜之甚也。"①

对刘基来说，人尤其是圣人必须无所不知。凡是天之行、天之象、天之数，所有可见可听可思的存在，都是圣人所应探索的知识。除了天刻意隐蔽而人又无法获取的东西，人不能有丝毫放过。说"六合之外，圣人不言"的人，不是偷懒就是无能。如此，刘基就超

---

① （明）刘基著，林家骊点校：《刘伯温集》（上），浙江古籍出版社2011年版，第54—55页。

出了孔子为圣人所设的限制，圣人不仅要知天，还要知晓神鬼等一切能够思考的东西。刘基将人的活动范围扩大到前所未有的地步，这也意味着人在天地间地位的崇高。

（三）刘基的春秋学研究

刘基的春秋学研究也是建立在其理学思想基础上的，他对《春秋》之旨的归纳也体现出了其理学旨趣。其归纳可分为如下几种：

1. 《春秋》就是明天理人伦正统之书

在《春秋明经·齐侯使其弟年来聘，有年》一节中，刘基比较完整地阐述了《春秋》之旨或大义。他写道：

> 礼施于不当施之人者，人事之失；瑞降于不当降之国者，天道之变也。夫时聘结好，常礼也，而以为非，何哉？鲁桓以不义得国，王法所当讨也。今齐侯使其弟年来聘，兹非人事之失乎？百谷顺成，嘉瑞也，而以为异，何哉？鲁桓以不义得国，天理所不容也。今五谷皆熟以有年，兹非天道之变乎？在他君以聘问为礼，而施于桓公则非；在他君以有年为常，而降于桓公则异。圣人之旨微矣哉！

> 尝谓《春秋》之作，无非为存天理、正人伦计也。人事舛，则伦不正；天道僭，则理不明。圣人上奉天时，下立人纪，故有赏刑之庸，而有燮理之道焉。《春秋》，天子之事也，安得不于天人之际交致其谨也哉？是故鲁桓篡隐而夺其位，人伦之大变也。执之者无罪，杀之者无禁，暴明其恶，恭行天罚，宜也。鲁之臣子，义不戴天，而莫能

讨，则邻国之所当举法也，况于太公，实受赐履之命，齐可以不问乎？奈何不修方伯之职，乃使其贵介弟将玉帛以修好？人事之反其常，未有甚于此者矣。《春秋》书曰："齐侯使其弟年来聘。"所谓礼施于不当施之人也。桓篡隐而有其国，天理之大变也。不有人祸，必有天殃。旱干水溢，疾疫饥馑，宜也。天下诸侯视以为常，而莫能讨，则惟天能诛之耳。况于丰年之瑞，当应于有道之国。鲁何以致此乎？奈何不有凶灾之谴，当其即位之三年，乃获五谷皆熟之庆？天道之反其常，未有甚于此者矣。《春秋》特书曰"有年"，是谓瑞降于不当降之国也。《春秋》深明天人之理，安得不以为非常之事而谨书之哉？厥后宣公之恶，犹桓也。元年齐侯与之会于平州，以定公位，则亦僖公修聘之类也。十六年而大有年，则亦桓公有年之类也。人事之失，天道之变，《春秋》特于二公备之。圣人诛乱讨贼之法严矣哉！

虽然，弟年来聘，齐之罪也，而有年之瑞，天亦僭乎？以桓公在位十有八年，大水螽灾，每见于经，而仅一有年，则他岁之歉可知矣。桓公之罪可诛，而周公之遗民不可殄也。天为民而有年，岂桓公有以致之哉？不然，彭生之难，亦不异于芮氏之祸，何耶？故曰"天定亦能胜人"，不可诬矣。①

刘基通过鲁桓公的例子导出《春秋》之旨，即存天理、正人伦。

---

① （明）刘基著，林家骊点校：《刘伯温集》（下），浙江古籍出版社 2011 年版，第 755—757 页。

在天道上出现僭越，则天理不明；在人事上出现错误，则人伦不正。《春秋》就是要树立正确的天理人伦标准，并以此对历史人物事件进行评价，以惩恶劝善。《春秋》所记皆天子之事，而天子之事主要就是天理人伦之事。天子本应上奉天时，下立人纪，赏罚分明，但如果在人君执政期间出现人伦之错舛、天理之僭越反常，那么必然会有大祸降临。《春秋》所记录的鲁桓公之事就是如此。鲁桓公本以不义篡国，但齐国却礼遇之，这就是不适当的礼节，不合乎人伦。此即人伦之反常，而天道这时也出现了反常现象，本来应该对鲁桓公进行惩罚，却降了祥瑞。《春秋》记录这些反常之事，就是在警告鲁国，这不仅不是好的事情，反而是灾难即将来临的预兆。这也显露出孔子制《春秋》之微言大义，亦即尊王攘霸、惩恶扬善。

2. 《春秋》乃记天子之事的书

刘基曾反复提到《春秋》乃天子之事。如他说："《春秋》，天子之事也。天人相与之理，惧灾思患之意，治恶人、矜小民之道，无所不备。是故观凶灾之迭见于二公，则知天道之不僭，而为恶者知所警；观有年之独见于二公，则知恶人之不可容于世，而操刑赏之柄者可以知所主矣。呜呼至哉！故曰：'孔子成《春秋》而乱臣贼子惧。'"① "夫《春秋》，天子之事也，故其自治严而待人恕。惟其自治之严，故周之不振为可贬；惟其待人之恕，故或成其朝，或与

---

① （明）刘基著，林家骊点校：《刘伯温集》（下），浙江古籍出版社 2011 年版，第 714 页。

其城，而无责焉。"①

如前所述，天子之事也就是天理人伦之事。天子若知晓天人相与之理，自治严而待人恕，自然能够惩恶扬善，乱臣贼子不敢放肆，终成天下大治。

3. 《春秋》乃正名分之书

在《春秋明经·卫人立晋》一节，刘基又提到《春秋》是正名分的。他说："为臣而擅置其君，为子而专有其国，则皆得罪于王法矣。夫《春秋》为正名分而作也。卫有州吁之乱贼，既讨矣，其国人不请于天王而立晋，是擅置其君也。晋虽诸侯之子，无王命而遂立焉，是专有其国也。《春秋》书曰'卫人立晋'，则卫人与晋之罪皆无所逃矣。古者诸侯，继世袭封，则内必有所承；爵位土田，受之天子，则上必有所禀。必承国于先君者，所以重父子之亲；必禀命于天子者，所以正君臣之义。天下之大伦，于是乎在，而可以私乱之乎？卫州吁以嬖人之子，弑其君而自立，诸侯连兵欲定其位，而卫人不以为君，凡经八月而杀之于濮，谓卫国之无人焉不可也，奈何知其一而不知其二乎？此圣人之所深惜，而特起'卫人立晋'之文也与。吾尝观卫人之杀州吁，而知春秋之初，人心之天理犹明也；及观卫人之立晋，而伤春秋之时，人心天理之壤亦自此始也。"②

这里所说的名分也就是人伦，且是人伦中最大的一种，即君臣

---

① （明）刘基著，林家骊点校：《刘伯温集》（下），浙江古籍出版社 2011 年版，第710 页。

② （明）刘基著，林家骊点校：《刘伯温集》（下），浙江古籍出版社 2011 年版，第732 页。

之义，而此君臣之义亦来自天理，所以说名分其实又是在谈天理人伦。名分在，则天理人伦不乱，天下自然大治；名分乱，则天理人伦皆会崩坏，天下自此亦乱。

4. 《春秋》乃讲理义之书

在《春秋明经》的"蔡侯、郑伯防于邓。公及戎盟于唐，公至自唐"和"公会齐侯，伐莱。公至自伐莱，大旱"两条下，刘基又说《春秋》乃是讲理义的。他说："德不修而惧外患者为可鄙，身不正而结外交者为可危。夫天下莫大于理、莫强于义也，鲁何会盟之足恃哉！蔡、郑与邓为楚强而惧，则相与为会于邓，而不自省其德之不修也，不亦鄙乎？鲁之桓公篡其兄而立，则往与戎盟于唐，而不自念其身之不正也，不亦危乎？是故于邓之会，特书于经，而于唐之盟，谨书其至，圣人之意见矣。"① "君子则曰：'惟德可以自强。'苟有令政，则汤以七十里无敌于天下矣，何不师之而安其所以危乎？事丑德齐，莫能相尚，而徒以会聚为能事，陋矣哉三国之所为也！《春秋》直书其事，虽无贬词，而鄙之之意自见于言外矣。"② "人君以不义劳民为可危，故天应之灾为可惧。甚矣乖气之能致异也！鲁之宣公，以篡得国，故屈己以事齐，今又劳民以会齐而伐莱，夫何义乎！公既告至，而国内大旱，庸非嗟怨之气上感于天而致之乎？《春秋》书'伐'、书'至'于上，以著宣公之罪；继书'大

---

① （明）刘基著，林家骊点校：《刘伯温集》（下），浙江古籍出版社 2011 年版，第 724 页。

② （明）刘基著，林家骊点校：《刘伯温集》（下），浙江古籍出版社 2011 年版，第 725 页。

旱'于下，以见天道之应不可诬也。尝谓善恶之事作于下，而灾祥之应见于上，此天人相与之至理也。是故僖公以务农重谷为事，而三时之不雨，不足以为其害；庄公以峻宇雕墙为务，而一时之不雨，即可以为之忧。天之于人，各以类应，其可忽哉！……《春秋》备书于《经》，然则为君而不仁不义者，亦可警矣。故曰'天灾流行，必不于有道之国'，岂不信哉！"①

刘基说天下莫大于理、莫强于义，而《春秋》对此表现最为明显，对于不讲理义之君主和国家，天也会降下惩罚。这里的理义也就是天理人伦。

5.《春秋》乃正礼乐之本的书

刘基还说《春秋》乃正本清源、复归礼乐之本的书。他说："观《春秋》之所书，然后正本澄源之意可得而知矣。且蛮夷猾夏，寇贼奸宄，惟是大侯小伯所当攘斥，非异人任。则夫城濮之勋，因其献俘而锡命之，赐之弓矢，以旌其劳可也，何至屈万乘之尊，亲举玉趾，以劳晋侯于践土乎？纵自轻也，奈宗庙何？成、康之时巡，宜不如是，《春秋》安得不以为贬哉！然而君虽失礼，臣不可以不尽其敬。是故诸侯就朝，虽无为龙为光之盛，而冠冕佩玉，觐天威于咫尺，犹足以明水木本源之义。"②

这里所说的礼乐，乃儒家文化的精髓。其内容包含两部分，即

---

① （明）刘基著，林家骊点校：《刘伯温集》（下），浙江古籍出版社 2011 年版，第717—718 页。

② （明）刘基著，林家骊点校：《刘伯温集》（下），浙江古籍出版社 2011 年版，第709—710 页。

君臣之等、夷夏之辨（尊王攘夷）。这两部分内容在上文皆有提及，而礼乐文化也就是前文提到的天理人伦。古人所领会到的天理人伦就是儒家所推崇的礼乐文化或礼义之道。这也是儒生们代代相传的圣贤之道。

在《考仲子之宫，初献六羽。取郜大鼎于宋，戊申纳于太庙》一节中，刘基对礼乐之本解释得更明确，他写道：

> 夫礼乐者，国家之本，不可一日紊也。隐公立宫以祀仲子，而乐舞之数用六。用六虽正，而献于妾母之宫，则非其所矣。桓公奖乱以立宋督，而取郜大鼎之赂。求赂立贼，而纳于先君之庙，岂不为已甚乎！夫君子之事其亲也，造次必以其礼。然则鲁人之待周公，曾仲子之不若矣。呜呼悖哉！夫媵妾不可以为夫人，未闻违礼立宫以祀之也；宗庙，礼法之所在，未闻昭违乱之赂于其中也。鲁于春秋，号为秉礼而若是乎，此圣人之所为惧，而《春秋》之所以深谨也。盖仲子者，惠公之妾也，惠公元妃孟子，既入于庙，则仲子无祭享之所矣。若以"庶子为君，为其母筑宫，而使公子主祭"之典言之，则仲子非隐之母，安得为立宫乎？至其乐舞之数，则于别宫不敢同于群庙，而降用六羽。自当时言之，盖以为得礼矣；以王制论之，则诸侯用六，奚取于仲子之宫哉？今也六羽献于妾母之前，而群公之庙用八自若，曾是以为礼乎？《春秋》因其始成而祀，书曰"考仲子之宫"，既正名，其为非礼矣，献羽而书"初"者，以见前此未尝有六佾之舞，所谓因事以明用八之僭也。若夫太庙者，周公庙也。曾谓周公而享非礼之祀乎？犹有鬼

神，而以不义之物陈于公前，公其无所依矣。不孝孰大焉！
桓既篡兄而立，又推其恶以及于人，于是偕齐、郑之徒，
成宋督之乱，而取其赂器，置于周公之庙，是死周公也，
不惟亵祖宗之灵，而又以教其百官习为夷狄禽兽之行。乱
臣贼子得志，而无忌惮至于此，极哉！《春秋》书"取郜大
鼎于宋"，"取"者，得非其有之称；又书"纳于太庙"，
"纳"者，不受而强致之谓；日以"戊申"，深谨之也。夫
六羽者，当用之乐也，而在仲子之宫；郜鼎者，违乱之器
也，而在周公之庙。四方之人，将于鲁乎观礼，而鲁之礼
若是哉！此《春秋》之所为惧也。……礼乐之紊，既不可
言，而乱伦逆理之事，纷纷然于周公之前陈焉，何周公之
不幸至于此哉！周家之礼，公所制也，而公之子孙若是，
他国复何望哉！呜呼！此《春秋》之所以假鲁史而作
也夫。①

在刘基看来，礼乐就是立国之本，不可一日紊乱，所以礼乐秩
序乃是孔子最关心的问题，也最怕鲁国礼乐秩序出现紊乱，这也是
《春秋》所最为关注的问题，"此圣人之所为惧，而《春秋》之所以
深谨也。"然而鲁国却出现了一系列的礼乐紊乱事件，如妾入庙之僭
礼、乐舞之数的僭越等。礼乐紊乱，乱伦悖理之事必然纷至沓来，
这就是孔子及其《春秋》所忧虑的。

前文所及是礼乐文化中的君臣之义，而夷夏之辨也是礼乐文化

---

①　（明）刘基著，林家骊点校：《刘伯温集》（下），浙江古籍出版社 2011 年版，第
716—717 页。

的组成部分，刘基对此也很在意，他说："中国之所恃以制夷狄者，礼义而已。有贼不讨，礼义亡矣，虽得百蔡，何益哉！厥后遂习为常，至于陈夏氏之乱，方以会狄为务，而楚庄遂为辰陵之盟。晋卒无以为伯，其来非一日矣。今观入蔡之役，不足以离蔡于楚，而盟扈之役，反足以使鲁从齐，则晋人见利忘义之效也。向使晋灵能移伐蔡之师于齐，而冀缺能推不可以怠之心，以纳忠于盟扈之际，则晋之世伯，视文、襄有光矣，岂其有邲之败哉？噫！"①

这里所说的夷狄就是楚国。对楚国的防范是《春秋》反复强调的，而诸国竟然不征讨楚国，反而拉拢和贿赂楚国，并与之结盟。如此，礼义就不保了，"有贼不讨，礼义亡矣"。

对楚国的态度，刘基在《楚人伐郑公子遂防晋人云云救郑楚子使椒来聘》一节中写得最为明确，其文曰：

外夷猾夏，而中国失御侮之道，故外夷遂强，而用中国之礼焉，此夷夏盛衰之大机也。

夫外夷之所以强，皆由中国不振而已矣。当我文公之时，晋灵少懦，不在诸侯。楚人师于狼渊以伐郑，是以此尝晋之能否也。晋大夫以五国之师救郑而缓不及事。《春秋》贬大夫而人之，以见中国之不振，自此始钦。由是楚势遂张，而使椒聘鲁，乃以爵书，而君臣并见，然后华夷无复辨矣。可不为之寒心哉！尝谓夷狄猾夏未足忧，而中国之衰为可忧，何哉？……城濮以来，楚人不敢北向者十

---

① （明）刘基著，林家骊点校：《刘伯温集》（下），浙江古籍出版社 2011 年版，第715 页。

有五年。今而忽起伐郑之师，宁不谓中国无人而可以逞其愿乎？是役也，实华夷盛衰之大机也。晋之执事，不思折冲御侮以消外患，虽起救郑之师，而逡巡畏缩，不即赴敌，遂令郑国失三大夫，不得已而及楚平，谁之咎耶？《春秋》于伐郑之楚，犹以"人"书，向使晋能遏之于此，亦何致遂成其强哉？惟晋人不识事势，而坐失其机，然后强夷得遂其志，而越椒来聘，公然以中华之礼行乎望国，观其以玉帛而来，固异乎执干戈以从事，推原其心，岂诚知义而为之者哉？不过借此以为窥觊之计耳。《春秋》于救郑之役，贬诸大夫而称"人"，而中国之失策自此始也。至于来聘之役，遂进楚而称"子"，以蛮荆之得与齐、晋并肩自此始也。由是而次厥貉，由是而侵陈，遂侵宋，无乃滥觞于伐郑，而滔天于聘鲁也欤？甚而至于辰陵之盟、于邲之战，首足遂倒悬焉。然则晋灵赵盾长乱之罪，无所逃矣。……"若曰楚之进于中国，自聘鲁始也。吁！圣人之旨微矣哉！"①

刘基分析得很清楚，本来楚国为夷狄，中国诸侯应该共征讨之，但诸侯不团结，再加上晋国不知夷夏大义，救郑时表现出畏惧，于是楚国战胜，并与鲁国结盟。从此楚国开始进驻中国，用中华之礼，与齐、晋并列，夷夏之辨从此消失。孔子对此深感痛心，因此在《春秋》中描述了楚国地位之变迁（楚人从"人"到"子"的升

---

① （明）刘基著，林家骊点校：《刘伯温集》（下），浙江古籍出版社 2011 年版，第754—755 页。

迁)、中国地位之衰落(晋国大夫则降为"人")、夷夏之辨之消亡,以使后人记住如此之教训。

在《春秋明经》"取汶阳田,公防楚公子婴齐于蜀"条下,刘基总结了礼义对于国家的重要性,他说:"藉势以复地,其利国也为甚微;致赂以从夷,其辱国也为甚大。夫为国而不知以义为利,未有不受其咎者矣。鲁之成公,恃晋之势,一战胜齐,以取汶阳之田,以乱而易乱也,其利国不亦微乎。遂使楚人以此藉口,而为阳桥之役。公也乃屈千乘之尊,会其大夫于蜀,致赂纳质,以求免焉,则其辱国大矣。观《春秋》书'取汶阳田'于前,而书'公会楚公子婴齐'于后,则鲁之所获不如所丧,为国而不以礼,其效岂不深切著明矣哉?尝谓天下莫大于礼,莫强于义。是故诸侯修睦,以事天子,不敢失也,而后蛮夷顺令,以事中国,不敢违也。今也友邦冢君不能和协,而使外夷得以借此以为猾夏之阶,不亦甚哉!观成公之所以胜齐而辱于楚者,抑亦可以为戒矣。"①

在刘基看来,天下莫大于礼,莫强于义。中国诸侯之所以失败被辱,首先是因为其自己内部礼义之失范,如鲁国攻占齐之汶阳。内部不和睦,舍礼义而逐利,就便利了外部的入侵。楚国趁机做大做强,从而加给中国诸侯以羞辱,所以刘基会说,是中国内部不振,才招致外部夷狄入侵,也即内部礼义失范(君臣之义消亡),导致外部礼义丧失(夷夏之辨消亡),所以礼义乃是《春秋》大义所在。这里的礼义也就是前所说的理义,刘基同样说过"天下莫大于理、莫

---

① (明)刘基著,林家骊点校:《刘伯温集》(下),浙江古籍出版社 2011 年版,第 769—770 页。

强于义"。

综上所述，刘基对《春秋》之旨的挖掘可谓深刻而精微。他所说的这几种宗旨其实都可以归纳为一种，即天理人伦。对儒家来说，天理人伦就是礼乐或礼义，也就是正名。只不过刘基受到理学的影响，在阐释的时候经常将礼乐上升到理学系统中，所以才导致了诸多不同的说法，他的阐释也打上了理学的印记。

（四）刘基理学思想的评价

从刘基的思想来看，其受朱子理学之影响是明显的，但刘基对理学也有自己的独特理解，如他的宇宙观就与朱子有些差异。他认为宇宙就是天所生成的，而天则通过理和气来创造万物。在刘基这里，天、理、气都是不同的存在。天包括理和气，理、气就如同天的心和身体。在天的理气中，理是头脑性的存在，而气乃身体式的存在，两者合起来才能生成万物，而朱子的宇宙观只是理和气。

在天人关系上，刘基也设想了一种更积极的人生态度。他的春秋学则有着浓厚的理学色彩。

二、宋濂的经史研究

（一）宋濂生平简介

宋濂（1310—1381），字景濂，号潜溪，别号玄真子等。祖籍金华潜溪，后迁居浦江（今属浙江省金华市）。他家境贫寒，但自幼聪敏好学，曾受业于元末古文大家吴莱、柳贯、黄溍等。元朝末年，元顺帝曾召他为翰林院编修，他坚辞不就，专心修道著书。

明初朱元璋称帝，宋濂与刘基、章溢、叶琛同受朱元璋礼聘，尊为"五经"师。洪武二年（1369）奉命主修《元史》，官至翰林院学士承旨、知制诰。

洪武十年（1377），以年老辞官还乡。后因长孙宋慎牵连胡惟庸案，全家流放茂州（辖境相当于今四川省茂县、汶川、北川及茂汶羌族自治县）。洪武十四年（1381）五月二十日在流放途中病死于夔州（现在重庆市奉节县）。

在我国古代文学史上，宋濂与刘基、高启并列为明初诗文三大家。他以继承儒家道统为己任，为文主张"宗经""师古"。他的著作以传记小品和记叙性散文为代表，散文或质朴简洁，或雍容典雅，各有特色，其议论文章更见其思想功力，对历代人物评价深刻而公允。明朝立国，朝廷礼乐制度多为宋濂所制定，朱元璋称他为"开国文臣之首"，刘基赞许他"当今文章第一"，四方学者则称他为"太史公"。著有《宋学士文集》《孝经新说》等。

（二）宋濂的理学思想：调和朱陆的努力

1. 天人之辨：天人两分、以人合天、以人参天

宋濂对天人关系的思考，集中在其《萝山杂言》中。开篇他就讲道："濂自居青萝山，山深无来者，辄日玩天人之理。久之，似觉粗有所得，作《萝山杂言》。"① 山中清净时，最适合思考玄理。他思考的天人之理具体依然是天人两分，以人合天。

他说："君子之道，与天地并运，与日月并明，与四时并行。冲然若虚，渊然若潜，浑然若无隅，凝然若弗移，充然若不可以形拘。

---

① （明）宋濂著：《宋濂全集》（1），浙江古籍出版社2014年版，第169页。

测之而弗知，用之而弗穷。唯其弗知，是以极微；唯其弗穷，是以有终。"① 这里的天地、日月、四时都是外在于人的天道，人的代表——君子则要与天道相合。然而，在说到天道和君子之道时，宋濂并没有将其描述为儒家所惯用的乾阳健行之道。这里的道反而更接近道家虚灵无形之道。

那么，君子如何合天或通天呢？通过他的心。"至虚至灵者心，视之无形，听之无声，探之不见其所庐。一或触焉，缤缤乎萃也，炎炎乎爇也，莽莽乎驰弗息也。苟不以畏为君，而欲辔之勒之，检之柙之，苞之涵之，是犹教猿学礼也，不亦左乎？子不见婴儿乎，目不留采色，故明全；耳不留音声，故聪全；舌不留苦甘，故味全。君子则之，养其聪，晦其明，忘其味，是之谓通原。通原则几乎圣人，不用则已，用则为天下独。"② 至虚至灵之心，是君子所有感官中的君王，其统率所有器官。心之虚灵正对应天道之虚灵，所以唯有心可通道。心统率各种感官可以超越有形万物的束缚，直接通达大道之原。能通原之人则为圣人。

圣人通原后学到了什么呢？

首先，天道乃是总枢纽，即"机"。通晓天道之后，就要学会从枢纽看问题。所以圣人不会拘泥于经书文字，而是超越文字看到其所说的问题的本质。如此，即使是过时的经书，依然可以从中看到其所说问题的永恒性。从本质看问题，就能使经书历久弥新。这样既不盲从经书文字，也不轻言废弃经书。宋濂说："六经皆故迹，新

---

① （明）宋濂著：《宋濂全集》（1），浙江古籍出版社 2014 年版，第 169 页。
② （明）宋濂著：《宋濂全集》（1），浙江古籍出版社 2014 年版，第 169 页。

入之机不同，其机确确，其履濯濯；其机采采，其履昧昧。甚哉其机也！人以文视经，斯缪已。善察机者，其以质视经乎。"① 从天道的角度来看六经，虽然其记述的问题已经很久远了，但其探讨的最核心的问题仍然有效。所以，不要拘泥于六经的文字，而是要看其处理的问题的本质。

其次，圣人向天道学习的是虚静守一、自然无为。"丝丝芬芬，乃政之分；纯纯谧谧，乃政之一。是故圣人驯而弗扰，靖而弗逸，明而弗察，勤而弗烦。弗扰故民舒，弗逸故民宁，弗察故民宽，弗烦故民裕。四者有失，则天下受其害。守正莫过于一。一故弗贰，弗贰则明。明则神，神则无不通，天下之能事毕矣！是故圣人之学贵一。"②"天无言而生杀遂。伸兮则荣，屈兮则悴，亦何容力哉？故君子与天合德。"③ 如前所述，宋濂所描述的天道更接近道家虚静自然之道，所以他反对人为制造混乱。人为骚扰民众，则政事就容易陷入纷乱；诚挚安宁守道，则会政事平定，和谐如一。因此，圣人要遵循自然之道，"训而弗扰，靖而弗逸，明而弗察，勤而弗烦"，如此天下才会安定。守一则静则明，故能通道，达致神明，治理天下则易。这时圣人就如同天地一样，不刻意用力，则生杀自然而行，天下自然而得治。

再次，治理天下，不可以力，而是德刑并用，"天下一物也，譬之千钧，乌获能举之。力不获若，则或压焉，或偾焉，甚可畏也。

① （明）宋濂著：《宋濂全集》（1），浙江古籍出版社 2014 年版，第 169 页。
② （明）宋濂著：《宋濂全集》（1），浙江古籍出版社 2014 年版，第 169—170 页。
③ （明）宋濂著：《宋濂全集》（1），浙江古籍出版社 2014 年版，第 170 页。

然则举天下有要乎？曰：'有。德以怀之，刑以威之。'"① 德刑并用，亦是天道本色。

复次，天地间善恶相混，有圆有缺，是天道合该如此，因此不可求全善，求全功、全能。"阴阳相摩，昼夜相环，善恶相形，枭凤相峙，粱藜相茂，势也，亦理也。君子欲尽绝小人，得乎哉？鸟之羽者两其足，兽之角者去其齿。天地生物，尚有不能，而况众人乎？故曰：'功有所不全，力有所不任，才有所不足。'行遇刃者必避，食逢鸩者必舍，惧害己也。丽色藏剑，厚味腊毒，则弗之察，愚矣。鸡司晨，犬警夜，虽尧、舜不能废。人有弃小善而弗采者，非道哉！"② "不察察以自恃乎，不默默以求全乎，不赫赫以鸷翔乎，不缩缩以雌伏乎，能纯一乎，能绝外诱乎，能山立而海受乎，如是者谓之近道。"③ 善恶相对而生，君子不要强求灭绝小人；万物尚有残缺，不可求全功；圣人如尧舜也不可擅自干涉万物之自然本性。

最后，君子还要具备几种天道品格，如素朴、刚柔变换、去六疾行五懿，"以文徼名，名必隳；以货徇身，身必亡。隳故无成，亡因有争。唯君子知名不可徼，身不可徇，是谓守素。守素则治，治乃昭，昭乃纯，纯乃诚。内修不暇，奚事外欲？"④ "彼因气强，吾以义刚；彼因气弱，吾以仁柔。刚柔强弱之间，不容一发，知者行之，是谓得天；不肖者悖之，是谓失天。"⑤ "以术干禄者败，以财树家者

---

① （明）宋濂著：《宋濂全集》（1），浙江古籍出版社 2014 年版，第 170 页。
② （明）宋濂著：《宋濂全集》（1），浙江古籍出版社 2014 年版，第 170 页。
③ （明）宋濂著：《宋濂全集》（1），浙江古籍出版社 2014 年版，第 170 页。
④ （明）宋濂著：《宋濂全集》（1），浙江古籍出版社 2014 年版，第 170 页。
⑤ （明）宋濂著：《宋濂全集》（1），浙江古籍出版社 2014 年版，第 170—171 页。

祸，以势临人者辱，以安自恃者危，以学自眩者禽，以行自翘者伪；是六疾也。慈则和，俭则裕，勇则决，明则远，容则聚；是五懿也。去六疾行五懿，方有为于天下。"①

以上就是君子或圣人合天的几种表现。从这里可以看出，宋濂所思考的天道与道家之道比较接近。这是对儒家思想的有益补充和发展，也是宋明理学的特色之一。

虽然说在宋濂这里天人还是分离的，但他还是扩大了人心的能力和范围，这是其接受陆九渊心学的结果。他说："皦皦兮不缁，容容兮不知其所穷，如拥鉴，如持衡，随美恶轻重而应焉，其君子之心也哉？"②"人有奔走而求首者，或告之曰：'尔首不亡也。'指以示之，冷然而悟。学者之于道亦然。世求圣人于人，求圣人之道于经，斯远已。我可圣人也，我言可经也，弗之思耳。天下之事，或小或大，或简或烦，或亏或赢，或同或异，难一矣。君子以方寸心摄之，了然不见其有余。"③在这里，君子之心明朗如镜，应物无穷，且道就在人心，人心能摄天下事，甚至人人能成圣。这些观点都和阳明心学观点非常接近了。

在他处，宋濂也谈到了天人两分和以人合天的观点，如下：

> 龙门子曰：天气之运也，一昼一夜行九十万余里；人气之运也，一昼一夜行一万三千五百通。是人与天无一息止也，天止一息，则菑害生；人止一息，则疢疾起。君子法天之健以自强，故圣；小人违天以自肆，故狂。是一息不法

---

① （明）宋濂著：《宋濂全集》（1），浙江古籍出版社 2014 年版，第 171 页。
② （明）宋濂著：《宋濂全集》（1），浙江古籍出版社 2014 年版，第 170 页。
③ （明）宋濂著：《宋濂全集》（1），浙江古籍出版社 2014 年版，第 171 页。

天，则心死一息也；一朝不法天，则心死一朝也。人心既死，是行尸耳，其行事果能合天乎？然则法天亦有道乎？曰有存心之谓也。……龙门子曰：《易》有先天，圣人礼乐之源也。观《先天圆图》可以制礼，天高地下，贵贱以位，礼之分也。观《先天方图》可以制乐，阳升阴降，相荡相摩，乐之情也。礼乐之道，敛之本乎一心，放之塞乎天地。①

以人合道是不错的，但这里的君子所合的天道变成了通常儒生所说的乾之道。在《华川书舍记》中，宋濂以人参天地之功的形式来表现天人关系。他说：

呜呼，文岂易言哉！日月照耀，风霆流行，云霞卷舒，变化不常者，天之文也；山岳列峙，江河流布，草木发越，神妙莫测者，地之文也。群圣人与天地参，以天地之文发为人文，施之卦爻而阴阳之理显，形之典谟而政事之道行，咏之《雅》《颂》而性情之用著，笔之《春秋》而赏罚之义彰，序之以礼、和之以乐而扶导防范之法具。虽其为教有不同，凡所以正民极、经国制、树彝伦、建大义，财成天地之化者，何莫非一文之所为也。自先王之道衰，诸子之文人人自殊：管夷吾氏则以霸略为文；邓析氏则以两可辨说为文；列御寇氏则以黄、老清净无为为文；墨翟氏则以贵俭、兼爱、尚贤、明鬼、非命、尚同为文；公孙龙氏欲屈众说，则又以坚白、名实为文；庄周氏则又以通天地之统、序万物之性，达死生之变为文；慎到氏则又以刑名

---

① （明）宋濂著：《宋濂全集》（6），浙江古籍出版社2014年版，第1985—1986页。

之学为文；申不害氏、韩非氏宗之，又流为深刻之文；鬼谷氏则又以捭阖为文；苏秦氏、张仪氏学之，又肆为纵横之文；孙武氏、吴起氏则又以军刑、兵势、图国料敌为文。独荀况氏粗知先王之学，有若非诸子之可及，惜乎学未闻道，又不足深知群圣人之文。凡若是者，殆不能悉数也。文日以多，道日以裂，世变日以下，其故何哉？盖各以私说臆见哗世惑众，而不知会通之归，所以不能参天地而为文。自是以来，若汉之贾谊、董仲舒、司马迁、扬雄、刘向、班固，隋之王通，唐之韩愈、柳宗元，宋之欧阳修、曾巩、苏轼之流，虽以不世出之才，善驰骋于诸子之间，然亦恨其不能皆纯揆之群圣人之文，不无所愧也。上下一千余年，惟孟子能辟邪说，正人心，而文始明。孟子之后，又惟舂陵之周子、河南之程子、新安之朱子完经翼传而文益明尔！

呜呼，文岂易言哉！自有生民以来，涉世非不远也，历年非不久也，能言之士非不伙且众也。以今观之，照耀如日月，流行如风霆，卷舒如云霞，唯群圣人之文则然；列峙如山岳，流布如江河，发越如草木，亦惟群圣人之文则然，而诸子百家之文固无与焉。故濂谓立言不能正民极、经国制、树彝伦、建大义者，皆不足谓之文也。士无志于古则已，有志于古，舍群圣人之文，何以法焉！斯言也，侍讲先生尝言之，子充亦尝闻之。濂复取以为子充告者，诚以子充将以文知名于世，不可不以群圣人之文为勉也。濂家芙蓉山之阳，距子充之居不二舍而近，他日谒子充于

湖之阴，仰观俯察天地之文，退坐书舍中，又参之以群圣
人之文，则濂与子充各当有所进也。子充以濂言为然乎？
虽然，濂言夸矣，子充幸为我删之。①

对宋濂来说，真正的圣人要参天地之文而成人文，文即是理。宋
濂将这些参与建立人文的圣人称为"群圣人"，而这一"群圣人"的
人文成果显然就是六经了，其内容几乎涵盖了宇宙的全部。六经之文
足以"正民极、经国制、树彝伦、建大义，财成天地之化"。这一"群圣
人"显然是指尧、舜、禹、周公、孔子等，而集大成者或代表显然就是
孔子。孔子将先王之道总结为六经，传之于世，成为人文的典范。

在宋濂看来，后来的诸子百家没有真正领悟人文之旨，纷纷以
私说臆测之见来立文，皆不是真正的人文，其中只有荀子稍微了解
一点先王之道，但仍不够透彻理解群圣人之文。后世的贾谊、董仲
舒、司马迁、扬雄、刘向、班固、王通、韩愈、柳宗元、欧阳修、
曾巩、苏轼等才子也皆未能得全群圣人之文的要旨。

在宋濂眼中，孔子之后，能够得传群圣人之文的只有孟子、周
敦颐、程颢、程颐、朱熹等几人，所以宋濂与朋友共勉，要想立文，
就必须察天地之文、参群圣人之文，才能有所成。

可见，人文的建立必须要参照天地之文，这也是天人两分及其
合一的具体表现。

在《越生微第九》中，宋濂又谈到了圣人参天之功，其文如下：

越生问于龙门子曰："天地之功，与圣人孰优？"龙门
子曰："天地，不言之圣人。圣人，能言之天地。圣人之

---

① （明）宋濂著：《宋濂全集》（1），浙江古籍出版社2014年版，第175—176页。

功，天地之功也。果何优哉?"曰:"非是之谓也。生物者，天地也。成物者，圣人也。茹毛饮血，而易之以稼穑;簧桴土鼓，而易之以琴瑟，洼尊抔饮，而易之以鼎俎;穴居野处，而易之以宫室;衣薪而葬，而易之以棺椁;结绳而治，而易之以书契;刿草而衣，而易之以裘裳;狂狂而群，而教之以尊卑;猖猖而争，而畏之以刑罚。苟无圣人，则禽而攫尔，虽生何益哉? 是圣人之功不优于天地乎?"龙门子曰:"子谓圣人在天地外耶? 内耶? 苟内焉，亦天地之所生尔，天地不能言，故使代其言以行其教。圣人未尝以为功，子乃固谓优于天地，无乃不可乎?"①

越生对圣人参天地之功非常崇拜，甚至认为圣人之功要优于天地之功。宋濂则认为，圣人最多与天地并列，不可能超越天地。天地乃不说话的圣人，圣人乃是能说话的天地。圣人的极致就是天人合一，怎么会有优劣之分呢! 天地生物，圣人助天地成物。这也是圣人之天职，即天赋予他的能力和职责，这不仅不能说明其优越于天，反而是其一切皆受制于天，其所拥有的优越性只能是相对于其他物种才成立，况且圣人本身也由天地所生，就在天地之内，又怎么可能超越天地呢? 真正的圣人从来不会狂妄地说自己优于天地，其所做的一切皆是受天命所为。

在这里，宋濂对天人之关系更明确了。天人两分，人乃天地所生，人通过自己的灵明之心合天、参天地之功。这也是人之天职所在，所以人最多能和天地合而为一，而不能超越天地。

---

① (明)宋濂著:《宋濂全集》(6)，浙江古籍出版社2014年版，第2010页。

2. 宋濂的心学

受陆九渊影响，宋濂接受了心学，也提出了自己的心学思想。这主要体现在其《六经论》中，其文如下：

> 六经皆心学也，心中之理无不具，故六经之言无不该。六经所以笔吾心之理者也，是故说天莫辨乎《易》，由吾心即太极也；说事莫辨乎《书》，由吾心政之府也；说志莫辨乎《诗》，由吾心统性情也；说理莫辨乎《春秋》，由吾心分善恶也；说体莫辨乎《礼》，由吾心有天序也；导民莫过乎《乐》，由吾心备人和也。人无二心，六经无二理，因心有是理，故经有是言。心譬则形，而经譬则影也。无是形则无是影，无是心则无是经，其道不亦较然矣乎。然而圣人一心皆理也，众人理虽本具，而欲则害之，盖有不得全其正者。故圣人复因其心之所有，而以六经教之：其人之温柔敦厚，则有得于《诗》之教焉；疏通知远，则有得于《书》之教焉；广博易良，则有得于《乐》之教焉；洁静精微，则有得于《易》之教焉；恭俭庄敬，则有得于《礼》之教焉；属辞比事，则有得于《春秋》之教焉。然虽有是六者之不同，无非教之以复其本心之正也。

> 呜呼！圣人之道，唯在乎治心。心一正，则众事无不正，犹将百万之卒在于一帅。帅正，则靡不从令；不正，则奔溃角逐，无所不至矣，尚何望其能却敌哉？大哉心乎！正则治，邪则乱，不可不慎也。秦汉以来，心学不传，往往驰骛于外，不知六经实本于吾之一心。所以高者涉于虚

远而不返，卑者安于浅陋而不辞，上下相习，如出一辙，可胜叹哉。然此亦皆吾儒之过也，京房溺于名数，世岂复有《易》？孔、郑专于训诂，世岂复有《书》《诗》？董仲舒流于灾异，世岂复有《春秋》？《乐》固亡矣，至于小、大戴氏之所记，亦多未醇，世又岂复有全《礼》哉？经既不明，心则不正。心既不正，则乡间安得有善俗？国家安得有善治乎？惟善学者，脱略传注，独抱遗经而体验之，一言一辞，皆使与心相涵。始焉，则戛乎其难入；中焉，则浸渍而渐有所得；终焉，则经与心一，不知心之为经，经之为心也。何也？六经者所以笔吾心中所具之理故也。周、孔之所以圣，颜、曾之所以贤，初岂能加毫末于心哉，不过能尽之而已。

今之人不可谓不学经也，而卒不及古人者，无他，以心与经如冰炭之不相入也。察其所图，不过割裂文义，以资进取之计，然固不知经之为何物也。经而至此，可不谓之一厄矣乎？虽然，经有显晦，心无古今，天下岂无豪杰之士，以心感心于千载之上者哉？①

宋濂说，六经之学就是心学。因为所有的理都在心中，而六经都是对心中之理的言说而已，所以有了心才有经，心之优先地位就确定了。心若是形，经则是影子，而六经几乎是天下学问的全部了。在这一意义上，所有的学问可以说都是心学。

只有圣人才得万理之全，大众虽说心中也具有理，但因为欲望

---

① （明）宋濂著：《宋濂全集》（1），浙江古籍出版社2014年版，第192—194页。

过大，其理就不纯正，所以就需要圣人来教化。圣人根据众人所得之理的具体情况，分别以六经的不同学问来启发诱导他，以使其心中之理复归其正，所以六经就是用来回复人心纯正之理的。

圣人之道，就是治心。心就是最大的统帅，心正则天下事皆正，但是秦汉以来，心学失传，人们皆往心外驰求，不知六经皆本于心。京房、孔、郑、董仲舒等将六经搞成了名数、训诂、灾异之说，于是六经之本旨俱失。六经不明，则心不能复归其正，天下国家乡间皆不得善治。只有重新将经与心合二为一，才能恢复经之正义。就是周公、孔子、颜回、曾子之学，也都是心学。他们并不是要在心上增添什么，而只是尽力将心中之理开发展现出来而已，"初岂能加毫末于心哉，不过能尽之而已"。

最后宋濂总结说，学经一定要和心结合起来，否则就是经之厄运，所以经学经常会出现时隐时现的情况，这都与对心的遗忘与否有关，但即使如此，心依然是恒长存在的。只要随时回到本心，将经学之旨复归为心中之理，则会和古人之心相接矣。无论历经多少年，此心不变，心中之理也不会变。这是古今之人能以心传心的根本，而古今之学在本质上就都是心学。

宋濂这些思想已经非常接近阳明心学思想了，但还是有所欠缺。

首先，宋濂并没有交代心以及心之理的本源。宋濂的心和理都没有宇宙论或本体论上的解释。他的心仍然是一个人身上的器官，即识心。只不过他比程朱更进一步，这个识心先天具有了理。这是其对程朱理学的突破，但没有宇宙论或本体论上的根基，其心和理就无法融通，他的天人关系也没有打通。所以，他就无法得出阳明心学的相关宗旨，如心外无理、心外无物等。

其次，宋濂之心容易流为空寂之心，其理也容易成为悬空之理。阳明谈心时，始终是在万物一体的基础上谈论的，所以他的心是与万物融合在一起的，而宋濂之心及其理似乎是脱离万物的存在，并没有与万物融为一体，所以他就容易得出只要心正则天下太平之观点。正心在他这里是一个孤立的事情，脱离了万物。阳明之正心并不只是在心体上进行的，而是和万物一起展开和格正的，心正的同时万物也得以正，所以阳明会发展出知行合一之旨，而宋濂则没有。他是让心正了以后再去万物那里进行实践，这还是程朱的先知后行，知行分成两段。因此，在系统性和融通性上，宋濂的心学与阳明心学还有差距，但宋濂已经在突破程朱理学方面有所贡献了。

具体体现在其《龙门子凝道记》卷中《天下枢第四》中。其文如下：

> 或问龙门子曰："天下之物孰为大？"曰："心为大。"曰："吾闻物之大者，山则有岳，水则有海耳，未闻心之为大也。传有之，心重一十二两，中有七孔，三毛盛精汁，三合主藏神。此固甚小也，然则何为其大也？"龙门子曰："居！吾语汝：以形论之，其小固若是；其无形者，则未易以一言尽也。"曰："何也？"曰："仰观乎天，清明穹窿，日月之运行，阴阳之变化，其广矣！大矣！俯察乎地，广博持载，山川之融结，草木之繁芜，亦广矣！大矣！而此心直与之参，混合无间，万象森列而莫不备焉。非直与之参也，天地之所以位，由此心也；万物之所以育，由此心也。能体此心之量而践之者，圣人之事也，如羲、尧、舜、文、孔子是也。能知此心，欲践之而未至一

间者，大贤之事也，如颜渊、孟轲是也。或存或亡，而其功未醇者，学者之事也，董仲舒、王通是也。全失是心，而唯游气所徇者，小人之事也，如盗跖、恶来是也。然而此心甚大也，未易治也，未易养也。欻然而西，忽焉而东，其妙不测，而乘气机出入者也。苟失正焉，翩然而风起，瀚然而泉涌，有不可殚名者矣。是故孔子叙《书传》《礼记》，删《诗》，正《乐》，序《易·象》《系》《象》《说卦》《文言》，作《春秋》，何莫不为此心也？诸氏百子之异户，出则汗牛马，贮则充栋宇，虽言有纯疵，学有浅深，亦为此心也。心一立，四海国家可以治；心不立，则不足以存一身。使人人知心若是，则家可颜孟也，人可尧舜也，六经不必作矣，况诸氏百子乎？"曰："心之大，敬闻之矣。学者何所用功，而能克是乎？"曰："周公、孔子，我师也，曾子、子思，吾友也；《易》《诗》《书》《春秋》，吾器也；礼乐仁义，吾本也；刑罚、政事，吾末也。四海之大，无一物非我也。一物不得其所，吾责也。夫然，故若天之覆也，地之载也，不知孰为天地也，孰为我心也，亦一而已矣！"曰："夫子之言美甚。人之自狭者，则小人而已。"曰："然。一失则小人也，再失则夷狄也，三失则禽兽也。人而禽兽也，恶足与言夫心哉？"曰："然则养之又有要乎？"曰："有。"曰："何谓也？"曰："惧其炎而上也，则抑之；恐其降而污也，则扬之；察其远而忘也，则存之；度其陋而小也，则廓之；虑其躁而扰也，则安之；审其滞而沈也，则通之；视其危而易摇也，则镇之。是谓七术，纳乎中而式乎轨者也。纳乎中而式乎轨，舍敬何以存之？"曰："圣人之学如斯而已乎？"曰："止是而已矣！欲损之，非有余也；欲加之，非有亏也。亦止是而已矣！"①

宋濂认为心乃天地间最大之物。从心之有形之状态来看，它很小；从其无形之能力上来看，它则最大。因为它能参天地之运化。天地之所以位，万物之所以育，皆由此心之参，可见心之能量。

根据对此心能量的认知和践行程度，人们可以分为几类：体悟此心之能量并予以践行的，就是圣人，如羲、尧、舜、文、孔子等；认识到此心的能量，想践行但并没有践行多少的，就是大贤，如颜回、孟子等；对此心的认识时断时续而未能达到精纯者，则是学者，如董仲舒、王通等；完全忽视此心者，则是小人，如盗跖、恶来等。

由此可见心之重要，成圣还是成小人就在一念之间。孔子作六经，诸子百家争鸣，皆由此心。此心若养得正，则天下可治；此心无以立，则不足以养自身。若人人识得此心，则人人可为颜回、孟子、尧、舜，甚至"六经"都不必有了。

那么如何识得此心呢？要做哪些功夫呢？宋濂认为，要以周公、孔子为师，以曾子、子思为友，以《易》《诗》《书》《春秋》为心之容器，以礼乐仁义为心之本，以刑罚、政事为心之用。到得极致处，万物一体，心与天地合而为一。一物不得其所，皆我心失养之责。

心又如何养呢？宋濂提出了七种方法，但这些方法的宗旨是敬。

---

① （明）宋濂著：《宋濂全集》（6），浙江古籍出版社2014年版，第1977—1978页。

圣人之学就是养心。除此之外，不必有任何的加损之功。

在这里，我们看到了宋濂的心学思想。他依然没有从宇宙论或本体论上阐释这个心，此心依然是个识心，而且有可能这里的心比上一段又降了级，此心不再具有理了，其只是能识理的识心，但比前面有所推进的是，宋濂提到了心与天地万物融为一体的观点，只是他没有更加系统地论证推演下去。

为何宋濂没有形成宇宙论或本体论上的心学体系呢？从下面一段文字可以看到一些端倪。他在《阴阳枢第三》中写道：

> 楚丘生过龙门子而叹曰："天下其广矣乎！儒者所谓中国者，于天下乃八十一分居其一分耳。中国名曰赤县神州，赤县神州内，自有九州，禹之序九州是也，不得为州数。中国外如赤县神州者九，乃谓九州也。于是有裨海环之，人民禽兽莫能相通者，如一区中者乃为一州。如此者九，乃有大瀛海环其外，天地之际焉。天下其广矣乎！"龙门子曰："是邹衍闳大不经之言也。虽曰'先验小物，推而大之，至于无垠'，其理无是也。然则衍能云卧天行以超六合乎？不然，何以知之若是其悉也？六合之外，圣人存而不议，以其理之难明也，不如舍诸。"曰："天下之广，止如今中国而已乎？"曰："否。虽然，予未能知之也。未能知之而强言之，弗敢也。"①

在这段对话中，宋濂借龙门子之口表达了自己的方法论和世界观。他的方法论就是经验论。只要是其没有见过的东西，就不愿去

---

① （明）宋濂著：《宋濂全集》（6），浙江古籍出版社2014年版，第1976页。

谈论它，"六合之外，圣人存而不议，以其理之难明也，不如舍诸"，所以宋濂和孔子一样，停留在后天经验领域。对于先验的存在，不愿言说，"未能知之而强言之，弗敢也。"所以孔子未能在宇宙论或本体论的基础上建立一套学说，而这个工作是由周敦颐、程朱完成的。虽然宋濂借鉴了程朱、陆九渊的一些思想，但就其本人来说，是反对抽象地谈先天宇宙体系的，所以我们看到的就只是关于个别问题的从经验层面开始的探讨。他对心的谈论也是如此，而要建立完整的心学体系，就要先天与后天结合起来，宋濂显然无意于此。他对天地的谈论也是停留在后天的。

3. 宋濂的外王政治思想

作为儒家思想的服膺者，宋濂的政治思想不会超出儒家之范畴。对他来说，无事不可以用儒家思想解决。

（1）儒家思想的功用

在《七儒解》中，宋濂列举了七种儒者，他们对应着儒者的七种功用。其文曰：

> 儒者非一也，世之人不察也。有游侠之儒，有文史之儒，有旷达之儒，有智数之儒，有章句之儒，有事功之儒，有道德之儒。
>
> 儒者非一也，世之人不察也，能察之，然后可入道也。威以制之，术以凌之，才以驾之，强以胜之，和以诱之，信以结之，夫是之谓游侠之儒。上自羲、轩，下迄近代，载籍之繁，浩如烟海，莫不赖其玄精，嚅其芳胰，搜其阙逸，略其渣滓，约其支蔓，引觚吐辞，顷刻万言而不之止，

夫是之谓文史之儒。三才以之混也，万物以之齐也，名理以之假也，涂辙以之寓也，虽有智者莫测其所存，夫是之谓旷达之儒。沈鸷寡言，逆料事机，翼然凝然，规然幽然，漆漆然，逮逮然，察察然，猎猎然，千变万化，不可窥度，夫是之谓智数之儒。业擅专门，伐异党同，以言求句，以句求章，以章求意，无高而弗穷，无远而弗即，无微而弗探，无滞而弗宣，无幽而弗烛，夫是之谓章句之儒。谋事则乡方略，驭师则审劳佚，使民则谨畜积，治国则严政令，服众则信刑赏，务使泽布当时，烈垂后世，夫是之谓事功之儒。备阴阳之和而不知其纯焉，涵鬼神之秘而不知其深焉，达万物之理而不知其远焉，言足以为世法，行足以为世表，而人莫得而名焉，夫是之谓道德之儒。①

宋濂所述的七种儒者代表了七种功用：游侠、文史、旷达、智数、章句、事功、道德。表面上看，宋濂是非常开明旷达的，几乎所有人都可以被视为儒者，所有行为都是儒家行为。

这只是表面，接下来，宋濂认为，并不是上述所有儒者都是入道的，即正统的或正宗的。他说："儒者非一也，世之人不察也，能察之，然后可入道也。游侠之儒，田仲、王孟是也：弗要于理，惟气之使，不可以入道也。文史之儒，司马迁、班固是也：浮文胜质，纤巧斫朴，不可以入道也。旷达之儒，庄周、列御寇是也：肆情纵诞，灭绝人纪，不可以入道也。智数之儒，张良、陈平是也：出入机虑，或流谲诈，不可以入道也。章句之儒，毛苌、郑玄是也：牵

---

① （明）宋濂著：《宋濂全集》（1），浙江古籍出版社 2014 年版，第 191 页。

合附会，有乖坟典，不可以入道也。事功之儒，管仲、晏婴是也：迹存经世，心则有假，不可以入道也。道德之儒，孔子是也：千万世之所宗也。"①

前述的六种儒者，如游侠、文史、旷达、智数、章句、事功之儒，都不可入道。他们都有这样那样的问题，如游侠之儒轻理逐气，文史之儒文胜其质，旷达之儒不守常情，智数之儒机心谲诈，章句之儒牵强附会，事功之儒贪利忘义。能入道的只有道德之儒，即孔子这一支。

宋濂公开表示自己愿意接受的只有孔子之儒学。在他看来，也只有孔子之学能够治世。他说：

> 我所愿则学孔子也。其道则仁、义、礼、智、信也，其伦则父子、君臣、夫妇、长幼、朋友也。其事易知且易行也，能行之则身可修也，家可齐也，国可治也，天下可平也。我所愿则学孔子也。今指三尺之童子而问之，则曰："我学孔子也。"求其知孔子之道者，虽班白之人，无有也。呜呼！上戴天，下履地，中函人，一也。天不足为高，地不足为厚，人不足为小，此儒者之道所以与天地并立而为三也。司马迁以儒与五家并列，荀卿谓儒有小大，扬雄谓通天地人曰儒者，要皆不足以知儒也。必学至孔子，然后无愧于儒之名也。然则儒亦有异乎？曰：有之，位不同也。三皇儒而皇，五帝儒而帝，三王儒而王，皋陶、伊、傅、周、召儒而臣，孔子儒而师，其道则未尝不同也。虽然，

---

① （明）宋濂著：《宋濂全集》（1），浙江古籍出版社 2014 年版，第 191—192 页。

自有生民以来，未有盛于孔子者也，我所愿则学孔子也。①

孔子之道是仁义礼智信，用在人身上则是五伦：父子、君臣、夫妇、长幼、朋友。只要遵守并践行这五德和五伦，则身修、家齐、国治、天下平。孔子之学乃是人道之极，与天地同列，并立为三。只有学孔子之学，才能成为真正的儒。儒之道是一样的，但儒者之身位是不同的，儒者可以成为皇、帝、王、臣、师等。孔子乃是儒学之大成者，所以宋濂要学孔子。

由上可见，宋濂对儒家道德治世的推崇是明显的。

（2）批功利之学、智术和法家之治

对儒家道德治世思想的推崇，使宋濂对管仲的功利之学、鬼谷子的智术和韩非子的法治进行了批判。这主要体现在其《诸子辨》中。

他对管仲的评价如下："先儒之是仲者，称其谨政令，通商贾，均力役，尽地利，既为富强，又颇以礼义廉耻化其国俗。如《心术》《白心》之篇，亦尝侧闻正心诚意之道。其能一正天下，致君为五伯之盛，宜矣。其非仲者，谓先王之制，其盛极于周，后稷、公刘、大王、王季、文、武、成、康、周公之所以制周者，非一人之力，一日之勤，经营之难，积累之素，况又有出于唐、虞、夏、商之旧者矣。及其衰也，而仲悉坏之，何仲之不仁也。呜呼！非之者固失，而是之者亦未为得也。何也？仲之任术立伯，假义济欲，纵能致富强，而汲汲功利，礼义俱丧，其果有闻正心诚意之道乎！周自平王东迁，诸侯僭王，大夫僭诸侯，文、武、成、康、周公之法，一切

---

① （明）宋濂著：《宋濂全集》（1），浙江古籍出版社 2014 年版，第 192 页。

尽坏，列国尽然，非止仲一人而已也。然则仲何如人？曰：'人也功首而罪魁者也。'曰：'侪之申、韩、鞅、斯之列，亦有间乎？'曰：'申、韩、鞅、斯刻矣，而仲不至是也。原其作俑之意，仲亦乌得无罪焉？薄乎云尔。'"①

宋濂对肯定和否定管仲之功业的都不赞同。他认为，管仲是以术立霸，假仁义之名而满足人们的私欲。如此，他就只顾功利而不顾及礼义。虽然其达到了富强的目的，但礼制已然崩坏，所以管仲并不像那些赞颂他的人所说的那样，既使国家富强，又遵循正心诚意之道，使国家保有礼义廉耻之风俗。同时，管仲也不像完全否定他的人所说的，是败坏先王之制的罪魁祸首。管仲之前，先王之制已经崩坏，非管仲一人所为。所以，管仲是既有功又有罪。那么，管仲是否属于申、韩、鞅、斯之列呢？宋濂认为，管仲还不像后者那么苛刻，但管仲却是这些以法家霸术治国者的始作俑者。

宋濂对鬼谷子的智术也进行了批评。他说："大抵其书皆捭阖、钩钳、揣摩之术，其曰：'与人言之道，或拨动之，令有言以示其同；或闭藏之，使自言以示其异：捭阖也。既内感之而得其情，即外持之使不得移：钩钳也。量天下之权，度诸侯之情，而以其所欲动之：揣摩也。'是皆小夫蛇鼠之智，家用之则家亡，国用之则国偾，天下用之则失天下。学士大夫宜唾去不道。高氏独谓其得于《易》《老》阖辟翕张之外，不亦过许矣哉！其中虽有'知性寡累、知命不忧'，及'中稽道德之祖，散入神明之颐'等言，亦恒语尔，初非有甚高论也。呜呼，曷不观之仪、秦乎？仪、秦用其术而最售

① （明）宋濂著：《宋濂全集》（2），浙江古籍出版社 2014 年版，第 254—255 页。

者，其后竟何如也！高爱之慕之，则吾有以识高矣。"①

宋濂对鬼谷子的批判毫不留情。他认为鬼谷子所书不过捭阖、钩钳、揣摩之术，这些都是"小夫蛇鼠之智"，如此屑小智巧用在哪里就败坏哪里，"家用之则家亡，国用之则国债，天下用之则失天下"，因此士人应该唾弃之。

对于韩非子的批评也是如此。他说："非，惨激人也，君臣、父子、夫妇之间，一任以法，其视仁义蔑如也。法之所及，虽刀锯日加，不以为寡恩也。其无忌惮，至谓孔子未知孝悌忠信之道；谓贤尧、舜、汤、武乃天下乱术；谓父有贤子，君有贤臣，适足以为害；谓人君藏术胸中，以倡众端而潜御群臣。噫，是何言欤！是何言欤！是亦足以杀其身矣。"② 宋濂认为，韩非子以法、术否定孔子孝悌忠信之道，蔑视尧、舜、汤、武仁义之道，提倡君王以术御臣等，都是对统治的败坏。宋濂甚至直言将韩非子判死刑。

通过其对管仲、鬼谷子、韩非子的批判，可以看到宋濂对儒家德治的坚持和强调。

（3）君子小人之辨

儒家统治的目标就是塑造君子，所以通过对宋濂君子小人之辨的考察，即可见其心目中君子的具体标准。

在《君子微第二》中，宋濂提到了君子小人之辨，其文如下：

邓奇生问于龙门子曰："君子小人甚难辨也，欲辨如之何?"龙门子曰："古语有之：光明正大，疏畅洞达，如青

---

① （明）宋濂著：《宋濂全集》（2），浙江古籍出版社 2014 年版，第 264 页。
② （明）宋濂著：《宋濂全集》（2），浙江古籍出版社 2014 年版，第 269 页。

天白日，如高山大川，如雷霆之为威，如雨露之为泽，如龙虎之为猛，如麟凤之为祥，磊磊落落，无纤芥可疑者，必君子也；依阿渟㴠，回互隐伏，纠结如蛇蚓，琐细如虮虱，如鬼域狐蛊，如盗贼诅祝，闪倏狡狯，不可方物者，必小人也。以此观之，虽不中，不远矣。"曰："然则何为甘从小人也？"龙门子曰："大哉问也。小人亦人耳。今指三尺之童而辱之曰：'尔小人也哉。'则面颈发赤而去；誉之以君子，则扬扬然有喜色。夫三尺之童至无知也，亦知小人为可恶，君子为可好，是何也？人心终不亡也。但逐逐于物，而不自返也。"曰："欲改其行，奈何？"曰："不难也。朝为跖，暮可孔也；晨为纣，夕可舜也。一反掌而已矣。周公、仲尼之道粲如也，学之则至也，不学则终身不知也。千里之远，起于足下之一步也，一步即千里也，虽远可到也；若安坐，则不能也。其不能者，必自谓曰：'我何人也？而敢学周公、仲尼。'是自弃者也。"曰："周公、仲尼，大圣人也，子乃易言之。一则曰周公、仲尼，二则曰周公、仲尼，无乃不可乎？"曰："是诚乐之也，乐之故志之，不自知其辞之复也。目不辨白黑，谓之盲；耳不闻钟鼓，谓之聋；鼻不知臭香，谓之塞；心不察是非，谓之蛊，身不学周公、孔子之道，谓之贼。贼者何？害其心者也。"①

君子小人的特征，宋濂描述得很详细，君子就是"光明正大，

---

① （明）宋濂著：《宋濂全集》（6），浙江古籍出版社 2014 年版，第 1992—1993 页。

疏畅洞达，如青天白日，如高山大川，如雷霆之为威，如雨露之为泽，如龙虎之为猛，如麟凤之为祥，磊磊落落，无纤芥可疑者"；小人就是"依阿淟涊，回互隐伏，纠结如蛇蚓，琐细如虮虱，如鬼域狐蛊，如盗贼诅祝，闪倏狡狯，不可方物者"。可以看到，这里的君子小人对应着《易》中的阳和阴，与阳明的大小之辨有明显不同。阳明是在万物一体之系统下进行的小大之分，而宋濂则依然拘泥于《易》中后天阴阳之变。这里的君子小人也是善恶之分。宋濂曾在他处利用阴阳来解释善恶，他说："赵蕤有云：'天阴阳半，人善恶混。然阳画六时，晓昏皆为阴所侵，其用事唯四时而已。卦六爻，初上皆无正位，其用事亦四爻而已。故善人少，而恶人多。'诚哉是言也！是故光风丽日之时常寡，浓阴曀霾之日常众；鸾凰驺虞间世一睹，而鸱鸮蛇虎遍于郊薮，伊、傅、周、召之臣千载不再出，而莽、卓、巢、温恒接武于朝。大者如此，则小者又可知也。不知天道果何如耶？"①

可以看到，宋濂的君子小人之辨和善恶之分都是建立在《易》之基础上，而《易》是立足于后天的，因此宋濂并没有打通先天和后天，形成真正的万物一体体系，所以他的解释是与阳明不同的。他对君子小人之描述也就只能停留在用后天形象作比喻的阶段。

宋濂和阳明相同的是，都对人自身充满信心，认为人人可以成圣。这也是宋濂心学的积极结果。他肯定了人心的能量，"人心不亡也。但逐逐于物，而不自返也。"只要其真心改过，就可以通过学习

---

① （明）宋濂著：《宋濂全集》（6），浙江古籍出版社2014年版，第2011页。

周公、孔子之道而成为君子。

总之，宋濂的理学已经有所创新，结合了程朱理学和陆氏心学。其心学已经有了一定的规模，但是由于宋濂仍局限于《易》之后天思想，没有将先天后天融通，因此还停留在天人两分、以人合天的阶段。其性、理、气、心、物等范畴也没有圆融起来，其对宇宙论或本体论的漠视是导致这一结果的关键因素。

（三）宋濂的史学思想和成就

1. 以史为鉴、史以载道之史学观

（1）以史为鉴

宋濂认为史学的功能就是为后世后人所借鉴。这一借鉴功能可分为两种：一种是国家治理上的借鉴，一种是人事行为上的道德借鉴。其实这两种可以归结为一种，即是非道德借鉴。因为中国传统文化是家国同构、万物一体的，其价值标准是统一的。个人道德行为的标准也是治理国家的标准。为叙述清晰，本书这里分开来看，因为宋濂本人也是分开来论述的。

在《进元史表》中，宋濂开篇就论述了史学在国家治理上的借鉴功能，他说："伏以纪一代以为书，史法相沿于迁、固，考前王之成宪，周家有监于夏、殷，盖因已往之废兴，堪作将来之法戒。"①宋濂说得很清楚，记一代之历史，就是效法司马迁、班固，记录和总结前代王朝的兴衰教训，为将来的王朝统治者提供借鉴：好的要效法，不好的则要引以为戒。

---

① （明）宋濂著：《宋濂全集》（2），浙江古籍出版社 2014 年版，第 474 页。

史学也可以为个人行为提供善恶借鉴："事迹务令于明白，苟善恶了然在目，庶劝惩有益于人。"① 将历史上的事迹清晰明白地记录下来，使其善恶一目了然，对我们的日常行为也有参照警醒作用。

（2）史以载道

前面说到了借鉴，那么对王朝的借鉴中什么是最主要的呢？对宋濂来说，历史的政治借鉴就是其正统观。史学要将历史发展过程中显露出来的正统记录和传承下去，也就是说，历史是要载道的，道即正统之道，也即华夏仁政之道。

在《进元史表》中，宋濂将这一正统之道描述得很明白，他说："惟元氏之有国，本朔漠以造家，用兵戈以争强，并部落者十世；逐水草以为食，擅雄长于一隅。逮至成吉思之时，大会斡难河之上，始尊位号，渐定教条，既近取于乃蛮，复远攻于回纥，渡黄河以蹴西夏，逾居庸以瞰中原。太宗继之，而金源为墟。世祖承之，而宋箓遂讫。立经陈纪，用夏变夷，肆宏远之规模，成混一之基业。爰及成仁之主，见称愿治之君，唯祖训之式遵，思孙谋之是遗。自兹已降，聿号隆平，丰亨豫大之言，鼓倡于天历之世；离析涣奔之祸，驯致于至正之朝。嬖幸蛊惑于中，权奸蒙蔽于外，汉纲只因于疏阔，周纲遽见于陵迟，风宪皆为不捕之猫，将士尽成反噬之犬。由是群雄角逐，九域瓜分，风波徒沸于重溟，海岳竟归于真主。"②

这一段描述了元朝从建立到灭亡的过程。在这个过程中，可以看到，元朝的合法性和强盛，直到统一天下，是因为其逐渐接受了

---

① （明）宋濂著：《宋濂全集》（2），浙江古籍出版社2014年版，第475页。
② （明）宋濂著：《宋濂全集》（2），浙江古籍出版社2014年版，第474—475页。

华夏正统文化,"立经陈纪,用夏变夷,肆宏远之规模,成混一之基业"。其统治的维持也是因为其坚持正统仁政,而当其昏庸不仁时,则奸佞横行,朝纲紊乱,统治濒于崩溃。天下分崩离析,静待另一位真正的仁主来重建正统。

明朝的建立正是顺应了这一要求:"钦惟皇帝陛下,奉天承运,济世安民,建万世之丕图,绍百王之正统。大明出而爝火息,率土生辉;迅雷鸣而众响微,鸿音斯播。载念盛衰之故,即推忠厚之仁,金言实既亡而名亦随亡,独谓国可灭而史不当灭,特诏遗逸之士,欲求议论之公。文词勿至于艰深,事迹务令于明白,苟善恶了然在目,庶劝惩有益于人。此皆天语之丁宁,愈见圣心之广大。"① "昔者唐太宗以开基之主,干戈甫定,即留神于《晋书》,敕房玄龄等撰次成编,人至今传之。肆惟皇上龙飞江左,取天下于群雄之手,大统既正,亦诏修前代之史,以为世鉴。古今帝王能成大业者,其英见卓识若合符节盖如是。呜呼盛哉!"②

在宋濂看来,明朝就是正统的继续。明统治者的措施可谓是仁政。为了借鉴元朝盛衰之经验教训,特命宋濂等作《元史》。在宋濂看来,这一行为是符合天道的,也是统治者仁心广大的体现,"此皆天语之丁宁,愈见圣心之广大"。

2. 历史书写方法

宋濂提到的史学方法集中体现在其《进元史表》和《元史目录

---

① (明)宋濂著:《宋濂全集》(2),浙江古籍出版社 2014 年版,第 475 页。
② (明)宋濂著:《宋濂全集》(2),浙江古籍出版社 2014 年版,第 477 页。

后记》中，其方法具体如下：

（1）借鉴司马迁、班固的书写方法

这里主要是借鉴其书写体例和笔法。在体例上，宋濂的《元史》基本保存了《史记》《汉书》的体例，如本纪、志、表、传等。他说："所撰《元史·本纪》三十八卷，《志》五十三卷，《表》六卷，《传》六十二卷，《目录》二卷，通计一百三十万六千五百余字，谨缮写成百二十策，随表上进以闻。"[①] "纂修《元史》以成一代之典，而臣濂、臣祎实为之总裁。明年春二月丙寅开局，至秋八月癸酉书成，《纪》凡三十有七卷，《志》五十有三卷，《表》六卷，《传》六十有三卷。"[②] "以卷计者：《纪》十，《表》二，《传》三十又六。……合前后二书，复厘分而附丽之，共成二百一十卷。"[③] 这里所说的卷数不一，因为是其在不同时期所言。

除了借鉴司马迁、班固的体例外，也继承了其春秋笔法，即史以载道。这里主要介绍其写法，如宋濂所说："笔则笔而削则削，敢言褒贬于《春秋》。仰尘乙夜之览，期作千秋之鉴。"[④] 对于史料的使用，史家还是要有选择的，对于是非的判断要符合正统，如《春秋》大义一样，这样才能作为"千秋之鉴"。

当然，这并不是说可以歪曲史实，史家一定要客观保存历史，不能杜撰，可信的史料就以信的角度来写，可疑的史料或事件就要存疑，"信传信而疑传疑，仅克编摩于岁月"[⑤]。由此可见宋濂之

---

① （明）宋濂著：《宋濂全集》（2），浙江古籍出版社2014年版，第475页。
② （明）宋濂著：《宋濂全集》（2），浙江古籍出版社2014年版，第477页。
③ （明）宋濂著：《宋濂全集》（2），浙江古籍出版社2014年版，第477页。
④ （明）宋濂著：《宋濂全集》（2），浙江古籍出版社2014年版，第475页。
⑤ （明）宋濂著：《宋濂全集》（2），浙江古籍出版社2014年版，第475页。

敬业。

（2）书写语言简洁明了

在言语上，力求简洁明了，"文词勿至于艰深，事迹务令于明白，苟善恶了然在目，庶劝惩有益于人。"① 这是写给所有人看的史书，所以在语言上一定不能过于艰深晦涩，简洁的语言也有助于把事情说得明白晓畅。如此，才能保证史书真实的面目。

（3）注重史料的收集

宋濂最苦恼的就是元朝史料匮乏，因为元朝曾经废史官，"至若顺帝之时，史官职废，皆无实录可征，因未得为完书。上复诏仪曹遣使行天下，其涉于史事者令郡国上之。又明年春二月乙丑开局，至秋七月丁亥书成，又复上进。……凡前书有所未备，颇补完之。"② 没有史官记载实录，宋濂只能让地方郡国搜集资料上进。即使如此，还是资料匮乏，"故上自太祖，下迄宁宗，靡不网罗，严加搜采。恐玩时而愒日，每继晷以焚膏。故于五六月之间成此十三朝之史。况往牒舛讹之已甚，而它书参考之无凭，虽竭忠勤，难逃疏漏。若自元统以后，则其载籍无存，已遣使以旁求，俟续编而上进。"③ 所以宋濂不得不自谦，称记述不周到，"愧其才识之有限，弗称三长；兼以纪述之未周，殊无寸补。臣某忝司钧轴，幸睹成书"④，"第臣濂等以荒唐缪悠之学，义例不明，文词过陋，无以称塞诏防之万一。夙夜揣分，无任战兢。今镂板讫功，谨系岁月次第于目录之左，庶几

---

① （明）宋濂著：《宋濂全集》（2），浙江古籍出版社 2014 年版，第 475 页。
② （明）宋濂著：《宋濂全集》（2），浙江古籍出版社 2014 年版，第 477 页。
③ （明）宋濂著：《宋濂全集》（2），浙江古籍出版社 2014 年版，第 475 页。
④ （明）宋濂著：《宋濂全集》（2），浙江古籍出版社 2014 年版，第 475 页。

博雅君子相与刊定焉。"①

虽然如此，但宋濂等不顾一切地收集史料，日夜不停地校勘编撰，其功仍不可没，为我们保存了珍贵的元代历史资料。

三、王祎的经史之学

（一）生平简介

王祎（1322—1374），字子充，号华川，婺州路义乌（今浙江省义乌市）人。幼敏慧，师柳贯、黄溍，但柳贯教导王祎时间甚短。

王祎少有文名，元至正九年（1349），王祎随元侍讲黄溍在京修史。其间上书八千言，纵论天下大势并批评时政弊病。其书受到当时宰相的阻拦而未成，却引起了翰林危素等的注意。王祎仕途不顺，离京南归。

元至正十八年（1358），朱元璋取婺州，召见王祎，令其为中书省掾，授江南儒学提举司校理，除侍礼郎兼引进使，迁起居注，出为知南康府事。明洪武元年（1368），做事忤逆朝旨，出为漳州府通判。洪武二年（1369），与宋濂同任《元史》总裁官。书成后，拜翰林待制、同知制诰兼国史院编修官。五年（1372），奉诏出使云南，招降元梁王把都。六年（1373）十二月，出使时遇害，年五十二岁。

王祎师事黄溍，学有原本，以文章名于世，与宋濂并称浙东二儒。著有《元名臣列传》若干卷、《续大事记》七十九卷、《华川前后集》四十卷、《玉堂杂著》二卷、《陈言》二卷、《诗》五卷等。后大多被收入《王忠文公集》。

---

① （明）宋濂著：《宋濂全集》（2），浙江古籍出版社 2014 年版，第 477 页。

王祎最为人熟知的是与宋濂共同主编《元史》。《元史》是系统记载元朝兴亡过程的一部纪传体断代史，成书于明朝初年。全书二百一十卷，包括《本纪》四十七卷、《志》五十八卷、《表》八卷、《列传》九十七卷，记述了从蒙古族兴起到元朝建立再到元朝北逃蒙古高原的历史。

《元史》的体例整齐，文字浅显，叙事明白易懂，还保留了当时的不少方言土语，这同朱元璋提倡浅显通俗的文字是分不开的。宋濂修《元史》时，遵照朱元璋的意图，强调"文词勿至于艰深，事迹务令于明白"，因此《元史》称得上是一部较好的正史。

王祎虽与宋濂同称浙东二儒，但后世对其评价并不高，甚至认为其文多模拟剽窃。这些尚需学界研究裁定。

（二）王祎的理学思想

1. 理学宇宙观

在《天机流动轩记》中，王祎谈到了理创世的宇宙观。他说："夫造化之理，一至诚无息之妙而已。《易》之为卦，取象有八曰：天地定位，山泽通气，雷风相薄，水火不相射。是八者为物不同，而其为理，同一至诚无息之妙者也。夫天，确然在上者也，而日月之代明，寒暑之迭运，其行至健，未始或息也。地，隤然在下者也，而草木之并育，河岳之悉载，其承至顺，未始或息也。山，人见其为止也，而物俱由以成，未尝息焉。泽，人知其为说也，而物咸赖其润，未尝息焉。雷，若有时而息矣，而复于地中；风，若有时而息矣，而升于地中：亦未尝有息也。水洊习而常流，火继明而常照，又皆不息者也。非特此也，凡物之有形于天地间者，其消长禅续，生生不息，举无异于是焉。其所以不息者，何莫非至诚之妙，造化自然之理也。造化自然之理，所谓道体也。道本无体，然体物而不遗，故妙万物而无不在，与万物相为用而无穷也。吾故观于物，察乎造化之理，而知为至诚无息之妙也。《中庸》曰：'至诚无息。'叔能有取于天机流动，意岂不谓是乎！天机之流动，岂非造化自然之理，至诚无息之妙乎！"①

王袆认为，造化之理是宇宙的缔造者。天地万物都由造化之理生成，且理存在于万物之中。理先生成八种存在，即八卦中的八种物象，而这八种存在分别具有各自之理，这些理又皆从造化之理来。接着，这八种分殊之理又相互作用生成天地万物。所以，万物的生成是一种层级的网状结构。第一层级的理生成第二层级的，而第二层级的又生成第三层级的，以至无穷，但所有的理的总根源乃是那个造化之理。因此，万物及万物之理皆来自造化之理。造化之理的特点是至诚无息，所以天地万物都是生生不息的。至诚无息是理之特征，也是宇宙之特征。"至诚"是儒家思想中一个核心概念，按照朱子所说，其意为"真实无妄"。这个"真实无妄"既是事实意义上的，也是道德意义上的，也可以说其是本体论和道德论之合一，所以理既是宇宙本体，也是一个道德存在，而这个理的宇宙运转方式是生生不息。理之宇宙既是真实无妄的，也是生生不息的。这就是这个宇宙的奇妙之处。

在这里，我们看到了王袆和刘基有些不一样的宇宙观。在刘基

---

① （明）王袆著，颜庆余点校：《王袆集》（上），浙江古籍出版社 2016 年版，第 227—228 页。

那里，天为大，而理则属于天的心，但王祎则认为理最大，天地等则成了理的组成部分。这里的天更多的是指后天有形之天，而刘基所谓的天则是先天宇宙本源。由此可见，王祎这个理之宇宙乃是对程朱理学宇宙观的继承。

2. 天人观

在王祎这里，对天人关系的论述有些前后不一。有时他认为人要通过万物体察万物之理并最终追溯到本源造化之理。在这个意义上，宇宙和人或者说天人是分离的。人要通过学习来认识宇宙，以学来合天，如他说："然而观物以察其理，察理以反诸身者，学之要也，故君子所以贵乎体验之功也。天之健也，地之顺也，吾因以充吾健顺之德而自强焉。山之止也，吾因以成物而不倦。泽之说也，吾因以润物而不厌。观水之游习，吾因以常德行。观火之继明，吾因以常中正。观风雷之恒，吾因之以久于道而立不易。方此之谓观物而察其理，察理而反诸身也。反诸身者，诚之之事也。诚之之至，则诚矣。《中庸》曰：'诚者，天之道也。诚之者，人之道也。'自诚之以至于诚，纯而不已，谓之与天合德可也。呜呼！为学之要，其有外于是者乎！不出于是，不足以成其德。"①

在这里，人的代表君子就要观察天地万物之理，并学习万物之理以修身治天下，如《中庸》所说："诚者，天之道也。诚之者，人之道也。"这里天就不仅仅是八卦中的一种相了，而是又有了宇宙本

---

① （明）王祎著，颜庆余点校：《王祎集》（上），浙江古籍出版社 2016 年版，第228 页。

源造化之理的意涵，即天理。天理乃是真实无妄的，而人则要通过自己的努力学习来体悟天理，并在生活中实践出来，这就是人诚天理之道，人也因此才与天合德。天人的关系就是在天人分离的前提下又统一的。

有时他又认为人本身就具有天地之理。如此，天人本来就是合一的，但他又说，天赋予人的理只是仁义之理，而天道中的其他理则还需要人去体悟，如他在《贤良对武帝策》中所拟的对辞说：

> 臣闻帝王之治，有本有文。仁义道德，本之谓也；礼乐刑政，文之谓也。本以立之，文以辅之，此至治所为成也。夫天地以生物为心者也。《易》曰："大哉乾元，万物资始。至哉坤元，万物资生。"元即仁也，仁即其所以生物者也。天地不惟自生物也，又以是理赋于人，而人秉之以具诸心，故曰仁，人心也。天地之生物也，细而草木鸟兽，大而君臣父子兄弟夫妇。人之处之，必各得其宜也。得其宜者，义也。义虽在外，而制之者心也。故义者心之制也，道也者天之所以示人而人由之之路也。风雨霜露，日星山川，无非至教之示人，人由之而能察，则日用事物各得其所当行也。德者行道而有得之谓也。天之运也，健而不息，天之德也；地之载也，厚而不崩，地之德也。人能体天地之德以为德，行而有得焉，故为德也。天地之间，万物区别，各有序也。圣人因其有自然之序也，制度品节之而礼兴焉，吉凶军宾嘉，三百三千之目是也。天地之气，流通感召，本至和也。圣人因其有自然之和也，鼓舞动荡之而乐作焉，《咸池》、《云门》、《英》、《茎》、《韶濩》之类是也。……

是故仁义根乎人心之固有者也，道德体乎天地之本然者也。孟子曰："仁，人心也；义，人路也。"孔子曰："在明明德。"又曰："道也者不可须臾离也。"居仁由义，道德全备，则五典以秩，九畴以叙，故此四者治天下之本也。礼乐以兴起人之善心，防于未然者也。刑政以惩戒人之邪心，禁于已然者也。《记》曰："礼乐流行，天地官矣。"孔子曰："道之以政，齐之以刑，民免而无耻。"礼乐刑政兼举而并行，则九经以正，六府三事咸得其宜，故此四者治天下之文也。夫本所以立治也，不可不同，故二帝三王为治之意无不同也。文所以辅治也，不必尽同，故二帝三王为治之法未尝同也。孔子曰："殷因于夏礼，所损益可知也。周因于殷礼，所损益可知也。"盖其因者本也，所损益者文也。立之以本，辅之以文，帝王之治亡不由此，至治之成而教化之美，固有不期而然也。是故唐虞之时，画衣冠，异章服而不犯；成康之世，刑错而不用，日月所烛，莫不率俾，海内肃慎，北发渠搜，南抚交趾，氐羌徕服。盖内而民人，外而夷狄，皆由于教化也。是以日月不蚀，星辰顺轨，而天道得其宁；山林不崩，川谷不塞，而地道得其平；麟凤在郊薮，龟龙游于沼，河出《图》，洛出《书》，而祯祥诸福之物毕至焉，斯皆至治之成其效然也。《中庸》曰："致中和，天地位焉，万物育焉。"正谓是也。①

----

① （明）王祎著，颜庆余点校：《王祎集》（中），浙江古籍出版社 2016 年版，第 393—395 页。

在这里，我们看到了王祎矛盾的论述。开始，王祎认为天地生养万物之心乃是仁，而此仁在天地生万物之时就赋予了人，因此人皆有仁心，但按照王祎的叙述，仁并不是天地拥有的一切，在仁之外还有道和德。仁因此就被王祎只看作一种精神意向或心理状态的存在，并不是本体论和道德论合一的宇宙本体，所以道和德这种涉及万物具体状态的存在也就和仁分离了。这就出现了一种很奇怪的状态，在王祎这里，仁变成了一种道德心理状态，而道和德反而成了现实的存在。王祎说："道也者天之所以示人而人由之之路也。"人只有仁心还不够，必须去治理和安排万物，而万物之道就是人所必须学习和遵循的了。万物都有道和德，道就是万物具有的理，而德则是万物根据自己之道实践出来的结果。因此，天有天之道德，地有地之道德，人也有人之道德。人的道德就是遵循万物之道从而将其安排得各得其所。圣人知晓了天地之道德后，将天地安排妥当，如此也就成就了自己的道德，这种状态的极致就是"至和"。天地和人一起达到"至和"状态，就是帝王之治所追求的境界。

除了仁、道、德这三种范畴之外，还有义这一范畴。在王祎看来，义乃是依据人心所制造出来的处理天地万物的条目和方法，和道德有些相似，但和道德不同的是，义是由心产生的，而道德则是天地昭示出来的，所以王祎将仁义和道德分为两种不同的存在。仁义是人心固有，道德则是天地的本然存在状态。尽管这两组范畴是分开的，但它们一起仍成了帝王之治的根本，而礼乐刑政则是帝王之治的具体表现。所谓"仁义道德，本之谓也；礼乐刑政，文之谓也。本以立之，文以辅之，此至治所为成也"。本和文结合，也是天地之德与人之德的完美，此即为"至和"。"至和"也就是《中庸》

所谓的"致中和"。

在下面这段中，说的也是只有仁义属于人心固有，"圣人之治天下也，仁义礼乐而已矣。仁义充其所固有，所以治其内也；礼乐修其所当为，所以治其外也。是故内外交治，而天下化矣。"①

根据王祎对仁义道德的阐释，问题就来了，仁义和道德不是同一种存在吗？为何王氏要将其分开呢？既然仁义乃是天地赋予人的，那么天地为何不将自己的道德也赋予人呢？这就体现出了王祎逻辑的不系统和不彻底。如果其将天地之仁和道德同在人心的逻辑推进到底，就和阳明一样圆融贯通了，可惜在他这里是断为两截的。这就是其受程朱理学影响的结果，心和物、知和行在他这里依然是两分的。因此，王祎的天人关系也就陷入了矛盾和纠结中，在天之仁就在人心的意义上，天人是合一的；而在天之道德在人心之外的意义上，天人又是两分的。

在这种既分又合的天人关系中，人的主要活动就是法天地而做，而且天道必须借助于人才能开出来。在《卮辞（并序）》中，王祎写道：

> 圣人法天而立道。春者，天之所以生也。仁者，君之所以爱也。夏者，天之所以长也。德者，君之所以养也。秋冬者，天之所以杀也。刑者，君之所以罚也。此天人之义，古今之道也。
>
> 道之大原出于天，万世亡弊，弊者道之失也。惟其弊

---

① （明）王祎著，颜庆余点校：《王祎集》（中），浙江古籍出版社2016年版，第565页。

也，故有偏而不起之处，而政有眊而不行。先王举其偏而正之，盖补其弊而已矣。

天非人无以为灵，人非天无以为生，天人其一气乎。君非民不能自立，民非君不能自一，君民其一职乎。

天人之际，至亲且密也。人事感于下，则天变应于上。和气致祥，乖气致异，致祥则休征而五福至，致异则咎征而六极生。感应之机，闲不容发。是故善言天者，必有征于人。①

于是，天人关系在王祎这里如同天人感应一样，是一种先分后合之关系。相对于汉儒天人感应的尊天模式，宋明儒学开始强调人之地位，人乃是天地展开的关键因素。所以，王祎说此圣贤之学也应该称为心学，"人身甚微细也，而至广且大者，心也。范围天地，经纬古今，综理人理，酬酢事变，何莫非心思之所致也。于是圣贤有心学焉，先之以求放心，次之以养心，终之以尽心。是故心学废，人之有心者犹无心矣，无心则无以宰其身，佽佽焉身犹一物耳，何名为人哉。"② 但是由于其天人之间的关系还未融通，心还未成为本体之心，其心学离阳明心学仍有一段距离。

如前所述，与天合德的方式就是人将体悟到的天理用于天下的治理。这就形成了王祎一个重要的人道观，即经世致用。在《原儒》和《原士》篇中，王祎明确表达了此观点。他说："圣贤之所以为学

---

① （明）王祎著，颜庆余点校：《王祎集》（中），浙江古籍出版社 2016 年版，第567 页。

② （明）王祎著，颜庆余点校：《王祎集》（中），浙江古籍出版社 2016 年版，第566 页。

者何也？必其性之尽于内者有以立其本，而才之应于外者足以措诸用也。方其幼也，礼乐射御之节，书数之文，无弗学也，凡知类入德之方，亦既习而通之矣。比其长也，三才万物之理，必推而究其极也。推其理所以致其知也，致其知者，思也，思则有以明诸心矣。仁义礼知，心之所具之性也。心之明，则性之尽也。尽性，则理之具于我者，无不明而视天下无一物之非我矣。故曰惟天下至诚为能尽其性，能尽其性，则能尽人之性，能尽人之性，则能尽物之性也。夫能尽其性，则大本立矣，而推而至于尽人物之性，又由其才有以应之也。故自日用之间，以及乎参天地，赞化育，所以品节弥纶之者，非才莫有以应之。才之周，事之所以成也。此其所以小可以为国家天下之用，而大可以用天下国家也。故曰才与诚合，则周天下之治也。是故天下之理，无不有以明诸心者，性之尽于内；而推己以及乎人物，使天下皆有待于我者，才之应于外也。夫有以尽于内，未有不能应于外者也，不能应于外，由不能尽于内矣。故自格物、致知、诚意、正心，以至齐家、治国、平天下，皆一本也。自本诸身，以至证诸庶民，考诸三王，建诸天地，质诸鬼神，俟诸后圣，无二用也。其本末体用，所以内外之兼至者，诚也。内而性之尽者，其本既立矣；外而才之应者，其用复周焉：诚之至也。此所谓圣贤之学者也。"①

在王祎看来，圣贤之学就是将体悟到的万物之理用之于天地万物，而体悟万物之理有个过程，先从枝节做起，然后上升到天地人

---

① （明）王祎著，颜庆余点校：《王祎集》（上），浙江古籍出版社 2016 年版，第123—124 页。

三才万物之理。这样一来，这个过程首先就是从心开始的。但是，这里王祎的论述又出现了矛盾。他说人心本就有仁义礼智之性或理，而此心之性乃是内在的，其发之于外才是圣学之完成。这样就等于说心已经具有了万物之理，即和他前面的观点产生了矛盾，前面他只承认心具有仁之理。更加矛盾的是，既然心已经具有万物之理了，为何又要去学习万物之理呢？

抛开这些矛盾，王祎在这里主要想表明的是，圣贤之学就是一个由心及物、由内及外、由体及用的过程，而经世致用是其最显明的特色。因此，他批判那些将此致用之学搞成辞章、记诵之学的腐儒，"凡今世之所谓儒者，剽掠纤琐，缘饰浅陋，曰我儒者，辞章之学也；穿凿虚远，附会乖离，曰我儒者，记诵之学也。而人亦曰此所以为儒也。嗟乎！昔之称词章者，唐之燕、许，宋之杨亿，其词章盖诚足以华国也。昔之称记诵者，汉之马、郑，宋之刘敞，其记诵盖诚足以穷经也。使若人也，其记诵、词章而止若是焉，固亦何取其为儒名耶！是故吾所谓圣贤之学者，皆古之真儒，而今世之称记诵、词章者，其不为孔子之所谓小人儒，荀卿之所谓贱儒者几希。吾友郑君仲舒，儒者也，其所谓儒，志乎圣贤之学者也，是吾斯之谓儒而非今世之所谓儒也。郑君游京师，受知今相国，遂入经筵，为检讨。儒者之用，庶几有以自见者乎。"① 在王祎看来，那些玩弄辞章和记诵的儒者只不过是小人儒罢了。

在《原士》篇中，王祎同样强调人之学即儒学经世致用之特点，

① （明）王祎著，颜庆余点校：《王祎集》（上），浙江古籍出版社 2016 年版，第124—125 页。

他说："呜呼！人之各习其业以为世用者，其为道举不易也，而其尤难者，盖莫难于为士矣。士之难为，何也？必其性之尽于内者有以立其本，而才之应于外者足以措诸用也。盖方其幼也，礼乐射义之节，书数之文，无弗学也，凡知类入德之方，亦既入而通之矣。比其长也，三才万物之理，必推而究其极也。推其理所以致其知也，致其知者思也，思则有以明诸心矣。仁义礼智，心之所具之性也。心之明则性之尽也，尽性则能不以闻见梏其心，而视天下无一物之非我矣。故曰惟天下至诚，为能尽其性，能尽其性，则能尽人之性，能尽人之性，则能尽物之性也。夫能尽其性，则大本立矣，而推而至于尽物之性，又皆其才有以应之也。盖自日用之间，以及乎参天地，赞化育，所以品节弥纶之者，非才则莫有以应之。才之施，事之所成也。此其小可以为天下国家之用，而大可以用天下国家也。故曰才与诚合，则周天下之治也。是故天下之理，无不有以明诸心者，性之尽于内；而推己以及乎人物，使天下皆有待于我者，才之应于外也。夫有以尽于内，未有不能应于外者也，不能应乎外，由不能尽于内矣。内而性之尽者，其本既立矣，外而才之应者，其用复周焉，非所谓成德达材之士者钦。"① 这里的语句几乎全部复制了其在《原儒》篇中的说法，其对学以经世致用的强调也是一样的。

3. 善恶观

王祎的善恶观是怎样的？知道了其宇宙观和天人关系后，善恶

---

① （明）王祎著，颜庆余点校：《王祎集》（上），浙江古籍出版社 2016 年版，第125—126 页。

问题就很好说了。王祎谈到了人之善恶的问题。在他看来，天地之理本就是仁的，也就是善的人心乃承接天地之理，尤其是仁之理，所以人心就是善的，但是根据程朱理学，人又处于气中，因此会产生偏差，从而出现恶。他说："夫人心不能以皆善也，故有流而为邪僻，圣人虑夫礼乐之教民，或不能尽化也，于是刑政制焉。五刑之属，至于三千，而法令之布，大纲小纪，具有科条，凡以防民，使去恶而远罪也。"① 所以对王祎来说，天地至善无恶，恶只存在于人。当人受到邪僻之气的侵扰时，恶就产生了。

在《韦斋记》中，王祎也讨论了善恶问题。他说："天之所以予人，人之所以得乎天，非上智之资，其性鲜有不偏者焉。唯君子为能矫其偏而归于正，故《传》有之曰：'及其成功一也。'抑君子之致力于斯也，岂惟日用之际，即事而加察，而平居涵养之时，尤必假物以致儆。然非自知之明者，乌能以及此。夫其自知之明，则无待于外矣。顾犹有假乎物者，盖物具夫性质之一偏而非能变通者也。吾能假彼之偏，以矫吾之偏，此所以为自知之明欤。今夫物之粹者莫如玉，而德之疵者假之，故记礼者曰：'君子比德于玉。'物之明者莫如镜，而道之昧者假之，故韩非子曰：'目短于自见，故以镜观面；人短于自知，故以道正己。'非特此也，昔者董安于之性偏于缓，其佩也以弦，弦，物之性急者也；西门豹之性偏于急，其佩也以韦，韦，物之性缓者也。此皆所谓假物以致儆者，非自知之明，

---

① （明）王祎著，颜庆余点校：《王祎集》（中），浙江古籍出版社 2016 年版，第 394 页。

乌能以及此。"① 在这里，王祎以性之偏正来讨论善恶。他依然认为天乃性善，而人则有善恶之分。人出现恶的可能性及其程度是与其天资有关系的。只有上资之人可能一直保持性之正，即善。这些上资之人就是圣人和圣王了，而一般的君子也会出现性之偏，即恶。君子与一般百姓不同的是，他可以借助外物来纠正恶，从而复归于善。因为君子有自知之明，通晓自己性之偏所在，所以会借助相应的外物来矫正自己。其所选取的外物具有道德象征意义，如玉、镜象征道德之纯粹无瑕，可借之来警醒自己。弦物象征性急，性缓之人可佩戴之纠正自己；韦物象征性缓，性急之人可佩戴纠正其急。

王祎这里的善恶观和前面所述是一致的，天乃至善，恶则属于人。人之恶来自天资，而天资乃是气所生成的，所以恶依然来自气之偏。只不过王祎在这里谈到了恶的程度和等级性。人们天资不同，恶的程度也不同。上资之人有可能是全善的，所以在善恶面前，人们是不平等的。

在《处善堂记》中，王祎则以循理与否来判断人之善恶，"呜呼！乾道变化，继之者善，成之者性，盖善立于性，命于善，是理之具于吾心者，何其纯于善而不杂也。是故率是而充之，无为其所不为，无欲其所不欲，何往而非善哉！然而君子为善，惟日不足，一日之中，非必皆与物接也，何如其可谓善，又何如其为之。夫亦曰吾知循理尽分而已耳。不敢侮于人，所以不自侮也；不敢欺于人，所以不自欺也。侮焉欺焉，于人奚所加损，而一念之萌，败德乱常，

---

① （明）王祎著，颜庆余点校：《王祎集》（上），浙江古籍出版社 2016 年版，第 278—279 页。

所丧固在我矣。不自侮，不自欺，所以持吾敬也。持吾敬，即所以循理尽分而充乎是心之善者也。且舜居深山之中，与木石居，与鹿豕游，颜子在陋巷，一箪食，一瓢饮，岂必皆与物接哉，而世之称为善者，必曰舜、颜焉，殆亦推其是心而论之耳。今克安之居于斯也，惟日孳孳，惟善之是处，充是心焉，虽至于舜、颜可也。考之于经，有曰'作善降之百祥'，有曰'积善之家，必有余庆'。作之积之，夫皆即是心而充之，事所当事，初曷有计功蕲获之心，而祥庆之臻有不期而自至。至是则身之所处，无乎非善，而与善为无间矣。大抵为善与不善，惟家人为不可欺。夫苟处善于家，声孚而气感，父父子子，兄兄弟弟，夫夫妇妇，无不循乎理而尽其分，则闺门之内，已日由于吉祥而何庆如之。是心之传，流及苗裔，固有可得而征者矣。呜呼！君子处善之效，其言可诬也哉。"①

在王祎看来，天理本来就在人心，只要人不自侮，不自欺，保持恭敬之心，就会循理尽分，与天理同善。不过，王祎并没有交代人为何会自侮、自欺。

在下面这段，王祎又从天理人欲的角度来阐释善恶，"天理人欲，势必相反，故循天理则绝人欲，徇人欲则灭天理。然世固有徇人欲而合天理者，有绝人欲而反天理者。齐桓、晋文之霸也，九合诸侯，一匡天下，号令列国，几于改物，无非徇人欲也。然其尊王室，安中国，攘夷狄，则循天理矣。杨朱、墨翟、老佛之徒，以为我、兼爱、清净、寂灭为教，无非绝人欲也。至于无父无君，殄人

---

① （明）王祎著，颜庆余点校：《王祎集》（中），浙江古籍出版社2016年版，第298—299页。

类，为禽兽之归，则灭天理矣。循天理，绝人欲，惟圣人能之。徇人欲，灭天理，则小人矣。霸者、异端，处二者之间，其将盗名而陷于一偏者乎。"①

这里似乎回答了上一段没有回答的问题，即为何人会自侮、自欺，原因就在于人欲。那么人欲又从哪里来呢？这里又没有回答。不过，我们返回第一段，就会知晓，人欲来自气之偏，所以循天理绝人欲就是纠正气之偏，复归天理纯善。

在这里，王祎还谈到了一种很隐蔽的人欲，即以灭人欲的形式出现的人欲。他列举的是杨朱、墨翟、老佛之学。王祎认为，真正的绝人欲是灭绝人身上不合乎天理之欲望，保存其合乎天理之本分，但这些学说的灭人欲却是要将人身上所有欲望都清除，这反而是矫枉过正，最终其实也不过是一己私欲之反应。王祎还看到，即使春秋五霸都是人欲的代表，但其中仍含有天理的成分。王祎的这些观点很高明，并没有将霸者和异端完全否定，而是承认其合理成分。

可以看到，王祎的善恶观基本上是继承了程朱理学的善恶观。

4. 王祎的经学典籍思想：经学乃经世致用之学

王祎的经学典籍思想集中在其《六经论》和《四子论》两篇文章中。

在《六经论》中，王祎特别强调六经之治世功能，他说："六经，圣人之用也。圣人之为道，不徒有诸己而已也，固将推而见诸

---

① （明）王祎著，颜庆余点校：《王祎集》（中），浙江古籍出版社 2016 年版，第570 页。

用，以辅相乎天地之宜，财成乎民物之性，而弥纶维持乎世故。所谓为天地立极，为生民立命，为万世开太平者也。是故《易》者圣人原阴阳之动静，推造化之变通，以为卜筮之具，其用在乎使人趋吉而避凶。《书》者圣人序唐虞以来帝王政事号令之因革，以为设施之具，其用在乎使人图治而立政。《诗》者圣人采王朝列国风雅之正变，本其性情之所发，以为讽刺之具，其用在乎人惩恶而劝善。《礼》极乎天地朝廷宗庙以及人之大伦，其威仪等杀秩然有序，圣人定之以为品节之具，其用在乎明幽显，辨上下。《乐》以达天地之和，以饰化万物，其声音情文翕然以合，圣人协之以为和乐之具，其用在乎象功德，格神人。《春秋》之义，尊王抑霸，内夏外夷，诛乱贼，绝僭窃，圣人直书其事，志善恶，列是非，以为赏罚之具，其用在乎正义不谋利，明道不计功。由是论之，则六经者圣人致治之要术，经世之大法，措诸实用，为国家天下者所不可一日以或废也。孔子尝曰：‘我欲托诸空言，不如载诸行事之深切著明也。’后世学者因以谓圣人未尝见诸其行事，而惟六经是作，顾遂以空言视六经，而训诂讲说之徒又从以浮辞曲辨肴乱之。其弊至于今几二千年，于是圣人致治经世之用微矣。呜呼！圣人之用，载于六经，如日月之明，四时之信，万世无少替也。天地之所以位，万物之所以育，世故之所以久长而不坏者，繄孰使之然也。”①

在王祎眼中，六经都各自有其实用功能，《易》乃是洞察造化之理，使人趋吉避凶的；《书》是记录先王政治沿革，让人图治立政

———————

① （明）王祎著，颜庆余点校：《王祎集》（上），浙江古籍出版社 2016 年版，第99—100 页。

的；《诗》乃是从性情出发进行惩恶劝善的；《礼》是明乎天下秩序，使上下有别；《乐》是天下和乐美化之工具，为世人之功德和人生境界提供更高的目标；《春秋》则是使世人知晓是非善恶之大义，明白尊王抑霸、夷夏之辨，树立正统，所以六经乃是"圣人致治之要术，经世之大法，措诸实用，为国家天下者所不可一日以或废也"。

在王祎看来，孔子也强调事功和实用。六经和道学就不能停留在空言之阶段，其必须是付诸实践的。对六经的误解有两种：一是将其当作空言来看；二是将六经视为训诂饾饤之学，进行无谓的辩论解释和考证。这两者都没有弄清六经乃致用之学的本质。

那么，六经又来自哪里呢？出处何在？王祎提出了六经乃心学之论。他说："或曰，六经，圣人之心学也，《易》有先天后天之卦，乃圣人之心画，《书》有危微精一之训，乃圣人之心法，《诗》者心之所发，而《礼》由心制，《乐》由心生者也，《春秋》又史外传心之典也。又曰，说天莫辨乎《易》，由吾心即太极也；说事莫辨乎《书》，由吾心政之府也；说志莫辨乎《诗》，由吾心统性情也；说理莫辨乎《春秋》，由吾心分善恶也；说体莫辨乎《礼》，由吾心有天序也；道民莫过乎《乐》，由吾心备人和也。心中之理无不具，故六经之言无不该也。然则以圣人之心言六经者，经其内，以圣人之用言六经，则经其外矣。心者其本，而用者其末矣。舍内而言外，弃本而取末，果可以论六经乎！曰非然也。心固内也，而经则不可以内外分，内外一体也。而尤不可以本末论，圣人之道，蕴诸心而不及于用者有之矣，未有措诸用而不本于心者也。况乎六经为书，本末兼该，体用毕备。吾即圣人之用以言之，则圣人之道为易明，而圣人之心为已见。本体之全，固在是矣。若夫徒言乎心而不及于用者，有体无用之学，佛老氏之所为道也，岂所以言圣人之经哉。"①

王祎说得明白，所有致用之学皆来自于心，"圣人之道，蕴诸心而不及于用者有之矣，未有措诸用而不本于心者也。"因此，六经也是来自心的，也可称为心学。《易》是圣人之心画，《书》乃圣人之心法，《诗》乃心之所发，《礼》由心制，《乐》由心生，《春秋》是传心之典，还可说《易》来自吾心之太极，《书》来自吾心政之府，《诗》来自吾心之性情，《春秋》来自吾心之善恶，《礼》来自吾心之天序，《乐》来自吾心之人和。心具有万理，六经则是这些理的言说，"心中之理无不具，故六经之言无不该也。"

这似乎又回到了王祎的天人观上，天地之理具于人心，但前面提到的在人心的只是仁，在这里则各种理都蕴含在了心中。这就又显示出王祎论述的矛盾性。若暂时认同王祎心具万理之论，那么作为心学的六经和致用的六经又是什么关系呢？王祎说是内和外、体和用、本和末的关系，所以六经一定是内外合一、体用合一、本末合一的。只讲体而不讲用之经或道，乃是佛老虚空之道。可见，王祎的着眼点还是在六经的致用上。因为六经本身是体用合一的，所以说到用时，其体已经具有了，因此不必再强调其体，更值得关注的反而是用。圣人之经与佛老等其他学问的区别就是在用上而不在体上。

由此可见，王祎的经学思想也主要是经世致用思想，这和其人学或儒学观是一致的。在其他地方王祎也多次提到此观点，如前面

---

① （明）王祎著，颜庆余点校：《王祎集》（上），浙江古籍出版社 2016 年版，第100 页。

提到的《原儒》《原士》篇。在《王氏迂论序》中，王祎又有一些补充，他说："圣贤之道，所以致用于世也。礼乐、典章、制度、名物，盖实致用之具，而圣贤精神心术之所寓，故在学者尤不可以不讲。是故致用在乎经邦，经邦在乎立事，立事在乎师古，师古在乎随时。苟不参古今之宜，穷始终之要，则何以涉事赜变而弥纶天下之务哉！秦汉以来，儒者之学或泥于训诂，或沦于辞章，或淫于清虚，或滞于功利，其于圣贤致用之道，能通焉者鲜矣。至于宋，而有永嘉经制之学焉。盖自郑景望氏、薛士龙氏，以及陈君举氏、叶正则氏，先后迭起，其于井牧、卒乘、郊丘、庙社、章服、职官、刑法之类，靡不博考而精讨，本末源流，粲然明白，条分缕析，可举而行。当其时，吾金华唐与正氏帝王经世之术，永康陈同父氏古今事功之说，与之并出。新安朱子皆所推叹，然于永嘉诸君子之学独深许之，岂不以经制之讲固圣贤之所以为道者欤。"① 这里的观点和《六经论》中的经世观点是一致的，也批评了那些训诂、辞章、虚空、功利之学，凸显了圣王由仁及义、由体及用的内外合一、体用合一的经世之学的特点。

还有一个问题要澄清，即王祎所说的心学是不是阳明所说的心学呢？答案是否定的。因为王祎这里的心乃是一个器官之心，并没有上升到本体的境界，因此他所说的心只能是内在的，其六经之心学也是一种内在之学。这和陆九渊所谈之心有相似之处，而阳明所说之心乃是与天理合二为一的、本体意义上的心。其心乃是世界的本源，心与

① （明）王祎著，颜庆余点校：《王祎集》（上），浙江古籍出版社 2016 年版，第218—219 页。

万物没有内外之分，而在王祎这里，心与物、心与事依然是两分的。

王祎的经学思想还体现在其对四书的看法上。在他看来，四书和六经一样，都是载理之经书。他先交代了四书的来历，"四子，《论语》、《大学》、《中庸》、《孟子》也。《论语》，孔子及门人问答之微言，而记于曾子、有子之门人。《大学》亦孔氏遗书，其经一章，孔子之言而曾子所记，传十章，则曾子之言而门人记之。《中庸》三十三章，子思之所作。《孟子》七篇，孟子所著，或曰其门人之所述也。《论语》先汉时已行，萧望之、张禹皆以传授，而诸儒多为之注。《大学》、《中庸》二篇在《小戴记》中，注之者郑玄也。《孟子》初列于诸子，及赵岐注之后，遂显矣。爰自近世大儒河南程子，实始尊信《大学》、《中庸》而表章之，《论语》、《孟子》亦各有论说。至新安朱子，始合四书，谓之四子，《论语》、《孟子》则为之注，《大学》、《中庸》则为之《章句》、《或问》。"① 王祎交代得很清楚，四书主要由二程选成。

接下来，王祎则论述了四书和六经的对应性和统一性，认为这主要归功于朱子。他说："自朱子之说行，而旧说尽废矣，于是四子者与六经皆并行，而教学之序莫先焉。然而先儒之论以谓治六经者必先通乎四书，四书通则六经可不治而通也，至于六经、四书所以相通之类，则未有明言之者。以予论之，治《易》必自《中庸》始，治《书》必自《大学》始，治《春秋》则自《孟子》始，治《诗》及《礼》、《乐》必自《论语》始。是故《易》以明阴阳之变，推性

---

① （明）王祎著，颜庆余点校：《王祎集》（上），浙江古籍出版社 2016 年版，第100—101 页。

命之原，然必本之于太极，太极即诚也，而《中庸》首言性命，终言天道、人道，必推极于至诚，故曰治《易》必始于中庸也。《书》以纪政事之实，载国家天下之故，然必先之以德，峻德一德三德是也，而《大学》自修身以至治国平天下，亦本原于明德，故曰治《书》必始于《大学》也。《春秋》以贵王贱霸、诛乱讨贼，其要则在乎正谊不谋利，明道不计功，而《孟子》尊王道，卑霸烈，辟异端，距邪说，其与时君言，每先义而后利，故曰治《春秋》必始于《孟子》也。《诗》以道性情，而《论语》之言《诗》有曰：'《关雎》乐而不淫，哀而不伤。'又曰：'可以兴，可以群，可以怨。'《礼》以谨节文，而《论语》之言《礼》，自乡党以至于朝廷，莫不具焉。《乐》以象功德，而《论语》之言《乐》，自韶舞以及翕、纯、皦、绎之说，莫不备焉。故曰治《诗》及《礼》、《乐》必始于《论语》也。此四子、六经相通之类然也。虽然，总而论之，四子本一理也，六经亦一理也。汉儒有言，《论语》者，五经之辐辏，六艺之喉衿，《孟子》之书则而象之。嗟乎！岂独《论语》、《孟子》为然乎！故自阴阳性命道德之精微，至于人伦日用家国天下之所当然，以尽乎名物度数之详，四子、六经皆同一理也。统宗会元而要之于至当之归，存乎人焉尔。"①

王祎对朱子的尊崇是显而易见的。在他看来，朱子打通了各种儒家著述之间的关联，使儒家学说形成一个体系化的系统，各种理论皆可在其中找到自己的位置，也能够厘清自身和其他理论之间的

---

① （明）王祎著，颜庆余点校：《王祎集》（上），浙江古籍出版社 2016 年版，第 101—102 页。

有机联系，各种理论之间的相似性、互补性也一目了然。在朱子的理学系统下，四书和六经的宗旨是相通相融的，所以理学家们会有"治六经者必先通乎四书，四书通则六经可不治而通也"之论。

理学家们没有具体指出四书和六经的相通之处，王祎则对此进行了补充。他认为，《易》和《中庸》都是讲天道、人道、天人关系的，是儒家道统之根基，所以治《易》必自《中庸》始；《书》和《大学》都是从明德开始讲修齐治平的，所以治《书》必始于《大学》；《春秋》和《孟子》都是讲义利之辨、贵王贱霸的，所以治《春秋》必始于《孟子》；而《论语》是将《诗》《礼》《乐》之内容融为一体，所以治《诗》及《礼》《乐》必始于《论语》。王祎对这种相似性和对应性的分析可谓精辟之至，对朱子理学之阐发有所补充。总而言之，王祎还是在朱子理学体系下对四书和六经宗旨进行阐发。在最后的结论中，他还是复归于理学，认为四书和六经同属于一理，都属于一个完整的儒学系统，这个系统即"自阴阳性命道德之精微，至于人伦日用家国天下之所当然，以尽乎名物度数之详"。这个系统是从宇宙论和道德论开始，然后推及家国天下，被及万物。这个系统也是一个由体及用、内生外王的过程，是儒家思想典型的特征。

（三）王祎的史学思想和史学成就

1. 王祎的正统观

王祎的史学思想建立在其正统观上，这主要体现在其《正统论》中。

其文一开始就确立了"正统"之含义。他说："正统之论，本乎

《春秋》。当周之东迁，王室衰微，夷于列国，而楚及吴、徐并僭王号，天下之人几不知正统之所在。孔子之作《春秋》，于正必书王，于王必称天，而僭窃之邦皆降而书子，凡以著尊王之义也。故传者曰'君子大居正'，又曰'王者大一统'，正统之义，于斯肇焉。"①

在王祎看来，正统观来自《春秋》。"正"代表的王治、天道，这是统治的标准和榜样，也可以说是正确的和善之统治。因此，"正统"就是王者统治天下的意思，而王道则代表着至公至善之天道。《春秋》之大义就是尊王攘霸、尊夏排夷，所以"正统"论是建立一个政治上的善恶标准或是非标准。

王祎也同意欧阳修的正统观。欧阳修说："正者所以正天下之不正也，统者所以合天下之不一也，由不正与不一，是非有难明，故正统之论所为作也。"王祎继之感叹："呜呼！三代之下有天下者，大抵皆不正不一，而不能合乎至公大义之所在，是非之际于是难明者多矣。盖当其难明之际，验之天文则失于妄，稽之人言则失于偏。是故荧惑守心，应乎魏文帝之殂，而吴蜀无他故，若可以魏为正矣。然月犯大心，王者所恶，则蜀昭烈之殂实应之，而吴魏无事也，是蜀亦可为正也。此非失于妄哉。自晋之灭，而南为东晋，宋、齐、梁、陈，北为后魏、后周、隋。私东晋者曰，隋得陈而后天下一，则推其统曰，晋、宋、齐、梁、陈、隋。私后魏者曰，统必有所授，则推其统曰，隋授之后周，后周授之后魏。此非失于偏哉。呜呼！论正统而不推天下之至公，据天下之大义而溺于妄于偏，其亦不明

---

① （明）王祎著，颜庆余点校：《王祎集》（上），浙江古籍出版社 2016 年版，第104—105 页。

于《春秋》之旨矣。"①

欧阳修认为，正就是纠正不正者，统就是合天下不一者。这样做的目的也是建立统一的是非标准。王祎用这样的标准来评价历朝历代。他认为三代之治则确立了这样的王道正统，而三代之后王道正统就消失了，接下来的朝代是非难明，不能合乎天道至公大义。

按照欧阳修的观点，正统在历史上是时断时续的。王祎赞同此正统观，他又在欧阳修的基础上将历史上正统断续的情况做了详细的分析，他说："欧阳氏正统之论以谓正统者，听其有绝有续而后可，不必猥以假人而使勿绝也，猥以假人而使勿绝，则至公大义有所不行矣。故正统之序，历唐、虞、夏、商、周、秦、汉，至汉建安而绝。魏武窃取汉鼎，得之既不以正，刘氏虽汉裔，崎岖巴蜀，又未尝得志于中国，而孙氏徒保守江表而已，皆不可谓居天下之正，合天下于一者也。及晋有天下，而其统始续。故自泰始元年，复得正其统。至建兴之亡，正统于是又绝矣。晋氏既南，天下大乱，故自东晋建武之始，止陈贞明之终，二百余年，其间乘时并起，争夺僭窃者，不可胜纪。其略可纪者，犹十六七家。既而大小强弱自相并吞，而天下犹为四。东晋、宋、齐、梁、陈，又自分为后梁而为二，后魏、后周、隋，又自分为东魏、北齐而为二。离合纷纭，莫适为正，皆不得其统，正统于是又绝矣。及后周并北齐而授之隋，隋并后周又并陈，然后天下合为一，而其统复续。故自开皇九年复得正其统，而唐继之。自天祐之亡，正统于是又绝矣。梁氏弑其君，

---

① （明）王祎著，颜庆余点校：《王祎集》（上），浙江古籍出版社 2016 年版，第 105 页。

盗其国，以梁为伪，固也。后唐之兴，藉曰名正而言顺，实非所以复唐。晋氏受国于契丹，尤无足议，而汉、周亦皆取之以非义。况此五代者，皆未尝合天下于一，则其不得以承正统，夫复何疑。及宋有天下，居其正，合于一，而其统乃复续。故自建隆元年复得正其统。至于靖康之乱，南北分裂，金虽据有中原，不可谓居天下之正，宋既南渡，不可谓合天下于一，其事适类于魏、蜀、东晋、后魏之际，是非难明，而正统于是又绝矣。自辽并于金，而金又并于元，及元又并南宋，然后居天下之正，合天下于一，而复正其统。故元之绍正统，当自至元十三年始也。由是论之，所谓正统者，自唐虞以来，四绝而四续，惟其有绝而有续，然后是非公，予夺当，而正统明也。呜呼！吾之说至公大义之所存，欧阳氏之所为说也。欧阳氏之说废，则吾之说不行于天下矣。"①

以王祎的正统观来看，正统曾经在中国历史上有四绝四续：唐、虞、夏、商、周、秦、汉，至汉建安都属于正统，而后断绝；西晋统一后正统得以建立，其灭亡后正统又断绝；隋统一之后，正统又续，唐灭亡后，正统又绝；宋统一之后，正统又延续，靖康之乱后，正统又绝；元统一天下，则正统又立。

王祎对历史上正统之发展脉络的分析有些道理。难得的是，他承认元之统治为正统。

2. 王祎的史体观

王祎列举了两种史体，一是实录，二是正史，"古者作史之体，

① （明）王祎著，颜庆余点校：《王祎集》（上），浙江古籍出版社 2016 年版，第 105—106 页。

大要有二，曰实录，曰正史是已。"①

在《国朝名臣传序》中，他以名臣传记为例来说明两种史体之异同。他说："实录之体，仿乎编年，而臣僚之得立传者，其传皆系乎月日薨卒之下。及为正史，然后纪、表、志、传，门虽品别，而传又分名定目，各以类相从焉。然传之在实录者，不过具其行能劳烈之始末，而正史之传加以论赞之辞者，实录修于当时，正史撰于后代，且其体有不同故也。"②

王祎说得很清楚，实录和正史的区别在三方面：（一）撰述体例不同。实录一般是编年体例，而名臣之传记是随编年而立；正史则是分门别类进行撰述，如纪、表、志、传等纲目，名臣传记则在传这一纲目中。（二）撰述方式不同。实录中的传只是记录人物言行奖惩等客观事迹；正史中的传除了客观事迹之记录外，还可以进行褒贬评价。（三）撰述时间不同。实录乃实时记录，正史乃在后代才撰述。

然后，王祎批评元代对名臣传记的忽视和不足，"国朝沿袭旧制，其修累圣实录，咸有常宪，而名臣之当附传其间者，久犹阙如。盖自大德丙午，迨今至正戊子，屡诏史臣纂修，以补实录之阙，亦既具有成编矣。而金匮所藏，人无由窥之，远方下士于圣朝盛事先后本末，贤相良将之功绩，巨儒循吏之德业，铿鍧炳焕，可以震耀于无穷者，皆莫及知。在天历中，史臣苏天爵尝捃摭名臣家传碑志

---

① （明）王祎著，颜庆余点校：《王祎集》（上），浙江古籍出版社2016年版，第137页。

② （明）王祎著，颜庆余点校：《王祎集》（上），浙江古籍出版社2016年版，第137页。

以为书，谓之《名臣事略》。然以国朝人物之众盛，而与其列者，仅四十七人，则其未及搜访甄录者固多也。祎不揣不才，因仍四十七人者，复博求于世臣之家，又得七十三人，人各为传，而赘以论赞，名曰《国朝名臣列传》，总百有二十，辄用正史之体，仿宋《东都事略》而为之。其文虽不能驰骋而辞则质，其事虽不能该博而实则真，于是一代之人物，可概见矣。其于妄作之诛，固所不免。然传之同志，非唯可以广见闻，其间一二有可取者，他日上诸朝廷，未必不足以备史臣之采择云。"①

在王祎看来，元代实录的缺点在于：（一）名臣传记欠缺；（二）即使史官苏天爵做了一些名臣传记的工作，但人物太少，漏录者太多。针对这些缺陷，王祎才作了《国朝名臣列传》，以补实录之不足。

3. 史官之职责

关于史观或史家之职责，王祎认为是权衡是非、惩恶劝善、建立公议、取信万世。在《唐起居郎箴》中，王祎对史官之职责有详细描述，他说："起居郎，古左史也。人君动，则左史书之，是非之权衡，公议之所系也。禹不能褒鲧，管、蔡不能贬周公，赵盾不能改董狐之书，崔氏不能夺南史之简，公是公非，记善恶以志鉴诫。自非擅良史之才者，其孰能明公议以取信于万世乎！故人主极天下之尊，而公议所以摄人主，公议极天下之正，而史官又所以持公议

---

① （明）王祎著，颜庆余点校：《王祎集》（上），浙江古籍出版社 2016 年版，第137 页。

者。粤自成周，左右史始置。及汉，乃有起居注。魏晋，起居注以著作掌之，有其职而无其官。隋初，以吏部散官检书、正字掌起居。后又谓古有内外史，今著作如外史，宜置起居官以掌其内，即内史，省置起居舍人。至唐贞观二年，省起居舍人，移其职门下，始置起居郎二人。显庆中，复于中书省置起居舍人，遂与起居郎分掌左右矣。按《唐六典》，起居郎掌录天子之动作法度，以修记事之史。凡记事之制，以事系日，以日系月，以月系时，以时系年。必书其朔日甲乙以纪历数，典礼文物以考制度。迁拜旌赏以劝善，诛伐黜免以惩恶。年终则授之国史而撰述焉。其职切密而清要，朝夕侍上，当有献替之言。窃効官箴王阙之义，博稽史氏之本末而为之箴。"①

　　一开始，王祎就点明了史官之职责，即"是非之权衡，公议之所系"。在权衡是非时，一定是"公是公非，记善恶以志鉴诫"。在建立公议时，要使之"取信于万世"。此公议就是天子也当敬让三分。天子之权只能显赫一世，而史书则是要留存万世的，因此史官及其史书也成为制衡天子行为的一种手段，所以我们可以将史官之职责归纳为：权衡是非、惩恶劝善、建立公议、取信万世。

　　接下来，王祎对史官的历史变迁作了交代，尤其是对唐代起居郎之职责作了详细交代。最后，王祎为之作箴："若稽前圣，敬畏是崇。夙夜厉精，思儆厥躬。爰立史官，厥分左右。人君之动，左右所守。执简珥笔，以伺起居。立于螭坳，记注谨书。是是非非，明指善恶。不回以阿，不讦而略。正色立朝，直笔何疑。曰腕可断，

────────────

① （明）王祎著，颜庆余点校：《王祎集》（中），浙江古籍出版社 2016 年版，第 458 页。

笔不可私。万世公议，具在尺牍。维是攸司，众所钦瞩。君举必书，臣职之虔。书而不法，后嗣何观。影出于形，迹出于履。盍慎其微，盍谨其始。当宁临御，一日万机。千里之谬，由于毫厘。德之休明，登我王道。勒诸简编，侪美坟诰。兴居无节，群行或颇。谤书徒咎，累德已多。人君一身，宗社所寄。善恶之分，成败所系。屋漏不愧，室暗勿欺。兢兢业业，念兹在兹。敬之敬之，用辑衮职。史臣司笔，敢告执戟。"①

　　这里对史官之职交代得更加凝练精到，即慎微谨始、是是非非、明指善恶、正色直笔、万世公议、王道所系。这里增加了史官恭敬之姿态以及史书对王道正统之保存。可以看到，史官及其史书的载道特征更加明显了，这与《春秋》之旨已经没有区别了。

　　王祎对韩愈关于史家的观点的批评，也间接表明了史家作史都要向《春秋》看齐。"韩愈氏曰：'为史者不有人祸，必有天殃。齐太史氏兄弟几尽，左丘明失明，司马迁刑诛，班固瘐死，陈寿起而又废，王隐谤退，习凿齿无一足，崔浩、范晔赤诛，魏收夭绝，宋孝王诛死，吴兢亦不能身贵而后有闻。'此殆有激而言，非至论也。为史而遇祸，偶此数人耳。古今为史者，宁止是乎。至谓孔子作《春秋》，辱于鲁、卫、陈、宋、齐、楚，卒不遇而死，此尤不然。孔子之不遇，非以作《春秋》故也，况《春秋》之作在于历聘列国之后乎。"② 韩愈认为，史家经常会遭到人为的迫害或天灾，而这主

---

　　① （明）王祎著，颜庆余点校：《王祎集》（中），浙江古籍出版社 2016 年版，第459 页。

　　② （明）王祎著，颜庆余点校：《王祎集》（中），浙江古籍出版社 2016 年版，第573 页。

要还是因为其特殊的职责所招致的。史家要秉笔直书、不阿谀奉承，就必然会招致那些无德霸主的迫害；其尊奉天道、洞察天机、维护正统，又会招致天之嫉恨，就会有天殃，所以韩愈认为史官是个危险的职业，而王祎则不这么认为。他觉得这正是史官之荣耀所在，而且他对史官之命运还是乐观的。史官坚持职业道德并不一定招来祸患，如孔子作《春秋》就安然无恙。

4. 史以载道

对于历史的性质和用途，王祎有过详细论述。他认为，历史和经书是不一样的，经书乃载道之文，而历史乃纪事之文，但纪事依然有自己的理可传。

在《上苏大参书》中，王祎说道："祎闻之，文之在天下，有载道之文，有纪事之文。六经之文，载道之文也。而《书》、《春秋》于六经，则专于纪事，纪事而道载焉，虽谓之载道可也。自《春秋》内外传、《史记》而下，世遂鲜有载道之文，而代史、百家之述作无不专于纪事矣。"①

王祎将天下之文分为两类：载道之文和纪事之文。前者为经，后者为史。这样区分虽未免有些轻率，但也足以看出王祎对史的重视。不过也有一类是这两者兼具的，这就是《书》《春秋》，它们既纪事又载道。《史记》也可看作是载道之史，但其后则很少再有此类著述。王祎这一论断显然草率了，但这也表明王祎想要将史书与经

---

① （明）王祎著，颜庆余点校：《王祎集》（中），浙江古籍出版社 2016 年版，第 479—480 页。

书区别开来的努力。接下来，他开始讨论史书的性质和特点。其言曰：

> 然则纪事之文诚不可视载道之文而易之，而世顾恒以纪事不若载道者，何哉？试尝论之，为文而善于纪事者，必其言足以综难遗之迹，迹足以终难明之状，状足以发难显之情，情足以著难隐之理；而又其为言也，必简而该，精而核，深而易通，直而不肆，典实而无浮华，平易而无艰险，斯可以谓之文。而犹未也。文有体，其为体常不同，故无定体而有大体，必其大体纯正而明备，而后足以成乎。然天下古今之善于此，以自成其家者，固未始数数然也。嗟乎！纪事之文，其亦可谓诚难也矣。①

王祎认为，尽管世人总是认为载道之文胜过纪事之文，却不能因此就将纪事之文改为载道之文。人们之所以形成此观感，除了人们看重道之外，还有一个原因是纪事之文难度很大，好的纪事作品难以出现。

王祎认为好的纪事作品包括三方面内容：（一）书写内容方面。好的史书一定是能够综合所有难以遗弃和消逝的行迹的作品，其所描述的这些行迹一定能够将各种难以显明的状态都纳入其中，这些状态也一定能够抒发人们难以显明出来的各种情感，而这些情感又能够彰显出其中隐含的道理，可见历史描述之难。这是就历史纪事之文描述的内容来看的。（二）语言形式方面。历史纪事之文的语言

---

① （明）王祎著，颜庆余点校：《王祎集》（中），浙江古籍出版社 2016 年版，第 480 页。

形式还有特别的要求，其行文必须简洁而又完整、精练而又详尽、深刻而又易懂、直白而又不放纵、朴实无华、平易无险，即"必简而该，精而核，深而易通，直而不肆，典实而无浮华，平易而无艰险"。（三）在文体方面。历史纪事文体到了高级境界就是无固定文体，其必须因所描述内容不同而有不同之文体对应。这全靠作者之灵感和体悟。虽无定体，但这就是大体。这项是最难的，也是可遇而不可求的。

在王祎求学过程中，深切体会到这种困难，"祎年十五六，即学为文，闻诸父师，以谓作文莫难于纪事，纪事莫难于造言，故其于文，凡人物之言行功业，制度之本末后先，喜于论录，而于雕刻言语尤切自力。既而自惟，言者心之发也，言之工由乎心之巧，心有知矣，则于言不患乎不工。故自学文以来，今又十有五年，其于为文，凡言之工否有不暇计，而所虑者，人物之言行功业，制度之本末后先，有不能尽其详，将见于文，真实谬乱将无以取信于世。故早夜疚心，惟欲就文献之所在而求教焉。"①

综合以上历史纪事之文的难度，真正好的纪事家寥寥无几。虽然王祎要将历史纪事之书和经书区别开来，但我们还是可以看出，其纪事还是要载道的。在其所提到的纪事之内容中，最后要展现的就是人情中的道理。如果这里不明显的话，在其他地方他说得就比较清楚了。

在《福宁王尹赞（并序）》中，王祎对史家的是非判断提出了

---

① （明）王祎著，颜庆余点校：《王祎集》（中），浙江古籍出版社 2016 年版，第480 页。

要求，他说："史氏之法，于死节、死事之辨有轻重之权衡焉。盖以为人之死虽同，而所死有不同。死事者，一时变故之所激，夫人或能之。至于死节，则非见义明而识理正者，不能也。岂所谓非死之难，处死为难欤？抑所死虽不同，要皆不可不谓之能死欤？国家混一百年，承平之盛极矣。乃自顷岁，寇盗窃发，名都大邑残废殆尽。然其间守土之臣之能死者，固班班然可数也。……呜呼！若王侯者，谓之能死其节非欤。《传》称杀身成仁，舍生取义者，非侯之谓欤。侯不惟自死能尽节，而子若妇悉秉节以死，岂忠义固皆天性欤？征诸史氏之法，诚在所深取。是用备叙其事，且系之赞，用著今日为国死难之有人，为人臣之劝云尔。赞曰：矫矫王侯，万夫之雄。孰为大节，为臣死忠。为臣死忠，遑恤厥躬。维躬可杀，名不可毁。死而不朽，是谓不死。呜呼王侯，英风千祀。"①

在这里，史家已经不仅是在客观描述，而是要进行是非价值判断，这就是《春秋》的是非标准，所以王袆最终寻求的史书乃是与《春秋》一样，成为纪事和载道兼顾之作品。

在一种特殊的史书格式中，这种史以载道的特点展现得更明显。这就是为儒家圣贤作传。在《拟元列传二首》中，王袆写道："圣贤相传之道，自孟轲既没，无所传受。至宋而程颢、程颐氏兄弟者出，乃有以续其不传之绪。及朱熹氏作，而其传复续矣。元兴，许衡继起，则又续所传于朱氏者也。当其被遇世祖，纯乎儒者之道，诸公所不及，而世祖圣明天纵，深知儒术之大，思有以作人而用之。乃

_____

① （明）王袆著，颜庆余点校：《王袆集》（中），浙江古籍出版社2016年版，第445—447页。

首建国学，而衡自中书罢政，为之师。衡之教学，一本于圣贤之为道。摄礼乐之微权，以通其用；掇忠孝之大纲，以立其本。于是彬彬然悉为成材，而数十年间，号称名卿贤大夫者，多其门人矣。呜呼！使圣贤之学大被于斯世而至于今，学术以正而人心以一者，伊谁之功也。是其继往圣，开来学，功殆不在朱氏下，况乎程氏。朱氏未尝得君以行其道，而衡则盖遇圣君，居相位，而有以尧舜其君民矣。呜呼盛哉！"①

在王祎看来，为圣贤立传乃是继承圣贤之道的必要方式。孔孟所传之道至宋程朱出现才又得以延续，而到元代能承继这一道统的代表就是许衡了。因此，为其立传就是继往圣、开来学之举，是史家的职责和荣耀。

在《拟元儒林传》中，他同样写道："尧、舜、禹、汤、文、武、周公相传之道，至孔子乃集其大成。宋周、程氏者作，复续斯道之统，而道南之学由杨时氏一再传，为罗从彦氏、李侗氏，至朱熹氏又集其大成者也。然孔门群弟子唯曾氏之传得其宗，曾氏以其所传传之子思，子思以传之孟子，一出于正焉。朱氏之徒亦众矣，得其宗者惟黄幹氏，幹传何基氏，基传王柏氏，柏之传为履祥，为谦。其授受之渊源，如御一车以行大逵，如执一籥以节众音，推原统绪，必以四氏为朱学之世适，亦何其一出于正，粹然如此也。程氏之道至朱氏而始明，朱氏之道至金氏、许氏而益尊，用使百年以来学者有所宗乡，不为异说所迁，而道术必出于一，可谓有功于斯

---

① （明）王祎著，颜庆余点校：《王祎集》（中），浙江古籍出版社2016年版，第412—413页。

道者矣。大抵儒者之功莫大于为经，经者斯道之所载焉者也。有功于经，即其所以有功于斯道也。金氏、许氏之为经，其为力至矣，其于斯道，谓之有功非耶！"① 对于能够继承圣贤之道的儒林代表，王祎是不吝笔墨的。他又特为金履祥、许谦立传，以表彰二人承继和传播程朱圣学之功。

最后，在王祎纂修《元史》时，特别注意搜集重忠孝节义之人物事件，以保存圣贤之道，泽被万世。他在《刘耒孙传》中说："史官王祎曰：呜呼！元之有国余百年，其德泽之入人亦深矣。乃其亡也，服节死义者，虽往往而有，然卒未尝多见焉。岂余之闻见不广欤？抑死者人之所甚爱，而又世道不古若，故其能以忠义自许者或寡欤？余顷奉诏修《元史》，于凡以死殉国者，必谨书之，厉世教，扶人纪也。当时得耕孙死事，既已登载，而有司不复以耒孙事来上，使其传阙焉。何世之不乐成人之善者，类如是欤。耒孙之子颖方以学行用世，为余道其父事甚悉。余固信之，因为著之于篇，以补史之阙文。"② 在这里，王祎自称史官，其职责就是要将能够"厉世教，扶人纪"之人物事迹收录进《元史》中，而刘耒孙殉国事迹正属于这样的类型，务必收入。

对于保持大节之烈妇，也在其《元史》收录范围，在《烈妇李夫人墓表》中，王祎说："予承诏修《元史》，有司以夫人死事来上，

---

① （明）王祎著，颜庆余点校：《王祎集》（中），浙江古籍出版社 2016 年版，第 428—429 页。

② （明）王祎著，颜庆余点校：《王祎集》（下），浙江古籍出版社 2016 年版，第 629 页。

亦既书其大节，列于史册，徽名峻范可不朽矣。"① 对于陈节妇庄氏没有入选《元史》，王祎表示遗憾，但这并不是说其不够资格，而是因为其生存跨时代的原因，他写道："洪武初，诏修《元史》，予执笔从史官后。比予在元末，尝为庄作传，附野史。今《元史》有《贞节传》焉。庄生元世，史官曰：'宜传，然生者不预也。'既而曰：'姑述之。'庄今生逢有明，而身犹康强，其亦有所待哉？方下诏时，不以属儒臣之尝食元禄者，而以命今史官与未仕士，岂无所为而然耶！夫忠孝节义，为声教先，今国史如传贞节，庄固其人与。然则庄不预《元史》者，非削之也。"② 可见，《元史》专门辟《贞节传》以记录和表彰那些有节义之妇女，但由于庄氏在明代还健在，就不宜入《元史》了，所以为了嘉扬庄氏之大节，王祎特在自己的文集中将其记录下来。

由上可以看出，王祎的史以载道观念是明确的。

5. 谱牒载道思想

王祎的谱牒思想与历史观紧密相关。在某种意义上，历史著述就是广义上的谱牒。历史著述和谱牒都是载道之具。

在《章氏族谱序》中，王祎的谱牒思想表述得较为完整，他说："夫氏族，古史官之所记也。周有小史，定世系，辨昭穆，故有《世本》，录黄帝以来至于春秋诸侯卿大夫名号统系。左丘明以为，天子

---

① （明）王祎著，颜庆余点校：《王祎集》（下），浙江古籍出版社 2016 年版，第725 页。

② （明）王祎著，颜庆余点校：《王祎集》（下），浙江古籍出版社 2016 年版，第738 页。

建德，因生以赐姓，胙之土而命之氏。诸侯以字为氏，以谥为族，邑亦如之。自后受姓命氏，日益众多。遭秦灭学，公侯子孙失其世。及汉兴，司马迁约《世本》，修《史记》，因周谱，明世家，人乃知姓氏所由出。终汉世有邓氏《官谱》、应劭《氏族篇》、王符《姓氏论》。魏晋以来，有司选举，必稽谱牒，以考真伪，故官有世胄，谱有世官。宋何承天作《姓苑》，复以充广前志。至唐有《贞观氏族志》、《元和姓纂》、路敬淳《姓略》、柳冲《族姓系录》。当世荐绅之流，无不明乎姓氏之学者。自王学之后，丧乱相仍，谱牒俱废，士大夫之习其学者遂鲜矣。呜呼！崇德贵功，尚论氏族，此圣人所以维持天下。别婚姻，辨族类，厚风俗，扶世教，大宗小宗之法所赖以久存者也。自宗法坏而门地盛，门地盛而谱牒兴，及谱牒既亡，人始不知其本矣。"①

王祎将谱牒的根源追溯到了人生之初，即人生就有姓氏。姓氏的产生和变迁乃是谱牒的基础。最初的姓氏都是和帝王联系在一起的，记录帝王世系的载体被称作史。在某种意义上，这就是最原始的谱牒，而最早的历史或谱牒乃是《世本》，其记录的是黄帝以来直到春秋诸侯卿大夫的世系名号。秦灭诸侯，公侯子孙失去其世系。到了汉司马迁时，继承《世本》作《史记》，使世家姓氏名号系统得以存续。可以说，《史记》也是广义上的谱牒，而随着世家大族的兴盛，仅是历史这一大的谱系之作已经满足不了其需求，于是真正的谱牒才开始诞生，这是各世家大族自己私下所修的谱系。在这一意

---

① （明）王祎著，颜庆余点校：《王祎集》（上），浙江古籍出版社 2016 年版，第 143—144 页。

义上，可以说谱牒就是具体而微的史，而历史则是更大意义上的谱牒。大历史记录的乃是王道宗法在天下之施行，而谱牒记录的则是王道宗法在世家家族中的具体应用。从这一角度而言，谱牒又是大历史的补充。

谱牒的具体内容和功能是"别婚姻，辨族类，厚风俗，扶世教，大宗小宗之法所赖以久存者也"。分辨姻亲和族类，醇厚风俗，保持礼教，保留王道宗法之精神，这就是谱牒的作用。这和历史的功能是一样的，所以王祎说，谱牒有利于保存氏族的根本，是有助于圣人维系天下的。

在王祎看来，章氏族谱就起到了这样的作用，"章氏序系所从来者远，今溢独鳏鳏焉，推念本始而究心于谱牒，迄能以亡而为完，尊尊亲亲之道蔼然可见，其可不谓知所本哉！虽然，论氏族之盛衰，由子孙之贤否，若汉之袁氏、杨氏、陈氏，唐之柳氏，宋之戚氏、吕氏，其操义风概，累世不替，皆足以厉天下，矫异代，岂徒以贵富之故乎！章氏在异时尝显矣，然则世济其美而令闻长世，固有不在彼而在此者。溢字三益，方以宏才粹德，向用于时，古称能世其家，庶其在是矣乎。"①

章氏族谱能够使其族知本。这个"本"有两层含义：一是姓氏之本源，一是在族内奉行的尊尊亲亲之道。所以，一个氏族的兴亡，不是看其富贵如何，而是看其是否坚守着根本之道，此道即是尊尊亲亲之礼教或王道。可以说，这一谱牒载道的观点也是受程朱理学

---

① （明）王祎著，颜庆余点校：《王祎集》（上），浙江古籍出版社 2016 年版，第 144 页。

的影响，理学道统的系统化使任何载体都成了载道之具。

在《陈氏族谱图序》中，王祎也表达了类似的观点。"古有大宗小宗之法，圣人所以叙天伦，系人心，明教原，敦政本者也。汉魏以降，宗法废而门地盛，于是谱牒之学兴焉。族之有谱，其犹宗法之遗意欤。宋世言族谱者二家，曰庐陵欧阳氏，眉山苏氏，而二家之法厥各不同。欧阳氏则世经人纬，取法于史氏之年表，苏氏则系联派属，如礼家所为宗图者。及论其所为同，则皆使人均重其本之所自出，有尊尊之义焉，各详其支之所由分，有亲亲之道焉。尊尊亲亲之意尽而谱法备矣。是故宗法既废之后，圣人叙天伦，系人心，明教原，敦政本之遗意，犹粲然于族谱见之。君子之有志于存礼者，其忍复置而弗讲乎！陈氏之族远矣，其所为逾远而可考者，以有谱存焉耳。今敏既因其旧，悉加诠次，而又重为之图，盖合欧阳氏、苏氏之法而兼有之。爰自顷岁天下多故，士大夫家莫不苟简以废礼，而敏独于此加之意焉，其可谓知礼也已。敏字季明，前乡贡进士，以文学知名今时云。"①

在这里，王祎说得更为明确，谱牒就是大小宗法之继承和传播者，而这大小宗法就是圣人用来"叙天伦，系人心，明教原，敦政本"之法。这根本之法具体就是"尊尊亲亲之道"，此道也就儒家礼教之王道。

在《书宋氏世谱后》中，王祎再次强调谱牒不以富贵为主，而是注重世代坚守之贤德，也就是上前面所说的礼教宗法。他说："古

---

① （明）王祎著，颜庆余点校：《王祎集》（上），浙江古籍出版社 2016 年版，第212—213 页。

之论谱牒者，不以世胄之贵为足尚，而以世德之美为可征。是故庭列鼎彝，笱袭组绶，非不烜赫荣耀于当世，而诗书之泽有衍无替，则固胤祚由之以绵延，令闻所为长世者也。有若宋氏在吾义乌，自周广顺历宋三百余年，以迄于今，凡十有二世，而世以儒为业。于是景濂有作，用以文章家负重名海内，由布衣官太史，为时巨工。累世载德，愈久而益振，岂非昌黎韩子所谓世称德门者乎。维昔金华黄氏，世畜令德，实生太史公庭坚。今宋氏亦以积累之久，而景濂出焉。名贤之生，俱非偶然者欤！黄氏自金华徙分宁，而庭坚生；宋氏由义乌迁金华，而景濂出；又何其迹之相类欤！然庭坚自谓七世而上失其谱，而宋氏所道则已上及于十有二世，又推而上之，复十有四世可考也，此尤可见夫水木之本原所从来远矣。后之来者尚图有以继承而益衍其传哉。"①

对王祎来说，一个家族的兴盛和长久，不在于富贵，而在于贤德。宋氏之所以会出宋濂这样的贤能之人，就是因为其族"世以儒为业……累世载德，愈久而益振"。黄庭坚也是如此，黄氏一族"世畜令德"，终于生出黄庭坚这样的大儒，而谱牒就是要将这样的世德宗法传承下去。

(四) 王祎学术之评价

王祎之学术思想基本是承接朱子理学的，但其又有所突破，其模糊的心学思想使其向着阳明心学迈进了一步，但拘束于理学的天

---

① (明) 王祎著，颜庆余点校：《王祎集》(中)，浙江古籍出版社 2016 年版，第 501—502 页。

人之分、心物之别，其心终究没有突破人身内在之心的范畴成为本体之心。其在史学思想和谱牒思想上也打上了理学的印记，都是以天理天道作为其基础。其谱牒思想与方孝孺比较接近，只是后者更加精细和系统化了。

第三章　明初浙东学人的学术奠基和成就（二）

一、方孝孺生平简介

方孝孺（1357—1402），明代散文家。字希直，又字希古。宁海（今属浙江）人。方孝孺年幼时十分机警敏捷，每天读书超过一寸厚。成年后，跟着宋濂学习，对理学和经学无不精熟。

洪武十五年（1382），因吴沉、揭枢的推荐，被朱元璋召见，随后送他归乡。洪武二十五年（1392），又因为别人的推荐被召到宫廷。朱元璋授予其汉中府学教授之职。方孝孺每天讲学不倦，盛况空前。蜀王朱椿听说方孝孺的贤名，聘请他当世子的教师。蜀王以特殊的礼遇表示对他的敬重，给他题写"正学"之匾额。

朱允炆即位，征召方孝孺任翰林博士、侍讲。皇帝常以国家大事向他询问。君臣欲携手推行以仁义礼治为核心的"建文新政"，但此时燕王朱棣起兵南下，新政戛然而止。

当朱棣攻下南京时，想要方孝孺起草即位诏书，方孝孺不肯，于是就出现了历史上最为惨烈的"诛十族"悲剧。建文四年六月二十五日（1402年7月25日），方孝孺慷慨赴死。

方孝孺以文名于世，其文主要收录在《逊志斋集》中。

二、方孝孺的理学思想

（一）方孝孺的宇宙观：气道两分、气尽物灭

在《宗仪九首》的《奉终》篇和《启惑》篇中，方孝孺对其宇宙生成演化之过程进行了详细的描述，集中体现了其宇宙观或世界观。他说：

> 天之生人物者，二气五行也。其运也无穷，其续也无端。先者过而后者来，未尝相资以为用者，二气五行之常也。自草木而观之，发荣于春，盛壮奋长，蔚乎而不可遏。及乎戒之以凛风，申之以霜露。昔之沃泽茂美一旦飘而为浮埃，化而为污泥，荡灭殚尽，无迹可窥矣。其发生于明年者，气之始至者为之也，岂复资既陨之余荣乎？惟人也亦然，得气而生，气既尽而死，死则不复有知矣。苟有焚炙刳割，佚乐适意，身且不有，而何以受之？形尽气尽，而魂升魄降，无所不尽，安能入人胸腹重生于世，而谓之轮回也哉！天地至神之气以其流行不穷，故久而常新，变而不同。使必资已死之人为将生之本，则造化之道息矣，乌足为天地。倘或有之，人固不知之也。浮屠亦人耳，何自而独知之？彼以其茫昧不可揣索，故妄言以诬世，夫岂可信而事其教乎？孔子谓"祭之以礼"为孝。则事异端之妄，弃圣典而不信者，其为非礼也大矣，不孝孰加焉！而

暗者顾安之而不以为非，胡可哉？①

　　天地之生物有变有常。儒者举其常以示人，而不语其变。非不语其变也，恐人惟变之求而流于怪妄，则将弃其常而趋怪，故存之而不言。后世释氏之徒出，意欲使天下信己，而愚举世之人。于是弃事之常者不言，而惟取其怪变之说。附饰其故以警动众庶，其意以为此理之秘传者，人不及知，而我始发之。遇一物之异常，辄张大而征验之，欲稽其故则荒幻而无由，欲弃其说则似是而可喜。凡民之愚者皆信而尊之，奉其术过于儒者之道而不悟，此真可悲也！

　　夫运行乎天地之间而生万物者，非二气五行乎？二气五行精粗粹杂不同，而受之者亦异。自草木言之，草木之形不能无别也；自鸟兽言之，鸟兽之形不能无别也；自人言之，人之形不能无不相似也。非二气五行有心于异而为之，虽二气五行亦莫知其何为而各异也。故人而具人之形者，常也。其或具人之形而不能以全，或杂物之形而异常可怪，此气之变而然，所谓非常者也，非有他故而然也。今佛氏之言以为轮回之事，见无目者，曰此其宿世尝得某罪而然耳。见罅唇、掀鼻、俯脊、直躬者，曰此其宿世有过而然耳。见其形或类于禽兽，则曰此其宿世为鸟兽而然耳。不特言之，又为之书，不特书之，又谓地下设为官府

---

① （明）方孝孺著，徐光大点校：《方孝孺集》（上），浙江古籍出版社2013年版，第57页。

以主之。诡证曲陈，若有可信，而终不可诘，此怪妄之甚者也。

天地亦大矣，其气运行无穷，道行其中亦无穷，物之生亦绵绵不息。今其言云然，是天地之资有限，而其气有尽，故必假既死之物，以为再生之根，尚乌足以为天地哉？譬之炊黍，火然于下气腾于上，累昼夜而不息，非以已腾之气复归于甑而为始发之气也。苟人与物之魂魄轮转而不穷，则造物者不亦劳且烦乎？非特事决不然，亦理之必无者也。且生物者天地也，其动静之机，惟天地能知之，虽二气五行，设于天地者，不知之也。使佛氏者即天地则可，今其身亦与人无异，何以独知而独言之乎？多见其好怪而谬妄也。今有二人，其一人尝游万里之外而谈其所见，则人信之。苟其身亦与我俱处于此，而肆意妄言，则丧心狂惑人耳。虽鄙夫小子亦知其妄且诞。佛氏务为无稽之论，正类乎此，而人皆溺而信之，岂皆不若鄙夫小子之知乎？何其迷而不知悟也。悲夫！①

这两篇文章都是在批佛的基础上表达了方孝孺的宇宙观，其宇宙观既带有唯物色彩也有唯心倾向。对他来说，天地最大（有时也用天来代表天地），其是万物的本源。天地通过阴阳二气变化和五行生克的方式来创造万物。就天地阴阳五行都属于气来说，其宇宙观具有唯物的色彩；就阴阳五行神秘的作用方式来说，又具有唯心

① （明）方孝孺著，徐光大点校：《方孝孺集》（上），浙江古籍出版社 2013 年版，第 207—209 页。

倾向。

由于阴阳二气粗精粹杂之不同，于是就产生了不同之万物。至于阴阳二气具体是如何生成万物的，只有天地自己知道，就连二气自己都不知道，因为二气也是为天地所设，是属于天地的，"生物者天地也，其动静之机，惟天地能知之，虽二气五行，设于天地者，不知之也。"

既然连阴阳二气都不知道，那么作为二气生成万物中一种的人，自然也不知道了。但方孝孺依然自信地说，虽然我们不知道天地生物的具体方式，但其运行表面的基本规律是可以知道的。这些基本的规律就是那些有常之道。道和气以及万物的关系就很明显了，道乃是气所表现出来的恒长规律。

方孝孺所看到的规律就是：天地间二气运转无穷，其中展现出来的道也无穷，万物在其中也是绵绵不息。但是，无穷无尽说的是作为整体的天地、天道和万物，而作为具体之物的草木虫人则是有穷尽的。具体万物都有一个气生气灭的过程，"得气而生，气既尽而死，死则不复有知矣。"即使有"野火烧不尽，春风吹又生"的复生现象，复生的草也不是原来覆灭之草，所以气尽而死之物是彻底的消亡，不再有复生轮回的可能。这一观点和范缜的《神灭论》如出一辙，符合唯物论的说法。方氏由此批评佛家的轮回说。

方氏对自己观察到的道很是自信，并且认为这代表着所有人的正常的看法。作为同一个天地间的物种，佛教徒并不能看到比常人更多的东西，产生轮回报应的想法只能是出于妄想邪念。

不过，方氏显然过于自信了。在天地间是可以找到支持佛家轮回学说的证据的。仅从上述"野火烧不尽，春风吹又生"一句也可用来证明轮回学说的合理性。又生之草不是原来的那棵草，但根还是那个根。轮回说也没有说轮回的就一定是原来之自身，它也是形体不断变换的，但魂或根还是那一个。魂魄的根基都可以追溯道整体长存之气上，也可以是不灭之根，所以方氏对气尽物灭之道的体悟只是一家之言。

（二）天人有别、性气两分、以人合天、以心明道

关于天人关系，在方孝孺这里就是天人有别。他说："吾形也人，吾性也天。不天之祇，而人之随。徇人而忘反，不弃其天，而沦于禽兽也，几希！"①

由于方孝孺在其宇宙观中区分了气、道，那么万物包括人也就相应地有了气、性（道在人身上之体现）之分。按照这个逻辑，人的躯体来自气，而性来自天。性、气皆属于天，所以人身和人性也应该都属于天之所生。方孝孺显然没有把这个逻辑贯彻到底。在上述话语中，他将人之躯体不再视为天之所属，而是属于人的存在，且这一存在是和禽兽处于同一层面的，即本能和欲望之存在，而人性则来自天，此人性可将人从其躯体欲望里拯救出来，使其不至于沦为禽兽，所以真正能使人成为人的是来自于天的性。此天性也是天道或天命，而属人的有形躯体则是等同于禽兽之存在，若弃天性而随人躯体之欲望，则会沦为禽兽。于是，天人两分在人身上表现得最为明显，即性属于天，形体属于人。这种区分也将成为其善恶

---

① （明）方孝孺著，徐光大点校：《方孝孺集》（上），浙江古籍出版社 2013 年版，第 3 页。

观的基础。

天人两分、性气之分就如此实现了。

对天之敬畏也就水到渠成了，方孝孺说："人之有生，受命于天。动作起居，奉以周旋。苟或弗敬，是慢天理。既违天常，亦紊人纪。是以圣哲，祗慎小心。事无巨细，罔有不钦。逸欲靡存，怠肆靡作，顺天而行，俯仰无怍。纯乎天德，与圣为徒。保国抚民，可不敬夫！"① 既然人之性或命来自天，那么人必须遵循天道或天理而行，不可有所懈怠。如果违背了天理，人类秩序也将紊乱。最能体会天理的就是圣哲了。他们也最为小心地尊奉天理。因此，最好是与圣人为伴，一起敬守天道，保国抚民。

敬天从哪里开始，方孝孺认为应该从心开始。他说："人或可欺，天实汝司。人不汝窥，汝心自知。噫！存心如事天，为敬之基。"② "有所畏者其家必齐，无所畏者必怠而瞍。严厥父兄，相率以听。小大祗肃，靡敢骄横。于道为顺，顺足致和。始若难能，其美实多。人各自贤，纵私殖利。不一其心，祸败立至。君子崇畏，畏心畏天。畏己有过，畏人之言。所畏者多，故卒安肆。小人不然，终履忧畏。汝今奚择，以保其身？无谓无伤，陷于小人。"③ 天命在人心。"人孰为重？身为重。身孰为大？学为大。天命之全，天爵之贵，备乎心，身不亦重乎？不学则夷乎物，学则可以守身，可以治

---

① （明）方孝孺著，徐光大点校：《方孝孺集》（上），浙江古籍出版社 2013 年版，第 45 页。

② （明）方孝孺著，徐光大点校：《方孝孺集》（上），浙江古籍出版社 2013 年版，第 31 页。

③ （明）方孝孺著，徐光大点校：《方孝孺集》（上），浙江古籍出版社 2013 年版，第 40 页。

民，可以立教，学不亦大乎？学者，圣人所以助乎天也。天设其伦，非学莫能敦；人有恒纪，非学莫能序。故贤者由学以明，不贤者废学以昏。大匠成室，材木盈前，程度去取，沛然不乱者，绳墨素定也。君子临事而不眩，制变而不扰者，非学安能定其心哉！学者君子之绳墨也，治天下如一室。发于心，见于事。出而不匮，烦而不紊。不学者其犹盲乎？手揣足行，物至而莫之应。"①

天命会存在于人心，所以畏天命也只能由此开始。人可以欺骗，但天命是不可欺骗的，因为其是造物者，是高于人的存在。作为同类的人可以欺，高于人之天则不可欺，所以对天要有敬畏。此敬畏由心来实现。对待自己的心也要如同对待天一样，因为天命是由此而显见的。因此，君子一定推崇敬畏之心，敬畏自己的心，也敬畏天。有所敬畏者才能齐家，才能合乎天道。

既然天命在人心，那么心就应该是人最为核心之存在，但方孝孺又说身才是人所重视的存在。在这里，方孝孺又祭出了他的唯物辩证法。为何说身为重，因为没有身就没有心，但身一旦存在之后，身之中最为核心的部分又是心。是不是有点诡辩的意味？不过，只有如此，我们才会理解其接下来的一句"身孰为大？学为大。天命之全，天爵之贵，备乎心，身不亦重乎？"身里面，学为大，而学是通过心来实现的，所以心又成了重心。天命、天爵都会存在人心，所以人心又是最贵之所在。于是，吊诡的又来了，方氏又强调身之贵重乃是由于心之贵重。这种悖论在方氏之论述中经常会出现。我

---

① （明）方孝孺著，徐光大点校：《方孝孺集》（上），浙江古籍出版社 2013 年版，第 17 页。

们只能就其逻辑稍微比较流畅的内容来讲。方氏因此也无法简单地以唯物或唯心来划分。

上面讲道，心除了要敬畏天命，还要学习。既然天命已经在人心了，人还要学什么呢？看来，天命在人心对方氏来说只是一个可能。人心必须去学才能把天命完全把握在心。那么去学什么呢？学天伦，学人纪。当然天伦人纪都是出于天，学此就能守身、治民、立教，治天下如治一室，这也是圣人助天运行的主要方式。这一学，不是仅存在于心，还要发于事，由心及行，才能助天道实现，如方氏所言："孔子之圣，不待勉而成。然恐夫德不修，学不讲，义不即徙，过不能改，则引以为己忧。今人之质，不足几圣人也决矣，而未见有以四者为忧者。其卒归于愚也，奚怪焉。余惧为愚之归也，箴其阙以自勉。"① "不善学之人不能有疑，谓古皆是，曲为之辞。过乎智者，疑端百出，诋呵前古，摭其遗失。学匪疑不明，而疑恶乎凿。疑而能辨，斯为善学。勿以古皆然，或有非是。勿负汝能言，人或胜汝。忘彼忘我，忘古与今，道充天地，将在汝心。"② 除了孔圣人这种天资极高之人，可以不学而成，其他资质平庸之人必须学习。不仅要学，还要善于学。能疑能辨，不盲目崇古拜今，才叫善学。等到忘了你我，忘了古今，天道就有可能自然呈现在你心中。这段方氏提出了一种很高明的学习方法，对我们仍有教益。

学天伦、天命、天德或天道，也就是知天、合天、明道，方氏

---

① （明）方孝孺著，徐光大点校：《方孝孺集》（上），浙江古籍出版社 2013 年版，第 31 页。

② （明）方孝孺著，徐光大点校：《方孝孺集》（上），浙江古籍出版社 2013 年版，第 29—30 页。

说:"士不可以不知命。人之所志无穷,而所得有涯者,命也。使智而可得富贵,则孔孟南面矣。使德而可以致福远祸,则羑里匡人之厄,无从至矣。使君子必为人所尊,则贤者无不遇矣。命不与人谋也久矣。安之,故常有余;违之,故常不足。"① "无学之人,谓学为可后。苟为不学,流为禽兽。吾之所受,上帝之衷。学以明之,与天地通。尧舜之仁,颜孟之智,圣贤盛德,学焉则至。夫学可以为圣贤,侔天地,而不学不免与禽兽同归,乌可不择所之乎?"② "无求人合,而合于天。人合一时,天合万年。"③ "人有常伦,而汝不循,斯为匪人。天使之然,而汝舍旃,斯为悖天。天乎汝弃,人乎汝异,曷不思耶?天以汝为人,而忍自绝,为禽兽之归耶!"④ "无以过人者,众人之流,而求异于人者,又君子之所不取也。然则将何所从哉?合乎天不合乎人,同乎道不同乎时,虽不求异于人,而过人也远矣。余病乎未能而学焉,欲自至近者始,作箴以自勖。"⑤ "不怍于心,合乎天,足乎己,及乎人,而无容心焉,其惟君子哉。"⑥ "不宜言而言,是佞之徒;宜言而不言,是愚之符。佞为憸人,愚为鄙夫。

---

① (明)方孝孺著,徐光大点校:《方孝孺集》(上),浙江古籍出版社 2013 年版,第 24 页。

② (明)方孝孺著,徐光大点校:《方孝孺集》(上),浙江古籍出版社 2013 年版,第 39 页。

③ (明)方孝孺著,徐光大点校:《方孝孺集》(上),浙江古籍出版社 2013 年版,第 37 页。

④ (明)方孝孺著,徐光大点校:《方孝孺集》(上),浙江古籍出版社 2013 年版,第 38 页。

⑤ (明)方孝孺著,徐光大点校:《方孝孺集》(上),浙江古籍出版社 2013 年版,第 33 页。

⑥ (明)方孝孺著,徐光大点校:《方孝孺集》(上),浙江古籍出版社 2013 年版,第 26 页。

宜言而言，人谁汝恶？宜默而默，人谁汝怒？我言以道，彼恶何伤？我默以义，彼怒彼狂。惟道之从，勿徇乎人。徇人违道，与愚佞均。天之生尔，将以明道。狂波坠绪，汝障汝绍。勿肆于冥，合乎大中，惟翼圣之经。"①　"命轮人为弓，强之不从。俾鼎人为瓦，迫之不可。工守其业，犹不以利移，舍古徇今，何以士为。仁义吾内，爵禄其外。内为外屈，失其天贵。蹈道自我，夫岂由人。不求合于世，斯为天民。"②

既然以天为尊，则知命、知天、合天、明道才是正途。若从人之欲而违逆天道，则走入人禽之途。只有合天明道才是君子所为。合乎人之欲求，只能安于一时，而合乎天道，则能存于万年。

那么天命、天道或天理到底是什么呢？方氏说得很明白，天道乃仁，这也是儒家学说最明显的特征。他说："天地之德，广厚无垠。蔽以一言，莫过乎仁。万生芸芸，天孰不爱。爰命人君，天工是代。圆颅方趾，共本异形。苟揆厥初，皆若同生。圣人之心，博施济众。一夫失所，如抱疾痛。燠念民寒，饱思民饥。己享安逸，恐民之疲。不夺其时，不尽其力。开其昏愚，赈其灾厄。众庶乐业，国乃富强。上不恤下，非礼之常。荡荡大藩，哲王所受。世笃至仁，千载是守。"③

天道或天命就是天德，天德就是仁。仁的具体表现是博爱芸芸

---

① （明）方孝孺著，徐光大点校：《方孝孺集》（上），浙江古籍出版社 2013 年版，第 33 页。

② （明）方孝孺著，徐光大点校：《方孝孺集》（上），浙江古籍出版社 2013 年版，第 30—31 页。

③ （明）方孝孺著，徐光大点校：《方孝孺集》（上），浙江古籍出版社 2013 年版，第 46 页。

众生，而人君或圣王就是代替天德来统治万民的，因此圣王对待万民就要像天一样，皆视其为共本同生的一家人。万民虽然形态各异，但都是圆形的头方形的脚，皆为天地所生。圣人就应博施济众，若失掉对一人的爱护，就是失职。爱护百姓，就要为其饥寒担忧，不要以一己之安逸而使万民劳苦；也不随意打断百姓的日常生活，不耗尽他们的力量；还要对其进行启蒙教育，在其有灾难时进行赈济。如此，百姓就会安居乐业，国家也会富强。这就是天德之仁的体现。圣王应该世代笃行仁政，千年坚守仁道。

因此，士君子必须要遵循仁之道，以仁恤民，"仕之道三：诚以格君，正以持身，仁以恤民，而不以利禄挠乎中。一存乎利禄，则凡所为者皆徇乎人。徇人者失其天，失天而得人，愈贵而犹贱也。"① "端尔听，迩言勿溺，小事必敬。正容体，谨辞令。出入必思，钦若天命。户内治天下易。迩或谬，远安求？已为而悔，莫若早戒。患至而忧，不知预谋。何以乐？心无愧怍。何以忧？轻举多求。阖兮辟兮，取法乾坤。由仁义行，以贻迩子孙。"② 士人必须根据此仁之天道来监察国君，以此来正己身，以此仁政来体恤百姓。如果只是追求功名利禄，忘了此根本之职责，就是听从人之私欲而失去了天德。若如此，即使是得了富贵，也一样贫贱。真正的富贵乃在于仁德。

此天德之仁并不是一时的，而是刚健不息、万古恒存的，因此

---

① （明）方孝孺著，徐光大点校：《方孝孺集》（上），浙江古籍出版社 2013 年版，第 21 页。

② （明）方孝孺著，徐光大点校：《方孝孺集》（上），浙江古籍出版社 2013 年版，第 10 页。

圣人和士人皆不可放松懈怠，"天德刚健，不已于行。日月旋运，无息故明。人处两间，乌可放逸。耽乐是从，忧所自出。舜禹至圣，尚戒慢游。日昃不遑，西伯兴周。古有格言，燕安鸩毒。汲汲为善，犹恐不足。人之有心，易纵难收。必学古道，乃可自修。目视简编，心惟奥旨。匪贤弗亲，匪善弗履。造次无失，寤寐靡忘。日求至乐，罔或怠荒。观省往行，为法为戒。察理既精，勇为不懈。忠孝仁义，日勉行之。充乎德业，发乎文辞。勤政之基，由此而积。敬于庶事，日新不息。"[①] 天德刚健，生生不息，处于其中之人也不可放逸耽乐，否则就有忧患丛生。即使是舜、禹这样的至圣，也不敢稍有懈怠，况且一般人呢？人们唯恐行善还来不及，哪里还敢求乐荒怠？且人心容易放纵迷失，一旦放松，就无法回头，因此方氏提醒人们一定要戒惧精察，时时反省，不可丝毫松懈。忠孝仁义之天德，要日日勤勉履行，这也是仁政的基石。在日常中坚持不断施行此仁德，才符合天道。

天德之仁虽然刚健，但并非粗暴，其仁乃是柔和阳刚的，"柔仁者有后，刚暴者难继。仁者阳之属，天之道也，生之类也。暴者阴之属，地之道也，杀之类也。好生者祥，好杀者殃，天行也。"[②] 天德乃是生物养物的，并不是杀物害物，因此天德属于阳德，而非阴功。

有时天之仁并不是那么顺利就实现了，所以就需要人来帮助仁

---

① （明）方孝孺著，徐光大点校：《方孝孺集》（上），浙江古籍出版社2013年版，第47页。

② （明）方孝孺著，徐光大点校：《方孝孺集》（上），浙江古籍出版社2013年版，第21页。

道之实现，这样的人主要是君和师，方氏说："天之生人，岂不欲使之各得其所哉！然而势有所不能，故托诸人以任之，俾有余补不足。智愚之相悬，贫富之相殊，此出于气运之相激而成者。天非欲其如此不齐也，而卒不能免焉。是气行乎天地之间，而万物资之以生。犹江河之流浑涵斋沦，其所冲激不同，而所著之状亦异。大或如蛟龙，小或如珠玑，或声闻数千里，而或汩然而止。水非有意为巨细于其间也。而万变错出而不可御。人何以异于斯乎！智或可以综核海内，而暗者无以谋其躬。财或可以及百世，而馁者无一啜之菽。天非不欲人人皆智且富也，而不能者，势不可也。势之所在，天不能为，而人可以为之。故立君师以治，使得于天厚者不自专其用，薄者亦有所仰以容其身。然后天地之意，得圣人之用行，而政教之说起。故圣贤非为己设也，所以为愚不肖之资，货财非富匹夫也，固将俾分其余以补人之匮乏。三代之盛，是法行于朝廷，达于州里，成于风俗而入于人心，是以天下无怨嗟之民久矣。其亡而莫之复也，世之志义之士犹有推其所有余，行其所可为者，其亦先王之所取者乎！然非知本者不知其意之美也。人之挟所长以虐同类，由不知本故耳。使知斯人之生，皆本于天，视人之颠隮陷溺与己无以异，则民焉有失所之患哉？余病乎未能，而欲试诸乡间，以为政本。数百家之乡，其人必有才智赀产殊绝于众者，虽废兴迭出，而未尝无。每乡推其尤者为之表，使为二廪、三学。廪之法，丰岁夏秋，自百亩之家以上，皆入稻麦于廪，称其家为多寡，寡不下十升，多不过十斛。使乡之表籍其数，而众阅守之。度其凡岁可得千斛，以备凶荒札瘥，及死丧之不能自存者。其入也先富，而出也先贫。出也视口，而入也视产。产多者皆庚，加息十一，不能庚则否。廪之左立祠，以祠入粟多而及人博者。祠之左右序揭二板，左曰嘉善，书其人之绩，板以朱，书以青。右曰愧顽，板不饰，书以白，书吝而私者，为表而不均者，渔其利而不恤民者。岁再集众，谒祠而读之以为戒。学之法，各立师一人，以有德而服人者为之。立司教二人，司过二人，司礼三人。乡人月吉盛衣冠相率谒学，暇则游于学，问乎师。有违过者于师乎治，悖教不良者师与其罚。其教法如族学之仪。"①

在这里，既体现了天人之分工，也说明了君、师的地位和作用。这依然是人尊天、合天的一种方式，所以方氏的天人关系就很清楚了。在他这里，天和人、性和气是两分的，还没有达到王阳明之融通。人就要以心合天，以心明道，而且还应看到，方孝孺所说的天并不包含自然意义上的天，自然意义上的天与人事是无涉的。他在《族谱序》中描述的宇宙和人并没有形成一个有机的整体，人在宇宙中的地位也不明确。他说："昔天地未分，名曰混沌，混沌以后，名曰太乙，太乙以后，名曰太始，太始以后，名曰太初，太初以后，名曰开辟。开辟之时，始分天地。清气上而为天，有日月星辰。浊气下而为地，有山川草木。其气清浊以成形，结而为人、禽兽、万物之象。清气结而升者为圣人，浊气混而下者为凡庶。其类各有四大之形，同禀五常之性。性者情也，有情则受命，并受天地自然之气。结为男女，则有夫妻。既有夫妻，则有父子。既有父子，则有兄弟，则有朋友。既有朋友，则有爵禄，则有谥号，则有封邑。则

① （明）方孝孺著，徐光大点校：《方孝孺集》（上），浙江古籍出版社 2013 年版，第 64—65 页。

有茅土。既有茅土，则有亲疏，则有宗族。既有宗族，则有谱序。姓者生也，共相生长。宗者总也，总统相连。族者聚也，非类不聚，各相尊荣。三皇已前，无文无纪。五帝已后，典籍兴焉，莫不书其附策，扬其德行。典诰书其姓名，显其禄位，序述千古所验，则明其世代者可。"①

可以看到，方孝孺所说的自然宇宙和人并没有结成一个有机整体，如阳明所说的万物一体、心物合一整体，所以方氏所说的天只是属于人事的天，也即人事的总体法则。这种观点他在对宰相丙吉的评价中，体现得更为明确。他说："君子之于天下，尽人事而后征天道。天道至微而难知也，人事至著而易为也。舍易为而求难知，则为不知。先其微而后其著，则为失序。尧、舜、禹、益相告诫之辞详矣，传道则曰执中，用人则曰九德，治民则曰六府三事。至论天道，则历象授时之外，未尝有片言焉。三圣贤之于天道，岂有所未达哉？弃所宜为，而求之恍惚诡诞之域者，固圣贤之所不取也。宰相之职，上有以格君，下有以足民。使贤才列乎位，教化行乎时，风俗美于天下，伦理正而礼乐兴，中国尊而夷狄服，有生之伦各遂其性，而无乖戾斗争，则可为尽职矣。不必漆漆然探其所难知，以为观美也。能尽其职，虽日月失明，寒暑不节，无害其为治。职有未尽，使天地位而万物育，亦安所益于民乎？汉史称丙吉不问死伤，而诘牛喘，以为知大体。此非君子之言。民不知道，至于相杀伤于都市之内，政教不振而俗隳坏，其为变亦甚矣，岂非宰相所当忧乎？

① （明）方孝孺著，徐光大点校：《方孝孺集》（中），浙江古籍出版社 2013 年版，第 486 页。

舍此不问，而恐阴阳不和，何其迂且妄也。子路问事鬼神，子曰：
'未能事人，焉能事鬼？'不先尽事人之道而事鬼且不可，况不务人
物之性，而征不易知之天道，乌在其能为相乎？且宣帝时，俗之弊
非特相杀伤而已。一岁中子弟弑父兄，妻妾弑其夫者，二百二十余
人，几不可以为国。吉不能佐其主以仁义，使革风易俗，陷斯民于
禽兽，而惟一牛之问，谓之知所缓急，不可也。汉儒之学泥于术数，
而不知道，其流至于蔽而不通，愚而信怪。虽可称如吉者，犹溺焉
而不以为异，况不足称者乎？天下犹人身然，风俗血气也，灾祥肥
瘠也，戕刺其体肤而不问，见瘠者而问之，人必以为惑矣。察于细
而忽于巨，惑莫大焉！而以为知大体可乎？然则《洪范》之说皆不
足信欤？非然也。庶征，九畴之一也，必以人事为之本，尽人事而
后征天道者，吾之所知也。信灾祥而遗人事者，汉儒之谬，《洪范》
之蠹也，非君子之道也。"①

在这里，方氏又将天道和人事区分开来，天道成了人之外的物
理存在的运行之道，如天体运行、万物生长等。人之外的天道被视
为遥远微茫难知的存在，而人事则是切近显明且易知的存在，因此
圣人处理这两种存在的顺序是先近后远，先人事而后天道。甚至圣
人干脆不言天道，这不是他们不能知天道，而是认为这样的天道不
值得去知，因为其对治天下、平人事无所助益，所以舍弃显明切近
易知的人事领域而去探索恍惚诡诞遥远的天道领域，是圣贤所不愿
意的，而丙吉作为宰相，应该知晓其责任在于上侍奉君主，下安民

---

① （明）方孝孺著，徐光大点校：《方孝孺集》（上），浙江古籍出版社 2013 年版，
第 161—162 页。

众，使贤才各就其位，使教化流行，天下风俗美化，使伦理正当而礼乐兴盛，使中国得到尊崇而四方归服，使生民各顺其性，而无悖逆争斗，这样丙吉就算尽到责任了。将人事安排好了，即使天道失常，日月失明，四季紊乱，也不影响天下得治。若人事不当，虽然日月流转顺畅，也是其失职，而丙吉放着人事不理，出现伤亡事故后不是忙着处理人事，反而去探究牛的喘息，试图以此探测天道天意。还有人说他识大体，说这话的肯定不知君子之道。当民众相斗、政教不振时，丙吉不是具体解决人事问题，反而求助于阴阳神鬼之说，说这是阴阳不合所致。这就是典型的舍近求远、迂腐邪妄了，所以说丙吉是不称职的，而汉代儒生本身沉溺于阴阳神鬼术数之类的天道探索中，反而不知真正的天道。真正的天道乃是人事，非在人事之外，所以只有尽了人事以后才能知天道，而不是如汉儒信灾祥而遗忘人事。在方氏所说的人事之道中，体现的正是正统仁义礼乐之教。

虽然方氏承认天生人，但对自然意义上的天，方氏是敬而远之的。他只承认人事意义上的天，所谓的天道也就是人事总体之道。人之性也是由此人事之天（性天）而来，而人的身体则属于自然之天（气天）的产物。因此，方孝孺的天人之分就是朱子的性气之分，其性气之分就是人事之天道与自然之气的区分。善恶之分也是如此，善乃属于人事之天或性天，恶则来自自然之天或气天。

（三）方孝孺的善恶观

方孝孺的善恶观概括起来包括：天善人恶、义利之辨、修德于外、笃行重学（学行合一）。在《克畏箴》中，方氏曾经详细阐释过他的善恶观，他说："于皇上帝，降衷于人。五性统心，宰制此身。如国之君，如兵之帅。百职万夫，罔敢乖悖。禀气或偏，梏其天明。外与物交，私欲乃萌。淫哇诱耳，靡曼眩目。言发于躁，形动于欲。或乱以酒，或肆以狂。诡随为柔，狠虐为刚。颠倒谬迷，举违其正。败类贼伦，斫丧天性。当其方昏，恬谓宜然。中夜静思，夫岂吾天。乃奋而悲，亟改前辙。遏于横流，扑于始发。若去蟊贼，若戡奸杀。鼓勇直前，不留寸踪。抉彼阴霾，洗涤日月。秉礼持敬，作我斧钺。孤光既回，万类复初。思前之为，防于嚚愚。今幸克之，敢弗戒惧。操存稍怠，恐其逸去。屋漏之暗，对越有严。一念之微，鬼神降监。勿安所安，勿嗜所嗜。易失惟言，难成惟事。图巨于细，履坦若巘。跬步或差，万马莫追。内谨其几，外防其诱。盘盂机阱，衽席师保。可畏在心，岂彼苍苍。心之操纵，身与存亡。表里交修，本末一致。作圣之基，敬戒勿坠。"①

"上帝"一语在儒家经典中经常出现，如《诗经》《尚书》《仪礼》《周礼》《礼记》中都有所记载。如"天佑下民，作之君，作之师，惟其克相上帝，宠绥四方。"（《尚书》）"皇矣上帝，临下有赫，监观四方，求民之莫。"（《诗经》）"是月也，天子乃以元日祈谷于上帝。"（《礼记》）"所谓昊天上帝者，盖元气广大则称昊天，远视苍苍即称苍天，人之所尊，莫过于帝，讬之于天，故称上帝。"（《通典·礼典》）在儒家思想中，"上帝"指的是天之神位，也就是人格化了的天。天之核心或者主宰就是"上帝"，其意可为"在上

的帝王""最高的主宰",也可称为"天帝""皇上帝""昊天上帝"等。

在方氏这里,"皇上帝"这一人格化了的天帝,具有天德的全部,而这些天德,都将由其下降于人身上。这些天德下降于人之后,则成了儒家五性。① 这来自天的五性乃是本质性或本体性的存在,人之为真正的人也是以此来区分的。这五性存在于心,统率人身。以心统身,就如君统国,帅统军,心乃是主。由此即可推出,人心之五性就是人之善的来源,而五性又源自天帝,所以善来自天。如前所述,这里的天显然是人事之天,而非自然之天。

那么恶从哪里来呢? 方氏说,恶来自禀气之偏、物欲泛滥。气主形,气之偏主要就是人形体上的偏差。这里主要指来自身体的情感欲望之偏差。如果情感欲望过重,与物相交之时,则容易为物所役,产生物欲。耳目之欲继而引发言语上的狂躁,最终刚柔颠倒,迷失天性。只有静思养心,彻悟前事之非,秉礼持敬,痛改前非,勇猛分发,回复天性,由恶转善。

由此来看,善就在于心合天,恶就在于心从身。因此,修心的方向就决定了善恶的去向,而这也是义利区分的标准。心尊天德即为义,顺从身体私欲则为利。

在《刘士安字说》中,方氏也讲到了其善恶观。他说:"事有一言而可以行于身,充诸家,推之盖乎天下。非士不足以知之,非君子不足以至之,非圣贤不足以尽之者,其惟善乎! 由天地而观之,

---

① 这里的"五性"应为"仁义礼智信",如方孝孺有诗云:"一心运万化,五性涵义仁。"(《题万间堂》) 见(明)方孝孺著,徐光大点校《方孝孺集》(下),浙江古籍出版社 2013 年版,第 923 页。

发育豳达盈乎其间者，是理也。由人而视之，慈爱恻怛与天地同体者，亦是理也。有形之类孰能无之，而众人或防乎恶者，患乎不学者耳！士君子之为学，岂能加毫末于斯理之外哉？由是而发言焉，则为善言矣。由是而制行焉，则为善行矣。由是而措诸事为，见于德教，则为善政矣。言善言，行善行，施善政，则善播乎天下矣。其身庸有不安者乎？故士之安乎善，犹众人之安乎利也。以利为安者，安未至而危辱继之。苟能安乎善，则贵贱富贫佚愉忧戚，变乎外者虽无穷，而其心未始不安也。刘君有学行，仕于时，其势可以为善，而其心休休然有乐善之色，是其善之可称者亦众矣。又欲传诸子，而因名若字以教之，岂非知所教也哉！士安居乎家，则取于父，远焉则取法天下之善士，又以为未至，则上而取法古之圣贤以为师，则其进于善也何惑焉！"①

天地本善，万物自然发育生长即为善。人之间符合天道之仁善的则是慈爱恻怛，唯此人们才会自然和谐地生存发展。士君子学的也是这个善。那么恶从哪里来呢？不学习此善则会堕入恶。只要遵从此善，则言行政教莫不为善，如此则天下太平。不遵从此善，则会陷入利欲之中，招致危险。这里的善恶观和前文相似，不遵循天之善也是陷入人之身体欲望。只不过这里没有前面说得明确。除此之外，这里的善恶还牵涉出义利之辨。根据方氏的善恶观，从善即为义，从恶即为利。由此观之，方氏的义利之辨或天理人欲之辨就很清楚了。试举几例，如他说："非礼之事勿行，非义之货勿入。礼

---

① （明）方孝孺著，徐光大点校：《方孝孺集》（上），浙江古籍出版社 2013 年版，第 274 页。

义所出是为清门，悖傲所出是为祸门，货财所出为幸门，仁贤所出是为德门。不惑于利者休，多行可悔者忧。非无外，不足以任道；非无息，不足以成业；非至公，不足以知人；非至密，不足以察理。心之所贵者四，此之谓也。"① "物有可好，汝勿好之；德有可好，汝则效之。贱物而贵德，孰谓道远，将允蹈之。"② "非吾义，锱铢勿视；义之得，千驷无愧。物有多寡，义无不存。畏非义如毒螫，养气之门。"③ "有以处己，有以处人。彼受为义，吾施为仁。义之不图，陷人为利。私惠虽劳，非仁者事。当其可与，万金与之；义所不宜，毫发拒之。"④ "闻所当为，奋决不疑，飙移电驰，是谓勇于自治。知其为义，可否进退，怯于为善。陷溺也易。圣贤虽大，惟勇可成。勿安于非义，谓吾不能，义不能徙。圣犹忧之，汝不忧乎？忍自绝于善，而甘为小人之俦乎？"⑤ "古之为家者，汲汲于礼义。礼义可求而得，守之无不利也。今之为家者，汲汲于财利。财利求未必得，而有之不足恃也。舍可得而不求，求其不足恃者，而以不得为忧。咄嗟乎若人，吾于汝也奚尤。"⑥ "厚己薄人，固为自私。厚人

---

① （明）方孝孺著，徐光大点校：《方孝孺集》（上），浙江古籍出版社 2013 年版，第 11 页。
② （明）方孝孺著，徐光大点校：《方孝孺集》（上），浙江古籍出版社 2013 年版，第 5 页。
③ （明）方孝孺著，徐光大点校：《方孝孺集》（上），浙江古籍出版社 2013 年版，第 5 页。
④ （明）方孝孺著，徐光大点校：《方孝孺集》（上），浙江古籍出版社 2013 年版，第 5 页。
⑤ （明）方孝孺著，徐光大点校：《方孝孺集》（上），浙江古籍出版社 2013 年版，第 32 页。
⑥ （明）方孝孺著，徐光大点校：《方孝孺集》（上），浙江古籍出版社 2013 年版，第 42 页。

薄己，亦匪其宜。大公之道，物我同视。循道而行，安有彼此？亲
而宜恶，爱之为偏。疏而有善，我何恶焉。爱恶无他，一裁以义。
加以丝毫，则为人伪。天之恒理，各有当然。孰能无私，忘己顺
天。"① "明于义者，于利也轻。授之天下，不以为荣。苟为所移，皆
可欲者。快意陈前，身亦可舍。一念之动，一发之间，相去几何？
为陵为渊，勿以其微，殆曰可受。微之不察，大者何有？圣有伊尹，
放主于桐。海内帖然，服其至公。人见遗钱，纵目私睨。市儿抵掌，
訾其贪利。尹独何道，举世不疑。心无所利，曰汝信之。惟利之喻，
害于而躬。行义之报，博乎无穷。择义在我，圣亦可企。勿谓古之
人，吾不敢至。"② "得乎道而喜，其喜曷已；得乎欲而喜，悲可立
俟。惟道之务，惟欲之去。颜孟之乐，反身则至。"③

这里的义或礼义皆是因为遵循天德天理的结果，而利则是顺从
身体私欲的反应。方氏劝诫人要顺乎天理而遏制人欲。在这里，仁、
义、礼义都来自天理，都是善之体现；人欲、私利、人伪皆来自身
和物之诱惑，皆是恶之体现。君子务必顺乎天理，坚守礼义。

君子并非不要利，而是君子之利与小人之利是有区别的。方氏
说："一年之劳为数十年之利，十年之劳为数百年之利者，君子为
之。君子之为利，利人；小人之为利，利己。"④ 可见，君子之利乃

---

① （明）方孝孺著，徐光大点校：《方孝孺集》（上），浙江古籍出版社 2013 年版，
第 40 页。

② （明）方孝孺著，徐光大点校：《方孝孺集》（上），浙江古籍出版社 2013 年版，
第 29 页。

③ （明）方孝孺著，徐光大点校：《方孝孺集》（上），浙江古籍出版社 2013 年版，
第 4 页。

④ （明）方孝孺著，徐光大点校：《方孝孺集》（上），浙江古籍出版社 2013 年版，
第 25 页。

是更长久更广大之利，如此之利他之利则是义，也是善，而只为一己私欲之利则是小人之私利。义利之辨也就是利他和利己之辨，是整体之利与个体之利的区别。

在善恶、义利之辨中，即见心之重要。修心成为向善、守义之保证。方氏说："燕安溺人，甚于洪波。身溺可济，心溺奈何！患常生于无事，祸莫大于多欲。忧惕可以保身，敬慎可以致福。"① "洗涤邪虑，以启新知。勿安于污浊，自弃弗治。濯之洁，初匪外至。于铄！天明亦若此，众欲污之，吁可鄙！形之污，濯之则已。心之污，百行皆毁。名之污，万世之耻。水既洁，然后可以澡身。己既修，然后可以化民。"② "治人之身，不若治其心也。使人畏威，不若使人畏义也。治身则畏威，治心则畏义。畏义者其于不善，不禁而莫能为；畏威者禁之而莫敢为。不敢之与不能，何啻陵谷？"③ 可以看到，心对于向善成人的重要性，身体沉溺还有救，但心若沉溺就不可救药了。身体外形被污染了，洗洗即可；心若被污染了，则一切皆毁，所以治人之身不如治其心。治身可用刑罚使其恐惧，但并不能使之自愿向善，而治心则能使其从内心向义，这样的善才是真善。方氏这一思想现在依然是有益的。

方氏还因此排列了一个从天到人到物等级序列：首先天道是最高的，其次是心智，最后是身体物力。他说："道役智，智役力。智

---

① （明）方孝孺著，徐光大点校：《方孝孺集》（上），浙江古籍出版社2013年版，第9页。

② （明）方孝孺著，徐光大点校：《方孝孺集》（上），浙江古籍出版社2013年版，第15页。

③ （明）方孝孺著，徐光大点校：《方孝孺集》（上），浙江古籍出版社2013年版，第18页。

之不如，惟汝所适。任智而不知道，人将汝役。"① 道役使心，心役使身，然后及于万物。这个顺序是按照气之精粗清浊的程度来排列的。天道乃万物之源，自然纯粹和精明；心能通道，自然也是精灵之存在；身体就稍微迟钝和粗疏，人之外的其他事物就更不及人精明了。因此，对人来说，修心合道为要。

　　然而方孝孺的修心却不是在心上用功，而是借助于外在的形式来养心、修德，其修习方式可说是以外养内、修德以外，而这个外在的形式主要是礼。他说："养身莫先于饮食，养心莫要于礼乐。人未尝一日舍饮食，何独于礼乐而弃之乎？尊所贱而卑所贵，失莫甚焉。"② "人之异于物者，以其知本也。其所以知本者，以其礼义之性，根于天，备于心，粹然出于万物，故物莫得而类之。今夫形禅而气续者，人与物之所同也。渴而饮，馁而啖，劳而瘁，逸而嬉者，人与物不相远也。卒之人贵而物贱者，何哉？人能知尊其身之所自出，而物不能也。故生而敬事之，为之甘脆丰柔之味，以养其口；为之华软温美之服，以养其体；为之采色，以养其目；为之馨香，以养其鼻；顺其所欲，以养其心。犹以为未至也，于是饬身惇行以养其德，令闻嘉誉以养其名，著其德美于天下后世，使之没而不忘，久而弥章。君子之为人子孙，非以养生为贵，而以奉终为贵；非以奉终为难，而以思孝广爱为难。藏于墓，祀于庙，自天子达于士，隆卑广狭不同，而其致一也。故天子七，诸侯五，大夫三，士二，

----

① （明）方孝孺著，徐光大点校：《方孝孺集》（上），浙江古籍出版社 2013 年版，第 16 页。

② （明）方孝孺著，徐光大点校：《方孝孺集》（上），浙江古籍出版社 2013 年版，第 18 页。

官师一，庶人寝乎荐。自外为之制者由乎人，孝敬之情出于天。由乎人者，不可逾也。本乎天者，夫宁有强之者哉，天之命也。人虽至昏弱也，甚无知也，过先祖之墓，未有不动心者。时焉而祀其先，语及其遗事，未有不叹泣者。形气之感有所受也，非偶然也。故宗庙之制，祭祀之礼，君子以此崇本反始，致诚敬于其先。廛井之氓则祭田祖，不以岁之丰歉而变，不忘其始也。况于身之所自出者乎！知有其身而不知身之所自出，是谓禽犊之民。知奉其身，而不恤吾身之所同出，是谓痿痹之民。是二者虽色貌为人，而其身物化也久矣。故人而不知本谓之悖，不睦族谓之戾。悖与戾，恶名也。世之立而谈者，天之所授与尧舜孔子不异，由颜焉而颜，由孟焉而孟，不此之务，而惟恶名之求，尚为爱其身也乎？"①"纵肆怠忽，人喜其佚。孰知佚者，祸所自出。率礼无愆，人苦其难。孰知难者，所以为安。嗟时之人，惟佚之务。尊卑无节，上下失度。谓礼为伪，谓敬不足行。悖理越伦，卒取祸刑。逊让之性，天实锡汝。汝手汝足，能俯兴拜跽，曷为自贼，恣傲不恭？人或不汝诛，天宁汝容！彼有国与民，无礼犹败。矧予眇微，奚恃弗戒。由道在己，岂诚难耶？敬兹天秩，以保室家。"②"虚以为体，平以为则，随物赋形，为民作极。皇王攸谨，尚其无私，百尔秉心，或鉴于兹。"③

方氏说得很清楚，养心莫过于礼乐。心之修行与外在的形式不

① （明）方孝孺著，徐光大点校：《方孝孺集》（上），浙江古籍出版社2013年版，第49—50页。

② （明）方孝孺著，徐光大点校：《方孝孺集》（上），浙江古籍出版社2013年版，第39页。

③ （明）方孝孺著，徐光大点校：《方孝孺集》（上），浙江古籍出版社2013年版，第13页。

可分割。于是，一个内在的问题被方氏处理成了外在的问题。那么这个能养心修德的礼又是什么呢？方氏又说，礼义之法则本就出自于天，已备于心。心则将礼义之则施用于万物，万物则各得其所。既然心已经具有了礼义之本，又是心制定了外在的规范形式，那么为何心又要由礼来养呢？方氏这不是自相矛盾吗？要自圆其说的话，只能说，能够领悟礼义之本性并建礼制于外的，只是少数具有天纵之才的圣王，所以他才说只有圣王才可以"虚以为体，平以为则，随物赋形，为民作极"。为何圣王能如此呢？因为只有他能做到无私博大，完全领悟天道，而其他人只有通过学习这些已经被圣王制定好的礼仪规范，从中修心养德，以便更好地实践和坚守这一礼仪。只有这些圣王所做之礼，才能保家卫室、安国保民。

既然要通过外在的礼乐才能养心，那么这种养心的方式就不可能停留在冥想和静坐状态下，而是必须通过身体力行来进行。于是，在转了一圈之后，方氏又转回了原点，即又要以身养心。本来心要宰制身，现在身又决定了心之修炼。这种奇怪的循环在方氏学说中屡见不鲜。不管怎样，身行、笃行就成了方氏强调的养心方式，他说："士之为学，莫先于慎行。行之于人，犹室之有栋柱也，帛之有丝缕也，木之有本也，马之有足也，鸟之有翼也。圣得之而后为圣，贤得之而后为贤，君子修是而为善，小人失是而防于异类禽兽之归，夫焉可忽哉！积之如升高之难，而或败于谈笑。为之于阃阈之内，而或播于四海九州，才极乎美，艺极乎精，政事治功极乎可称，而行一有不掩焉，则人视之如污秽不洁，避之如虎狼，贱之如犬豕。并其身之所有，与其畴昔竭力专志之所为者而弃之矣，可不慎乎！夫口之便于甘肥，体之便于华美，耳目之耽于所思，心志之趋于所乐，家欲富而身欲尊者，人之同情，圣贤之所不能无也。然而学道之士，禁制克节，惟恐是念之萌于中。蔬衣藿食，黜好寡欲，终身而不敢怠者，诚知轻重之分也。人之身不越乎百年，善爱其身者，能使百年为千载；不善爱其身者，忽焉如蚊蚋之处乎盎缶之间。夫蚊蚋之生亦自以为适矣，而起灭生死不逾乎旬月。当其快意于所欲，以盎缶为天地，而不知其所处之微。昧陋之民亦若是矣，迷溺于声色势利，以身为之役而不以为劳。其心以为至乐也，而不知其可悲也。甚适也，而不知其为污辱也。均之为身也，圣贤之尊荣若彼，而众人之污辱若此，曷为而然哉？慎行与否致之耳。难成易毁者，行也；难立易倾者，名也。得之不能久于身，乐未既而忧继之者，人之欲也。以富贵利达易污辱之名，犹食乌喙而易死也。况倏忽接于耳目者之不足恃乎？故人有杀身而徇君亲者，非不爱身也，爱其身甚，而欲纳之于礼义，其为虑甚远矣。宁死而不肯以非义食，知义之重于死也。宁无后而不敢以非礼娶，知失礼之重于无后也。侥幸苟冒于一时，而蒙垢被污于万世。小则闾里识之以为訾，大则册书著之，天下笑之，闻其名则唾哕不欲入于耳。计其所得曾不若秋毫，而贱辱其身，使孝子羞以为父，正士羞以为友，遗裔远胤羞以为祖，不亦惑哉！且人不患不富贵，而患不能慎行。无行而富贵，无益其为小人。守道而贫贱，无损其为君子。"①

现在，身行成了本。圣贤君子皆是因为行才成就其自身的。百业皆因行而成。因此，君子当慎重行事，而行之准则是礼，若不尊

---

① （明）方孝孺著，徐光大点校：《方孝孺集》（上），浙江古籍出版社 2013 年版，第 60—61 页。

礼而行，则终会毁于一旦。人不患不富贵，而患是否尊礼慎行。

　　方氏还说："古人言学，修其在己。己无所得，犹不学尔。惟德之务，必勉于为。譬诸饮食，必饱为期。方其已饱，不忧其馁。无以继之，馁可立待，是以贤哲，务德是修，行以终身，恒以为忧。一事之成，一行之蹈。岂云匪德，贵乎弥邵。知不逮舜，仁不逮尧。曰伊曰周，德音孔昭。彼与吾同，作则万世。独为凡民，宁不有愧。充之俾崇，扩之俾洪。主敬力行，不息其功。成无为能，盈无为足。圣之不如，而汝自局。汝不是思，汝年日加。暨其已晚，汝忧则那。"①"至博而约于精，深思而敏于行。考古以立事，观人以修己。治乱兴衰，必知其由；进退语默，必中乎理。毋眩乎辞，必要诸道。以圣为则，纯驳可考。论学则观其身，论政则考其时。词有华而不废，言有似而不取。"②"学术之微，四蠹害之也。文奸言，撼近事，窥伺时势，趋便投隙以贵富为志，此谓利禄之蠹。耳剽口炫，诡色淫辞，非圣贤而自立，果敢大言以高人，而不顾理之是非，是谓务名之蠹。钩摭成说，务合上古，毁訾先儒，以谓莫我及也，更为异义以惑学者，是谓训诂之蠹。不知道德之旨，雕饰缀缉以为新奇，钳齿刺舌以为简古，于世无所加益，是谓文辞之蠹。四者交作而圣人之学亡矣！必也本诸身，见诸政教，可以成物者，其惟圣人之学乎？去圣道而不循，而惟蠹之归，甚哉其惑也。"③"为家以正伦理、

---

① （明）方孝孺著，徐光大点校：《方孝孺集》（上），浙江古籍出版社 2013 年版，第 31—32 页。

② （明）方孝孺著，徐光大点校：《方孝孺集》（上），浙江古籍出版社 2013 年版，第 8 页。

③ （明）方孝孺著，徐光大点校：《方孝孺集》（上），浙江古籍出版社 2013 年版，第 18 页。

别内外为本，以尊祖睦族为先，以勉学修身为教，以树艺蓄牧为常。守以节俭，行以慈让，足己而济人，习礼而畏法，亦可以寡过矣。"①"位不若人，愧耻以求。行不合道，恬不加修。汝德之凉，侥幸高位。祗为贱辱，畴汝之贵。孝弟乎家，义让乎乡，使汝无位，谁不汝臧。古人之学，修己而已，未至圣贤，终身不止。是以其道，硕大光明。化行邦国，万世作程。汝曷弗效，易自满足？无以过人，人宁汝服。及今尚少，不勇于为，迨其将老，虽悔何追。"②"礼本于人情，以制人情。泥则拘，越则肆，折衷焉斯可已。古之庶人祭不及祖，汉以下及三世非越也，人情所不能已也。古过于薄，今过于厚，则从于厚。今过于薄，不若古之美，则惟古是从。礼近于厚，虽非古犹古也。"③"古礼之亡也，人不知事亲之道。今丧礼朝夕奠之仪，其事生之常礼乎？孔子曰：至于犬马，皆能有养，不敬何以别乎？噫！行者鲜矣。"④"君子事亲以诚，缘情以礼。知其无益而伪为之，非诚也。惑异教而冀冥福者，非伪乎？圣贤所不言，而不合乎道者，非礼也。化乎异端而奉其教者，岂礼也哉？事不由礼者，夷也。夷者夷之，死不祔乎祖。"⑤"孝子之爱亲，无所不至也。生欲其

---

① （明）方孝孺著，徐光大点校：《方孝孺集》（上），浙江古籍出版社 2013 年版，第 22 页。

② （明）方孝孺著，徐光大点校：《方孝孺集》（上），浙江古籍出版社 2013 年版，第 39—40 页。

③ （明）方孝孺著，徐光大点校：《方孝孺集》（上），浙江古籍出版社 2013 年版，第 22 页。

④ （明）方孝孺著，徐光大点校：《方孝孺集》（上），浙江古籍出版社 2013 年版，第 22 页。

⑤ （明）方孝孺著，徐光大点校：《方孝孺集》（上），浙江古籍出版社 2013 年版，第 23 页。

寿，凡可以养生者，皆尽心焉。死欲其传，凡可以昭扬后世者，复不敢忽焉。养有不及，谓之死其亲；没而不传道之，谓之物其亲。斯二者罪也。"[①] "古学务实，体立用随。始诸身心，验于设施。后世失之，攻乎文艺。观听是娱，道德是弃。王者之学，以古为师。穷理正心，固守勇为。法尧为仁，法舜尽孝。视民如伤，文王是效。简册所陈，善政嘉猷，取之自治，奚暇外求。圣贤立教，要而不烦。昧者溺心，疲惫空言。汉之贤王，东平称最。笃行为善，垂范百世。魏有陈思，徒事文章。德业无传，识者弗臧。圣明御世，好善崇德。鉴乎成宪，永康邦国。"[②]

修德之事，全部在行，终身不怠，必须要"主敬力行，不息其功"。行无止境，圣王尚且如此，何况平民呢？圣人之学不传，也在于没有身体力行，政教不兴，物无所成。在家中也是一样，没有勤勉修身，立己济人。这都是因为没有遵循古人修身之教导，没有诚心去行。礼义只有行出来，才能修齐治平。古人所强调的都是务实笃行。

方氏说，修德乃是善的保证，德行乃传之子孙的真正宝藏。"能为众人所不能行之事者，其子孙必享众人所不能致之福。人之为善，非为子孙计也，然天道之于善人，以及其身为未足，常推余泽以福其后人，则亦曷尝不为子孙计哉！第众人之计，速而易致，而君子之泽远而难雠。故趋乎善者常少，溺乎利者常多。众人每笑为善之

---

① （明）方孝孺著，徐光大点校：《方孝孺集》（上），浙江古籍出版社 2013 年版，第 23 页。

② （明）方孝孺著，徐光大点校：《方孝孺集》（上），浙江古籍出版社 2013 年版，第 46 页。

士为迂缓无术，而不知天道之所佑，固在此而不在彼也。天下无千载全盛之国，无百年全盛之家。天岂不欲有国家者久而不坠哉？或一再传而失之，或未终其身而不振。得之于劳勤艰难之余，而败之于谈笑燕安之顷，非其智力所不能，德不足而子孙无所藉以自立也。人之生于德善之家，犹木之生沃土，蚤发而易长，华茂而后凋。硗田瘠垅虽有萌蘖之滋，拳曲拥肿，终不足观，则所藉使之然耳。今之人莫不欲子孙之蕃，贤才之伙，传绪久而不衰，而莫能为善。此犹不艺而欲获也，不猎而欲衣狐貉也，孰从而致乎？故富贵而不修德，是以爵禄货财祸其身也。富贵其子孙而不力为善，是置子孙于贱辱之阱、争夺之区而不顾也。使贵而可传，则古之显人与齐魏秦楚之君，至今不失祀矣。富而可传，则赵孟三桓之裔有余积而无忧矣。然而皆莫之存，何哉？德泽既竭，而后人莫能继也。先人有千乘之势，万室之邑，不足恃也。金帛菽粟，盈溢廪庾，不足恃也。惟有余德焉为可恃。而恃之者身必危，可恃以存者，其惟德修于身，而不懈者乎！德有及乎数百年者，有及乎百岁者，有及乎当世者，有及乎一乡，行乎一家者。子孙之食其报也，恒视所及为广狭。道术材略高世而拔类，或见于事功，佐明主除暴乱，立法制；或著于书以陈仁义政教，正人心于将亡，遏邪说于欲盛。此德于数百年者也。不能如彼之盛，而其所为可以扶衰拯溺，为百年所依怙者，百年之所德也。又不能然，而济当时之难者，当时之所德也。下此而尽力于一乡，行法于一家，乡与家赖之，亦可以及其子，俾不遽至于祸败。况其所及愈大，则所利愈远乎！闾巷之士欲泽天下后世，固非其职，然因其身之所居，以为其分之所当为，奚为而不可也。故事亲而孝，事长而弟，族焉而睦，姻焉而义，慈恭惠和，不犯不忮，以此守身而无愧者，其德可以泽其子。推而行于乡，矜寒恤饥，周人之所不及，而为人之所难为，其胤嗣有不兴者乎！有位而立功，学道而立言，皆人所可致者。孰谓吾族之人而不能为善人乎，孰谓为善而果不可恃乎？"①

由此就衍生出方氏独特的富贵观。他认为，贵贱并不是命定和天生的，它是靠人后天的德行获得的。他说："天下有贵人，无贵族；有贤人，无贤族。有士者之子孙不能修身笃行而屈为童隶，而公卿将相常发于陇亩。圣贤之世不能传其遗业，则夷乎恒人，而缙绅大儒多兴于贱宗。天之生人也，果孰贵而孰贱乎？四海之广，百氏之众，其初不过出于数十姓也。数十姓之初不过出于数人也，数人之先一人也。故今天下之受氏者，多尧舜三王之后，而皆始于黄帝。譬之巨木焉，有盛而蕃，有萎而悴，其理固有然者。人见其常有显人也，则谓之著族；见其无有达者也，则从而贱之。贵贱岂有恒哉？在人焉耳。苟能法古之人，行古之道，闻于天下，传于后世，则犹古人也。虽其族世未著，不患其不著也。孔子子思以为祖，而操庸怪之行，则其庸怪自若也，祖不能贵之也。故吾方氏出帝榆罔，而谱不敢列之。显于昔者众矣，而不敢附之。疑者阙之以传疑，不可详者略之以著实。而惟以笃学修身望乎族之人。呜呼！富贵利达外至者也，求之不可必得，得之不可必守，守之不能必传也。仁义忠信之道备乎心，不求而足。得之可以行，行之可以著。施之盈天下而敛于身，不见其隘，传之被万世，而非威武势力之所能移。善尊祖者思是

---

① （明）方孝孺著，徐光大点校：《方孝孺集》（上），浙江古籍出版社 2013 年版，第 62—64 页。

道也，行是道也。天下不惟尊其身，将归德于其祖，而祖益尊。祖益尊而谱益传，斯其为孝大矣。何必跃跃然为伪而欺且诬哉！"① 只有法古重行，才能获得富贵，而坐等天降富贵，乃是痴人说梦。

与行相关的就是改过了。方氏说："昔为不善，今悟其愆，能立改之，不失为贤。言曰既出，事曰既往，惩创不严，其恶日长。理欲之际，义利之间，精察其几，勿就所安。折其始萌，觉于将发，荡摩翳昏，存其昭晰。作圣之学，必谨自兹，颜子不贰，为万世师。勿恃能改，无过为贵。以有过为忧，颜乐可致。"② 圣贤并非无过，只是知错必改。在修身过程中，出现过错，及时发觉纠正，即可学为圣贤。

接下来是对学习的再次强调，这次学习的内容变为了学礼。方氏儒学的脉络由此就清晰了，起于学天合道，终于学礼。方氏说："学者，君子之先务也。不知为人之道，不可以为人。不知为下之道，不可以事上。不知居上之道，不可以为政。欲达是三者，舍学而何以哉！故学，将以学为人也，将以学事人也，将以学治人也，将以矫偏邪而复于正也。人之资不能无失，犹鉴之或昏，弓之或枉，丝之或紊。苟非循而理之，檠而直之，莹而拭之，虽至美不适于用，乌可不学乎？

夫学非为华宠、名誉、爵禄也，复其性，尽人之道焉耳。彼蠕而动，翾而鸣者，不知其生之故，与其为生之道。是以物而不神，冥而不灵。人之为学，所以自异于物也。匪特异于物，欲异于众人

---

① （明）方孝孺著，徐光大点校：《方孝孺集》（上），浙江古籍出版社 2013 年版，第 51—52 页。

② （明）方孝孺著，徐光大点校：《方孝孺集》（上），浙江古籍出版社 2013 年版，第 33 页。

也。匪特异于众人，上将合乎天地，拔乎庶类之上，而为后世之则也。其说存于《易》、《诗》、《书》、《春秋》、《三礼》，其理具乎心，其事始乎穷理，终乎知天。其业始于修己，终于治人。其功用至于均节运化，涵育万物。大得之而圣，深造之而贤，勉修之而为君子。圣贤君子非天坠而地出，人为之也。举夫人之身皆可为圣贤，而乃不能异于物，曷故哉？不知务学之方也。今世俗之儒，申申而行，由由而言，誉口颊、播简牍以夸乎人，知非不博，言非不华矣，而于古之学未也，何哉？为其泛而无本也，漫而无统也，可喜而无用也。君子之学积诸身，行于家，推之国而及于天下。率而措之，秩如也，奚待词说乎！以词说为学，上以是取士，下以是自期，此士所以莫逮乎古也。呜呼！无善教而天下无善士，无善士而天下无善俗。世俗之陋，其患岂微也哉！余不欲学者之类之也。方氏之学，以行为本，以穷理诚身为要，以礼乐政教为用。因人以为教，而不强人所不能，师古以为制，而不违时所不可。此其大较也。其小学曰七岁而学，训之孝弟，以端其本，训之歌谣讽谕之切乎理者，以发其知。群居而训之和，赐之以物而导之让，慎施朴楚以养其耻。敏者守之以重默，木者开之以英慧。柔者作之，强者抑之。扶之、植之、摧之、激之、而童子之质成矣。其大学曰立四教，皆本于行，行不修者不与。一曰道术，二曰政事，三曰治经，四曰文艺。一、道术。视其人质之端方纯明，知微近道者与言。考其言行，以稽其所进，试其问难，以审其所造。政事文艺，其材之所能者，无不学也。二、政事。视其通明才智者使学焉，治民之政八：制产、平赋、兴教、听讼、御灾、恤孤、御吏、禁暴。悉民情知法意，为政事本。试以言，授以事，而观其所堪。三、治经。精察烛理，笃志不惑，而长讲说者为之。四、文艺。博闻多识，通乎制度名物，立言陈辞可以为世教者，其极也。试之之日，皆以终月，皆欲其称其教之名也。教之存乎师，化之迟速存乎人。得其人，推而用之，不难于天下，夫岂一家之学也哉！"①

在这里，方氏又提到了学。前面他刚提过，"士之为学，莫先于慎行"，这里又说"学者，君子之先务也"。不学，将"不知为人之道，不可以为人"。只有通过学，才可以为人、事人、治人。也正是因为知道学习和能够学习，人和他物才区分开来。换句话说，人禽之分就在于学，而不断地学习，不仅可以和禽兽区别开来，还可以与众人区别开来，进而合乎天地之道。如此则出类拔萃，成为后世之楷模。那么学什么，又怎么学呢？方氏说，学的内容记载在《易》《诗》《书》《春秋》、"三礼"等经典中，而这些典籍所记载的道理其实是存在于人心的。这些道理是从万物之理开始，一直到天理。修行这些道理则是从自身修养开始，然后到治理他人。这些道理的最终结果是使万物都得其所治。就对这些道理修行实践的程度来看，修行广大的即为圣，修行深厚的则为贤，不断努力修行的则为君子，所以圣、贤、君子等都是通过学习成就的。如果说学习之后并没有效果，是因为学习的方法有问题。方氏提出了自己学习的高明方法。他说，学习只停留在言语口头知识阶段，是空有口舌之快而无实际效果的学习，是失去目标漫无目的浮夸之学，是泛滥驳杂而无根底之学，总之是失去了根本。这和古人务学是有根本区别的。那么古

---

① （明）方孝孺著，徐光大点校：《方孝孺集》（上），浙江古籍出版社 2013 年版，第 58—60 页。

人之学以何为本？方氏说，古人治学乃是从修身开始，然后行于家，再推至国家和天下。这也就是说，学是从行开始的。方氏自豪地宣称，方家治学就是以行为根本的。到这里，方氏就将学和行很高明地结合了起来，学是在行中达致的，而行则是学的具体应用。其具体表现是，穷理是从诚身开始的。因此，穷理本身就是和修身分不开的。穷理诚身又是礼乐政教的前提，后者则是前者的具体实践。可以说，穷理诚身是一层体用关系，穷理诚身和礼乐政教又是一层体用关系。这两层体用都是一体的。后来阳明将这一关系用一种更高明的逻辑统一起来，这就是知行合一。如此，学和行的关系就清楚了。它们两个对方氏来说是并重的和一体的。方氏又将学分为小学、大学两种。小学是学习和实践具体的孝悌礼节，并配之以诗乐熏陶；大学则分为四种，即道术、政事、治经和文艺。无论大学小学，都以行为本。可以看到，方氏的学行虽然没有阳明那么融通，但也已经很高明了。

接下来的言论都是围绕学行一体展开的，他说："圣于万理，皎若日月。不资修治，洞见毫发。犹必讲学，以辨是非。嗟今之人，乃谓有知。性命之微，政教之大，远彻古今，广溢覆载。孰可自淑，孰可及民，损益弛张，奚后奚先？汝之不讲，粉饰掩护。事变临前，左右失措。古君子为学，要而不华。任之天下，如治其家。惑矣今之人，以华为贵，空言自诳，道则不至。咨汝讲学，大本是求。勿狭以陋，勿驳以浮。心与道俱，鬼神与谋，忧己之不逮，后则无忧。"① "为政有二，曰知体、稽古审时，缺一焉非政也。何谓知体？

①　（明）方孝孺著，徐光大点校：《方孝孺集》（上），浙江古籍出版社2013年版，第32页。

自大臣至胥吏皆有体，违之则为罔。先王之治法详矣，不稽其得失，而肆行之，则为野。时相远也，事相悬也，不审其当，而惟古之拘，则为固。惟豪杰之士，智周乎人情，才达乎事为，故行而不罔、不野、不固。"① "君子有四贵：学贵要，虑贵远，信贵笃，行贵果。"② "好义如饮食，畏利如蛇虺，居官如居家，爱民如爱身者，其惟贞惠公乎！释书而为治，而政无不习也。去位而处野，而色未尝异也。是以不以才自名，而才者莫能及；不以道自任，而君子推焉。世俗之学，岂足以窥之乎？"③ "儒者之学，其至，圣人也；其用，王道也。周公没，而其用不行，世主视儒也，艺之而已矣。呜呼！孰谓文武周公而不若商君乎？"④ 又说："人或可以不食也，而不可以不学也。不食则死，死则已；不学而生，则入于禽兽而不知也。与其禽兽也，宁死。"⑤ "爱其子而不教，犹为不爱也。教而不以善，犹为不教也。有善言而不能行，虽善无益也。故语人以善者非难，闻善而不懈者为难。"⑥ "金玉犀贝非产于一国，而聚于一家者，以好而集也。人诚好善，善出于天下，皆将为吾用，奚必尽出于己哉。智而

---

① （明）方孝孺著，徐光大点校：《方孝孺集》（上），浙江古籍出版社 2013 年版，第 19 页。

② （明）方孝孺著，徐光大点校：《方孝孺集》（上），浙江古籍出版社 2013 年版，第 25 页。

③ （明）方孝孺著，徐光大点校：《方孝孺集》（上），浙江古籍出版社 2013 年版，第 25—26 页。

④ （明）方孝孺著，徐光大点校：《方孝孺集》（上），浙江古籍出版社 2013 年版，第 26 页。

⑤ （明）方孝孺著，徐光大点校：《方孝孺集》（上），浙江古籍出版社 2013 年版，第 26 页。

⑥ （明）方孝孺著，徐光大点校：《方孝孺集》（上），浙江古籍出版社 2013 年版，第 27 页。

自用，不若闻善而服之懿也。才而自为，不若任贤之速也。"①"昔之为学者，经无恒说，师无恒道，随其意之所向。而欲自达于古，为功劳而成效寡。今之世异乎此远矣，经出于一家之言，而道概于圣贤之中。苟务学焉，宜无不至，而人才之难，反有甚于昔者，岂非不得其方也哉？作九箴以自省，且以戒人。"②"何以治己？何以治人？圣承贤继，何革何因？为学不难，知要为贵。识其大端，勉焉可至。不察其本而玩其华，穷奇极博，于道何加？圣贤之学，皆以用世。不宜于行，斯为一艺。天之畀汝，靡有不全。汝忍狭之，不畏于天。"③"论治者常大天下而小一家。然政行乎天下者，世未尝乏，而教洽乎家人者，自昔以为难。岂小者固难，而大者反易哉？盖骨肉之间，恩胜而礼不行，势近而法莫举。自非有德而躬化，发言制行有以信服乎人，则其难诚有甚于治民者。是以圣人之道，必察乎物理，诚其念虑，以正其心，然后推之修身。身既修矣，然后推之齐家；家既可齐，而不优于为国与天下者，无有也。故家人者，君子之所尽心，而治天下之准也，安可忽哉？余病乎德，无以刑乎家。然念古之人，自修有箴戒之义，因为箴以攻己缺，且与有志者共勉焉。"④"国之本，臣是也；家之本，子孙是也。忠信礼让根于

---

① （明）方孝孺著，徐光大点校：《方孝孺集》（上），浙江古籍出版社 2013 年版，第 28 页。

② （明）方孝孺著，徐光大点校：《方孝孺集》（上），浙江古籍出版社 2013 年版，第 28 页。

③ （明）方孝孺著，徐光大点校：《方孝孺集》（上），浙江古籍出版社 2013 年版，第 30 页。

④ （明）方孝孺著，徐光大点校：《方孝孺集》（上），浙江古籍出版社 2013 年版，第 38 页。

性，化于习。欲其子孙之善而不知教，是自弃其家也。"① 方氏强调，古人讲学不务虚华，只务政教广施。学贵在抓住要害，笃行求实。有善言不能行之有效，则还是不善。只有将礼义施行于天下，才是真正之学。在礼义之学习上，与其说注重先天抽象之性，不如说他更重视后天之习。

在学习上的定位，让方氏最终拥护的是朱子之学，他认为朱子之学才是实学。他在《习庵说》中写道："乡先生陈君季明，年六十余而进学不懈。间谓予曰：'吾之生也，先子以晦庵朱子之名命之。及长而知其不可也，请更焉，因名为熙。既而自念，名固不敢同于朱子，然奚敢舍朱子之学而不学也，故别号习庵以见志。子以为可乎？'予曰：'可哉！古之人以昔贤之名为名者，若司马长卿之名相如，慕乎蔺相如之为人而取之也。顾元凯之名雍，蔡中郎喜之，而以己名与之也。然而长卿未必如蔺子，元凯虽贤亦未尝类乎伯喈。岂非名可以取诸人，而道必在于自至乎？君子之学圣贤，务乎道德之同，而不贵夫名字之类。自孔孟以来，学孔孟之道而造其极者，其名必非与孔孟同，而其道则无不同。以其志乎圣贤之志，而习乎圣贤之业，是以卒至乎其域而不自知也。苟为无志，而所习与圣贤殊，虽以舜禹自名亦妄焉而已。夫孰以为可乎？今君于名则辞而不敢与朱子同，于学则习而不敢与朱子异，可谓知所务矣！然而朱子之学，圣贤之学也。自朱子没二百年，天下之士未有舍朱子之学而为学者。至于道之类乎朱子者，未之或见，何哉？盖疏浅者窃其华，

---

① （明）方孝孺著，徐光大点校：《方孝孺集》（上），浙江古籍出版社2013年版，第24页。

而忘修己之实，质鲁者守其意，而不求致用之全。莫不自以为有得焉，而终不得以成身而见乎世。君之所习诚能以敬存心，以义制行，穷万物之理以周乎事，尽彝伦之常而不失其中，敛之则措于家，施之则被乎民，虽欲辞其名，而人固将以善学朱子之道称之矣。不治其本而攻其末，习乎其言而不察其所由言，则凡所习者，未必非朱子之所弃也，而岂君之志也哉！抑予观世之学者，少之所习，既长而怠，壮之所习，未老而忘。是以虽欲志乎道，而不可得。君年愈高而为学愈力，孜孜焉以未及古人为耻，于是乎过人远矣。盖或习焉，或否焉，而习乎非所当习者，众人也。终身由乎道而不少息者，君子也。始乎无所不习，而终不习无不利者，非圣贤不能也。习乎，习乎，其亦有无事于习者乎？然则，君也苟终身习焉而不止，其为君子也孰御焉！'"①

在方氏看来，圣贤之学就是道德躬行之学，而朱子之学即圣贤之学。朱子之学乃"以敬存心，以义制行，穷万物之理以周乎事，尽彝伦之常而不失其中，敛之则措于家，施之则被乎民"，此学乃躬行实学，所以人们皆以务朱子之学为荣，以至于朱子学成了圣贤之学的代称，"天下之士未有舍朱子之学而为学者"。朱子之学乃得圣贤之学的精髓，坚守治学之本，即笃行。那些只知道浮华言辞而不知实修实行之学者，就是舍本而逐末了。方氏显然也以朱子之学为其学之根本的。

综上所述，方氏的善恶观就很清楚了。在他这里，天是善的源头，

---

① （明）方孝孺著，徐光大点校：《方孝孺集》（上），浙江古籍出版社 2013 年版，第 263—264 页。

这里的天多指人事总体之天，而人尤其是人身是恶的源头。这样的善恶之分也是朱熹性、气两层天之分的典型表现。这样，其义利之辨就清楚了，合性天乃义，徇人从气身乃利，其修德的方式就是以外济内，即以礼义规范来修心。这样其务学的特点就出来了，即学行合一。

（四）方孝孺的礼、法之辨：兼论其政治思想

1. 法制的本质及其局限

在《深虑论二》中，方氏谈到了法制的局限性，他说："药石所以治疾，而不能使人无疾。法制所以备乱，而不能使天下无乱。不治其致疾之源，而好服药者，未有不死者也。不能塞祸乱之本，而好立法者，未有不亡者也。人身未尝有疾也，疾之生也，必有致之之由。诚能预谨于饮食、嗜欲之际，而慎察于喜怒悲乐之间，以固其元气，而调其荣卫，使寒暑燥湿之毒不能奸其中，虽微药石，固不害其为生。泄败之，坏伤之，而恃药石以为可免于死，此死者交首于世而不悟也。夫天下固未尝好乱也，而乱常不绝于时，岂诚法制之未备欤？亦害其元气故也。夫人民者，天下之元气也。人君得之则治，失之则乱，顺其道则安，逆其道则危。其治乱安危之机，亦有出于法制之外者矣。人常拘拘焉尽心于法制之内，而不尽心于法制之外，非惑欤？圣人之法，常禁之于不待禁之后，而令之于未尝为之先，故法行而民不怨。欲禁民之无相攘夺盗窃也，必先思其攘夺盗窃之由。使之有土以耕，有业以为，有粟米布帛以为衣食，而后禁之，则攘夺盗贼可止也。欲禁民之无为暴戾诈伪，不率伦纪也，必先为学以教之，行道以化之，使之浸渍乎礼让，薰蒸乎忠厚，知暴戾诈伪不率伦纪之为非，然后可得而息也。欲其无相淫乱也，

必先使之无鳏寡怨旷之思。欲其无贪黩也，必先使之知畏戮辱而重廉耻。夫先使之可以无犯乎法，而犹犯之者，此诚玩法之民也。玩法者非特法之所不容，亦民之所不容也。故刑罚加于下，而民视之如霜雪之弒，雷霆之击，以为当然，而不敢以为非。故民晓然知上之法，所以安己也。非所以虐己，爱戴其上而不忍离，卒有至凶极悍之徒萌无上之心，亦无由而成事，以其能固民之心也。不能使之安其生，复其性，而责其无为邪僻，禁其无为暴乱。法制愈详而民心愈离，欲保国之无危，是犹病内铄之疾，而欲求活于针砭。及其死也，不尤养生之无道，而责针砭之不良。呜呼！曷若治其本邪?"①

在这里，方氏提出了一种很高明的观点，即法制只是针对已出错乱的社会和个人所采取的措施，但它却不能使社会没有动乱，或从根源上去除动乱。这种情况就像药石和人的关系。药石也只是在人生病时对人的救治，却不能使人不生病，而且在人病入膏肓时，药石也无力回天。法制也是如此。法制和药石都是在人和社会出了状况的时候对其病态进行的调理、约束和规范，以便使其复归正常状态，却无法消除人和社会的病根。可见，法制和药石的有效性是有限的。

那么，有没有彻底根除社会和人病根的良方呢？方氏说有。要想使人不生病，就必须注意调理其身体方面的饮食和嗜欲，慎察其情感方面喜怒哀乐的协调，以此来培固其元气。当其元气充足，身心协调之后，寒暑燥湿之毒自然就不能侵害他，病就无从生了，而

---

① （明）方孝孺著，徐光大点校：《方孝孺集》（上），浙江古籍出版社2013年版，第78—79页。

社会也和人身体一样，也要培固其元气。天下经常发生动乱，即使法制完备也无法根除之，也是因为天下的元气未培固好，而天下或社会的元气就是人民。顺民情、得民心则安；逆民情、失民心则乱。因此，圣人之法首先要考虑的是如何从根本上清除动乱。圣人首先要保证的是满足人民的需求，而在满足其需求之后还有生乱者，才会制定和使用相关法制来制约。只有在确定了人民的正当要求之后，才能提出针对不当行为和要求的法制。这样的法制重点在于防患于未然，"禁之于不待禁之后，而令之于未尝为之先"，也只有这样的法制，人民才会遵行而没有怨言。

那么，具体培固人民元气的措施又是什么呢？方氏列举了四个方面：1. 满足人民的衣食之需。使之有土地可以耕种，有活计可以做，有粟米布帛以为衣食。在这之后再出台法令禁止攘夺盗贼，那么这时的法令才有效。2. 使人民和谐有序、文明礼让。这就需要教化了。要使人们学会礼让、忠厚之风俗，遵行伦理纲纪。如此再出台法令禁止暴戾诈伪、不率伦纪之作为，就比较有效了。3. 满足人们的两性所需，使人无鳏寡怨旷之思，不互相淫乱。在这之后再出台法令禁止淫乱，那么这时的法令才会被人遵从。4. 使人们安守本职，不贪污渎职。通过荣辱廉耻教导，从而杜绝其贪欲渎职之过。在这之后再出台法令禁止贪渎，那么这时的法令才有效。

在方孝孺看来，法制是有局限性的。在没有进行这些培元固本措施之前，法制是无法完全医治这些社会疾病的，而实行了这些措施之后，法制措施才会建立威信，才能被人民信服和遵从。

这里还有一个问题需要澄清。方氏所谓的圣人之法应该也是一种法制，如何将其和方氏批判的法制区分开来？如方氏所言，圣人之法乃是从正面顺民情、民性而提供的服务和措施，其告诉人们应该拥有什么、应该去做什么，而这里所批判的法制则是反面的，即人们不应该做什么、不可以做什么。一个是使人成为人，一个是防止人成为非人，而方氏提到法制时基本上是用于后面一种情况。那么，这些培元固本的正面措施到底是些什么性质的措施呢？它几乎满足了人情、人性的所有要求，如衣食住行、社会秩序、两性需求、工作伦理等。接下来方氏就会点出，这些就是仁义礼乐之治。那么仁义礼乐和法制的具体关系是什么，只有礼乐而不需要法制可不可以？方氏对此继续探讨。

2. 礼法之辨

在《深虑论五》中，方氏具体讨论了仁义礼乐和法制的关系。他说："治天下有道，仁义礼乐之谓也。治天下有法，庆赏刑诛之谓也。古之为法者，以仁义礼乐为谷粟，而以庆赏刑诛为盐醢，故功成而民不病。弃谷粟而食盐醢，此乱之所由生也。山谷之民，固多不待盐醢而生者矣，其害不过羸惫而无力。以盐醢为食，不至于腐肠裂吻而死，岂遂止哉？人性非好死也，常趋死之道而违生者，告之者非也。夫仁义礼乐之道非虚言而已，必有其实。本其实而告之，人宁有不知其美者乎？仁义礼乐之为人忌于世者，由夫虚言而不为事实者。始告之以为仁，而不告之以为仁之故，彼将曰此虚言耳，奚可用哉！告之以为义，为礼乐，而不告之为之之事，彼将曰此特其名尔，安足信哉！此圣人之道所以见弃于世而不振也。持剑拥盾而谓人曰'我善斗'，人必信之。儒衣冠而谓人曰'我善斗'，不笑则怒矣。故欲人之见信，必先示之以其事。圣人之为仁，非特曰仁而已也，必有仁之政。欲民之无饥也，口授之田。欲民之无寒也，教之桑而帛，麻而布。欲老者之有养，祭享宾客之有奉也，教之陂池而鱼鳖，牢栅而鸡豚。欲民之安也，不为苛役以劳之，欲民之无夭也，不为烦刑以虐之。亲老子独者勿事，胎育而贫者有给。以至于猎而不伤麛卵，樵而不斩萌蘖，皆仁也。其为义也，必有义之政。上之取之也有常，用之也有节，均之也有分。疆界也以防其争，邻保也以治其欢，车服也以昭贵贱，衡量也以信多寡，饥寒也减其力役之征，略其婚娶之仪，学于闾也，使其知长幼之序，书于乡也，使其知善恶之效。推而至于安生而达分，尊上而趋事，皆义也。为礼之政，而使民自揖让拜跪献酬之微，各极其敬，以至于五伦叙而三纲立。为乐之政，而使民自咏歌搏拊舞蹈之事充而大之，至于和乐忠信，不怨不怒而易使。圣人之用是四者，持之以坚凝，而守之以悠久，如待获于秋，浚泉于深，必得其效而后止。四者之化成天下之民，胶结而不可解，有不齐者从而以法令之，则令之易服而治之不难。故三代之民非异于后世之民也，后世之民常好乱，而三代之时未尝有一民为乱者，治之者异也。仁义礼乐入其心，民虽知可以为乱而不能。赏罚旌诛动其心，民虽欲为乱而不敢。不能者有所耻，而不敢者有所畏也。治天下而能使人耻于为非，虽无刑罚可也。恃法威而使民畏，民其能常畏乎？及其衰则不畏之矣。三代以下虽有贤主，而不足致治者，欲使民畏，而不知仁义礼乐之说也。故为治不可以不察也。"①

---

① （明）方孝孺著，徐光大点校：《方孝孺集》（上），浙江古籍出版社 2013 年版，第 81—83 页。

这里，方氏又提到了两种法：一种是道层面的法，即仁义礼乐；一种是赏罚之法。这也就是我们前面提到的正面之法和反面之法。方氏说，古人是将这两种法结合来用的。他又用了一个比喻，将仁义礼乐比作谷米，赏罚之法比作盐酱等作料。由此，仁义礼乐的核心地位即更加突出，法制不过是辅助的手段而已，而且作料可以没有，但谷米却是必须要有的。只吃谷米不吃作料最多是赢弱无力，而不吃谷米只吃作料肯定无法生存。因此，真正养人、使人成之为人的是仁义礼乐之治。然后方氏列举了仁义礼乐之治的具体内容，其实这些内容都可以算作礼教之内容。仁义礼乐都是满足人情或人性的，而这乃是广义上的礼的内容，如方氏所言，"礼本于人情，以制人情。"① 因此，前面所讨论的两种法制的区分就可以看成是礼制和法制的区分了。方氏对礼制的偏爱很明显，他认为后世动乱频仍的原因是礼制不行，过度依赖法制，而过度依赖法制的结果反而是不治。

在《治要》篇中，方氏表达了类似的观点，他说："无法不足以治天下，而天下非法所能治也。古之圣人，知民不可以威服，于是寓革奸铲暴之意于疏缓不切之为。使民优柔揖让于其间，莫不兢然有自重知耻之心；未见铁钺而畏威，未见鞫讯而远罪，潜修默改于间阎田里之中。若有临而督之者，彼岂恃区区之法哉！法之为用，浅陋而易知；民之为情，深诡而难测。以难测之情，视易知之法，法已穷而其变未已，未有不为窃笑而阴诽者也。善用法者，常使民闻

---

① （明）方孝孺著，徐光大点校：《方孝孺集》（上），浙江古籍出版社 2013 年版，第 22 页。

吾法之不可犯，而不使民知吾法之果可畏。夫人祇天而惧帝者，以未尝被其诛殛，而或被其诛殛者，必不能以复生也。如使鬼神临人之庭，捽人而击之，则愚夫鄙妇皆思持梃而逐之矣。其何畏之有？欲人之重犯乎法，在乎不轻用法于民。吾视杀戮为轻刑而数用之，彼将轻吾之杀戮而数犯之矣。吾视笞骂为大辱，重而施之，彼亦以笞骂为足耻而畏避之矣。得其要术者，能使民畏笞骂为杀戮。不得其要者，刑人接于市，而人谈笑犯法，不为之少衰。人惟以死为足重也，故知乐其生。知生之乐也，故凡可以贼身害名之事，慎忌而不为。使皆不爱其死，则将纷然惊肆驰逐于法令之外，趋死而不顾，虽有法何足以制之？圣人之治，不恃斯民畏吾之法，而恃其畏乎名；不恃其畏乎名，而恃其畏乎义。夫纩冠素组玄冠缟武，与坐之嘉石而画其衣，施之人身，非有毁形伤肤之惨也。而使惰游之士，不齿之人，与丽乎法者服之坐之，则惭悔愧恨，与被木索婴金铁者无异。此何必刑哉？加之以不义，其辱固甚于刑矣。孝友睦姻任恤有举，先王以是数者劝天下之民，非能家说而人诱之也。而人以能是为荣，不能是为辱，书之党正族师之籍，如受命于王庭，而就刑于司寇。其心达乎义，故知畏乎义，而惟恐或违之也。事固有类乎不急而为用至要，甚微而为化甚博者。圣人常以是寓夫御世淑民之精意，使民奔走慕悦，无所厌倦，而不自知其由。世俗不之察，以为迂远而不若用法之有功，则过矣。人主莫不欲民之兴于孝弟礼让也，而人不免悖德而蔑教；莫不欲吏之奉职而循理也，而吏不免怠肆而污僻。则法果可以禁之乎？法加人之肢体而不从，而谓虚名可以服其心，其事若不近人之情，而理有所宜然者，不可不察也。二人治家，一以变色不言为怒，一以棰挞诟骂为怒。自其严者言，以变色不言者为不肃矣。示其怒者虽异，而其为怒则同。人见其色之不易变也，于其偶发乎面，其畏且恐，与棰挞何择哉？故法不必严，在示其意向而已。辱莫大于不得同于恒人。觞举坐以酒，而饮一人水，其愧甚于刑及其身，耻为醉酒者所轻笑也。良淑之民，皆冠缁布，德为民所尊者，加识别之。行为人所卑者，使不与恒民齐。则民莫不修其所可尊，而去其所可卑者矣。吏以廉洁称者，归则服其服；不能以义退者，异其服以愧之，则德惠尽其职矣。推是类也，等其田里，别其室庐，使民无贵贱，以德之高下为贵贱；仕无崇卑，以政之广狭为崇卑。有罪者，始则异其冠服，次则殊其里居。如是而不悛，则诚不可与为善矣，然后刑戮加焉。人知刑罚果出于不得已，而行于果不可不怒也，必能自重其身，知丽乎法者为可耻，而礼义之俗成矣。夫苟可以变易风俗，虽有甚难至远之事，先王之所乐为也，况其易者乎！易者，忽之以为疏而不屑为；难者，重之以为高而不敢为，则是圣人之道，终无适而行也。悲夫！"① 这里所说的法就是指赏罚之法。方氏先承认法是治天下的必要组成部分，没有它则不足以治理天下，但是天下却又不是法能够治理的。古代圣人知道人民不可能被法令之威严慑服，而最能使其顺服的是自重知耻之心，也就道德感。有了道德感，即使没有见到刑具也会自然产生敬畏，没有遭到侦讯也会自然远离犯罪。道德感就像无形的现场监督者，起到法令所不能起到的作用。

　　为什么法令不如道德感呢？因为法令的使用浅显和容易明白，

---

① （明）方孝孺著，徐光大点校：《方孝孺集》（上），浙江古籍出版社 2013 年版，第 95—97 页。

但人情却是深不可测的。有限的法令面对莫测的人情，自然是捉襟见肘了。因此，善于使用法令的人，常常使人民知道法令不可违反，而不是使人们对法令产生畏惧。也就是说，使人们常常觉得法令是威严而临在的天帝，而不是经常使用暴力来进行惩罚的暴君。经常使用暴力推行法令的结果，恰恰会减少人们对法令的敬畏。由此，方氏讲出了一个很高明的心理效应或情感规律，即如果要想使人对违反法令这一事情很重视，就不要轻易地将法令施用于人，而且越是将酷刑当作家常便饭频繁地施行，反而越会减轻人们对酷刑的恐惧，致使犯法者增多，而越是将轻刑当作重刑来看待，并谨慎施行，反而会使人们产生敬畏心。知晓这个道理的，就会将鞭笞斥责之刑当作死刑来看待，从而使人们易于管理，而不懂这个道理的，即使是每天判人死刑，人们反而会将犯法看作笑话。频繁地使用死刑更会使人们失去对生命的珍惜，违法犯禁的人亦不会因此减少。因此，使用畏惧来推行法令的行为是不妥当的，所以圣人统治人民，不是依靠人民对法令的畏惧，而是依靠人们对名声和道义的看重，也即对道德的重视。方氏认为，在使人守法上，道德上的羞耻感比严刑酷法更有效。法令加于人身而人更加不从，而这些看似虚幻的道德荣誉反而能更加让其心服。这看起来有点荒唐，却是合乎情理的。

于是，方氏推出了其著名的道德评级论。他说，对人最大的侮辱莫过于不把其当作一般人来对待，即区别对待。如果将品德优良者加以标志，尊重他，使其成为榜样，人人都会选择向其学习，而对那些行为卑下的人也要区别出来，使他不能得到一般人的待遇，那么人们都会以此为耻，唯恐避之不及；对于官吏，则赐予不同的服饰。尽职者给予正常服饰，渎职者则给予不同的服饰，以此区别来使其产生羞耻心。如此，官员自会守法远耻。以此类推，对所有人皆可以用此道德等级评定法来管理。有罪的人，先是赐其以不同的服饰，若还不改过，则以不同的居所隔离之。如果这些还没能激发其羞耻心使其远离罪恶，最后才用暴力刑罚处置之，而这些道德感就是礼义之制，如果这些能够得以施行，那么违法犯禁之事就会少之又少了。

3. 好的法制如何建立

既然礼义之制与赏罚之法的关系搞清楚了，那么具体该如何制定赏罚之法呢？在《深虑论六》中，方氏进行了详细阐述，他说："智者立法，其次守法，其次不乱法。立法者，非知仁义之道者不能。守法者，非知立法之意者不能。不知立法之意者，未有不乱法者也。古之圣人既行仁义之政矣，以为未足以尽天下之变，于是推仁义而寓之于法。使吾之法行，而仁义亦阴行其中，故望吾之法者知其可畏而不犯，中乎法者知法之立无非仁义而不怨。用法而诛其民，其民信之曰：'是非好法行也，欲行仁义也。'故尧舜之世有不诛，诛而海内服其公，以其立法善而然也。夫法之立，岂为利其国乎，岂以保其子孙之不亡乎？其意将以利民尔。故法苟足以利民，虽成于异代出于他人，守之可也。诚反先王之道而不足以利民，虽作于吾心，勿守之可也。知其善而守之，能守法者也。知其不善而更之，亦能守法者也。所恶乎变法者，不知法之意，而以私意纷更之。出于己者以为是，出于古之人者以为非，是其所当非而非其所宜是，举天下好恶之公，皆弃而不用，而一准其私意之法，甚则时任其喜怒而乱予夺之平，由是法不可行也。萧何、曹参，世所谓刀笔吏，其功业事为君子耻称焉。然何之立法，参之善守法，后世莫及也。当秦之亡，其患不在乎无法，而患乎法之过严。不患乎法废而不举，而患乎自乱其法。故萧何既损益一代之典，曹参继之，即泊然无所复为。参之才，何之所畏，非不能有为者也。特恐变更而或至于乱，不如固守之为万全尔。夫天下譬之宝玉然，法譬则韬藏之器然。善为宝玉计者，器既成，则藏而置之，勿动可也。日持而弄之，携之以示人，挟之以出游，失手而堕地，不碎则缺璺矣。故国有治于疏略，而乱于过为之计。过计者未尝不笑疏略者为愚，而不知疏略者为智大也。故用智之为智，众人之所知，而不用其智之为智，非君子不能。孟子曰：'禹之治水也，行其所无事也。'岂止治水哉，治天下者，亦行其所无事而已！"①

　　方氏一开始就说得很明确，好的赏罚之法具有三个特点：立法、守法、不乱法。能够保证这三个特点的只有智者，而智者则是通晓仁义之道者，此仁义之道也即仁义礼乐之道或礼义之道。按照方氏前面的说法，好的法制是以礼义之道为其本的，而赏罚之法不过是调料而已，所以这个调料要起到的作用就是，尽可能地使食材发挥出其全部的功能。因此，好的法制一定是辅助仁义之道的，它务必使后者发挥到极致。这只能由智者或圣人来做。圣人看出来，只有仁义之政还不能造就最完美的治理，就如只有食材不能成就最好的美味一样。仁义之政必须要借助法这一调料来完善它，所以法不可缺，但行法不是好法，只是为了更好地行仁义之道；赏罚也不是单

---

① （明）方孝孺著，徐光大点校：《方孝孺集》（上），浙江古籍出版社 2013 年版，第 83—84 页。

纯地为了赏罚而赏罚，而是为了使人们不犯法，保证仁义之施行。仁义之道的根本在于利民，不在于利圣人之国、利圣人之子孙。明于此，那么立法之旨就明确了，守法之意也就清楚了，而法的兴废也是以此为标准的。如此，人们就既不会盲目崇古也不会妄信今人。只要是利民，不同时代、不同的人所治的法都可以保留；若不利于民，即使其如何用心，也不能使用其所立之法。因此，以此为标准，善法能够保留，就是善于守法；恶法能够及时革除，也是善于守法。不无故进行法制改革，则为不乱法。现在的法制不同于古人，就是因为因一己之私而随意更改法制，致使善法不存，制法之意不知，而好的法制制定之后，就可以无为而治了。萧何、曹参就是立法、守法、不乱法的榜样。方氏在这里所说的道理现今还是具有借鉴意义的。

接下来的话语表达的也都是对礼制之偏爱，如方氏说："政之弊也，使天下尚法。学之弊也，使学者尚文。国无善治，世无圣贤，二者害之也，何尤乎人。"① "古之治具五：政也，教也，礼也，乐也，刑罚也。今亡其四，而存其末。欲治功之逮古，其能乎哉？不复古之道，而望古之治，犹陶瓦而望其成鼎也。"② 又说："以礼制事，不爽其宜。"③ "三代之化民也，周而神。后世之禁民也，严而

---

① （明）方孝孺著，徐光大点校：《方孝孺集》（上），浙江古籍出版社 2013 年版，第 27 页。

② （明）方孝孺著，徐光大点校：《方孝孺集》（上），浙江古籍出版社 2013 年版，第 19 页。

③ （明）方孝孺著，徐光大点校：《方孝孺集》（上），浙江古籍出版社 2013 年版，第 3 页。

拙。不知其拙也，而以古为迂，孰迂也哉？"① "化于未萌之谓神，止于未为之谓明，禁于已著之谓察，乱而后制之谓瞀。秦汉之治其瞀也与。不师古而瞀之师，孰谓之非瞀也。" "贫国有四，而凶荒不与焉。聚敛之臣贵则国贫，勋戚任子则国贫，上好征伐则国贫，赂贿行于下则国贫。富国有四，而理财不与焉。政平刑简也，民乐地辟也，上下相亲也，昭俭而尚德也，此富国之本也。"② "国不患乎无积，而患无政。家不患乎不富，而患无礼。政以节民，民和则亲上，而国用足矣。礼以正伦，伦序得则众志一。家合为一而不富者，未之有也。"③

4. 法制人才的选拔

有了好的法制是否治理就一帆风顺了呢？方氏说还不够，还必须要有合适的人才。在《官政》篇中，他说："欲天下之治，而不修为治之法，治不可致也。欲行为治之法而不得行法之人，法不可行也。故法为要，人次之。二者俱存则治，俱弊则乱，俱无则亡，偏存焉则危。世未尝无人也，然取而用之与用而责成之，无其法，则犹无人也。今禄而仕者无虚位，求其知职而不愧乎禄者无几人。法非不密也，而贪暴者不为止，怠鄙者不加畏，阘茸不振者顽然食乎其间，而不以为非。其患在乎取之过杂，持之过急，待之过贱，而

① （明）方孝孺著，徐光大点校：《方孝孺集》（上），浙江古籍出版社2013年版，第20页。

② （明）方孝孺著，徐光大点校：《方孝孺集》（上），浙江古籍出版社2013年版，第20页。

③ （明）方孝孺著，徐光大点校：《方孝孺集》（上），浙江古籍出版社2013年版，第20—21页。

黜陟不明耳。奚谓取之过杂？可以治人者，必有以过乎人也。过乎人之人，居恒人之中，固已峣然有异于众，而为众之所服。善用人者，取其为众人所服者而用之。故人服其上之知人，而叹受知者之称其任，各勉于自修，而无有侥幸乎禄位之心。使无以过于人而用之于治人之位，则人必以上为瞽，而以得位者为冒，莫不自以为可用，而有贱轻禄位之意。曰彼犹吾也，何以治吾！彼与吾等也，何以听吾之曲直！于是处士以不仕为高，恒人以得位为宜。而仕者之势不尊，威不行，而令不信于下，知不为众之所与也。则益不自重，而为毁廉蔑耻之行。何谓持之过急，待之过贱？盖人必有乐乎位也，然后思固其位；安其身也，然后自爱其身；知其身之当爱，位之当保，然后凡可以戕身而偾位者，畏避而不为，可以得名誉华宠者，慕效而为之。驭之以不得自专之法，加之以非其自为之罪，役之以非其所能之工；富足则快乐而获存，廉节则死亡而莫之救，欲其有士之行，乌可得也！何谓黜陟不明？天下之所尚，视乎上之所向。汉文好宽厚，而人多化为长者。宣帝好能吏，而吏多以善治称。四海之内，仕者之众，不可谓无才也。而不闻卓然以才称者，以非上之所好。故有才者沉郁销沮而不能自见，妄庸之人苟且攫窃而不知愧耻。诚使择异常之才，居四方之大位，俾各察其属之才鄙廉否，言其状于朝而进退之。果才矣，自县而陟之于州于府，加赐禄秩以旌之。果不才矣，可任则姑试之以事，不可任则归之于民。处己诚廉矣，则厚其禄，虽有过再宥三宥而后加以罪，勿辱其身，勿役之以小人之事。取于民诚贪矣，则收其禄，役其身，俾不齿于士。上之好恶如日月之昭明，人宁有不化者乎？利乎报而为善者，君子以之存心则不可，然欲化举世之人皆为君子，不先示之以得失之理，未见其遽从也。言治道者不求其本，急近功，则谓德不若刑，务教化，则谓刑不如德，皆近似而不然也。一任乎德，则为恶者苟免；一任乎刑，则为善者无所容，皆不可以致治。惟本之以德，而辅之以刑，使恩惠常施于君子，刑罚常严于小人。则宽不至于纵，猛不至于苛，而治道成矣。"①

方氏说，有了好的法制而没有好的行法之人，法也是无效的，但是和人比起来，法相对更重要。如果法和行法之人都具备了，天下就可以治理了；如果法和人都有毛病，天下则会大乱；如果一方有问题，则天下就有危险，所以在用人上要慎重。用人需要遵守如下标准，即不可取之过杂、持之过急、待之过贱、黜陟不明。有意思的是，方氏又将法制的两种形式——道德之法和赏罚之法——用到了选人上。他认为，如果选人时只注意用道德修养来衡量他而不用刑罚来约束他，那么就会有作恶者逃避了惩罚；如果只注重刑罚而不关注道德，那么行善之人将不会被重视，所以一定要德、法并用，以德为本，以法为辅，才会选出贤良之才，阻断小人。如此，才是治道。

在《深虑论九》中，方氏谈到了君王必须要用人且要用贤人的观点，他说："世之言治者亦难矣！谓任人可以治，则二世之任赵高，哀平之任王莽，玄宗之任李林甫，皆以任之太过而乱。以为自用可以治，则秦始皇、隋文帝皆以自用而致灭亡。然则果何由而可治乎？任人可也，不得其人而任之，不可也；躬政可也，自用而不

① （明）方孝孺著，徐光大点校：《方孝孺集》（上），浙江古籍出版社2013年版，第97—98页。

用人，不可也。四海之事固非一人之所能知也。君人者能正一身以临天下，择世之贤人君子，委之以政，推之以诚，而待之以礼，烛之以明，使邪佞无所进其谗。信之以专，使便嬖不得挠其功。簿书之事不使亲其劳，狱讼之微不使入其心，惟责之以用贤才，治百官，变风俗，足民庶，兴礼乐而绥夷狄。如农之望穑，旅之望家，必俟其至而后已。苟有成功，任之终其身，不为久也；爵之极其崇，不为滥也。功苟不成，黜而屏之不为少恩也，罚而殛之不为过暴也。以此道任人，则贤者可得，而乱无自而生矣。其或群臣之才不足任，而己不可自逸，则常博求众庶之善，施之于政，而持其大纲，以提拨天下之倦怠，洗濯天下之昏秽。使吾身如日月之运，为力不劳而纤微毕照。如雷霆之威，为势不猛而万物自慑。则虽躬亲听断，亦何害其为治哉！昔之任人而乱者，众人之所谓贤则不任，必取其意之以为贤者则任之。而不知其意之所谓贤者，非希旨迎合之徒，则诈谲凶残之小人尔。用是而致乱，非任人之罪也，不能择贤之罪也。好为聪察则不然，以为群臣举不足信，而必欲使天下之事皆由己出。故往往流为苛细深刻，而亦卒底于亡。此非不能为政也，不知为君之道者也。夫为君而不能任人，是犹御而不能辔，匠而不能斫也。用力虽至而不能成功，任人而不得其人，犹辔而不以丝，斫而不以斧也。曰：'然则欲治者将何先？'曰：'明以择人，诚以用贤。'"①

　　为何君王一定要用人？因为君王无论如何聪明而有精力，也不可能尽知天下之事。如果君王过于自负，什么事都要自己来决定和

---

　　①　（明）方孝孺著，徐光大点校：《方孝孺集》（上），浙江古籍出版社 2013 年版，第 86—87 页。

进行，结果必定是苛责细究，而过于猛苛则失去人情，终致败亡。这样的君王不能说不懂施政，他是不懂为君之道，不会用人。因此，善为人君者一定是正己以临天下，然后"择世之贤人君子，委之以政，推之以诚，而待之以礼，烛之以明，使邪佞无所进其谗。信之以专，使便嬖不得挠其功"。如此，人君就不必为微小的事情而劳身劳心了。他的职责就只是使用贤才，治理百官，变化风俗，使民庶足，兴礼乐而安抚四方。

5. 礼法之治的实质及其价值

通过对方孝孺礼、法之辨的考察，可见方氏关于礼制和法制之间关系的思考。对方氏来说，礼制乃人之成为人的根本和关键，如同粟米食材，而法制乃是防止人成为非人的必要工具，如同辅助调料。礼制为本，法制为辅。只有在法制的辅助下，仁义礼制才更完善和完满。礼制和法制都有缺陷，两者必须相辅相成，缺一不可，但从方氏的礼法之辨中，亦可见其对礼制的偏爱，礼制成为方氏最为推崇的统治方式。可以看出，在礼制中，其关键乃是圣王精英集团的智慧和能力。精英集团依靠高度的智慧和自觉，为天下人制定礼仪规范，这些规范建立的是一个尊卑高下分明的等级秩序。在这个秩序中，务使人人各得其所，而方孝孺为建立礼制所提出来的道德等级评价体系，是维护这个等级秩序的有效手段，其对严酷法制无法使人成为人的论述，至今仍然令人警醒。

对礼制的偏爱，本就是儒家文化的典型特点。在《成化》《明教》《正俗》《爵禄》《正服》等篇中，方氏所言都是礼义之治在教化、风俗、爵位、服饰具体领域的贯彻施行。①

作为儒家士人，有时方氏对道家的无为而治也颇有好感，如他在《宁野轩铭（有序）》中说："善为治者，常养斯民之质于冥冥之中，使之全其性而不凿其天。颓然无思，颓然无为，椎鲁敦朴，而不杂以伪，故其民难摇而易化。失其道者则不然，搔之以智巧，而眩之以机变，饰之以仪节，而淫之以浮华。于是天下之文日胜，质日偷。民始纷纷狙伺乎下，而祸乱因之以生。太史公、班固称汉文帝之时，七八十翁未尝识市井，遨游嬉戏如小儿状。余尝思其言，而叹其盛。盖自三代以降，数千年间俗莫醇于此时者。"②

从表面上看，方氏一口一个自然，一口一个无为，好像是道家风范，但仔细考察就会发现，他所称的自然无为，已经不是道家之本义了。他所认为的自然和天性，这时已经转化为儒家所说的仁义或礼义之道，而所谓的伪饰和浮华则是以法家为代表的刻意、猛苛之法制，所以方氏的立场还是要从纷繁、刻板的法制回归质朴、简单的根本之道，即仁义之道，而文帝的无为而治则是此治道之代表。这一无为而治已经填满了儒家礼义之内容，而这种儒道合一乃是宋明理学的根本特点。宋明大儒将道德的逻辑施用到儒家思想内容上，于是儒家的仁义礼乐就拥有了天理自然之特征。这是其高明之处，也是其容易为人所误识之处，但不管怎么说，对道家逻辑的消化吸收终归是一种发展。这也足以看到方氏之开明，他并不是固守传统

---

① （明）方孝孺著，徐光大点校：《方孝孺集》（上），浙江古籍出版社 2013 年版，第 101—113 页。

② （明）方孝孺著，徐光大点校：《方孝孺集》（上），浙江古籍出版社 2013 年版，第 255—256 页。

教条的腐儒。

总之，方孝孺的礼法之辨展示了儒家在法制思想上的某种高明之处，其对道德自觉的强调和对酷法的批判现今依然具有参考价值。这有益于培养有教养的自觉遵循礼仪规范的君子。当然，这样的礼制和法制都不同于现代法制。现代法制乃建立在平等契约的基础上，而无论是方孝孺的礼制还是法制，都是在精英和大众分离的基础上建立的制度，这既体现了其优越性，也决定了其局限性。

6. 方孝孺礼法思想的局限

表面上看，礼乃是正能量的满足和提升，法乃是负能量的阻止和防范。两者结合，堪称完美。天下大治或至治似乎唾手可得，所以中国几千年来在制度上都没有创新，礼法结合就是最完美的统治形式，就是古人的理想国。他们想不到还有什么统治形式比这个更好，但是我们却发现，从周开始的这种礼法之治实施起来却远没有这么完美。几千年来，每个王朝都陷入了一个兴衰的恶性循环。一开始，统治还比较清明，国力逐渐强盛，人们生活较为安定，但越到后面就越有问题，腐败和动乱逐渐增多，到最后人们忍无可忍，奋起推翻该王朝，然后建立另一个相似的王朝，接着上演同样的戏码。这样的游戏并不好玩，每到一个王朝的末期，都是巨大的灾难。东汉末年大动乱后，所剩人口不到东汉强盛时的七分之一；明末动乱导致三千七百万人口的死亡，所剩人口不足原来的三分之一。① 每

---

① 金观涛、刘青峰：《兴盛与危机——论中国社会超稳定结构》，香港中文大学出版社 1992 年版，第 183—184 页。

次动乱，整个王朝的人都会卷入其中，而陷入这种王朝循环魔咒的最根本原因，就是这种礼法之治。在礼法之治中，无论是礼制还是法制，都不能对君王形成有效的制约。可以说，礼法之治最大的优点是君王专制，其最大的缺陷也是君王专制，而正是这种君王专制才导致了王朝循环更替的命运。

那么，为何礼法之治无法形成对君王的有效制约呢？我们看方孝孺在礼法之治中提出的对君王的制衡方法，其方法可归纳为如下几种：（1）依靠天道或天理节制君王，而这主要依赖君王的聪明睿智和自觉节制的品德。君王有足够的聪明睿智，就会认识到天道或天理及其天职。在天道下，君王不过是天之代表，其天职就是代天治理天下。方孝孺对此分析得很透彻。他说，治理天下就要遵循天道。在天道下，天下乃天下人的天下，所有人皆要在这里得到很好的生养。只要君王认识到天下并非其一人之天下，不是其一家之私产，其职责是为民，那么君王就会自觉遵守天道，不会为非作歹，不会滥用生杀予夺大权。那些有节制而又英明睿智的君王都能将王朝治理得井井有条。[①]（2）大臣的制衡。大臣制衡君王的途径只有一个，就是进谏。方孝孺对进谏的心得是，一谏不听就二谏，二谏不听就三谏，三谏不听就死谏，但臣下坚决不能以武力逼谏，这就失了君臣之道。（3）史官的惩罚。方孝孺对史官的功能很自信，他认为史官可以用其流传万年的赏罚大权对君王形成有效的制约，使其

---

① （明）方孝孺著，徐光大点校：《方孝孺集》（上），浙江古籍出版社 2013 年版，第 159—160、177—179 页。

不能肆意妄为，从而遵循天道正统。①

这些能对君王形成有效的制约吗？答案是：很难。关于第（1）点，除了极少数传说中的圣王（如尧舜）之外，几乎所有君王都把天下当作自己的私产。在方孝孺所描述的所有统治者中，能够真正遵循天理的也就是传说中的"先王"了。秦皇汉武都在方孝孺批判的君王之列，更别提其他继承者了。方氏唯一比较满意的统治者就是诸葛亮，诸葛亮以其廉洁、公正和智慧将法家统治发挥到了最高水平。法家的严苛配上儒家道德上的自律，诸葛亮满足了方孝孺对礼法之治的想象，② 但诸葛亮匡扶汉室天下的欲望又将其几十年积累之功毁于一旦，可以说这一唯一的欲望也击垮了诸葛亮的礼法之治。因此，真正践行和遵循天道的君王几乎根本就不存在。这些君王，尤其是刚得到天下的君王，还能在人民起义的现实力量震撼下有所收敛，并做些安民保民的行为，对礼法、天道还表现出某种敬畏，对大臣的进谏也示以虚心，但随着权力稳固，其野心和私心便不断膨胀，进而以举国之力来满足自己的野心和贪欲，这些贪欲中比较隐蔽的就是对外征服和扩张。方孝孺对汉武帝和唐太宗的扩张野心的分析可谓入木三分。③

与权力和贪欲的膨胀相伴随的就是官场的腐败。君王权力和欲望的膨胀使其很快会抛弃天道和大臣的劝谏，史书更是微不足道，

---

① （明）方孝孺著，徐光大点校：《方孝孺集》（上），浙江古籍出版社 2013 年版，第 158—159 页。

② （明）方孝孺著，徐光大点校：《方孝孺集》（上），浙江古籍出版社 2013 年版，第 173—174 页。

③ （明）方孝孺著，徐光大点校：《方孝孺集》（上），浙江古籍出版社 2013 年版，第 195—196 页。

因为一个被欲望占据的大脑根本不会考虑后人会怎么评价他，况且如果他愿意的话，史书的书写完全可以被他所操纵，所以关于第（2）和第（3）点也如水中月、镜中花，可望而不可即。没有得到有效制约的王权，是腐败最容易滋长的温床。[①] 为了满足一己之贪欲，所谓的礼、法都会被王权所践踏，礼法中对王权的脆弱约束不堪一击。礼法的权威无法确立，那么世人又如何能遵守礼法呢？于是，上行下效，都不守法。最讲求礼法的社会最后会变成最无法无天的社会。可以说，礼法之治从根本上就不能为礼法建立坚实的根基，礼法之治中对君王的推崇本身就埋下了自我毁灭的种子。

方孝孺经常将王朝崩溃的原因归结为崇尚法制而废弃礼制，但他却不愿承认或没有看到崇尚法制是礼法之治发展的必然结果。礼法之治将君王塑造成了超出礼法的存在，最终为破坏礼法埋下了种子，所以方孝孺再呼唤礼制来救治法制也无济于事。无论是礼制还是法制，在无法无天的王权面前都会被破坏。正是对君王或圣王的尊崇，使古人无法建立一个有效制约王权的制度。这就使古代历史陷入了不停的循环之中。

可以看到，在对政治制度的设计中，古人过多强调了人性之善，并将善之代表圣王推到了无比崇高的地位。其理想的统治就只能建立在以圣王为核心的等级体制上，而赋予君王的无与伦比的权力和地位的结果就是，始终无法建立对其权力和贪欲进行有效制约的机制。没有真正的现实的力量的制约，王权统治很快就会变为家族、

---

① 金观涛、刘青峰：《兴盛与危机——论中国社会超稳定结构》，香港中文大学出版社 1992 年版，第 73—80 页。

个人独裁统治。本来为国为民的君王就越来越变为一个为一己私利、贪欲和野心而肆意妄为的奸雄。对人性恶，尤其是君王之恶的估计不足，使中国无法建立现代平等意义上的法制，其礼制和法制都预设了君王的特权，这就为其毁灭奠定了基础，中国古代历史也就陷入这种礼法不断立和破的循环之中。

荀子那不彻底的人性恶（平民性恶，而圣王是善的）思想导致的只是君王的独裁法制，其严刑酷法只是针对被统治者的，对君王等特权阶层是无效的。① 这样的法制推行得越严苛，也就越不公平。结果反而是更加剧了独裁专权，更加快了腐败的步伐。

对这种礼法之治的迷恋还包括对其巨大的建设和破坏作用的崇拜，这也表现出古人追求绝对和完美的心理状态。不仅是儒家和法家如此，道家和后来传入中国的佛家思想也是如此。对绝对、伟大、无限、完美、卓越等的崇拜和迫切追求会导致对规范的漠视和践踏。《西游记》《水浒传》《三国演义》《红楼梦》等艺术作品无不表现出对完美和绝对的追求。要么追求绝对的权力，要么追求绝对的自由，或绝对的情感与道德。超出法制规范的道德和自由，虽然满足了人们对绝对的渴望，却相对地在现实世界造成了灾难。在现实世界中，人们不可能一直生活在绝对里，他们对绝对的追求必然以不断地清除自身和社会的不完满来实现，这就造就了贯穿中国古代历史的数不胜数的道德灾难和不受约束的疯狂权力下的屠戮。

将真、善、美这一面的需求推到了极致，却对假、恶、丑等人

---

① 贾庆军：《王阳明天学初探：以四句教为中心的考察》，中国社会科学出版社 2018年版，第 243—245、293—294 页。

性中皆存在的东西有所忽视，甚至干脆否定其存在。荀子人性恶的结果还是要求人们化性起伪，于是到最后，果然是伪君子满天飞。对善的片面追求导致了恶以善的面目大行其道，君王们的恶行就更加没有了约束和制衡。没有节制和制衡，充斥社会的就是大善大恶。在这里，善可以被放大到极致，而欲望和激情也会假借善的面目被推到极致，人们就在这大起大落中体验着命运的循环。在这种王朝社会中，人们就被这种过山车似的激情浸淫着，享受着巨大的冲击所带来的快感，犹如饮鸩止渴，无法自拔，而长久的稳定和节制则成了奢侈品。

进入近代，这种民族心理和追求依然未变，我们接受的现代统治类型也是那种追求绝对权力和自由的现代政体。反观方孝孺等古人的礼法政治思想，有助于我们理解这种追求绝对的体制的利和弊。

三、方孝孺的正统史观

（一）方孝孺的正统观

方孝孺的正统思想不仅停留在理论阶段，他本身就进行了实践。这就是他与朱棣那段留诸青史的对话。这段对话成就了方孝孺的不朽声名。《明史·方孝孺传》对此有详细描述：

> 至是欲使草诏。召至，悲恸声彻殿陛。成祖降榻劳曰："先生毋自苦，予欲法周公辅成王耳。"孝孺曰："成王安在？"成祖曰："彼自焚死。"孝孺曰："何不立成王之子？"成祖曰："国赖长君。"孝孺曰："何不立成王之弟？"成祖曰："此朕家事。"顾左右授笔札，曰："诏天下，非先生草不可。"孝孺投笔于地，且哭且骂曰："死即死耳，诏不可

草。"成祖怒，命磔诸市。

方孝孺之坚贞气节跃然纸上，这也是其正统思想的必然结果。作为儒家之典型代表，方孝孺的正统思想是有目共睹的，在其文集中对正统道德之强调比比皆是，贯穿始终。详细阐述其正统思想的著述是《释统》三首和《后正统论》四篇，他认为正统思想本于《春秋》。对于方孝孺来说，正统思想大致包含三部分，即"辨君臣之等，严华夷之分，扶天理遏人欲"（《后正统论》）。① 第一点是王国内部统治秩序的概括；第二点是处理民族关系、国际关系的准则；第三点是普遍的宇宙法则，也是前两点的总结提升。虽然说宇宙法则是君臣之等的宇宙论基础，但没有后者的具体应用，前者只能是空洞的理论，而外交则是内政的延续。可以看出，这三点的落脚点就是君臣之等。

在方孝孺眼中，天理的核心内容就是君尊臣卑的等级秩序，而遵循这一秩序就是"扶天理"，就是文明礼治，也是华夏文明之象征；不遵循这一天理秩序，就是人欲泛滥，就和蛮夷沦为一处了。由此类推，坚守此天理者则为文明守节之君子，不守此天理者则为野蛮纵欲之小人，所以君子一定要坚守天理正统，天子之礼就是正统，"何谓天子之礼？正统是也。……故君子之于变统，外之而不亲也，微之而不尊也，断断乎其严也，闵闵乎恐其久也，望望乎欲正统之复也。"②（《释统下》）如果谁颠覆了正统，颠倒了君臣这一尊

---

① （明）方孝孺著，徐光大点校：《方孝孺集》（上），浙江古籍出版社 2013 年版，第 71 页。

② （明）方孝孺著，徐光大点校：《方孝孺集》（上），浙江古籍出版社 2013 年版，第 69—71 页。

卑贵贱秩序，就是大逆不道，而这时挺身而出遏止变统，就是君子所应尽的义务了，"能言抑变统者，君子之所取也。"①（《释统下》）

难怪《明史》赞他"恒以明王道、致太平为己任"（《明史·方孝孺传》）。方孝孺对正统思想坚守到什么地步呢？对正统和变统中所使用的一切名号、谥号，所有活动的称呼，活动的录写比例等，都要严格区分开来，如他在《释统下》中所说："夫所谓变统之制者，何也？异于天子之礼也。彼生以天子养，没以天子葬，俨然帝中国而臣四夷，天下莫与敌，大矣。曷为而异其礼？盖其所可致者，势也；不可僭乎后世者，义也。势行于一时，义定于后世。义之所在，臣不敢私爱于君，子不敢私尊于父。大中至正之道质诸天地，参诸鬼神而不忒也。何谓天子之礼？正统是也。正统之君始立，则大书其国号、谥号、纪年之号。凡其所为必书，所言必书，祀典必书。封拜必书。书后曰皇后，书太子曰皇太子。后及太子殁，皆曰崩，葬必书其陵、其谥，有事可纪者纪其事。所措置更革曰诏，曰令，曰制。兵行曰讨，曰征，曰伐。施惠曰赦，曰大赦。施刑当罪曰诛，曰伏诛。违上兴兵者曰反，曰作乱，曰犯，曰寇，曰侵，倍之者曰叛。其邻国，其臣慢之者，必因事贬之。知尊正统者，虽微必进之。不幸而至于衰微，受制于强暴，或屈而臣之。强暴者诚夷狄也，诚不可为正统也，则盗贼之雄耳，必慎抑扬予夺之辨。其以兵侵也，曰入寇，得地曰陷，据都曰据，至阙曰犯。掳正统之君，必易辞书其故。见杀曰弑，而书其主之名。及其主之殁也，特书曰

---

①　（明）方孝孺著，徐光大点校：《方孝孺集》（上），浙江古籍出版社 2013 年版，第 71 页。

死。其党之与谋、陈力得罪于正统者，虽功多皆书曰死，以著其罪，以绝其恶。得中国之地，其民有思中国而叛之者，曰起兵，以地降者曰来归。不为中国而反者，彼亦不得而盗贼之也，亦曰起兵。得郡则曰取某郡。其诱正统之臣曰诱，执曰执，杀曰杀，将相则名其主。正统之臣降于夷狄则夷狄之，死不曰卒，而曰死。凡力能为正统之患者灭亡，则异文书之，以致喜之之意。正统乱亡，则详书而屡见之，以致惜之之意。变统之异于正统者，何也？始一天下而正统绝，则书甲子，而分注其下，曰是为某帝某元年，书国号而不书大，书帝而不书皇，书名而不著谥。其所为，非大故不书，常祀不书，或书以志失礼，或志礼之所从变则书。立后不书，尊封其属不书，非贤臣，虽王公拜、罢、卒、葬不书。行幸非关得失不书，诏令非有更革不书。其崩曰殂，后死曰薨，大臣曰卒，佐篡弑，赞征伐，以危正统者，曰死。聚敛之臣曰死，酷吏曰死。浮屠之位尊，而因事得书者曰死。毁正统陵庙宫室，名其主。用兵不曰讨，不曰征伐，刑其人不曰诛，天下怨而起兵、恶而起兵，不曰反。恶乎篡弑，非恶乎君也，恶乎夷狄、恶乎女主，非其君，故不得以君道临之也。惟于其臣，于其部落，则得致其罪。士之仕变统者，能安中国则书，能正暴乱、除民害则书。能明道术于后世则书。有愈贵而愈贱者，有愈贱而愈贵者。利禄宠幸之臣，愈贵而愈贱也，守道不污之士，愈贱而愈贵也。故君子之于变统，外之而不亲也，微之而不尊也，断断乎其严也，闵闵乎恐其久也，望望乎欲正统之复也。是何也？为天下虑也。奚而为天下虑？使女主而乘君位，夷狄而践中国，篡弑而不亡，暴虐而继世，生民之类几何而不灭乎？立变统所以扶人极，能言抑变统者，君子之所取也。"①

可以看到，涉及正统之君的，其所有活动皆要记录，且记录时使用的名称都是正面的，其生老病死都有固定的堂皇的称呼；其发布命令、用兵、制刑等活动也都使用正面之道德称谓，如诏、赦、诛、征讨等，而反对正统之君的活动皆被记录为负面的，如作乱、反叛、寇、侵等。

如果正统之君不幸被掳、被弑杀，变统之君即位，则对变统之君的记录也将区别于正统。变统之君的记录范围要远低于正统之君，只需记录其重大事件即可。对变统之君的称呼也将降级，其后、太子和王公干脆皆不记录，连他的称呼都要变。变统之君的其他活动的名称，如出兵等，也将变化称呼。对于不幸成为变统之君臣子的士人，若其坚持正统大义，则记录之，否则即免除之。面对变统之君，这些君子必须时时盼望其朝结束，以便恢复正统。

如此，我们就能理解方孝孺在朱棣面前之言行了。在方氏眼中，朱棣无疑是典型的变统之君。方氏这样的正统大儒，如何能侍奉变统之君呢？方氏也将这样的正统观贯彻在其历史观中。

（二）方孝孺的正统史观

1.《春秋》中的正统史观

方氏对《春秋》的讨论主要体现在其《后正统论》中。在这篇文章中，可见方氏的正统史观。

---

① （明）方孝孺著，徐光大点校：《方孝孺集》（上），浙江古籍出版社2013年版，第69—71页。

在文中，方氏开头就给《春秋》定性，即肯定《春秋》是一部勘定正统并叙其本质的书。他写道："正统之名何所本也？曰本于《春秋》。何以知其然也？《春秋》之旨虽微，而其大要不过辨君臣之等，严华夷之分，扶天理遏人欲而已。春秋之世，周室衰，诸侯盛。以地不及于齐、晋、吴、楚，以兵以粟，则不远于鲁、卫、曹、郑，然而必曰天王，天王。齐、晋虽大国，一有逾分奸礼则必贬之。楚与吴固已称王，与周无异矣，而斥之曰子，曰人。岂非君臣之等、华夷之分不可废乎？《传》曰'春秋大居正'，又曰'王者大一统'，此正统之名所由本也。於乎！后之言正统者，其可戾《春秋》以为说乎？"①

《春秋》如何确立了正统呢？这就是"春秋大居正""王者大一统"。"居正"意为占据了正确的位置或立场，也即掌握了真理或正确的知识。加个"大"字则是使这种正确性更加堂皇和尊崇。《春秋》掌握了什么正确的知识呢？这就是"王者大一统"。也就是说，王者实现的天下一统就是最正确的知识，所以王者的大一统就是正统，非王者所实现的一统则是变统。

王者的大一统或者正统是什么样的呢？方氏归纳出正统的三个表现：辨君臣之等，严华夷之分，扶天理遏人欲。其中，君臣之等是其核心，这也是儒家等级伦理体系的典型表现。华夷之分不过是将这个等级用于族群关系和国际关系上。所以，所谓正统就是建立一个由圣王统治的等级体系。因此，我们就理解《春秋》中为何还

---

① （明）方孝孺著，徐光大点校：《方孝孺集》（上），浙江古籍出版社2013年版，第71—72页。

要把衰微之周室立为正统，使其与那些实力和规模与其相等（鲁、卫、曹、郑等）甚至超过（齐、晋、吴、楚等）它的诸侯国区分出来，这就是为了将君臣之分、华夷之分的大统、大义保存下来，为后世所尊崇。

由此可推出方氏之史观。在他看来，只有真正的王者所实现的统治才是正统，而历史发展的目标就是建立这种正统统治。于是，对方氏而言，整部历史就是正统不断兴废的交替轮回。当然，方氏也愿意正统永远长存，但现实却往往不如意，所以历史就变成了正统和变统交替的过程。他说："由周以来，秦、汉、晋、隋、唐、宋皆尝一天下，主中国而朝四夷矣，正统必归焉。秦起始皇二十六年，而止于二世之三年；隋起开皇九年，而尽大业十三年；唐起武德元年，而尽天祐四年；汉始高祖五年，晋始太康元年，宋始太平兴国四年。然汉自建安而分为三；晋自惠帝以后，夷狄横炽而中原陷没；宋自高宗播迁江表。是三代者，或与篡贼势同地丑，或为夷狄所虏辱，甚者或屈而臣之，其微甚矣。然君臣之等，华夷之分之不可废，犹周也。故汉必至于炎兴元年而止，晋必至于元兴三年而止，宋必至于祥兴二年而后天命绝。此百世不易之道，《春秋》之大法也。而或者见其微，欲断自剖分之岁，废统而俱主之。呜呼！其亦不察乎《春秋》之义，而甘为篡贼之归也。"①

方氏归纳出了一个正统王朝发展的历史规律，即每个正统王朝都有一个兴亡之过程。周、秦、汉、晋、隋、唐、宋等都曾经

---

① （明）方孝孺著，徐光大点校：《方孝孺集》（上），浙江古籍出版社 2013 年版，第 72 页。

一统天下，主政中国而使四方来朝，建立起正统统治秩序，但每一个朝代都有其兴亡周期。到其将亡时，要么为权臣篡权，要么皇帝为周边政权所掳，要么王朝被少数民族政权所灭。这种周期是百世不变之规律，也是《春秋》之大法。这样一来，《春秋》的正统思想中就又多了一个周期大法。知道此《春秋》大法之后，就应该保有乐观态度，即使暂时会居于变统，但正统终有一天会重建。只有不识此大法之人，才会废弃正统或将变统错认为正统而与之同流合污。

接着，方氏继续重申《春秋》正统大义，他说："夫中国之为贵者，以有君臣之等、礼义之教，异乎夷狄也。无君臣则入于夷狄，入夷狄则与禽兽几矣。当周之衰，诸侯或射王中肩，或天子出狩，圣人岂不知周之无异于齐、晋、吴、楚之属哉！然而常抑彼尊此者，为天下后世虑也。苟以其迹，则周当与鲁、卫同列矣，何有于王乎？如此则何以为圣人之《春秋》乎？夫汉、晋、宋之事，奚异于此？而今之横义者，犹啜啜不置。呜呼！其亦不察乎《春秋》之义，而甘为篡贼夷狄之归也。且圣人之作《春秋》，以其操至公之道，故建之天地而不谬，前乎百王而有征，后俟来者而无惑也。苟亦随俗之好恶，待时而重轻，岂足以为圣人哉！"①

中国之所以尊贵，就是因为其有君臣之等、礼义之教。君臣之等是礼义之教的核心内容，有此才配得上其"中"之地位，而没有礼义之教的夷狄就只能属于四方蛮夷了，所以《春秋》之大义就是

---

① （明）方孝孺著，徐光大点校：《方孝孺集》（上），浙江古籍出版社2013年版，第72页。

要明确和保存君臣之等的正统秩序，使之传于万世，"操至公之道，故建之天地而不谬，前乎百王而有征，后俟来者而无惑也"。圣人（孔子）并非不知周室衰微，已经被诸侯国架空，但是为了将君臣之等的正统大义传下来，必须要抑诸侯尊周王，这是为天下后世所考虑，非为一时一代所作。只看重当时的轻重利害，随流俗之好恶，看到国君强而周王弱，就抑周王而尊诸侯，则不足以建立此正统大义，孔子也就不能成为圣人了。

正统衰亡后，不可避免地进入变统时期又会怎样？方氏说："俗之相成，岁熏月染，使人化而不知。在宋之时，见胡服、闻胡语者，犹以为怪。主其帝而虏之，或羞称其事。至于元百年之间，四海之内，起居饮食，声音器用皆化而同之。斯民长子育孙于其土地，习熟已久，以为当尔。昔既为其民矣，而斥之以为夷狄，岂不骇俗而惊世哉？然顾嫌者乃一时之私，非百世不易之道也。贤者之虑事当先于众人，而预忧于后世，使其可继。假使后世有圣人者出，则将俨然当之，如昔之正统乎？抑亦有所裁制损益，如处吴、楚者乎？苟以夷狄之主而进之于中国，则无厌之虏何以惩畏，安知其不复为中国害乎？如是则生民之过大矣，斯固仁者之所不忍也。然则当何为？曰：其始一天下也，不得已以正统之法书其国号而名其君。于制、诏、号、令变更之法，稍异其文。崩、殂、薨、卒之称递降之。继世改元之礼如无统，一传以后分注之。凡所当书者皆不得与中国之正统比，以深致不幸之意。使有天下者惩其害，而保守不敢忽。使夷狄知大义之严，正统之不可以非类得，以消弭其侥觊之心，则亦庶乎圣人之意耳。呜呼！俗之移人也久矣，吾欲扬斯言于今之世，宁能免啜啜者之躁怒哉！此非予之言也，乃圣人之言也。向之所陈，

《春秋》之义也。《春秋》之义苟废，三代以降得天下者亦异矣。"①

方氏说，对于夷狄变统，人们一开始是不接受的，但经过岁熏月染之后，有可能潜移默化地产生影响，尤其是在元朝统治百年之后，人们逐渐被元人风俗所化，人们就不以变统为变统，反而遗忘了正统大义。这是贤者、仁者所不能容忍之事，但若变统已成定局之后，不得不承认其存在时，还能视若无睹吗？方氏也认识到这一点。他认为，可以承认变统之存在，但在记录时不能以正统之法书写其国号和称呼其国君，而对于制、诏、号、令的变更，也要和正统不同。死的称法要降格使用，其他各种名称也要变。这种区别就是要提醒人们，变统乃是不幸之事。使有天下者知道自己带来的祸害，从而不敢造次，也使夷狄知晓大义之严格，正统不是他们这种不正之徒所能拥有的，以此来消灭他们觊觎正统之心。这就是圣人一贯坚持的《春秋》大义。此大义若废弛，则三代之后的历史将全部改写。

那么，变统具体是由谁导致的？方氏列了三种情况：篡臣、贼后、夷狄。他说："吾尝妄论之曰：有天下而不可比于正统者三：篡臣也，贼后也，夷狄也。何也？夷狄恶其乱华，篡臣、贼后恶其乱伦也。夫天之生此民，好恶嗜欲之不齐，不有以主之，则纷争而靡定。故简圣贤之人，授之命，为之主，同其好恶，节其嗜欲。明君臣、父子、夫妇、长幼之伦以教之；为衣服、等杀、交际、吉凶之礼以文之；拨洪水、猛兽、螟虫、夷狄之害以安之。夫所贵乎中国

---

① （明）方孝孺著，徐光大点校：《方孝孺集》（上），浙江古籍出版社 2013 年版，第 73 页。

者，以其有人伦也，以其有礼文之美，衣冠之制，可以入先王之道也。彼篡臣、贼后者，乘其君之间，弑而夺其位，人伦亡矣，而可以主天下乎？苟从而主之，是率天下之民无父无君也。是犹可说也，彼夷狄者侄母烝杂，父子相攘，无人伦上下之等也，无衣冠礼文之美也。故先王以禽兽畜之，不与中国之人齿。苟举而加诸中国之民之上，是率天下为禽兽也。夫犬马一旦据人之位，虽三尺之童皆能愤怒号呼，持梃而逐之。悍婢奸隶杀其主而夺其家，虽犬马犹能为之不平而噬啮之。是何者？为其乱常也。三者之乱常无异此矣。士大夫诵先王之道者乃不知怪，又或为之辞，其亦可悲矣乎！"①

　　在这里，方氏对正统的阐释更完整了。正统就是有人伦之明（君臣、父子、夫妇、长幼之伦），有礼文之美（等杀、交际、吉凶之礼），有衣冠之制（衣服之礼），能拔除洪水、猛兽、蟊虫、夷狄之害。篡臣、贼后乱人伦，无父无君，不可以为天下主；夷狄更是与禽兽无异，无人伦上下之等，其入主中国，则将使天下人皆为禽兽。常诵讲先王之道的士君子对乱统现象若习以为常，甚至为其粉饰，就太可悲了。

　　方氏接下来从经典中寻找论据来论述为何篡臣、贼后、夷狄不能为正统之君。

　　首先，他在《春秋》中寻找篡臣不能为正统之君的论据。他说："或曰：史以记事者，欲其实，乃所以彰其恶也。故《春秋》于篡弑之君，未尝去其号，圣人且不敢，况后之人乎？曰何为其然也？春

---

　　①　（明）方孝孺著，徐光大点校：《方孝孺集》（上），浙江古籍出版社2013年版，第73—74页。

秋之时非后世可比也。当是时，闻有臣弑君者矣，未闻弑而夺其位者也。且鲁者，圣人之父母国，而时君固在也，故或为之讳。若他国则据其赴告之辞而书之，圣人固有不知其详者矣。然崔杼之弑齐简公，孔子沐浴而请讨之。季氏之逐鲁昭公，孔子一则曰'公在乾侯'，二则曰'公在乾侯'，使季氏而主鲁，圣人其忍以鲁国君礼与之乎？其黜之无疑矣。然则吾之言固圣人意也，复何僭乎？又况已往之迹，而欲曲为之讳，其亦不达于义乎！"① 方氏以孔子在《春秋》中的书写为例，证明篡臣不能为正统之君，其中具有代表性的是关于季氏和鲁昭公的例子。孔子不承认季氏之正统地位，所以在书写史书时一再先强调鲁昭公在乾侯。这是将正统之君优先记载的典型例子。

其次，方氏从《易》中寻找证据证明贼后当政之非正统性。他说："贼后曷为而不得为主也？圣人之作《易》，其于此言之备矣。阳者，君之道也，夫道也。阴者，臣之道也，妻道也。《易》之六爻，凡阴之得中，阴乘阳位，必谆谆为之戒。坤，阴之纯卦也，于其始则戒曰'履霜，坚冰至'，恐阳之忘备也。于其终，恐疑于无阳也，曰'龙战于野'。五，恐其居尊位也，则曰'黄裳，元吉'。黄中色而裳下饰，臣之事也，妇之道也，戒其居上则不吉也。其他曰'括囊'，曰'含章'，曰'从王事'，未尝予其专也。推之六十四卦之中，莫不皆然，则圣人之意可知矣。《春秋》无其事故不书，使有

---

① （明）方孝孺著，徐光大点校：《方孝孺集》（上），浙江古籍出版社 2013 年版，第 74 页。

之，圣人其肯一日主之乎？"① 方氏说得明白，《易》中阳属于君之道，阴属于臣之道。在六十四卦的每一卦中，凡是阴乘阳位时，都会强调其要警惕戒惧，而在坤这一纯阴之卦中，每一爻都在强调其居上位不吉。妇女始终应处于臣属之地位。在《春秋》中没有记载反对妇女专权的个案，主要是那时没有这样的事情。如果有的话，圣人也一定会对其持反对态度的。

关于夷狄不得为正统的证据，方氏从《尚书》《诗经》《孟子》《论语》中找到了，他说："曰：夷狄之不可为统，何所本也？曰：《书》曰'蛮夷猾夏，寇贼奸宄'，以蛮夷与寇贼并言之。《诗》曰'戎狄是膺'，《孟子》曰'禹遏洪水，驱蛇龙，周公膺戎狄'，以戎狄与蛇虫洪水并言之。礼之言戎狄详矣。异服异言之人恶其类夷狄，则察而诛之，况夷狄乎！孔子大管仲之功，曰'微管仲，吾其被发左衽矣'、'如其仁'，管仲之得为仁者，圣人美其攘夷狄也。然则进夷狄而不攘，又从而助之者，其不仁亦甚矣。曾谓圣人而肯主之乎？学圣人之学，治先王之道，而昧乎此，又何足论哉！曰：荆舒以南，《春秋》之所夷狄，犹可为正统乎？曰非也。"② 按照方氏的考察，《尚书》《诗经》《孟子》都将蛮夷、戎狄等视为洪水猛兽或寇贼，这些都没有中国之人伦礼义，古人都要对其讨伐、驱逐。在方氏看来，就是连类似于夷狄的异服异言之人都要诛杀，何况是真正的夷狄呢？而孔子之所以赞管仲，主要是因为其攘夷狄之功，使中国衣

---

① （明）方孝孺著，徐光大点校：《方孝孺集》（上），浙江古籍出版社 2013 年版，第 74—75 页。

② （明）方孝孺著，徐光大点校：《方孝孺集》（上），浙江古籍出版社 2013 年版，第 75 页。

冠礼义得以确立，所以再看《春秋》中所说的夷狄，自然不能使其为正统了。

最后，方氏进行了总结。他说："自秦以来，袭礼义而为中国者二千年矣，人伦明而风俗美，乌得与夷狄比乎？先正大儒知夷狄之不可长也，故虽强如苻坚，盛如德光，不与之以中国之礼。知贼后之不可主也，故吕氏之强，武氏之才，不与之以天子之位。知篡臣之不可训也，故王莽、侯景之徒，一以盗贼待之。其为法至公，其为道至明，其为虑至远也。其于圣人之意，《春秋》之分，至得也。所为万世而不可易者也。曰：是则三者皆废之而不书乎？曰不也。吾固曰不比之于正统而已，非废之也。不废其迹而异其辞，则其为戒也深矣。呜呼！天下后世之心，吾不敢必也。苟有贤者，其将信吾言也夫！"①

在这里，方氏将他的正统史观进行了总结和提升。在他看来，三代以下，自秦以来两千多年，中国礼义正统一直在延续。其人伦之明和风俗之美，是夷狄根本不可比的。这也就是文明和野蛮、正统和变统之对比，所以通晓这些大义的大儒们就知道如何处理变统了。他们知道如苻坚、德光这样的夷狄，不论如何强大都不可能长久，所以不与之以中国之礼；知道贼后不可为主，即使是有吕雉之强、武则天之才，也不与之以天子之位；知道篡臣之不可为借鉴，所以坚持将王莽、侯景之徒以盗贼对待。这样的做法至公至明，考虑至为深远，也最得圣人之意和《春秋》之名分大义。这种正统大

---

① （明）方孝孺著，徐光大点校：《方孝孺集》（上），浙江古籍出版社 2013 年版，第 75—76 页。

义是万世都不可易的，但是这些变统之历史又必须要记录下来，记录时要和正统历史所使用的语言有所区别，而记录它的目的只有一个，就是使后世引以为戒。也就是说，变统历史是不能被正面肯定的，只能作为负面教材。

这里要说明的是，方氏这两千年的算法，应该是从秦为诸侯时算起的。对于反对秦法家之制的人来说，肯定不同意方氏这种说法，但从方氏的正统史观来看，他必须接受秦之治，因为正是管仲满足了其尊王攘夷、统一礼义之正统要求。于是，在方氏之历史谱系中，法家和儒家之制都是他所认可的。

2. 方孝孺的中古说

在《好古斋记》中，方氏提出了一种"中古说"。细看之下，这就是正统史观的细化版。全文如下：

> 余游太史公之门，东阳葛君信亦以其业来学。瞻其仪观，若有志古人者，叩其言，好举《易》、《诗》、《书》。寻出其文数十篇，皆斥去时俗语。已而视其文之目，则题曰好古斋。

> 余异而问之曰："君何古之取乎？夫宓牺氏之前，世之所谓上古也；三代之间，世之所谓中古也；秦汉以降，世之所谓下古也。上古吾无征焉耳，下古吾无取焉耳。君之所好者，其中古乎？中古之世，今之世无随焉。君生乎今之世，所好于中古者，果何道乎？自夫巨者而言，民之生也，置连帅诸侯以治之，为阡陌立井田以均之，学校以教之，礼乐以薰之而今之存者鲜矣。为州间邻里之法，以治

其情；为乡饮乡射之法，以勉其怠；为冠昏丧祭之法，以厚其伦。而今之行者寡矣，君之所好，将在兹乎？"君曰："吾无位，奚敢过计，愿近之。"余曰："古之农，耕焉而足食；古之商，称物而求直；古之工，任力而求报。今也，或嬉惰以困其生，或腾价以取乎人，或窳其器以欺世，或不执三者之业，异乎先王之教，而肆然衣食于其间。是以古之民也富，今之民也贫，古之俗也美，今之俗也薄。而君之所好，将在斯乎？"君曰："是亦非我所能为也，愿近之。"余曰："古之为士者，冠圆而履方，上衣而下裳，长绅委前，利剑佩后，容臭珩璜，备乎左右。今也加乎元者方其隅，纳乎足者锐其首。小袂斜裾，束丝系髻，俯仰无和平之音，进退无从容之度。拜则轩其尻，趋则顿其步，而与古异矣。而君之好乎古，岂谓是欤？"君曰："服之不衷，久矣，然王制也，吾何敢违。用今之服，行古之礼可也。愿复近之。"予曰："古之为学者，岂务他哉，务明乎伦理而已。故事君有言责者尽其言，有事任者赴其功，临敌致其勇，履难奋其忠。事父母而竭其孝，兄弟焉而竭其爱，妻子焉而别且慈，朋友焉而诚信不欺。君之好古，将谓是欤？"君曰："斯人之常行也，不敢不勉，抑愿闻其余。"予曰："古之人修其业，善其身而已。未尝有求于世也。及其誉闻既广，其君举而加诸位，其心戚然若不敢安，遑遑然思推其泽于斯民，若益稷伊傅之流是也。今则不然，修其业以自鬻于人，及既得位，则弃所学以富贵其身，是以功名之见于世者浸少矣。君岂谓是欤？"君曰："此立功之说，闻君子有立言者，奚若?"予曰："古之立言者岂以文辞哉，亦明其道而已！道明矣，思觉后世之人，故不得已而载之言。其言出而为经，作万世之程。周衰，秦汉间处士说客不知道术，各以其臆见为书。偏曲诡激，君子羞称之，然其辞有足取者。至于今并失之矣，而君之好其谓此乎?"君曰："此吾志也，尽之矣，谨闻诲矣。"

予曰："虽然，此皆以物而言也。以物而观，诚有古今之异。君盍思夫道充天地，亘古今，一而已矣。尧舜禹汤文武尽之以为君，益稷伊傅周公尽之以为臣，孔子尽之以为圣，颜回曾参践之以为贤，盗跖违之以为暴，桀纣逆之以亡。是道也，不以富贵而加，不以贫贱而损，不以古而兴，不以今而陨。诚反而求之，自有无极而太极者，穆然具于吾心，古孰甚焉。躬而行之，达则兼善天下，穷之独善其身，古之人皆然。余亦有志于古，凡井田封建之法，三代之大典，未尝不究而知之，思而欲行之，不敢以今之人自视也。而君好古之道，言貌文辞皆类乎古，则亦古之人也，行将造君而质焉。"君曰："然，请书以为记。"①

东阳葛君好古，方氏借机表达了自己对古学的见解。方氏认为，宓牺氏（伏羲）之前的上古，留下可以学习的东西很少；秦汉以后的下古，则没有什么值得学习。只有三代之中古，是值得学习的，而中古之学也就是方氏心中的正统之学。

---

① （明）方孝孺著，徐光大点校：《方孝孺集》（中），浙江古籍出版社 2013 年版，第 653—655 页。

在方氏眼中，中古之学在政教、礼乐、服饰、学术、立功、立言等所有方面都为后世树立了榜样。在政治治理方面，由诸侯设置井田之制；在礼乐方面，则设置学校进行教化，建立各种礼节以培养淳厚习俗；农工商各守其职，各有职业操守；在服饰方面，务求合乎礼仪；在学术上，古人追求明道、明伦；古人所追求的功业就是修身以治家国天下；古人立言以立本之要，即求道。可以看到，方氏所说的中古之学就是正统之学，其可以作为万世永恒之正统。中古说乃其正统说的补充和完善。

3. 正统史观下的历史人物评价

在对历史人物的评价中，方氏也贯彻了其正统史观。在评价乐毅不攻克莒邑与即墨两座城池的行为时，方氏不同意夏侯玄和苏轼的看法。原文如下：

> 乐毅不防二城，夏侯太初以为庶几乎汤武，苏子瞻以为行王道之过。余曰："鄙哉二子之言也。天下岂有行王道而不兴者乎！"观人之贤否，当先观其所为之事，求其事而不得，当求其用心之邪正。汤武所以伐人之国，其心曷尝有利天下之意乎？不忍斯民之困于涂炭，挟大义而拯救之。使取锱铢之非义，杀一介之不辜，虽奉海内之籍而归之，汤武不肯正目而视也。其心显然著于天地之间，故拔一城，取一国，他国之民惟恐其来之不速，翘足举首而望之，此其为王者之师也。使汤武之心少出乎利，匹夫匹妇将持穮锄而逐之矣，何以为汤武哉？
>
> 彼乐毅之师，岂出于救民行义乎哉？特报仇图利之举

耳。下齐之国都，不能施仁敷惠，以慰齐父子兄弟之心，而迁其重器宝货于燕。齐之民固已怨毅入骨髓矣！幸而破七十余城，畏其兵威力强而服之耳，非心愿为燕之臣也。及兵威既振，所不下者莒与即墨。毅之心以为在吾腹中，可一指顾而取之矣。其心已肆，其气已怠，士卒之锐已挫，而二城之怨方坚，齐民之心方奋。用坚奋之人而御怠肆已挫之仇，毅虽百万之师，固不能拔二城矣。非可拔而姑存之，俟其自服也，亦非爱其民而不以兵屠之也。诚使毅有爱民之心，据千里之地而行仁政，秦楚可朝，四夷可服，况蕞尔之二城哉！汤武以一国征诸国，则人靡有不服，毅以二国征二小邑，且犹叛之，谓毅为行王道可乎？汤武以义，而毅以利，成败之效所以异也。苏子乃谓王道不可以小用，小用之则亡。王道特患乎人之不行耳，小用之则小治，大用之则大治。犹之菽粟之疗饥，小食之则不死，恒食之则充实。奚可谓菽粟不可少食，而宁啗糠核之为愈乎？太初曲士不足论，独惜苏子之易于言也。①

夏侯玄认为乐毅之行为可比汤武，乃是仁义之道，而苏轼则认为乐毅过于坚守仁义王道反而招致过失。不管怎样，二人都认为乐毅之为乃是仁义行为，方氏则认为二人太肤浅。在方氏看来，王者之师无往不利，若真是仁义之兵，天下皆会投奔归附，岂有拒不肯降的道理，所以乐毅所率之师根本就不是什么仁义之师。他不是要

---

① （明）方孝孺著，徐光大点校：《方孝孺集》（上），浙江古籍出版社 2013 年版，第 154—155 页。

救民行义，而是报仇图利的。他之所以能拿下七十多座城池，是因为兵威力强之故，并不是齐民心服，而到了莒邑与即墨时，乐毅军队已经成强弩之末，无法以力拔，所以才围而待其服，但城中齐民并没有感受到其爱民之心，是以坚决抵抗，致使乐毅失败，所以乐毅的失败不是行仁义，而是只顾利益。苏轼说乐毅乃是行王道，但王道不可用于小事，所以才导致其失败。方氏对此大加批判，他认为王道无论大事小事皆可用。归根结底，乐毅根本没有真正行仁义，谈不上什么王道。可见，方氏和夏侯玄、苏轼都赞同以仁义、王道来评价历史人物的功过得失，只是在具体的判断上有所差异。

在《条侯传论》中，方氏提到了史家及史书的重要性，因此对史家的书写和判断要有严格的要求。他据此批判司马迁在历史人物评判中出现的失误，尤其是其对周亚夫的错误评价。他说："天下之赏罚必有所受，受于人者必制于人。大夫受于诸侯，诸侯得以赏罚之。诸侯受于天子，天子得以赏罚之。惟天子之大柄受于天，而天不屑屑然与之较。古之圣人恐其无所畏而肆也，于是立史氏以书之。史氏者所以赏罚天子，而立天下之大公于世。故天子之所赏而滥，天下莫敢问，史氏得以夺之。天子之所罚而僭，天下莫敢言，史氏得以予之。天子之身所为有当否乎，其下者莫敢是非也，史氏秉大公之道是非之。故天子之赏罚信于当时，史氏之赏罚信于万世。天子之赏罚可以贱贵一世之人，而史氏之赏罚可以惩劝于无穷，荣辱于既死。君子谓史氏之柄不在天子下，彼以其位，此以其公也。使史氏之予夺而不以其公，后世何所取信哉！

汉初辅相之臣，多出于一时亡命屠贩刀笔之流，其人皆习熟世故，迫于利害，善避祸趋变。而坚守臣节求诸高惠文景四世间，如王陵、周亚夫辈无数人，而亚夫尤得大臣体。在景帝时以争皇后兄信及匈奴降王之忤旨，遂用他事下狱以死。夫封无功者以乱先帝之法，纳夷狄之叛臣以启为臣不忠之心，此诚宰相之所宜争也。亚夫争之，岂为过哉？彼景帝者私刻忍人也，欲封其后之兄，而亚夫不从，其心固有杀亚夫之端矣，特未得其名耳。及降王而不封，其怒宜愈甚，特无以屈其说，故忍而未发。官甲楯之告，景帝方幸其有名以诛之，遂卒置之于死。求其所为事，确乎有大臣之风。景帝罪之者私恨也，为史者宜有以明之。而司马迁反诋之为守节不逊，以取穷困。呜呼！人臣如亚夫乃可谓之不逊乎？夫朝廷之礼，君臣之分，固有当逊者矣。至于为一事而乱旧典，起邪心，为害于国甚矣。苟阿意希旨，从而附和之，此小人反复之计，谋一身而不顾职业之所为，乌可谓之逊乎？人臣者以义守职，以忠事君，利害有所不恤。苟畏穷困而安利达，则无所不至矣。亚夫之心岂以穷困为戚者哉！迁不称其能守官，而诋其不逊，不闵其死不以罪，而悲其困穷。史氏之论若此何以信于后世？此吾尝论迁善纪事而不知统，善陈辞而不能断，有良史之才而不达君子之道，《亚夫传》之类也。"①

　　方氏先谈了史书和史家的重要性。史家是用来制衡天子的。由于天子之权柄无以复加，但天子又不一定总能做出正确的判断，那么能够对天子之行为进行评价和赏罚的就只有史家及其史书记载了，所以"史氏者所以赏罚天子，而立天下之大公于世"。史家之史书就是大公的代表，此大公则是天道或正统的体现。史家和史书之责任

---

① （明）方孝孺著，徐光大点校：《方孝孺集》（上），浙江古籍出版社 2013 年版，第 158—159 页。

可谓重大，所以史家对人物和事件的记录和评判一定要秉承天道，力求公正客观，而作为史家的司马迁却有些失职，如他在对周亚夫的评价上就有失公允。按方氏之观察，汉朝的君臣关系很不正统，无论君臣都不太合格，能够真正懂得君臣之义的，只有周亚夫等寥寥几人，周亚夫又最具有代表性。周亚夫在大节上从不让步，据理力争，因此招致景帝记恨，以致丢了性命，但这并非周亚夫之过。司马迁则认为周过于守节而不知让步，才导致如此下场。方氏却认为，周亚夫最得君臣之道，只是其遇到了不称职的君主，所以方氏批评司马迁只善于记录史事而不懂得正统之道，其才只够记录历史而不能通达君子之道。也就是说，在方氏眼中，司马迁能够写得一手好历史，但不是好的历史学家。好的历史学家一定是坚守天道正统，秉公评判的。司马迁有史才、史学，却未必有史识，而史识乃是历史的灵魂所在。

方氏对霍光的评价再次显现出他对君臣大义、天道正统的看重，他写道："霍光以朴直见知武帝，辅少主，废昌邑，立中宗，功烈为汉伊尹，而身死受赤族之诛。世尝疑之。曰：是乌足疑哉？光之获全其躯，亦已幸矣。赏罚生杀予夺者，天之大柄，授之天子，使奉而行焉者也。故是六者惟天子得专之。然犹不敢私任其喜怒好恶以为轻重，而一决之于天。功懋焉而后赏，曰非我赏之也，天赏之也。罪盈焉而后罚，曰非我罚之也，彼得罪于天也。其于生杀予夺莫不裁之于天，而不敢预存于心。以可专之位，持之以恭谨至于如此，犹且或有不中，祸及于身而殃及乎子孙，况于无其位者乎？且以伊尹之圣，以德则天下莫加，以位则为之师，而当阿衡之任，以功则相汤取天下，致太平，三世而至于太甲。其格于天而著于民，亦已久矣。其于太甲也，未尝废之，特奉之居忧于先王冢上，俟其修德而迎之以归。其于进退宜无不可，时之人孰敢非之。然而伊尹既复政于君，即决然请去其位，不敢略有顾恋迟留之心。何者？诚知天之大柄不可以久持也。夫伊尹圣人，不任其私以赏罚生杀予夺，亦昭昭矣，犹畏且慎如此。

彼霍光者，自度何如人哉？以德则仅若恒人，以功则非有平暴乱安宇内之绩，特以谨愿，偶为人主所信，而托以非常大事。计其平日，操天子之柄，以制群下者，几何年矣。其于轻重缓急，已不能无私意行于其间乎哉！然立昌邑既不审，随数而废之，天下之人见其所为，盖已侧目视光者久矣。非特天下之人，吾意中宗未立之时，亦疑光之为人矣，不待参乘而后疑之也。为光计者当中宗之初立，社稷宗庙既有所托，不负先帝顾属之心，即宜力辞而引去。不许则宜辞朝廷之政不与，而以列侯就第，庶可少纾中宗之疑，而息众庶之怒。光则不然，一归政而不受，则肆然而居之，至于身死而后已。且中宗是时年近壮矣，其于民情国体究之熟矣。光曷不思乎？当昭帝之初立，燕王上官之变，非昭帝之明，光之诛其得免乎？在执政未久之时且若此，更废一主之后，其生杀予夺赏罚之际，妄用者多矣。使重有告于中宗，光其可免乎？

吾故曰光之不底于戮，幸也。以其昧于去就之义，而不知天之大柄不可僭持也。虽然，光不学无术，其昧于去就，不足责也。中宗之待光，宜亦不能无过焉。当归政之时，封之以上国，荣之以显号，优游以师傅之礼……使光有明哲之知，禹、云、山等知威权之不可以太盛，而思退戢之道焉，光身死之余，岂有赤族之祸乎？故赤族之诛，不在禹、云、山谋逆之时，而在光秉政之日。中宗之疑霍光，不在许后之死，而在乎废昌邑之时。故取族灭者，非禹、云、山也，光也。光之得罪于天，非废立也，僭持天之大柄也。呜呼！世有不幸而居光之任者，得吾言而思之，其可免于祸乎！"①

　　方氏先谈到了天子的赏罚生杀予夺六种大权，这可以说是天下最大的六种权力了。这六种权力赋予天子行使，但天子也不能专擅，任凭一己私意随便使用，天子只是代替天来行使此权，天子之权也不能违背天道正统，所以持有此权者莫不谨慎恭敬，唯恐错用。一旦违逆天道，就会招致自身乃其家族的祸患。因此，懂得此天道的人都知道，六权不可久持，久持难免生错，愈久错愈多，祸患越大。伊尹深知此道，他德才高远，助汤取得天下后接连三世承担管理天下之职。当其掌权时，莫不恭谨天道，全心为民。其德行如此，但也不敢持此权太久。待太甲长成之后，即将此权归复之。就连伊尹这样的圣人都如此谨慎，其他人就更不用说了。霍光因为某种机缘获得了行使此六种权力的机会，他却没有行使此权的德和才，更不知此权柄不可久持。他因一己之私欲而把持此权，并随自己好恶而废立刘贺。中宗即位之后，霍光仍迟迟不肯还权。其间滥用权柄之事亦多，其没有被中宗所杀，已经是很幸运了，但他死后，其招致的祸患就落到了其家族身上，以致全族被诛。在方氏看来，这都是因霍光不懂得天下权柄不可久持、不可专擅的道理所招致的。对天下权柄的看法，在此

---

　　① （明）方孝孺著，徐光大点校：《方孝孺集》（上），浙江古籍出版社 2013 年版，第 159—161 页。

体现了方氏天道正统之思想。

在评价崔寔时，方氏先强调儒家道德仁义之教的重要性，批判纵横家徒以口舌乱天下，他说："昔者观孔子之书，见其于子贡、仲由之徒善于说辞，必深折而重抑之。明足以亿事，未为有过也，而伤其多言。以仕为学，未为违道也，而恶其口给而近佞。心常以为惑，奚孔子不贵于言若是耶？及观战国之际，天下之士皆弃道德仁义而不修，以口舌磨切世主，而觊势窃柄，大者亡人之国，小者自杀其身。又甚焉者，著为邪说，以为后世害，纷然出乎斯道之外，流于刻薄荒鄙、诬民败俗之归，而不自知也。"然后喟然叹曰："此孔子所以圣乎，其预知之矣。""凡乱之生必有所始也。刍灵之弊必至于以人殉葬，象箸之弊必至于瑶台璃室。孔子之教人以勿易于言，而周卒以口舌纵横之辨而亡。夫言岂可苟哉？快意于一言，或足以祸万世。发愤立一事，或可以祸异时。矫当时之失，不求古今之变，而轻于持论，非知道者也。"① 这些纵横家不知仁义道德之大道，以口舌致乱天下。

到了汉代崔寔论政时，坚持使用严苛律法进行统治，方氏认为其是舍本逐末，"彼崔寔者独何人哉？愤时君之柔暗，则论柔暗之失可也，遽为邪说，不顾理之是非，而谓凡为治者，必以严而治，以宽而乱，此岂理也耶？周秦之效，夫人之所能识也。寔不察乎此，而亟称宣帝之贤。夫宣帝汉室基乱之主，苛以为明，忍以为断，督责以为能。当斯世也，斯民竞知其可畏，而不知其所可爱，于是高、

---

① （明）方孝孺著，徐光大点校：《方孝孺集》（上），浙江古籍出版社 2013 年版，第 168—169 页。

惠、文、景之泽竭矣。譬犹服金石恣声色之人，其外虽若未衰，而其中之虚坏已甚。……至于元帝继之，稍失其术，则汉因以衰，非元帝之罪也。寔轻信而不知道，敢为异论，而不顾其无稽。至诬文帝以严致平，何惑妄之甚哉！汉之久而亡者，文帝之功也。且使宣帝处文帝之时，是生一秦也。宣帝固非秦比也，率其所为，行于甫定之世，则其异于秦者几希，而岂能治哉！治道固有本末，先之以政教而后刑罚者，秦汉以下皆是也。文帝能参之恭俭忠厚之化，故治。其余则守法而已，故未旋踵即不免于危。汉室至于光武，犹再荣之木，其膏泽将尽矣。明、章能扶植培拥之，仅至少康。孝安以降，渐衰而乱，固其理也。自非仁贤若文帝，承之犹恐其不救，而寔欲济之以严刑峻法，此欲救将萎之木，而断其根。鄙哉！愚儒好高之论也。仲长统乃从而称之，此其知与寔何异哉！自孔子之末，学者不明道而阿世，韩非之愚，至以尧舜为土木，而以刑罚为膏粱。所闻者卑，而所习者陋，无怪其为此言也。汉之诸儒，惟贾谊、董相及王吉为庶几。如寔与统，时人所推为大儒，而其论至于与韩无异。於乎！其所从来远矣，岂特寔之罪哉！"① 方氏认为法家严刑酷法乃是不明正统大道所致。治理天下的根本是礼乐政教，而非严酷刑罚。汉代儒生受法家之治的影响太深，以致偏离儒家正统之道。

在论晋朝之得失时，方氏又按照其正统观进行了评价。他说："有天下而无天下之虑，是以天下与人也。天下固非知虑之所能守

---

① （明）方孝孺著，徐光大点校：《方孝孺集》（上），浙江古籍出版社 2013 年版，第 169—170 页。

也，然而先王终不敢忽人事而不修，以为尽吾所当为，俾无复遗失，然后可以奉承天之与我之意。天之予夺岂偶然哉，其得也必有所自，其失也必有所致。天非不欲人得其全且久也，然数百年而仅一见者，人不能尽其道，天虽欲与之而不可得也。拔人于众庶而命之官，孰不欲其久哉？其或不免于危败者，有以致之，非其君之不与也。自书契以来，享国最久者莫如周，本于积累之深远，固然矣。求其经久保大之法，上辅乎天道，下宜于人情。山川草木之性，鸟兽虫鱼之类，莫不曲尽而各有以处之，尧舜之治不若是之详也。圣人岂好为是烦悉乎？不若此而至于亡者，皆阏天之命。君子不谓命也，汉之境土分裂数十载，自司马氏父子袭蜀虏吴，起而一之，可谓盛矣。其赫然南面而帝，不惟识者知其宫阙将倾，子孙不保，奸雄黠胡亦掩鼻而笑之。而何法盛尤其去兵过蚤，立子非贤之所致，孰知其失有大于此者乎？诚使法立而制定，余教遗德流溢于海内，虽刻木持以面南诸侯臣民犹将稽首屏息而尊事之。况君之嫡乎？中国夷狄不使相淆，强弱富贫不使相悬，上下有分，内外咸叙，虽揖让而治可也，奚独于兵之恃。晋之君则不然，礼失于上而不知，法弛于下而不举，风俗弊坏而不能振，教化缺失而不能修。视其朝则大臣分党而相轧，贪墨而无厌；视其野则胡虏杂处于近畿，而不为之防，庶人奢纵僭侈于下，而不为之禁。虽以中才之主继之，不能免于乱矣。况駃竖悍妇居乎位，而重之以伦颖之徒，犬鼠之属哉！懿、师以狡计诈力潜攘默窃，历数世而后得，仅一传而失其十九，骨肉相残，卒为夷狄所轹籍。有国以降，未有子孙受祸若此之甚，为中国害若斯之酷者也。岂非取之不以道，守之无其具故耶？取天下而不以道者，祸必及其子孙。汉之吕氏、唐之武氏、宋之金寇，或戮及其妻子，或后嗣几无遗类，虽人事之变，亦天道之不可诬者。然此三代者，以其有守之之具，故危而复安，衰而复盛，而晋之既微，累有篡弑之祸，以其治具之不完也。取天下而不以道，是以天下祸其子孙也。守天下而无其具，是使子孙祸天下也。"①

可见，对方氏来说，晋朝之所以灭亡，是因为其在正统的三个领域都有所违背。其一，在辨君臣之等方面，"礼失于上而不知，法弛于下而不举"，"大臣分党而相轧，贪墨而无厌"。君臣礼数尽失，秩序大乱。失序的主要原因，是晋的建立本身就是从变乱君臣秩序开始的。其二，在严华夷之分方面，则"胡虏杂处于近畿，而不为之防"，导致华夷之分混淆，中国之尊位丧失。其三，在扶天理遏人欲方面，晋则"风俗弊坏而不能振，教化缺失而不能修"，"庶人奢纵僭侈于下，而不为之禁"。天理丧失，人欲肆意，所以晋的建立和存在过程都是一种灾难，"取天下而不以道，是以天下祸其子孙也。守天下而无其具，是使子孙祸天下也"，焉有不亡之理。

在评价梁武帝时，也如晋一样，方氏写道："古之圣人不忍杀一不辜，行一非义而取天下，所以正其始也。不敢舍仁义礼乐，而左道小数必屏绝之，所以善其终也。始以诈力，终以异端，此梁武之所以亡也。"② 梁武帝夺得帝位也不合正统，而治理过程中更是违背正统，转入佛教，这都决定了其灭亡的命运。

对魏孝文帝，方氏却网开一面，肯定了他对母亲的尊敬和侍奉，

---

① （明）方孝孺著，徐光大点校：《方孝孺集》（上），浙江古籍出版社 2013 年版，第 177—179 页。

② （明）方孝孺著，徐光大点校：《方孝孺集》（上），浙江古籍出版社 2013 年版，第 185 页。

认为其符合《春秋》大义，方氏说：

> 昔者舜命皋陶曰"明于五刑以弼五教"，周人亦曰"伯夷降典，折民于刑"，岂非礼者刑之本，而刑者礼之寓乎？故礼之与刑，异用而同归，出乎礼则入乎刑，法之所不能加者，礼之所取也。《春秋》，圣人用刑之书也，而一本乎礼。酌乎礼之中，参乎其事之轻重，断以圣人书法之繁简，则《春秋》之旨可识，而天下难处之变可处矣。文姜，桓公之夫人，而与弑其夫，其罪为重，故于其去鲁也，削其姓氏曰"夫人孙于齐"。哀姜，闵公之母，而与闻乎，故其罪为轻，故于其去也，不削其姓氏而曰"夫人姜氏孙于邾"。然其事虽殊，而子无仇母之义则等也。是以于其葬也，皆谨书之而无贬辞焉。其称孙于前，以正天下之大义；书葬于后，所以全母子之至情。皆本乎纲常，揆乎人心，合乎伯夷之典、皋陶之刑而无悖者也。
>
> 元魏冯太后鸩其子献文帝弘，而献文之子孝文帝宏为冯氏行期年之丧，动循礼制，君子取焉。先儒有为异说者，以为非所当服。其说谓孝文于冯太后有不共戴天之仇，乌得而为之服。吾意不然。天下固无无父之国，而岂有无母之人哉？献文于孝文则父也，于太后则子也，母虽不慈，子不可以不尽子道。使太后有杀子之心而不果杀，为其子者尚不宜以欲杀己故，而弗为服。况孝文乃其孙，而可以父故而仇祖母乎？知其亲而不能推其所当尊，禽兽夷狄之道也。因吾之亲，以推吾亲之所亲；因吾之尊，以推吾亲之所尊，此圣贤之教所以异于禽兽夷狄，而为万世通行之

典也。母杀其子，而孙得仇，是知有父而不知父之有亲也，岂人情与天理乎？假而不幸，遇若文姜之母预杀吾父，为子者欲仇之，则子之弑母与妇之杀夫其罪固无以异。弑母而复仇，欲为孝而益重其不孝，犹且不可，故圣人于文姜之卒，书葬以明母子之恩。况冯太后直哀姜比耳，母生之身而母杀之，死者且不敢怨，而孙乃欲追仇其祖母，而绝不服丧，果何义者乎？论者徒知父之仇不共戴天，而不推孝子之于亲，纵受其虐，不敢疾怨，固非常人之比。苟惟伸子之情，而不明父之于母犹吾之于父，是惟知有父，而以祖为路人。商鞅、韩非之法犹不至此，顾欲妄援《春秋》以断之，《春秋》之义曾若是戾乎？故冯太后之杀子，固获罪于《春秋》，而非子孙之所得仇也。孝文之尽心乎丧礼，其于礼也合矣，其于人子之情厚矣。

孔子曰："人之过也，各于其党，观过斯知仁矣。"圣人于人之过，求人之仁；而论者乃于人之美，而求其过，其亦异乎圣人之教，而甚于责人也哉！或曰子无仇母之义，固然矣。唐之武后，论者惜五王不告于庙而诛之，何也？曰冯太后之恶惟在乎杀子，故孙不得而仇之。武氏灭唐之宗庙社稷，歼唐之子孙，易唐之国号，是唐之篡贼也。子虽不忍仇之，唐之祖宗其舍之乎？五王为唐讨贼，中宗勿与知焉，其可也，是亦《春秋》之意也。故《春秋》之法罪轻而不悖乎礼者，不以公义废私恩，恶大而为天下所不容者，不以私恩废公义。能权事物之轻重，然后可以用

《春秋》，不然其不受诛于《春秋》者鲜矣。①

　　方氏先强调礼和刑法是一体之关系，礼乃是根本，而《春秋》就是一部圣人用刑之书，但其根本仍在于礼，即圣人之赏罚一本于礼，而其中最为重要的一项内容就是父母和子女之关系。在方氏看来，在对待父母子女关系上，《春秋》树立了礼刑结合的典型。如果父母做了对不起子女之事，子女可以依据具体刑法对父母进行处置，但同时还要坚守父子、母子之天伦人情。即使父母犯下杀戮子女之罪，在其去世之时，子孙也要尽到应有的礼节。父母子女天伦不可废。废此天伦人情，人则沦于野兽夷狄。魏孝文帝虽为夷狄，但知道遵守此天伦人情。其祖母冯太后杀害了其父魏献文帝，孝文帝与祖母就有了杀父之仇，但孝文帝并没有因此就废弃对祖母的天伦之节，在其祖母去世之时依然以应有的礼节为其送葬，是以方氏认为其是合乎《春秋》大义的。在对待亲人方面，《春秋》大义是显明的，即"罪轻而不悖乎礼者，不以公义废私恩，恶大而为天下所不容者，不以私恩废公义"，所以《春秋》大义是集刑罚和礼为一体的；即刑不废礼，礼不去刑，互相成全。即使是祸害唐家子孙众多的武则天，也是要在惩罚了她之后，依然以父母之礼对待她。此天伦人情将人和禽兽夷狄区分开，成就华夏文明。

　　在谈到周齐之事的时候，方氏对那些推崇以奸诈和暴力为治的奸雄国朝进行了批判，他说："奸雄之主国，其虑患极于精微，防祸极其周密，除其所忌惟力是视，不使有萌蘖之存，其为计莫不自以

----

　　①　（明）方孝孺著，徐光大点校：《方孝孺集》（上），浙江古籍出版社2013年版，第185—187页。

为工矣。而不知祸患之生，常出于其虑之所不及，力之所不能。报应之速，不失分寸，而其图人者适以自图，灭人者适以自灭也。观于周齐之事何其著明哉。初高洋既篡魏氏而夺其国，忌元氏宗族强盛，恐其久得民心而复兴也，悉聚而杀之，其心以为无足虑者矣。后十九年，而高纬为宇文氏所虏，高氏之族皆死于宇文氏，卒与元氏无异。宇文氏之计行，亦自谓莫之能侮矣，后五年而后父杨坚拱手夺其位，宇文之族幼子单孙无一存者，其受祸之酷亦如高氏焉。高齐之灭元氏，当陈武帝永定己卯，宇文氏灭在宣帝大建辛丑，始终仅三十三年而三姓相灭俱尽而无遗。当其盛时，气焰炽然，逞其威虐于势穷力屈之人，自意虽天不能违之。而瞬息俯仰之间，灰销澌尽，同归于殄灭，然后知天道不可诬也。区区智力曾何足恃乎？三代圣人不肯杀一不辜而取天下者，非惟道之当然，不忍以一身之贵富易子孙无穷之祸也。故无功而得天下，祸其身者也。杀人以逞，而欲保其国家，祸其子孙者也。"①

方氏对这些奸雄的分析，可谓是入木三分。奸雄们的出发点完全是一己私利，为了私利，用尽奸诈机巧之事，并以暴力清除其认为威胁到他们利益之人。高洋屠杀元氏一族即是典型案例，然而这种自以为安全的措施并不能使其免于灭亡。所谓己所不欲勿施于人。所有这些以奸诈和暴力维持的政权，最终都断送在奸诈和暴力之下。高氏为宇文氏所灭族，宇文氏又被杨氏灭族，正所谓报应不爽。如何才能跳出这样的暴力循环呢？在方氏来看，唯有圣人仁德公正之

---

① （明）方孝孺著，徐光大点校：《方孝孺集》（上），浙江古籍出版社 2013 年版，第 192 页。

治才可保子孙万民太平。

在对隋朝辅相苏威的评价中，方氏提出了君臣之义对一个王朝的重要性。他说："可以生可以死，可以贵可以贱者，君子也。恶死而慕生，贪富贵而戚贫贱者，小人也。以死为可恶，宁知死有善于生者乎？以贵为可乐，宁知贱有安于贵者乎？君子之于世，视生死贵贱如手之俯仰，不以动其意而一以义裁之。义宜死也，虽假之以百龄之寿，不苟生也。义宜贱也，虽诱之以三公之爵，不苟贵也。其好恶岂悖于人情哉？众人徇于利，故好恶失其中，君子于义也明，故审于轻重也当。天下之乱，常以世无知义之士，而小人众也。危邦败国有知义者立乎群邪之间，使小人之爵禄不足以诱，威刑不足以胁，则尚可以兴也。不然，虽全盛之天下其谁与守。隋之亡也，非甲兵少而才用竭，朝廷无知义之士，而莫为之死也。辅相旧臣惟一苏威，拜伏蹈舞，劝进颂美于群盗，而不以为愧。威在文帝时富贵已极，宠遇已厚，国危主辱，力不能救，则朝服立朝，数群盗之罪，而以身死之，使觊觎侥幸之徒，知君臣之分不可犯，岂非大丈夫哉！惜死而不忍决，屈身于群盗，其辱甚于死，而威不悟，然人不至于死不止也。与其耻辱而生，孰若速死之为善乎！威事功殆亦有可取，使死得其所，固隋之名臣也。一陷于非义，身名俱丧，天下至今羞称之。则其生也，适所以累，岂不悲夫！虽然，威固不善处其身矣，而隋之处其群臣者，亦有以致之。古之君必以礼貌待其臣者，岂伪为尔哉？养其气而厉其节，平居则有犯颜忠谏之益，不幸而临祸患，则可杀而不可辱，宁舍其生而不敢负国。隋氏父子之遇群臣，诈笼而威役之，虽将相之贵，少有疑隙，则棰杀于殿庭之间。凡仕于其时者，皆挫辱之余，无耻之人，气不足以有为，节不能以自守，其屈身于盗贼，固势使之然，岂足深怪哉？不以君子待之，而能以君子自为者，惟君子为然。素以小人待之，而欲望其为君子之事，此中人所难也，于苏威何惑哉！"①

培养君子和圣王无疑是正统观的终极目标。方氏先论述了君子对一个社会的重要性。天下大乱的一个原因就是君子日益稀少，如隋朝之灭亡并不是因为其兵力和财货的问题，而是因为君子太少。苏威作为隋之辅相，一开始就和朝廷那些小人盗贼一起享受荣华富贵，趋炎附势而不以为耻，等到隋要灭亡时，苏威想起了作为臣子的本分和良知，他才朝服上朝，大骂误国之小人，以死报国，但这时已经晚了，其死之勇气可谓是大丈夫，但鉴于其前面的作为，他仍不是君子名臣之属。为什么隋之君子如此之少呢？这是隋统治者刻意造成的结果。正常的君王应该将臣子培养和规训为君子，使其气节昌明。在平时臣子们敢于犯颜忠谏，在危亡时则能为国捐躯，这样的国家生命力是长久的。隋朝杨氏父子是怎么做的呢？他们用诈术笼络而以威权役使臣子。即使是将相级别的高级官员，也是动辄棰杀于大殿之上。对于官员，隋朝皇帝可谓是极尽羞辱挫伤之能事，将官员们有志于君子之道的热情全部扑灭，剩下的就都是些无耻之徒了，渴望他们有气节，几乎是不可能的。在这样的环境下，苏威最后还能展现一些气节，已经是难能可贵了。如此，隋之不亡，真是天理难容。

在对唐朝的评价中，方氏提到了正统观中天理人欲中的一种特

---

① （明）方孝孺著，徐光大点校：《方孝孺集》（上），浙江古籍出版社 2013 年版，第 193—194 页。

殊情况，即君王的欲望。他说："有志于非常之功者，必有非常之祸。常者圣人之所务，非常者君子之所恶。而非常之功尤天道之所不与也。人未尝不欲有功也，而不可有喜功之心。以有功为喜，必以无功为耻。苟自耻其无功，乃急于成功，不顾难易而为之，天下必有受其害者矣。先王之治天下，为其所当为，而不强其所难为，使天下民物各循其性，终身行之犹有不及，何暇他务哉。后世之君多好侥功于夷狄，故其衰也，常受夷狄之祸，而唐为尤甚，皆太宗启之也。古之人君非不欲广地众民，非不能攘远伐乱，而未尝以逞于夷狄者，知夷狄之不可以仁义怀，不足以兵力取，而恐为中国之患也。甘心于异类者必有祸，冯妇之子孙多死于虎，学王良之术者多死于蹉啮。非惟力不武而习不精，殆天道也。……太宗于民有德，不宜若是酷也，宁知非喜功之报耶！西汉之主惟武帝喜功最甚，武帝诸子鲜不以恶终。盖兵之凶也久矣，创业而以兵取者必有天祸。喜功好刑者，必难乎其后。不得已而用兵，若汤武之为，心在拯民，而不在图利，庶乎可免哉。不然，是以一时之功易无穷之祸也。"①

　　在所有的人欲中，有一种人欲是防不胜防的，这就是君王的好大喜功。在方氏看来，唐自唐太宗开始就好大喜功。古代圣王也希望疆域扩大、民众增多，但要量力而为。不顾难易而强自为之，就会带来灾难，所以有德之君王是知道顺应民情的，不会过度追求异常的功业。追求异常的功业是天道所不允许的，而后世君主往往会

---

① （明）方孝孺著，徐光大点校：《方孝孺集》（上），浙江古籍出版社2013年版，第195—196页。

忘记这一天道或天理，任凭一己私欲恣肆，渴望异常的功名，为此不惜将百姓置于水火之中。唐太宗就是这样一个君王。他的好大喜功在国内已经满足不了，他就把眼光投向了边境上的夷狄。他要靠一系列的对外征服来荣耀自身，所以他完全忘记了先人的教导。先人说夷狄是不可以以仁义教化的，也不是单凭武力能慑服的。因此，将夷狄暂时以武力征服并纳入版图，终将留下祸患。唐从太宗开始不断扩大版图，而等到其王朝走向衰落时，夷狄之患就开始显露出来了。唐太宗欲爱其民，但其爱也太残酷了，这都是其好大喜功的结果。在方氏看来，能和唐太宗相比的还有汉武帝，他们都是好大喜功的帝王，这些喜功好刑的帝王给后代留下了无穷的祸患。追逐功利之帝王本要给臣民以好的生活，但到头来却陷他们于水火，此皆是帝王人欲过剩之结果。

4. 正统史观下的族谱思想

方氏的族谱思想也贯穿着其正统观。他把族谱的功能和作用与正统的建立和保存紧密联系起来，具体表现在如下几个方面。

（1）族谱的睦族功能及其与先王至治或大治之关系

在方氏看来，族谱的作用最基本的就是睦族，而睦族的结果是化天下，使天下达到至治或大治。在这方面，方氏有诸多论述。在《宋氏世谱序》中，他写道："士有无位而可以化天下者，睦族是也。天下至大也，睦吾族何由而化之？人皆欲睦其族，而患不得其道。吾为之先，孰忍弃而不效乎？有族者皆睦，则天下谁与为不善？不善者不得肆，至治可几矣。睦族之道三：为谱以联其族；谒始迁之墓，以系其心；敦亲亲之礼，以养其恩。谱之法：正月之吉，会族以修谱也；四时孟月，会族以读谱也；十二月之吉，会族而书其行，以为劝诫也。谒墓之法：春序饮以申礼义；秋序饮以明宪章也。亲亲之道：喜戚富贫相庆吊，周恤也；老壮稚弱相敬让，慈爱也，役相助也，力相藉也，难相拯，而死相葬也。斯三者并行，虽士可以成化，况有位者乎！不难于变天下之俗，况乡闾之近者乎！近者宜其易为，有位者宜其易化，然而莫为且莫化者，知道者鲜也。知道而有位，人焉得而不望之乎？金华宋氏，太史公之族。太史公以道德文学师当世，道之行先于其族。凡可以睦族者，无不为矣。斯其谱也，谱非公一代之书，后世之所守者也。非止一家之事，举族之所取则者也。使远而后世，众而族人，皆如公之心，虽无焉可也。苟为不然，有法以传之，犹恐其或废，况徒谱乎！某是以私附其说于后，俾后之人得以览而择焉。由一族而推之天下，将必自兹始，此固公之志欤！"①

在方孝孺看来，有官位的士人可以用权力及其相应的资源来管理教化天下，而没有官位的士人则可以通过促进宗族的和睦来教化天下。两者相结合，则天下大治。若官方失德失道，则睦族的作用就更加重要了。那么靠什么来睦族呢？方孝孺提供了三种方式：修谱、谒墓、亲亲。这三种方式其实都可以归纳为一种，即修谱。修谱是基础和关键，谒墓和亲亲都是修谱所产生的效果。因此，修谱就是达到睦族的最主要的方式。变化乡里风俗，教化地方，非修谱莫属，而每个地方若都能教化成功，则天下大治。修谱与天下大治

---

① （明）方孝孺著，徐光大点校：《方孝孺集》（中），浙江古籍出版社 2013 年版，第 474—475 页。

的关系可谓密切相关。

在《谢氏族谱序》中，方氏将族谱睦族功能与天下大治的关系描述得更为详尽，他说："先王之盛，以井地养民，以比闾族党之法联民，以学校三物之典教民。凡群居耦聚者，非必有昆弟之亲，宗族之序。然贫能相收，患能相恤，丧相助而死相葬，喜相庆而戚相忧。小而五家之比，大而万二千五百家之乡，其情皆如骨肉之亲之厚且笃也。及乎法弛教失，虽同宗共出之人，乖离涣散而不相合，贫也而或陵之，患难也而或乘之，死丧也而或弃之，于是伦理大坏，而不可振。呜呼，王政之废兴，岂细故也哉！当其行也，能使至疏者聚而为胶漆，及其已废，至亲之爱皆化而为途人。亲睦之俗成，虽天下不足治，情乖势散之余，士者欲善其家族，犹且难之。吾以是知先王维世持民之道，非后世所能及。而后世之为士者，难于先王之时也。象山谢德祚氏，士之有志者也。……德祚闵其宗族传序久远，子姓众多而莫或统之，其势将至于涣散而不可合。于是上自始迁之祖，下逮其子孙，凡十三世。谱其名字、寿年、卒葬及其行事为书，且自述其意，以告来者，戒其无至相凌相弃，以同于途人。……天下俗固非一人一族之所能变，然天下者，一人一族之积也。生乎世者，莫不有祖。有祖者，莫不有族。使有族之人皆知相亲相辅，如先王之民，联之以谱谍，纠之以礼文。岁时为酒食以洽其欢，胥告诫以匡其失，赒恤资助以全其生。是虽未行比闾族党之法，而先王之法意，实行乎其中矣。如是，则民皆乐生而好善，重其身，而不遗其亲，天下几何而不大治乎？夫以德祚之有志，而能修其谱，不待予言而明也。修谱而先王之法意存焉，此则予之所欲言，以为天下劝者也。"①

在这里，方氏将族谱视为先王治理天下之法的保存者和推行者。先王之法的核心精神就是天下亲睦如一家，"贫能相收，患能相恤，丧相助而死相葬，喜相庆而戚相忧"，"其情如骨肉之亲之厚且笃也。"先王实现这一目标的具体方法就是：在经济上设置井田养民，以比闾族党之法将民众连为一体，建学校教化民众，而这三者的核心就是将民众连为一体。井田的设置本身就是为了维系民众平等相睦的感情。如果贫富分化，民众之情感联系势必削弱。井田这种平均主义经济形式则有助于宗族乡里的和睦。学校的教化内容也是围绕亲睦一体展开的，所以修谱的宗旨和先王之法的精神就是一脉相承的。当先王之法被削弱和遗弃时，修谱则有助于先王之法精神的留存。由此，族谱的重要性可见一斑。

在《楼氏宗谱序》中，方氏更加明确了宗谱、族谱对先王之法的精神的保存功能。他说："先王之世，井田之法行，百姓知相拯恤，一国犹一族，一里犹一家，况其同姓之人乎？然犹恐其未至也，复立大宗小宗之法，以维持其心。是以上下亲睦。风俗和厚，历世长久，六七百年而不坏，岂非治之得其道故耶！自井田隳废，人各顾其家，家各务其私，至于兄弟且相攘夺，况他人乎！井田王制之大者，吾末如之何。可以稍见先王之遗意者，惟谱系之法可为耳。一乡之中，一姓之人，少者数十家，多者数百家。其富贫贵贱强弱之不同，至相悬也。苟无谱以列之，几何富者之不侵贫，贵者之不

---

① （明）方孝孺著，徐光大点校：《方孝孺集》（中），浙江古籍出版社 2013 年版，第 475—476 页。

凌贱，强者之不暴弱也乎！得其人，谨书之于谱，取而阅之曰，是
虽贱，与吾同宗也。是虽贫，与吾同祖也。是虽弱，亦吾祖之子孙
也。默而思之，盖怳然悲，而惕然惧矣！匪惟一乡一姓者为然也，
同邑同郡之一姓皆然。岂惟郡邑之一姓者为然，一国之中，其始徙
必本于一人。人能思之，则虽相去千里，可合为一宗，视之如一家
也，奚有争夺哉！是法也，先王之遗意存焉，而废也久矣。亲亲之
道息，而风俗浸衰，一乡而同俗者，且不思其本，况郡国乎？……
乌伤楼希仁，盖知此矣。……余窃有志于先王善俗致治之道，而力
未足以见之。观希仁之为，而慊乎志，故序其末简，抑亦有所感
也夫！"①

在这里，方氏讲得更明确，先王井田之法的目的就是要天下一
家，而现在能够体现天下亲睦精神的就只有"谱系之法"了。这一
"谱系之法"的具体表现，就是宗谱或族谱了。只有在宗族的谱系和
教化下，才会有效地避免富者不侵犯贫者、贵者不欺凌贱者、强者
不暴虐弱者，从而实现一宗一族为一家，天下为一家之目标。

（2）谱以载道（天理、天道）

宗谱或族谱不仅能存先王之治法，还能是天理或天道的承载者，
其功能和范围就更扩大了。在《童氏族谱序》中，方氏写道："有天
下而不能为千载之虑者，必不能享百年之安。为一家而无数世之计
者，必不获乐其终身。……孝弟忠信以持其身，诚恪祠祭以奉其祖。
明谱谍，叙长幼亲疏之分，以睦其族，累世积德，以求无获罪于天。

---

① （明）方孝孺著，徐光大点校：《方孝孺集》（中），浙江古籍出版社 2013 年版，第 483—484 页。

修此则存，废此则亡，此人之所识也。……家之为患，常始于乖争。而乖忤之端，在乎不知其本。兄弟之于父，其为本近也，其情亲而易感也。至于孙之于祖，则稍远矣。由孙而至于曾玄，则愈远矣，而况由曾玄而至于十世，至于无穷者乎？使十世之后，而相亲如兄弟，知有其本，而不敢视之如路人。非统之以祭祀，而合之以谱图，安能使之然哉。是知家之有庙，族之有谱，善为家者之所当先也。而童君独知而为之，岂非贤乎！虽然，贤其身非难也，使其子孙象其贤为难。贤其子孙有道，不违乎天，天斯祐之矣。天者非它也，吾心之理也。兹理也，圣由是而圣，贤由是而贤。可以治身，可以保家，可以推而达之天下。童氏后人诚能守之而弗失，处乎家，则遗子孙以安，出而居乎位，则为天下建长久之业。使童氏之宗赫然光于后世，宁知不始于今乎？"①

方氏说，为了天下长久和家室长存，就必须恪守天道，而天道就是孝悌忠信等儒家伦理。维系此孝悌忠信的最有效的方法就是明谱牒、祭先祖，所以谱牒的主要内容就是"叙长幼亲疏之分"，这恰是儒家孝悌忠信等级伦理的基础。在此基础上，才会实现宗族和睦，源远流长，这才符合天道。修谱就是要保存此天道，"修此则存，废此则亡"。能够懂得谱牒载道之功能的人就可以称为贤人了，而将谱牒的这种精神和功能传给后世子孙，则是将天道传递下去，遵照此天道标准，自可成圣成贤，这乃是子孙后代之不可替代的宝藏。若后世子孙能坚守此精神，则居家可使家族和睦安定，出仕则可建功

---

① （明）方孝孺著，徐光大点校：《方孝孺集》（中），浙江古籍出版社2013年版，第476—478页。

立业、治国安邦。

在《葛氏族谱序》中，方氏也谈到了谱以载道的观点，他说："天下之俗不能自成，由乎一国之俗。国俗之所兴，由乎一乡之俗。乡俗之所起，由乎一族之俗。苟非有君子长者，出乎其类而表率之，何以保其室家，而昌其后哉？予尝观世之名族，子孙相传，阅数百载而不坠者，其祖必有盛德余善，以为之基，而又能防范扶植，以维持其变。是以薰涵渐渍，以成其风俗。及俗之既成，耳目之际皆足以化其心，固能不夺于世故，而有以守其遗业。苟无德以培其本，无法以贻于后人。虽以天下之大，而犹惧其弗能保，而况于家族乎？葛氏之先，基以奕世之善，而养心复为之谱，以图睦其族人，此其为宗族计也，不亦远哉！自兹而往，将见俗益淳，传益盛，非特若今而已也！予亦有意于斯事，每谓非谱无以收族人之心，而睦族之法不出乎谱。窃尝折衷古道之宜于今者，欲与族人行之。德不敏而力不逮，盖久而未之试也。养心昆弟多才而有志，能不慨然于此乎！审能因是谱，而行古之道，则古之俗复见于世，则吾之族亦有所效矣。"①

方氏说得明白，天下之俗来自国，国之俗来自乡，乡之俗则来自宗族。宗族之俗有赖于宗谱或族谱，而宗谱或族谱则以养心培德为其本，培德养心又是古之道、古之俗。将古道、古俗继承传递下去，就是修谱的主要内容。这里的古道、古俗，其实和先王之法、天道是相通的。所以说，载道乃是修谱的核心内容。

---

① （明）方孝孺著，徐光大点校：《方孝孺集》（中），浙江古籍出版社2013年版，第479页。

（3）修谱以培养君子和有德之人为务

族谱中所体现的先王之法、天道、古道具体又是什么呢？在其他谱序中，方氏进行了具体描述。族谱的目标就是要培养君子和有德之人。他在《范氏族谱序》中说："古之贵乎修谱者，非特以著世次，纪官位，而夸于人也。盖将使后世观之，而考世德之淳疵，明流泽之广狭，而益思所以自立云尔。……范氏二三公，虽不获富贵于时，或遭窜斥以死，然至今尊仰思慕，愈久而益隆。而其后人，犹能嗣诗书礼乐之传，久而弗变。则夫人亦何乐为小人，而不思为君子之归哉！范氏子孙，观乎谱而师先祖之善，戒小人之恶，则为君子也可冀矣！夫有君子，而无禄位，族虽衰，犹盛也。禄位光荣，而君子无闻焉，族虽盛，犹衰也。"[①]

在方氏看来，修谱时注重的并不是记录名家世次和显赫官位，并以此夸耀于人，更根本的是记录世代道德之纯正与否，其德行流传广大与否，以便让后世子孙向德行高尚之族人学习，并借此修身自立。因此，在族谱中，富贵和功业并不是最看重的，要看重的乃是其是否坚守着诗书礼乐传统，是否以君子的标准来要求自己。后世子孙看族谱时，要师从祖先之善德，努力使自己成为君子。这样的君子，即使没有爵位俸禄，对家族来说也是幸运的，虽然其功业不彰，但仍是家族的光荣，而如果一个家族虽然功业昭著，却没有葆有君子之德，则家族表面上荣盛，但实际上是走向衰落的。看来，方氏不仅以道德来评价族谱内涵的高下，还以此来评价一个家族的兴衰。

---

① （明）方孝孺著，徐光大点校：《方孝孺集》（中），浙江古籍出版社2013年版，第480—481页。

在《徐氏谱序》中，方氏又将仁义视为评价族谱中人物和事件的标准，他说："世之号徐姓者，皆称偃王为诸侯，未尝受命。仁义修于躬，而邻国之君，皆甘心北面事之。及见征于周天子，遁去不敢较，其民相率而从之者甚众。则其德之盛，盖有太王文王之风焉。宜乎其后之昌，而乐祖之也。与偃王俱为诸侯者以千数，今不能皆有后，其名亦无若偃王之盛者。以此知富贵而湮灭者何限，惟为善乃足传于后世。偃王虽不王，其遗厥后者大矣。……又可见善不足者，虽贵盛不容于子孙。德义之士，布衣以死，犹为万世所慕，不特偃王为然也。然则，徐氏之祖偃王者，其可不思勉哉！君子泽垂后世者，有时而既。偃王去今三千余年矣，盖不可恃也。有志者居田里，则率仁义以化其乡；守爵禄，则率仁义以行其官。如此，则善为徐氏矣。苟不能然，而曰祖偃王，其如偃王何哉！"①

方氏在这里说得更明确，评价族谱中所记录祖先功业的标准是仁义，而非富贵等外在功业。他说，富贵是有限的，也是易失去的，不足以传世，而能够传世的只有善。善不足的，即使一时富贵，但很快就会被子孙耗尽；而有道德的仁义之人，即使是个布衣，也会为万世所倾慕。徐氏祖先偃王，在诸多王侯中能够被世人铭记，就是因为其以仁德著称，但徐氏子孙不能空守着祖先之荣光过活，而是必须以祖先为榜样，在行动中使自身也成为一个有德行之人、一个君子。

在《丁氏复姓序》中，方氏再次强调义之重要性，他说："吾邑

①（明）方孝孺著，徐光大点校：《方孝孺集》（中），浙江古籍出版社 2013 年版，第 481—482 页。

丁先生谱其宗为图……余受书视图，为之叹曰：'先王治天下之具，与世变灭尽矣。所传而不可尽变者，独姓氏为尚存。……先生有尊祖之美，旧宗有可正之文，宜其正之不难也。虽然，人之自异于同类者，姓也。斯外也，命于人者也。所由异于物者，性也。斯内也，命于天者也。外失之而不正，不失其为人；内失之而不察，则与物几矣！故善尊祖者，莫先于知其姓，尤莫大于尽天之性。丁氏祖齐丁公，丁公之先，尚父也。尚父之训曰："敬胜怠者吉，怠胜敬者灭。义胜欲者从，欲胜义者凶。"此尽性者所宜勉也。丁氏之子孙其尚无忽忘也哉。'"①

在记录祖先之行迹时，方氏建议主要记录祖先之义行。人之成为人，正是因为其天生之性，即仁义。尊祖莫过于知晓和记录其仁义之行为，而族谱中记录的这些义行，才是其最大的价值所在。子孙后代最受益的也是这些义行。

在方孝孺为自家的族谱所写的《方氏谱序》中，他也强调善德之重要性，他说："使一宗之中，得一人以显其先自奋，他宗之中，亦必有慕效而起者。慕者愈多，而所勉者滋众，则显于世垂于后者，可得也。方氏虽欲无传于人，不可掩矣。如是而立于世，上以昭前人之绪，下以开后嗣之基，岂非丈夫哉！"②

这里提到的能够使方氏一族立于世并能传之后世的东西，也是仁义善行，而族谱中主要记录的也正是这类内容。

---

①　（明）方孝孺著，徐光大点校：《方孝孺集》（中），浙江古籍出版社 2013 年版，第 484—486 页。

②　（明）方孝孺著，徐光大点校：《方孝孺集》（中），浙江古籍出版社 2013 年版，第 489 页。

（4）谱之本体论

方氏提出，族谱乃先王之法、天道、古道之承载者，是培养君子的重要手段。在说这些时，他是从辅助的意义上来说的，即当先王之法、古道被世人遗忘或毁弃时，族谱可作为其遗绪之保存者而发挥作用，而接下来，方氏则更进一步提升了族谱的地位。他将族谱放大到天道正统的唯一体现者的地步，或者说，族谱就是天道本身。这可说是族谱的本体化或普世化。这种观点主要体现在其《族谱序》中。

在《族谱序》中，他先从宇宙生成论的角度阐述了宗族的原初性、普遍性。他写道："昔天地未分，名曰混沌，混沌以后，名曰太乙，太乙以后，名曰太始，太始以后，名曰太初，太初以后，名曰开辟。开辟之时，始分天地。清气上而为天，有日月星辰。浊气下而为地，有山川草木。其气清浊以成形，结而为人、禽兽、万物之象。清气结而升者为圣人，浊气混而下者为凡庶。其类各有四大之形，同禀五常之性。性者情也，有情则受命，并受天地自然之气。结为男女，则有夫妻。既有夫妻，则有父子。既有父子，则有兄弟，则有朋友。既有朋友，则有爵禄，则有谥号，则有封邑。则有茅土。既有茅土，则有亲疏，则有宗族。既有宗族，则有谱序。姓者生也，共相生长。宗者总也，总统相连。族者聚也，非类不聚，各相尊荣。三皇已前，无文无纪。五帝已后，典籍兴焉，莫不书其附策，扬其德行。典诰书其姓名，显其禄位，序述千古所验，则明其世代者可。"[1]

---

[1] （明）方孝孺著，徐光大点校：《方孝孺集》（中），浙江古籍出版社 2013 年版，第 486 页。

　　方氏详细描述了宇宙和人的生成过程。对他来说，自从人出现开始，他就具有了宗族性。宗族性成了人天生的特性，而宗族性所包含的内容也空前扩大，几乎包含了人所有的活动内容。所有人都属于某个宗族，包括三皇和先王们。于是所有人的活动就都属于宗族性的。宗族性成了原初性、普遍性的存在。而有了宗族就有了其谱序。所以，宗谱或族谱也和宗族一样，具有了原初性和普遍性。

　　接下来，方氏则论述了族谱原初性和普遍性。他说："谱者，普也。普载祖宗远近姓名，讳字年号。又云谱者，布也。敷布远近百世之纲纪，万代之宗派源流。序述姓名，谓之谱系。条录昏宦，谓之籍状。天子书之谓之纪，诸侯书之谓之史，大夫书之谓之传，总而言之谓之谱。谱者，补也。遗亡者治而补之。故曰序得姓之根源，记世数之远近，父昭子穆，百代在于目前。郑玄曰：'谱之于家，若网在纲。'纲张则万目具，谱定则万枝在。今恐一枝之上，枯荣有异，则强弱相凌。一祖之后，贵贱不同，尊卑相滥。今举大纲以明众目，是以四海各流，乃东出而西归，九河分趣，虽道异而源同。是以树有凋荣之干，羽有长短之毛，或短褐轻裘，咸出公卿之胤。佩玉负薪，不废连枝共叶。诗云：'独行踽踽，岂无他人，不如我同父。'父子相因，不比他人之姓，岂是百裔同居一祖，千叶同生一株，株强则叶盛，根弱则干微。分之五世之谓族，元祖是称之为宗。宗族同姓，记之在此谱。考光乎先世之踪，以示万代之孙也。"[①]

　　可以看到，方氏将谱的内涵做了最大限度的扩充。首先是谱的

---

　　① （明）方孝孺著，徐光大点校：《方孝孺集》（中），浙江古籍出版社 2013 年版，第 486—487 页。

普遍性。从古到今，所有人都会纳入谱系之中。其次是谱之内容的广布性。它要记录百世之纲纪、万代之宗派源流。无论是天子之纪、诸侯之史，还是大夫之传，皆是谱的一种变形。也就是说，任何人的言行都成了谱的内容，我们所说的历史也成了谱的一种表现形式。夸张点说，凡是文字所记载的东西，都可以说是谱的组成部分。这就将谱的内涵扩充到了前所未有的程度。最后是谱的补充意义，即将遗失的人和事补充完整。谱的这三层含义就完成了谱的本体论。谱的原初性、普遍性得到了清晰的体现。几乎人类所有的行为都成了谱的组成部分，族谱也就不再是先王之法、天道、古道的被动记录和体现者，现在甚至可以反过来说，先王之法、天道、古道都是谱的组成部分了。可以说，天下皆属于一宗，众谱终汇成一谱，天道则在其中。

接下来，方氏又论述了族谱中所显露出来的天道。他说："胤者，绳绳不绝之义，可谓不忘亲也。虽然，散在九州，而踪元无二。分居百国，而祖祢攸同。但记之世数，则尊卑可定。必须忠孝于君亲，敬顺于师长，和睦于夫妻，信义于朋友，亲睦于乡间，恭勤志墓，然后位进于公卿，名扬于后世。孔子曰：'从我于陈蔡者，皆不及门也。'人之基业，子孙根本，不以无位，门户失次。人善则门荣，人恶则门贱，所以敬二尊，远四恶，敦五美，修六艺，九思十善，弗忘于须臾。故常积学蕴心，明以听视，先世之叙，皆记于胸襟。乃有孙不识祖字，子不识父讳，问其由序则默然，书其家传则阁笔。如此之徒，非绍隆后世之子也。或曰，富贵运所招，何用先人之荫？圣人自生，不由父母。中人以上，皆有承籍。至如曲木直枝，顽父哲子，但取当时之用，岂有祢祖之业，而不记乎在心而睹之目者也！"①

这时的天道已经只能在族谱中显现了，因为族谱已经无所不包。而天道的内容还是不变的，这仍然是儒家所信奉的忠信仁德。百世万代皆尊奉此天道，则天下大治、万世太平。

最后，方氏对族谱的内涵和功能进行了总结，同时提出了修族谱的十条规则。他说："盖闻谱者，姓名之经纬，昭穆之纲纪，导一宗之根源，提九族之总统。人伦根蒂，君子贵之。是以充者著之，斯用之急也。世数绵远，枝叶难分，时运盛衰，苗胤辽隔。谱牒若存，则依凭有据，记注精显，则品类无差。今古相承，班序俱定，次长幼之高卑，累官阶之大小。问源则不惑，问世则不疑，传之记之，以续后生，无令断绝，勿有疑焉。凡明十条例之于后：一序得姓之根源，二世族数之远近，三明爵禄之高卑，四序官阶之大小，五标坟墓之所在，六述妻妾之外氏，七载适女之出处，八彰忠孝之进士，九扬道德之遁逸，十表节义之乡间。"②

可以看到，第一、二条是谱系方面的内容，第三、四条是明确尊卑高下伦理秩序，第五条则是祭祖尊祖之体现，第六、七条乃是补充记录，第八、九、十条乃是表明忠孝仁义天道之流行，其中对天道正统的重视是很明显的。如此，则可见方氏谱牒思想的大致脉络。从族谱的具体功能上升到族谱的本体论，足见方氏对族谱之重视。族谱中所体现的天道正统思想也正是方氏一贯立场的体现。

---

① （明）方孝孺著，徐光大点校：《方孝孺集》（中），浙江古籍出版社 2013 年版，第 487 页。

② （明）方孝孺著，徐光大点校：《方孝孺集》（中），浙江古籍出版社 2013 年版，第 488 页。

（三）对方孝孺学术思想的总体评价

综合前面的考察，可以看到，方孝孺基本上仍是朱熹思想的崇拜和继承者。在宇宙论或本体论上，虽然方氏承认天生人，但对自然意义上的天，即气质天，方氏是敬而远之的。他只承认人事意义上的天，即性天。所谓的天道也就是人事总体之道。人之性也是由此人事之天或性天而来，而人的身体则属于自然之天的产物。因此，方孝孺的思想中既有天人合一也有天人之分。天人合一是性天与人之合一，天人之分就是人与气之天或自然之天的区分。方氏崇拜的天和天道就是性天及其天道，其性气之分也是其善恶区分的根源。对他来说，善乃属于人事之天或性天，恶则来自自然之天或气之天，而性天的主要内容就是仁义礼制。方氏对礼制的推崇就水到渠成了。

在其礼法之辨中，我们看到了方氏对礼制的推崇，但这也并不完全否定法制的作用。这说明方氏的思想并不是我们寻常所认为的迂腐教条，它是灵活而开放的。

在其历史观中，也贯穿了其天道正统思想。无论是对史官、史书的看法，还是对人物的评价，都是以天道作为其标准的。在对历史人物的评价中，可更进一步体会到方氏之灵活和透彻，他并不是一个迂腐的愚忠者。

在谱牒思想中，也是贯穿了方氏的天道正统思想，谱牒也被其视为先王之法、天道、古道的承载者，甚至是缔造者。

虽然方氏还是朱熹的信徒，他坚守着天道正统，但其思想中某些观点也对后来心学的发展有诸多启发，如天理在人心、学行合一等观点，其宇宙论有待于更加有机和圆融。

第四章　明中期浙东学人的学术发展和繁荣：阳明心学的诞生

一、王守仁生平简介

王守仁（1472—1529），浙江余姚人。字伯安，号阳明子，世称阳明先生，故又称王阳明。中国明代最著名的思想家、哲学家、文学家和军事家，是中国历史上罕见的全能大儒。其学说世称"心学"，其学术思想在中国和世界儒家文化圈都有重要而深远的影响。

王阳明出身于书香门第、官宦世家。其父王华，成化十七年（1481）状元，后官至南京吏部尚书。王阳明从小就胸有大志。他上学时老师告诉他说，所谓第一等大事就是读书登第，但是王阳明却认为第一等大事是读书做圣贤。小小年纪能说出这等话，令老师惊叹不已。

王阳明小时就表现出过人的才气。他十岁时，父亲高中状元，王阳明随父赴京，路过金山寺时，参加了一个聚会，酒宴上有人提议赋诗咏金山寺，大家还在苦思冥想，王阳明已经完成，他吟道："金山一点大如拳，打破维扬水底天。醉倚妙高台上月，玉箫吹彻洞龙眠。"技惊四座。众所周知，蒋介石是非常敬佩服王阳明的，他把自己隐居的地方叫作"妙高台"，可能就是由此诗得来。

王阳明一生最大的军事功绩，是平定南昌的宁王朱宸濠之乱。在这一事件上，展现了王守仁过人的胆识和韬略。他有着敏锐的全局意识，在积极备战的同时，发出讨贼檄文，公布宁王的罪状，要求各地起兵勤王，而其最奇妙的一招就是利用假情报迷惑宁王，致使后者失去战机，也是在虚假宣传的帮助下，使王守仁轻而易举地拿下了宁王老巢南昌。宁王之乱仅仅经过三十五天就被平息，王守仁厥功至伟。他还因此而获"大明军神"之称。

宁王事件之后不久，王守仁就官至南京兵部尚书，封新建伯。后因功高遭忌，辞官回乡讲学。复被起用后，总督两广军事，因肺病加剧，上疏请归，1529 年病逝于江西南安。

二、阳明的心学思想

(一) 以良知贯通天人：天理良知（宇宙存有论）与人心良知（道德存有论）的合一

1. 良知之两个层面

在阳明良知学说中，良知至少有两层内涵：天理良知和人心之良知，而本源良知只有一个，即天理良知，人心之良知只是天理良知在人心上的体现。只是为了论述的方便，才将其分为两个层面。天理良知也即良知天理，它是宇宙的本源和主宰，人之良知亦不过是整体天理良知在人身上的体现①，"性是心之体，天是性之原。尽

---

① 贾庆军：《阳明思想中"良知"与"良能"概念之关系探究——兼论其"意"之分层》，《当代儒学研究》（台湾"中央"大学）2012 年第 12 期，第 31—58 页。

心即是尽性。"① "人孰无根？良知即是天植灵根。"② "天理在人心，亘古亘今，无有终始，天理即是良知。"③

2. 良知之宇宙存有论和道德存有论释义

（1）良知之宇宙存有论释义

宇宙存有论意义上的良知就是天理良知。对阳明来说，天理良知作为宇宙本源，化生了天地万物，"夫良知一也，以其妙用而言谓之神，以其流行而言谓之气，以其凝聚而言谓之精，安可以形象方所求哉？真阴之精，即真阳之气之母；真阳之气，即真阴之精之父"，"良知是造化的精灵。这些精灵，生天生地，成鬼成帝，皆从此出，真是与物无对。"④ 由此可见，此良知乃为宇宙之本源，即天

① （明）王守仁撰，吴光、钱明、董平、姚延福编校：《王阳明全集》（上），上海古籍出版社 1992 年版，第 5 页。

② （明）王守仁撰：《王阳明全集》（上），第 101 页。

③ （明）王守仁撰：《王阳明全集》（上），第 110 页。

④ （明）王守仁撰：《王阳明全集》（上），第 62、104 页。钱穆先生看到阳明这些话后感到不解，因为他认为良知或天理不过是个是非善恶之心（见钱穆《中国学术思想史论丛》（七），三联书店 2009 年版，第 76—82 页），而是非善恶是人所专属的，也即是个人文问题，不应将其搞成天地鬼神之自然问题（见钱穆《中国学术思想史论丛》（七），第 144 页）。这说明，钱穆先生是在人文和自然两分之前提下来理解阳明良知学说的。在这种情况下看阳明之良知，就会出现这种矛盾现象：既是天地宇宙神鬼之本源，又是人心是非道德之情感。由此致使钱穆先生感叹阳明处处有歧义和语病（见钱穆《中国学术思想史论丛》（七），第 87、88、92、137、140、141、143、144、147、149、152、154、156、157、159、160 页）。他慨叹："良知二字，本从孟子来，今阳明所谓良知，究不知当作何解。"（见钱穆《中国学术思想史论丛》（七），第 157 页）牟先生之解释接近阳明之本意，他认为"良知是造化的精灵"一句乃是从存有论上来说的（见牟宗三《从陆象山到刘蕺山》，第 161 页）。这是承认了良知之宇宙本源绝对义，但是牟先生在谈到良知之存有论时，往往从后天已发来谈，而不愿涉及先天存有。这与他反对抽象而分离地谈论性天之一贯立场是一致的。然而，谈论性天完全可以以天人合一的方式来谈，刻意回避反而会影响对后天良知的理解。

理良知。精、气、神乃本源良知之三种不同表现形式。精为阴，气为阳，阴阳之用为神，这三者乃是化生天地万物之基础。这三者相结合，造出了天地万物，包括鬼神，无所不有，而这三者同归于良知这一造化精灵，且这一总源并不是抛出天地万物就走了（如西方的上帝），而是自身化生为天地万物，与万物为一。所谓"无极而太极"，万物一体、体用合一之旨由此得以成立。①

于是，下面这段话就好理解了，阳明言：

> 理一而已。以其理之凝聚而言，则谓之性；以其凝聚之主宰而言，则谓之心；以其主宰之发动而言，则谓之意；以其发动之明觉而言，则谓之知；以其明觉之感而言，则谓之物。……天下无性外之理，无性外之物。②

此"理"就是天理良知，而性、心、意、知、物等皆是天理良知的不同表现形式。性、心、知乃是良知天理中的主宰和头脑，意、物乃是主宰和头脑的发用，就主宰和头脑及其发用皆源于天理良知来说，它们是一体的。在天理良知中，性、心、知乃是广义的知；意、物乃是广义的行，此即广义的知行合一。狭义的知行合一则是人的心体良知及其发用。此亦所谓心物合一、理物合一，"天下无性外之理，无性外之物"。

有时阳明又称天理良知为太虚，而太虚则集中体现了天理良知之宇宙本源性及其特征。他说：

> 夫惟有道之士，真有以见其良知之昭明灵觉，圆融洞

---

① （明）王守仁撰：《王阳明全集》（上），第 245 页。
② （明）王守仁撰：《王阳明全集》（上），第 76—77 页。

彻，廓然与太虚而同体。太虚之中，何物不有？而无一物能与太虚之障碍。盖吾良知之体，本自聪明睿智，本自宽裕温柔，本自发强刚毅，本自斋庄中正文理密察，本自溥博渊泉而时出之，本无富贵之可慕，本无贫贱之可忧，本无得丧之可欣戚，爱憎之可取舍。盖吾之耳而非良知，则不能以听矣，又何有于聪？目而非良知，则不能以视矣，又何有于明？心而非良知，则不能以思与觉矣，又何有于睿知？然则，又何有于宽裕温柔乎？又何有于发强刚毅乎？又何有于斋庄中正文理密察乎？又何有于溥博渊泉而时出之乎？故凡慕富贵，忧贫贱，欣戚得丧，爱憎取舍之类，皆足以蔽吾聪明睿知之体，而窒吾渊泉时出之用。若此者，如明目之中而翳之以尘沙，聪耳之中而塞之以木楔也。其疾痛郁逆，将必速去之为快，而何能忍于时刻乎？故凡有道之士，其于慕富贵，忧贫贱，欣戚得丧而取舍爱憎也，若洗目中之尘而拔耳中之楔。其于富贵、贫贱、得丧、爱憎之相，值若飘风浮霭之往来变化于太虚，而太虚之体，固常廓然其无碍也。①

　　良知之虚，便是天之太虚；良知之无，便是太虚之无

---

① （明）王守仁撰：《王阳明全集》（上），第211页。另见《答友人问》："知之真切笃实处，便是行；行之明觉精查处，便是知。……知天地之化育，心体原是如此。乾知大始，心体亦原是如此。"（详见（明）王守仁撰《王阳明全集》（上），第210页）良知乃天地本源之意，也体现在这里。牟宗三先生谈到王龙溪将"乾知大始"之"乾知"理解为"乾元地位之良知"，也就是大始之良知。这是符合阳明之本意的。这正符合了良知作为乾坤万有之基的绝对义（见牟宗三《从陆象山到刘蕺山》，第246页）。牟先生之阐释无疑是合理的，这正凸显了良知之宇宙本源之义。正是在天理良知这一本源这里，知和行才得到了统一。

形。日月风雷山川民物，凡有貌象形色，皆在太虚无形中发用流行，未尝作得天的障碍。圣人只是顺其良知之发用，天地万物，俱在我良知的发用流行中，何尝又有一物超于良知之外，能作得障碍？①

作为太虚本源，良知与万物一体，但并不为万物所限制和拘束。正是这个宇宙本源意义上的良知，才成就了知行合一、体用合一，正如王阳明所说："知行原是两个字说一个工夫，这一个工夫须著此两个字，方说得完全无弊病。若头脑处见得分明，见得原是一个头脑，则虽把知行分作两个说，毕竟将来做那一个工夫，则始或未便融会，终所谓百虑而一致矣。若头脑见得不分明，原看做两个了，则虽把知行合作一个说，亦恐终未有凑泊处，况又分作两截去做，则是从头至尾更没讨下落处也。"② 这里的头脑就是那个太虚本源良知。后来刘宗周、黄宗羲则将其称为"气"或"无极而太极"③。说到寻常人的知和行，也都是这一本源良知之化生产物。知不过是行之灵明化，行则不过是知的外显和形化，所谓"知之真切笃实处，便是行；行之明觉精察处，便是知"④。知和行就是本源良知的不同表现形式而已，它们说的都是一个工夫，拥有的是一个头脑。这一

① （明）王守仁撰：《王阳明全集》（上），第 106 页。

② （明）王守仁撰：《王阳明全集》（上），第 209 页。

③ （明）刘宗周：《圣学宗要·图说》，载吴光主编《刘宗周全集》（2），浙江古籍出版社 2007 年版，第 230—231 页；另见沈善洪主编，吴光执行主编《黄宗羲全集》（8），浙江古籍出版社 2005 年版，第 897—901 页；沈善洪主编，吴光执行主编《黄宗羲全集》（9），第 8—9 页。阳明也承认"无极而太极"之说的正确性，他说："至宋周、程二子，始复追寻、孔、颜之宗，而有'无极而太极'……之说；动亦定，静亦定，无内外，无将迎之论，庶几精一之旨矣。"（见《象山文集序》，第 245 页）

④ （明）王守仁撰：《王阳明全集》（上），第 210 页。

个工夫就是天理良知的发用，即人之知行皆是良知之发用流行；一个头脑就是天理良知，人之知行皆属于天理良知发用之产物，所以阳明才会说"知行合一"。所谓知行合一，说的就是这里的知行乃一个工夫、一个头脑。只有在此太虚天理良知中，才实现了知行合一、体用合一、理气合一、心物合一、万物一体等旨①。太虚良知之特征也有显露，即昭明灵觉、圆融洞彻、廓然无碍、斋庄中正、文理密察、溥博渊泉，简单可归纳为自然流行、生生不息。而心体之良知若没有先天地与良知天理一体存在，就不可能从已发状态中复归良知天理。也只有在天人一体的意义上，人心之良知才有吞吐万物之能。

（2）良知之道德存有论释义

道德存有论意义上的良知就是人心之良知。由于其本身与天理良知合二为一，所以只能从其与天理良知的关系中来谈论。下面这段就清晰地说明了人心与天理良知之关系、人和万物之关系、人身心知行之关系，如下言：

> 问："人心与物同体，如吾身原是血气流通的，所以谓

---

① 由此，我们可以归纳四种知行合一，即先知后行、知即是行、知而不行、行而不知。这都是知行合一的变种。"知即是行"是阳明天理一元下的知行合一，而"先知后行"与"知而不行"性质是接近的，这是将知与行分为两段之结果，但持有这种观念的"知"与在此观念上的行为本身又是一体的，所以其依然是知行合一的一种。"行而不知"亦是如此。行而不知可以分为两种：高明的知行合一，行灵化到极点，行即是知，知即是行，所以行中不刻意分离个知去知；最低层面的本能知行，知粗化到极点，无任何灵明之知行。这四类知行合一其实也就两类：知行一体与知行不一。先知后行与知而不行是知行不一的表现，知即是行与行而不知是知行一体的体现，它们皆是知行合一的变种，所以阳明似乎笑到了最后，从宇宙论的意义上来说，所有的一切皆是知行合一的，只不过有的是自然本然之合一，有的是扭曲的合一。

之同体。若于人便异体了。禽兽草木益远矣，而何谓之同
体?"先生曰:"你只在感应之几上看，岂但禽兽草木，虽
天地也与我同体的，鬼神也与我同体的。"请问先生曰:
"你看这个天地中间，甚么是天地的心?"对曰:"尝闻人是
天地的心。"曰:"人又甚么教做心?"对曰:"只是一个灵
明。""可知充天塞地中间，只有这个灵明，人只为形体自
间隔了。我的灵明，便是天地鬼神的主宰。天没有我的灵
明，谁去仰他高?地没有我的灵明，谁去俯他深?鬼神没
有我的灵明，谁去辨他吉凶灾祥?天地鬼神万物离却我的
灵明，便没有天地鬼神万物了。我的灵明，离却天地鬼神
万物，亦没有我的灵明。如此，便是一气流通的，如何与
他间隔得!"①

这里描述的是阳明天理良知或太虚本源已发之结果。天理良知
化生为天地万物，而人之良知则是良知天理化生之精华与核心所在，
是为天地之心。在天地万物皆由太虚化生而来这一角度看，即可理
解阳明万物一体、理气合一、知行合一、体用合一、心物合一、未
发已发合一、内外合一之宗旨了。所谓的理、知、体、心等不过是
化生后宇宙之头脑，而气、行（身）、用、物等则是躯干。头脑和躯
干乃是一个浑然整体，头脑并不是虚寂抽象之存在，必在躯干中

---

① （明）王守仁撰:《王阳明全集》（上），第124页。

显。① 天地万事万物浑然一体，而其中头脑或心脏就是人心之良知或"我的灵明"。在这一意义上，没有"我的灵明"（宇宙之心）的存在，天地鬼神万物（宇宙之躯干）皆不会存在，而离却天地鬼神万物（宇宙之躯干），"我的灵明"也将不会存在。由此，也就不难理解阳明那段令人费解之话语了："你未看此花时，此花与汝心同归于寂。你来看此花时，则此花颜色一时明白起来。便知此花不在你的心外。"② 人与花的关系就是已发万物中人之良知与物的关系。人心乃万物之头脑，物为躯干，本为一个整体，若没有头脑，自然也就没有躯干，所以花离开我的灵明自然也不存在，我的灵明没有花时也不会涌现。③ 这不是钱穆先生所说的极端唯心主义④，而是阳明宇

---

①　如曾阳晴所说："王阳明的'性'乃天理之凝聚，其中包括了凝聚的实质——身，与此身不可分的'心'。在人的存有运作过程中，身、心、意、知、物中，一连串复杂的作用，自然会产生恶（欲）与善。因此，即便说'无善无恶'，并不代表没有'有善有恶'的工夫可做。"（见曾阳晴《无善无恶的理想道德主义》，第169页）我们先撇开善恶问题，单看身心、知行合一之旨，就明白这是在天理这一宇宙本源基础上实现的。

②　（明）王守仁撰：《王阳明全集》（上），第108页。

③　陈来也提到了人和其他物种是头脑和躯干之关系的比拟，但是他并不想接受这种宇宙有机整体论的解释，宁愿将其作境界论上的理解（见陈来《有无之境——王阳明哲学的精神》，第70—71页）。牟宗三先生对此见解也很深刻。他说，阳明这里所说的人和花的关系，不是认识论上的"存在即被知"。这体现的既不是贝克莱的独断的观念论，也不是笛卡儿的怀疑的观念论，也不是康德的超验的观念论。阳明所说的存在依存于心，不是有限心认知的层次，而是类似于贝克莱所说的最高的依于神心之层次，而"依于神心"是存有论的，无论在层次还是向度上，都不同于认识论的（见牟宗三《从陆象山到刘蕺山》，第160—161页），但牟先生并没有直通向先天宇宙存有论来对此进行阐释。如此，人和万物的一体关系就不能追溯到先天宇宙存有论层面，而只停留在后天道德实践存有论层面了。

④　钱穆：《中国学术思想史论丛》（七），第88—89、159页。

宙论中良知天理与心体良知一体之结果。①

学者们往往将注意力集中在阳明"你只在感应之几上看"这一句，并将它看作万物一体的基础，而对这句的阐释要么是主观的想象，要么就是情感上的共鸣、人自身仁心的放大，要么就是心体道德实践之感应。很少有学者将其从宇宙论的角度来理解。联系阳明其他文字，我们可以将其所说的"感应之几"看作是已发宇宙中人所能采取的最高认知方式。根据前面所说，在未发之中万物都没有成形，人及其心自然也未成形。只有在已发成形之后，人及其良知才能发挥其功能，而作为已经是天理良知之产品或结果的人来说，其体悟和感知天理的方式也只能是后天良知之感应了。人只有借着这种感应之几才能体悟道未发太虚之整体，也才能感应到万物之一体，所以说到"感应之几"，阳明不过是在说已发之中的人体悟天理的一种方式，而天理良知化生天地万物的本源行为则是更为根本的。因为只有在天理良知化生宇宙行为基础，人心之良知才能产生对这一本源行为的体悟和感应，也才能切身体会到万物一体之存在。将

---

① 陈立胜最近也提出，阳明观花之意义应该从生存实感上来理解，而不能从认识论和意志论上来理解（见陈立胜《王阳明"心外无物"论——〈传习录〉"岩中花树"章新解》，《中原文化研究》2015年第1期，第34—42页）。这还可以更进一步，即从生存本身来理解。若人不在，花必然会毁灭不在，而花不在，人亦不会存在。看起来很难理解，没有人存在，花不是开得好好的吗，怎么会自我毁灭呢？阳明立论时，是立足于整个宇宙的，其时空乃是宇宙时空，并不局限于我们看到的一时一段的生灭得失。作为身躯的天地万物，如果没有灵明头脑的引导和驾驭，最终将会失去自然秩序而互相倾轧毁灭。这些花如果不被人所看顾和照料，将会在与其他物种的倾轧中灭亡，而当人与花相遇时，与创生本源相通的人立刻说明了了自己的地位和责任，在通晓万物本性的基础上，他会将天地万物按照其自然本然之状态安排得当。人与天地万物的相遇就是来揭示宇宙人生奥秘，并将其奥秘一件件打开和延展的。在这一意义上，人与万物、人与世界是相互依存、共存共亡的。

人心感应之几这一后天行为取代先天天理良知之本源创世行为，则可能是本末倒置了。

通过前面的论述，天理良知（良知之宇宙存有）与人心良知（良知之道德存有）的关系就清楚了。在天理良知未化生万物之前，天理良知与人心良知皆为虚灵且合而为一，它们一起化生了万物（包括人）。成形后的天理良知即存在于人心良知之中，人心良知在有形世界的道德实践则是天理良知的化生世界行为的继续。可以说，在已发世界中，良知之道德存有和实践是其宇宙存有的延续。

（二）王阳明"知行合一"三说——兼论其万物一体、心物一体、体用合一等旨

对阳明"知行合一"论的关注在学界仍在持续升温。本书在综合各种观点的基础上，提出了"知行合一"的五个层次的观点。为了更完整和深入地理解"知行合一"，本书又在"五层"说的基础上进一步推进，从中归纳出"二天"说和"两型"说。

1. "知行合一"的"五层"说

"知行合一"的五个层面是从整个良知宇宙来看的。

阳明所说的良知可分为天理良知和人心良知。这两者又终属于一层，即天理良知。人心良知本在天理良知之中，且为其核心所在。天理良知作为宇宙本源，一定是一个虚灵之存在，因为僵硬刚化之实体是不可能具有活泼泼生命力和创造力的。在天理良知未发之时，人心良知和天地万物之根苗都是虚化无形之存在，是为"太虚"。阳

明说:"良知之虚,便是天之太虚;良知之无,便是太虚之无形。"①

天理良知已发之后,就是一个意或气的世界。人心良知未发时原本与良知天理合二为一,随同天理良知已发之后,则为人心之意。②

阳明还说:"只要知身心意知物是一件。……故无心则无身,无身则无心。但指其充塞处言之谓之身,指其主宰处言之谓之心,指心之发动处谓之意,指意之灵明处谓之知,指意之涉着处谓之物:只是一件。意未有悬空的,必着事物,故欲诚意则随意所在某事而格之,去其人欲而归于天理,则良知之在此事者无蔽而得致矣。此便是诚意的功夫。"③ 这里所说的身、心、意、知、物,都是已发的总体的"意"。在这总体之意中,又有人心之意的内容,即心、意、知等。在人心之意中,也有头脑和躯干之分,意中之知就是其枢纽所在。阳明说:"知是心之本体"④,以其主宰之发动而言则谓之意,以其发动之明觉而言则谓之知。⑤ 这一发动的意的其余部分又可分为意念和情感,也是知要明觉的对象。阳明说:"尔那一点良知,是尔自家底准则。尔意念着处,他是便知是,非便知非。"⑥ 阳明又说:"七情顺其自然之流行,皆是良知之用。"⑦ 可见人心良知之发用的总体之意中,意念和情感是其主要内容,知则是这一人心总体之意的

---

① (明)王守仁撰:《王阳明全集》(上),第106页。

② 贾庆军、张雨舟:《王阳明良知宇宙观下的"知行合一"论》,《宁波大学学报》(人文科学版)2017年第4期,第34页。

③ (明)王守仁撰:《王阳明全集》(上),第90—91页。

④ (明)王守仁撰:《王阳明全集》(上),第6页。

⑤ 参见(明)王守仁撰《王阳明全集》(上),第91页。

⑥ (明)王守仁撰:《王阳明全集》(上),第92页。

⑦ (明)王守仁撰:《王阳明全集》(上),第111页。

枢纽所在。如果勉强对应西方哲学范畴的话，阳明意中之情感可对应康德的感性世界，意念则可对应其知性世界，而意中之知则可对应其理性世界。对康德来说，感性、知性、理性乃属于不同的层面，但对阳明来说，这些都属于人心良知所化生之"意"，也即人心良知之"行"。

如此，阳明之"意"就分为三个层面：天理良知流行发用而成意（气）；人心良知则在发用中成为人心之意，此人心之意为万物总体之意的枢纽；在人心总体之意中，又分为意念、情感和知觉，知觉乃是人心总体之意的枢纽。

在此基础上，就形成了天理良知的宇宙生成模型，它体现的是一系列的体用关系，如图4-1：

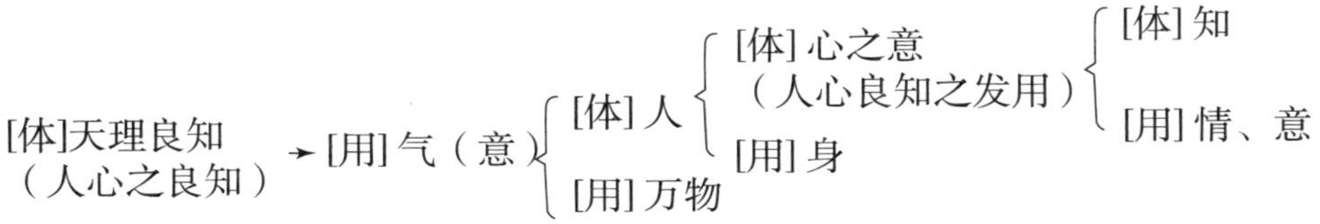

[体]天理良知（人心之良知）→[用]气（意）
　[体]人
　　[体]心之意（人心良知之发用）
　　　[体]知
　　　[用]情、意
　　[用]身
　[用]万物

图4-1　天理良知所体现的体用关系

如图4-1所示，在良知宇宙生化模型中，四种体用合一关系对应着四种知行合一。这四种知行合一分别是：（1）天理良知的未发和已发之合一。（2）天理良知已发之后的知行合一，即人与万物之合一。（3）人自身的知行合一。（4）心之意中的知行合一。① 近期

① 贾庆军、张雨舟：《王阳明良知宇宙观下的"知行合一"论》，《宁波大学学报》（人文科学版）2017年第4期，第35—36页。

有学者开始关注这一层，① 所以我们所谓的意识世界中的一切，如各种思想、观念、欲望、情感等，都是人心良知之行。康德所谓的感性、知性、理性等，也都属于这一心之意。

我们还可以找到第五种知行合一，即天理良知未发时的知行合一。在天理良知中，人之良知乃是核心（头脑），万物之虚灵根苗则为躯干，这也是一种知行合一。这五个层面的知行合一组成一个有机整体。②

在这五种知行合一中，第二、三种乃是阳明论述的重点。第二种是人与万物的合一，第三种为人与自身的合一。在这里，人心之知为核心。此知来自良知，其先天乃与万物一体，所以它先天就知晓万物和自身之自然本然之知识，但这些知识需要发用后的人与万物共同开发出来。③

说到知识，阳明所谓的知识可分为本然之知和见闻之知：本然之知乃是根本上、整体性的知识，如整体大道、秩序、道德等，即中国古人最擅长的道学；见闻之知则是具体的、细节的知识，接近于现今的自然科学知识。④ 见闻这一部分恰是古人比较忽略的。古人志向过于高远，总是直接去体悟大道、大学，其理论（本体）和实践（工夫）都是指道的体悟和实践，这就出现道学泛滥而科学滞后

---

① 吴震：《作为良知伦理学的"知行合一"论——以"一念动处便是知亦便是行"为中心》，《学术月刊》2018年第5期，第14—24页。

② 贾庆军、张雨舟：《王阳明良知宇宙观下的"知行合一"论》，《宁波大学学报》（人文科学版）2017年第4期，第36页。

③ 贾庆军、张雨舟：《王阳明良知宇宙观下的"知行合一"论》，《宁波大学学报》（人文科学版）2017年第4期，第36页。

④ （明）王守仁撰：《王阳明全集》（上），第71页。

的结果，但古人也并不完全否认见闻之知，只是使其归于道学的统领。

近来有学者将儒家知行思想和西方近代知行思想（实用主义）进行了比较，认为儒学注重存在的理性向度和精神向度，并由此突出情境的道德内涵，实用主义的关注之点更多地指向存在的感性、经验性之维，与之相涉的情境，则首先被赋予生活和生存的内容。由此，儒家的知行也主要是理性和精神向度的，这种精神的追求导致了其知行倾向于价值或道德判断（是非之辨）；实用主义的知行则是感性、经验向度的，其关注的是行为的有效性。判断一种行为的好坏标准不再是是非真假判断，而是其能否有效解决具体的问题。[①]

这种区分看上去有一定道理，但仍有限于西方概念范畴之嫌。精神、价值、道德乃一维，感性、经验、事实为另一维，这种区分在西方是可以理解的，但对于儒学就不好说了。如前所述，儒家对知的区分更恰当的表达是"整体性知识（本然之知）"和"具体器物之知（见闻之知）"。对整体性知识的强调导致儒家士人对大道知识的坚守，这就看上去像西方的精神、价值或道德知识。但儒家的整体性知识和具体器物知识并不像西方的精神和感性是截然二分的。它们同属于一个整体，在这个整体中，一个为本，一个为末，本末相互依存。只是作为精英的君子士人喜欢务本，所谓"本立而道生"（《论语·学而》）。不仅精神的和感性的区分不适于解释儒家这种本

---

① 杨国荣：《儒学与实用主义：内在哲学旨趣及其多样展开》，《学术月刊》2018 年第 3 期，第 33—41 页。

和末、本体和工夫、整体和具体之区分，超验和经验、应然和实然之区分也不适合于它。在儒家这里，精神和感性、超验和经验、应然和实然都是圆融一体的。以此来看，所谓的实用主义不关注精神而只关注感性和经验之说，本身也是有问题的。按照儒家一体观点，实用主义的经验和感性倾向也是因为其先将世界整体体悟为经验和感性这一定性之后才产生的。从这一意义上说，所有的学说、思想和知识都是某种整体性认知和具体认知的结合。因此，所谓的知识上的区别就只是因为对整体性知识定性的不同产生的。儒家看世界强调的是整体秩序和条理，由此产生了对整体大道的追求；实用主义看世界首先看到的是具体的事物和经验，由此产生了对具体事物知识的追求。所以，儒家和实用主义的区别也就不是简单的精神和经验之别。从更根本上说，它们都是某种精神（整体认知）和经验（具体事物）相结合的产物，不同在于其整体认知或整体感悟的差别，即一个将整体体悟为大道，一个将整体体悟为具体事物。因此，实用主义并不是不要价值判断，而是它使用了不同的价值判断。如果说儒家以道为价值标准，实用主义则以事为价值标准。

在阳明的知识谱系中，也是道学优先的，但考虑到阳明之知所追求的完整性，也不排除其关于天地万物的具体知识。所以，知行合一之旨是适用于所有知识类型的。于是，用现代标准来看，第二、第三种知行合一就可理解为：人与万物的知行合一的结果就是各种自然和社会科学知识的产生和实践；人与自身身体的知行合一就是各种人文知识的产生和实践，所以第二、三种知行合一是整个知行合一体系的关键，它连接和贯通着先天和后天，决定着先天良知能否发用、实现。

可以说，阳明整个思想体系就是一系列的知行合一。阳明用知行合一来表述自己的学说，可谓是画龙点睛。只有分清楚它的各个层面后，才好更清晰地理解其"知行合一"之旨。

2. "知行合一"的"二天"说

从"知行合一"产生的过程上来看，所谓的"二天"就是先天和后天，知行合一则贯穿其中。

阳明曾有诗云："不离日用常行内，直造先天未画前。"（《别诸生》）[①] 他又说："良知不由见闻而有，而见闻莫非良知之用。"[②] 这里都区分了良知的先天和后天，而先天和后天在阳明这里即是"未发"和"已发"。阳明说："'未发之中'即良知也，无前后内外而浑然一体者也。……未发在已发之中，而已发之中未尝别有未发者在；已发在未发之中，而未发之中未尝别有已发者存。"[③] 在阳明这里，未发和已发、先天和后天并不是两种不同的存在，而是一种存在的不同阶段，或者说是良知本体的不同存在阶段。这一良知本体未发之时，就像一颗种子（太虚），而已发之后，种子化为大树，即为宇宙整体。太虚和宇宙本是一个，未发和已发也本是一个。未发在先，未发中万物一体，没有先后内外之分；已发在后，而已发中万物也是一个整体，也无先后之分。

正是因为先天后天、未发已发之合一，才成就了知行合一。未发为体、为知，已发为用、为行。未发、已发乃为一，体用、知行

---

① （明）王守仁撰：《王阳明全集》（上），第 791 页。
② （明）王守仁撰：《王阳明全集》（上），第 71—72 页。
③ （明）王守仁撰：《王阳明全集》（上），第 64 页。

也为一。未发太虚中一切为一，即成就了心物一体、万物一体。心外无物、性外无物、万物一体、知行合一等皆是阳明先天后天一体之旨的变相表达。后人喜欢用"知行合一"之旨来概括阳明良知学说，只是偏好而已，但此"知行合一"之旨只有在知晓阳明先天后天之"二天"说的基础上，才能得到恰当的理解。前述的五层知行合一，也都建基于此"二天"说。

根据"二天"说，虽然先天和后天乃是一个存在，但其发生还是有先后的。根据此发生过程，前述五层知行合一又可以分为如下三类：第一类是先天知行合一，即前述五层知行合一中的第五种，天理良知未发中的知行合一。其余的知行合一皆是在此基础上展开的。第二类是先天与后天结合的知行合一，即前述第一种知行合一，未发和已发之合一。第三类是后天的知行合一，即前述第二、三、四种知行合一，这些都是在已发状态中产生的知行合一。

此外，还要注意的是，阳明先天后天一体之学说，迄今仍然是一种高明的宇宙论和认识论。先天良知太虚的万物一体（"日月风雷山川民物，凡有貌象形色，皆在太虚无形中发用流行。"①），为后天的认知提供了基础。无论精神还是物质、人还是物，皆来自太虚。这种先天一体为精神能够认识物质提供了前提，所谓的精神和物质之区分在太虚这里就不是问题了。万物的区别只是灵明程度的区别，作为最为灵明的人，其天职就是去认知万物、成就万物。

如此，这种心物一体、万物一体的先天一体认识论就克服了西方认识论中的二元分裂现象，如贝克莱、康德的不可知论。两者都

---

① （明）王守仁撰：《王阳明全集》（上），第71—72页。

囿于精神意识和物质的区分，认为精神永远不可通达于物质本身，精神意识只能认知精神意识中的存在，也即被感知的存在（现象或表象）。贝克莱的不可知论水到渠成，康德也保留了"物自体"，但两人都没有思考，感知和现象又如何产生呢？若精神和物质没有一个共在的平台，精神又如何会感知到物质呢？这就是后来的费希特、谢林、黑格尔等对康德不满的地方，他们才想到一个先天统一的整体，即"绝对自我""绝对同一"和"绝对理念"。① 这就接近了阳明之太虚。

唯物主义则通过物质产生精神的方式来解决二元分裂这个矛盾，但问题是，物质如何会生出这个更灵明、高级的存在呢？这就是所谓的唯心论者为何不赞同用物质来解释世界本源的原因。其实，现代唯物主义所谓的"物质"宇宙基本上乃是一个形而上的预设，这个"物质"恰是一个上帝式的存在，这一普遍而不可见的"物质"不知如何诞生了这个宇宙中形形色色具体的物质。在这一意义上，这一上帝般的普遍"物质"恰恰是最大的预设。也就是说，"物质"本身就是道一样的存在，它要想成为世界本源，必须要将灵明性的存在（如精神）作为物质中最高级的部分接受，而不是将精神仅仅作为狭义物质的衍生物。

康德、黑格尔、费希特、谢林、阳明等显然思考得更为深远。如前所述，作为宇宙本源的存在一定是虚灵之存在，而这更接近于精神，但其又高出于精神，是精神和物质的共同本源。这往往被误解为唯心主义，阳明也不免于此。

---

① 邓晓芒、赵林：《西方哲学史》，高等教育出版社 2014 年版，第 231—260 页。

虽然说是从精神灵明开始来探讨宇宙本源，但费希特、黑格尔等设计出否定这一环节来解释灵明本源的无中生有或绝对精神制造物质世界的过程，仍有诸多问题。王阳明则认为良知太虚从未发到已发乃是一个自然的化生过程，而良知太虚也是一个自然本然的存在。这对于我们今天去认识世界仍具有启发性，因此施特劳斯、海德格尔等皆突破二元论，从自然本然的角度来理解本源就不仅仅是巧合了。

阳明的"知行合一"中蕴含的先天后天一体论，对我们探索宇宙和认知的本源仍具启发性。纵观古今中外哲学，但凡思考深刻的思想家，皆会走到先天认知这一境地。科学则一直局限于后天之物，若科学想要获得不断发展，也必须要借助先天之体悟。

3. "知行合一"的"两型"说

从"知行合一"产生的方式来看，又可分为"化生型知行合一"和"头脑躯干型知行合一"两种。

"化生型知行合一"就是灵明之"知"整体化生成"行"，也就是"体"完全化为"用"。阳明曾描述过这种化生模式，他说："夫良知一也，以其妙用而言谓之神，以其流行而言谓之气，以其凝聚而言谓之精，安可以形象方所求哉？真阴之精，即真阳之气之母；真阳之气，即真阴之精之父。""良知是造化的精灵，这些精灵，生天生地，成鬼成帝，皆从此出，真是与物无对。"① 可以看出，良知是以化生的方式生天地万物的。他还说："知之真切笃实处，即是

① （明）王守仁撰：《王阳明全集》（上），第62、104页。

行；行之明觉精察处，即是知。"① 这里的知和行就是整体性转换或化生的。

　　"头脑躯干型知行合一"就是一个整体的存在分为枢纽和头脑性的"知"和相对不怎么灵明的躯体性的"行"，其中"知"导引和支撑着"行"，也就是"体"指导着"用"，但"知"和"行"本属于一个整体。阳明经常用根和枝叶的关系来比喻此种关系，如他说："学者果能忠恕上用功。岂不是一贯？一如树之根本，贯如树之枝叶，未种根何枝叶之可得？体用一源，体未立，用安从生？"② 这里所说的根就是"知"，枝叶就是"行"，两者乃是头脑和躯干的关系，但两者又同出一源，属于是一个整体。阳明说得发用中气和主宰的关系，也是指这种知行合一，他说："天地气机，元无一息之停；然有个主宰，故不先不后，不急不缓，虽千变万化，而主宰常定：人得此而生。……若无主宰，便只是这气奔放，如何不忙？"③ 这里的主宰就是"知"，气就是"行"，两者属于一个整体，但"知"为头脑。

　　这里的"知"或"体"并不是一种实体性的存在，其更像一种灵明，只有在和"行"或"用"中其才显现出来，如阳明说："目无体，以万物之色为体；耳无体，以万物之声为体；鼻无体，以万物之臭为体；口无体，以万物之味为体；心无体，以天地万物感应之是非为体。"④ 这里的耳、鼻、口、心都是人身上的器官，它们都

---

① （明）王守仁撰：《王阳明全集》（上），第42页。
② （明）王守仁撰：《王阳明全集》（上），第32页。
③ （明）王守仁撰：《王阳明全集》（上），第30页。
④ （明）王守仁撰：《王阳明全集》（上），第108页。

具有某种灵性的知能，是一种头脑性的存在，但它们并不是孤立隔绝的存在，更不是抽象的实体。它们只有在与声音、气味、味道、万物相遇相合时才显现自己的存在，而这些器官之灵性知能又来自良知天理，"汝若为着耳目口鼻四肢，要非礼勿视听言动时，岂是汝之耳目口鼻四肢自能勿视听言动，须由汝心。这视听言动皆是汝心：汝心之视，发窍于目；汝心之听，发窍于耳；汝心之言，发窍于口；汝心之动，发窍于四肢。若无汝心，便无耳目口鼻。所谓汝心，亦不专是那一团血肉。若是那一团血肉，如今已死的人，那一团血肉还在，缘何不能视听言动？所谓汝心，却是那能视听言动的，这个便是性，便是天理。有这个性才能生。这性之生理便谓之仁。这性之生理，发在目便会视，发在耳便会听，发在口便会言，发在四肢便会动，都只是那天理发生，以其主宰一身，故谓之心。这心之本体，原只是个天理，原无非礼，这个便是汝之真己。这个真己是躯壳的主宰。若无真己，便无躯壳，真是有之即生，无之即死。"① 这又是另一层面的头脑和躯干了。这里的耳目口鼻四肢属于生理器官意义上的存在，包括器官之心也是如此，但这些躯干性的存在必须有本体之心即良知天理这一头脑的灌注，才能生成和发挥其知能。

阳明有时会同时谈到"化生型知行合一"和"头脑躯干型知行合一"，如他说："知行原是两个字说一个工夫，这一个工夫须著此两个字，方说得完全无弊病。若头脑处见得分明，见得原是一个头脑，则虽把知行分作两个说，毕竟将来做那一个工夫，则始或未便

---

① （明）王守仁撰：《王阳明全集》（上），第36页。

融会，终所谓百虑而一致矣。"① 这一个工夫从最大处说，就是宇宙整体生成和展开的过程，这个过程就是一个良知天理从先天到后天的化生过程。良知先天未发时为"知"，后天已发为"行"，这里的"知"和"行"指的就是一个工夫或过程的不同阶段，所以它们实际上是一个东西，"原是一个头脑"，这一个头脑即是良知天理。"知"乃良知天理之未发，"行"为良知天理之已发，"行"即是"知"之化生，"知""行"为一，此即"化生型知行合一"。

在已发世界中，"知"和"行"又表现为"头脑躯干型知行合一"。已发世界中的"知"主要指灵明之存在，如人、人心、人心之知等，而"行"则是指万物、身体等躯干性的存在。在这里，"知"就是头脑性存在，"行"就是躯干型存在，而这两者又同来自大头脑——良知天理，它们都是这一大头脑的体现。在这一意义上，"知""行"看似两个部分，其实是构成了一个整体。所以说，阳明上述这段话可以包含这两型知行合一。

那么，前述的五层知行合一都属于什么类型呢？

属于"化生型知行合一"的是第一种，即天理良知的未发（知）和已发（行）之合一。这是无形太虚化生成有形宇宙的过程。灵明太虚可看成一个整体天理良知，此良知化生为有形宇宙，此有形宇宙即为整体之"行"，但此"知""行"本是一个存在。这可说是最大范围的"知行合一"。

第二、三、五种知行合一都属于"头脑躯干型知行合一"。

第二种知行合一即人与万物的合一。此时人乃是万物之灵、天

---

① （明）王守仁撰：《王阳明全集》（上），第 209 页。

地之心，属于"知"，而万物则是躯干，属于"行"。此知行合一展现的是宇宙间最大的一个头脑或心脏（人类）与身体（天地万物）的合一。此"知"和"行"看似分离，其实构成了一个不可分割的整体。对这种知行合一最经典的描述即是山中观花。阳明说："你未看此花时，此花与汝心同归于寂。你来看此花时，则此花颜色一时明白起来。便知此花不在你的心外。"①

学者们要么将这一段描述为与贝克莱的"存在就是被感知"类似的主观唯心论，要么将其视为主体赋予客体意义的经典表达方式。这两种都预设了主体和客体、心和物、精神和物质的分离。如前所述，贝克莱的"存在就是被感知"是将物隔绝在了意识之外，意识只能认知意识中的感知，而不可能达于物本身。因为对他来说，意识和物质是完全不同的存在，不可通约，所以他的认识就只能封存在意识之中。人们所认识的存在只能是意识感知中的存在。②

阳明显然不同。在阳明这里，万物一体、心物一体，精神和物质来自同一本源——太虚。因此，精神是能认识物质的，且物质只能让灵明的精神来感应和成就它。精神的载体就是心，心先天与物一体。作为最灵明之存在，心已然暗含所有物事物的奥秘，但心与物的奥秘都要经历一个成长和显发的过程，这就是人和天地万物必须要一起切磨成长的原因。人作为万物的头脑，必须要和万物这一身体相遇切磨，才能开出其所蕴含的知能；而万物也必须要待人这一头脑来揭示其秘密，以使其成为完善的自己。人和万物就是一个

---

① （明）王守仁撰：《王阳明全集》（上），第108页。
② 邓晓芒，赵林：《西方哲学史》，高等教育出版社2014年版，第169—171页。

头脑和身体的关系，他们是互相成就、共同成长的。人与花的相遇只是一例，只有这一相遇，头脑和身体才真正活在了一起，它们才作为一个完整的整体，共同具有了价值和意义。

　　人与物的关系也包括人与他人的关系。人只有在与他人的相遇相处中，才能将人心蕴含的道德伦理知识开发和实践出来，如阳明所说："知是心之本体，心自然会知：见父自然知孝，见兄自然知弟，见孺子入井自然知恻隐，此便是良知不假外求。"[①] 人心良知与他人的相遇才能成就儒家孝悌天道的生发和实践。

　　第三种乃是人心与身体的合一。这一种知行合一是典型的"头脑躯干型知行合一"。人心先天具有良知，可将天理通过身体各个部分付诸实践。阳明说："耳目口鼻四肢，身也，非心安能视听言动？心欲视听言动，无耳目口鼻四肢亦不能，故无心则无身，无身则无心。但指其充塞处言之谓之身，指其主宰处言之谓之心。"[②] 这里说的就是心身的关系，头脑和躯干缺一不可。心提供的是神明之能，是身体活力和机能的源泉，而身则提供有形的物质性的载体，两者相合才构成一个完整而健康的人。

　　第五种知行合一也是"头脑躯干型知行合一"。这是在先天太虚中的一种合一，也是天地万物未发中的状态。所以，这里的合一与其已发之后的合一是一致的。已发之后人与万物乃是"头脑躯干型知行合一"，那么在其未发时也是如此。

　　第四种则是两种类型的合一都有。首先是心体良知与心之意的

---

① （明）王守仁撰：《王阳明全集》（上），第6页。
② （明）王守仁撰：《王阳明全集》（上），第90—91页。

合一。在已发状态中，心之良知已然不可见，其整体化生成为心之意。在这个意义上，意即是"行"。心之良知与心之意的合一就是化生型的。其次，在意中知觉和意念等的合一则是"头脑躯干型知行合一"，意中的意念和情感都要以知觉为头脑。

只有区分了这两种知行合一的生成类型后，阳明关于知行合一的各种论述才会更容易被理解。

可以看出，在阳明的论述中，关于"头脑躯干型知行合一"的论述是比较多的。有些学者因此强调阳明乃是一个实学家或重视行动的思想家，这可能并非阳明本意。如上所述，在"头脑躯干型知行合一"中，阳明是将"知""行"视为一个整体的不可分割的组成部分的。在这个整体中，"知"是整体的灵魂和头脑所在，没有"知"，整体就会迷失方向，支离破碎；"行"则是"知"所呈现的载体，没有"行"的"知"就是一个悬空的虚无，世界就不会存在和展开。因此，"知"和"行"是不可分割、互相依存的。在这个意义上，两者是并重的。若非要分出先后的话，对于强调头脑和先天本源的阳明来说，"知"就具有优先性了。阳明用"良知"来作为其学说之核心，也能看出其对"知"之强调。灵明之"知"更接近本体或本源之存在。

以上从三个角度对阳明的"知行合一"进行了探讨：从良知宇宙整体来看，阳明的"知行合一"共可分为五个层面；从其生成的过程来看，这五个层面则可以分为两个过程，或称为"二天"说，即先天知行合一与后天知行合一；从"知行合一"产生的方式来看，又可分为"化生型知行合一"和"头脑躯干型知行合一"。

只有进行了这种多角度和多层面的分析之后，才能更深入和全面地理解阳明"知行合一"之旨。这三个角度其实是在一个前提下呈现的，即阳明的良知宇宙及其生化发展过程。只要明了这一前提，阳明心学的诸多宗旨就会迎刃而解。除了"知行合一"，其他宗旨如"天人合一""万物一体""心外无物""心外无理"等也是在这一前提下得以成立的。由于其本质是一样的，甚至可以说，其他宗旨皆是"知行合一"的变相表达，所以一句"良知"或"知行合一"就可以概括阳明思想的全部。

阳明的良知学说或"知行合一"思想代表着中国传统宇宙观和认识论的顶峰，也是其对世界文化的独特贡献，对当今的我们仍有诸多的启示和教益。

(三) 王阳明的善恶观

阳明的善恶观来自其宇宙观。对阳明来说，整个宇宙的存在就是一个良知天理之存在（人的心体良知亦蕴含其中），在其发用流行、化生为万物之后，就是一个意或气的世界。心体之良知未发时，原本与良知天理合二为一，随同天理良知已发之后，则为人心之意，人及人心之意乃是这个宇宙的核心。①

在这个宇宙中，良知天理和万物并不是对立的存在，良知天理也不在万物之外，或者说良知天理和万物本就是一个存在。在这个宇宙中，人乃天地万物之心，万物则是人之躯干。人和万物就构成了一个有机整体，万物并不是与心隔离的存在，所以阳明会说"心

---

① 贾庆军：《王阳明天学初探：以四句教为中心的考察》，中国社会科学出版社 2018 年版，第 105 页。

外无物""心外无理"。这个一体之宇宙就完美地展现了中国传统文化的精髓，即万物一体、天人合一。

由于宇宙是一个整体，其善恶也是从整体上来说的。对阳明来说，在良知宇宙中，万物在其本然或自然状态中，皆是无善无恶的，或是至善的。恶不过是本体至善（或善）状态的过与不及。可见，对阳明来说，恶就不是善之外的独立存在，它不过是善的一种扭曲。

按照阳明这种整体善恶观，我们可区分两类善恶：第一类是物质意义上的万物（包括人）之善恶。万物和人物质意义上的善就是其自然本然状态，即各物的自然顺畅之流转、生长、变化、消亡等，万物和人物质意义上的恶就是其自然本然状态的扭曲（过和不及）。第二类是关于人的精神意义上的知、情、意之善恶。其善指知、情、意的自然本然状态，恶则是知、情、意的过与不及。这两类善恶的标准是一样的。对阳明来说，精神和物质皆是良知之产物，精神和物质的区别只是灵明的程度不同而已。人身上这些灵明性的存在也要符合自然天理，若其发用过程中出现过与不及，就是恶。

本书在这里主要解释一下第二类善恶。

首先，在知的方面。阳明把知分成了本然之知和见闻之知，而在这两种知中，都包含了我们所有的知识，包括存在知识和善恶知识。在阳明看来，存在和价值是一体的。对天地万物的自然本然状态的认知就是本然之知，本然之知同时也是善的知识，即良知。驻留于方所的知属于见闻之知，如果固执于这些枝节知识并以其取代更完整和更根本的知识，其知就成了恶。这里需要注意的是，良知不仅不是抽象之知、固定之知，也不是刻意之知，如阳明说："无知无不知，本体原是如此。譬如日未尝有心照物，而自无物不照。无照无不照，原是日的本体。良知本无知，今却要有知；本无不知，今却疑有不知，只是信不及耳！"① 良知是自然而然产生的，不是刻意去求个知，所以说良知本无知；而良知一旦自然本然呈现，则又是无所不知，即所谓"无不知"。现今的科学知识也在良知范围之内，如果这些科学知识真正揭示了宇宙自然本然之奥秘，其知也善；若过于自大，则是恶之知。在"拔本塞源"论中，阳明对见闻之知与本然之知的关系论述得很透彻，他说：

> 夫圣人之心，以天地万物为一体，其视天下之人，无外内远近，凡有血气，皆其昆弟赤子之亲，莫不欲安全而教养之，以遂其万物一体之念。……当是之时，天下之人熙熙暤暤，皆相视如一家之亲。其才质之下者，则安其农、工、商、贾之分，各勤其业以相生相养，而无有乎希高慕外之心。其才能之异若皋、夔、稷、契者，则出而各效其能……盖其心学纯明，而有以全其万物一体之仁，故其精神流贯，志气通达，而无有乎人己之分，物我之间。……此圣人之学所以至易至简，易知易从，学易能而才易成者，正以大端惟在复心体之同然，而知识技能非所与论也。

> ……圣人之学日远日晦，而功利之习愈趋愈下。……记诵之广，适以长其敖也；知识之多，适以行其恶也；闻见之博，适以肆其辨也；辞章之富，适以饰其伪也。是以皋、夔、稷、契所不能兼之事，而今之初学小生皆欲通其说，究其术。其称名僭号，未尝不曰吾欲以共成天下之务；

---

① （明）王守仁撰：《王阳明全集》（上），第109页。

而其诚心实意之所在，以为不如是则无以济其私而满其欲也。……所幸天理之在人心，终有所不可泯，而良知之明，万古一日。①

阳明在这里对知识技能之知的批判，可谓入木三分。这些见闻枝节之知如果在大道天理之指引下各司其职，则天下和谐、万民安康，若其不遵循根本的大道良知之知，就会是私欲泛滥、天下崩坏，"若是者纷纷籍籍，群起角立于天下，又不知其几家，万径千蹊，莫知所适。世之学者，如入百戏之场，欢谑跳踉，骋奇斗巧，献笑争妍者，四面而竞出，前瞻后盼，应接不遑，而耳目眩瞀，精神恍惑，日夜遨游淹息其间，如病狂丧心之人，莫自知其家业之所归。"② 对本然之知的青睐，是传统文化的显著特点，阳明也不例外。

其次，情感上的喜怒哀乐好恶等，只要依循自然良知天理，则为善；若妄动于气，着了一分意，则会过与不及，变为恶。这里谈到了人的各种情感或情绪。在阳明看来，人们的各种情感都是正常的，不应强制禁止。只要它们的显现合乎自然天理，则为善。如此，不仅是人们一般所称的正面情感如喜、好、乐等都是善，就是哀、恶、怒等也是善。只有这些情感过度或不及了才是恶，而这些情感之恶的显现形式以过度为多，所以过度的喜好和厌恶皆可能是恶。在人们的好恶情感中，有一种特殊的好恶也应注意，这就是对善恶的喜好和厌恶。对此，也要遵循好恶自然之理，不可着一分意思，恰如其分地喜好善和厌恶恶皆为善，而过度地喜好善和过度地厌恶

---

① （明）王守仁撰：《王阳明全集》（上），第 54—56 页。
② （明）王守仁撰：《王阳明全集》（上），第 55—56 页。

恶可能会成为恶。如阳明所说："'人但得好善如好好色，恶恶如恶恶臭，便是圣人。'直初闻之觉甚易，后体验得来，此个功夫着实是难。如一念虽知好善恶恶，然不知不觉，又夹杂去了。才有夹杂，便不是好善如好好色、恶恶如恶恶臭的心。善能实实的好，是无念不善矣；恶能实实的恶，是无念及恶矣：如何不是圣人？故圣人之学，只是一诚而已。"[1] 在愤怒等情绪上也是如此，不是不要愤恨，而是愤恨要合乎自然，过度和刻意皆为恶。如阳明所说："忿懥几件，人心怎能无得？只是不可有耳！凡人忿懥著了一分意思，便怒得过当，非廓然大公之体了。故有所忿懥，便不得其正也。如今于凡忿懥等件，只是个物来顺应，不要着一分意思，便心体廓然大公，得其本体之正了。且如出外见人相斗，其不是的，我心亦怒。然虽怒，却此心廓然，不曾动些子气。如今怒人，亦得如此，方才是正。"[2] 着了方所，愤恨等各种情感与固定的事和物固结在一起，就成为过度之愤恨，便怒得不合自然，会成为恶。可见，喜怒依循自然，不刻意着意，差之毫厘，即善恶相别。我们通常的过度强调或渲染的向善恶恶行为，都有可能变为恶。这是我们特别要注意的。

最后，在意上，循良知天理之诚意为善，偏离天理之私意为恶。这里的意，是阳明良知宇宙中产生的三层意中的第三层。阳明这三层意分别是：良知天理流行发用而成的意（气），[3] 即后天形化之总体宇宙；人心良知则在发用中成为人心之意，即为有形万物总体之

---

[1] （明）王守仁撰：《王阳明全集》（上），第97页。
[2] （明）王守仁撰：《王阳明全集》（上），第98—99页。
[3] （明）王守仁撰：《王阳明全集》（上），第62页。

意的枢纽①；在人心总体之意中，又分为意念、情感和知觉，知觉乃是人心总体之意的枢纽。意念则是各种念头和思绪。"尔那一点良知，是尔自家底准则。尔意念着处，他是便知是，非便知非。"② 这里所说的意念就是心之意中更为具体的析分。

可见，阳明人心总体之意中，包含了西方哲学家所说的知、情、意等所有内容。如果勉强对应西方哲学范畴的话，阳明心之意中的情感可对应康德的感性世界，意念则可对应其知性世界，而意中之知则可对应其理性世界。对康德来说，感性、知性、理性乃属于不同的层面，但对阳明来说，这些都属于人心良知所化生之"意"，也即人心良知之"行"。

对于这第三层的"意念"，也适用阳明整体善恶之法则。这些意念如果顺应良知自然，则是善，反之则是恶。阳明所说的"破山中贼易，破心中贼难"中的"心中贼"，说的就是不合良知天理之意，也即私意。阳明反复说的"诚意"，也是要使这些意念诚正，复归良知。阳明说："如一念发在好善上，便实实落落去好善；一念发在恶恶上，便实实落落去恶恶。意之所发，既无不诚，则其本体如何有不正的？故欲正其心在诚意。工夫到诚意，始有着落处。然诚意之本，又在于致知也。"③ 这里的"好善恶恶"就是人心的一种念头或意念。诚意则以良知为本，务必使此念头回归其自然本然状态，如此该念头即是复归良知天理。

综上可知，在阳明的良知宇宙中，天理就在人心，心乃天地之

---

① （明）王守仁撰：《王阳明全集》（上），第 90—91 页。
② （明）王守仁撰：《王阳明全集》（上），第 92 页。
③ （明）王守仁撰：《王阳明全集》（上），第 119 页。

心，心与万物乃心身一体之关系，其善恶也是一体的。① 人与自然界同处于同一善恶宇宙中，不会出现人善而物恶的这种西方思想家习以为常的二元分裂之善恶观。

（四）王阳明的本体工夫论

对阳明来说，本体和工夫的关系虽然是合一的，但是其顺序是不可逆的，即本体全然会成为工夫，但工夫不一定都体现本体。这里的本体就是未发，工夫就是已发。也可以说，工夫就是用。根据阳明未发已发合一、体用合一思想，未发之体必然会成为已发之用，而已发之用未必全是未发之体。对此，阳明曾在信中说：

> 崇一来书云："师云：'德性之良知，非由于闻见。若日多闻择其善者而从之，多见而识之，则是专求之见闻之末，而已落在第二义。'窃意良知虽不由见闻而有，然学者之知未尝不由见闻而发；滞于见闻固非，而见闻亦良知之用也。今日落在第二义，恐为专以见闻为学者而言。若致其良知而求之见闻，似亦知行合一之功矣。如何？"

> 良知不由见闻而有，而见闻莫非良知之用，故良知不滞于见闻，而亦不离于见闻。孔子云："吾有知乎哉？无知也。"良知之外，别无知矣。故"致良知"是学问大头脑，是圣人教人第一义。今云专求之见闻之末，则是失却头脑，而已落在第二义矣。近时同志中盖已莫不知有致良知之说，

---

① 贾庆军：《王阳明天学初探：以四句教为中心的考察》，中国社会科学出版社 2018年版，第106—107页。

然其功夫尚多鹘突者，正是欠此一问。大抵学问功夫只要主意头脑是当，若主意头脑专以致良知为事，则凡多闻多见，莫非致良知之功。盖日用之间，见闻酬酢，虽千头万绪，莫非良知之发用流行，除却见闻酬酢，亦无良知可致矣。故只是一事。若曰致其良知而求之见闻，则语意之间未免为二，此与专求之见闻之末者虽稍不同，其为未得精一之旨，则一而已。"多闻，择其善者而从之，多见而识之"，既云择，又云识，其良知亦未尝不行于其间；但其用意乃专在多闻多见上去择识，则已失却头脑矣。崇一于此等处见得当已分晓，今日之问，正为发明此学，于同志中极有益。但语意未莹，则毫厘千里，亦不容不精察之也。①

欧阳德问阳明，见闻都是良知之用，如果从见闻来求良知本体，也就是从用或工夫悟本体，是否恰当。阳明对此持谨慎态度。他认为，"良知不由见闻而有，而见闻莫非良知之用，故良知不滞于见闻，而亦不离于见闻。"良知乃是见闻之源，而良知必须借用来显，但良知还不是见闻本身，所以从见闻求良知还是不太准确，"未得精一之旨"。因为当精神专注在见闻上去求个识时，很容易被见闻所淹没，从而失却头脑，所以阳明觉得从用来求体，或者说从工夫来悟本体似乎有些不妥。

如前所述，体用合一之不可逆的顺序会使用不一定是体。另外，用中的偏差和错误就更不能是本体了，所以阳明对从用中求体并不

---

① （明）王守仁撰：《王阳明全集》（上），第71—72页。

完全认同。

在《与毛古庵宪副》中，阳明说的也是这个意思。他说：

> 凡鄙人所谓致良知之说，与今之所谓体认天理之说，本亦无大相远，但微有直截迂曲之差耳。譬之种植，致良知者，是培其根本之生意而达之枝叶者也；体认天理者，是茂其枝叶之生意而求以复之根本者也。然培其根本之生意，固自有以达之枝叶矣；欲茂其枝叶之生意，亦安能舍根本而别有生意可以茂之枝叶之间者乎？吾兄忠信近道之资既自出于侪辈之上，近见胡正人，备谈吾兄平日工夫又皆笃实恳切，非若世之徇名远迹而徒以支离于其外者。只如此用力不已，自当循循有至，所谓殊途而同归者也。亦奚必改途易业，而别求所谓为学之方乎！惟吾兄益就平日用工得力处进步不息，譬之适京都者，始在偏州僻壤，未免经历于傍蹊曲径之中，苟志往不懈，未有不达于通衢大路者也。①

这里的体认天理或致良知都是悟本体。阳明认为一切的生意和源泉都在本体上，而不在枝叶上。如果想要使枝叶生长更加茂盛，应该从根上进行更多的培养，而不是盲目地给枝叶使用增加茂盛的方法。枝叶就是工夫或用，而根则是本体，所以应该用在本体上，而不是用在枝节工夫上。

到这里，我们其实可以看到两种工夫，即用在本体上的工夫和用在具体工夫（用）上的工夫。在已发世界中，其实所有的用都可

---

① （明）王守仁撰：《王阳明全集》（上），第219页。

以说是工夫，但这个工夫是体用合一的，即已发未发合一的。这个合一说的是体或未发都变成了用或已发。既然是合一的，就能从中体悟到本体。阳明倾向于悟本体的工夫。

格物也是工夫，而格物的工夫有的就用在本体上，有的在枝节上，阳明则选前者，他说："吾教人致良知，在格物上用功，却是有根本的学问。日长进一日，愈久愈觉精明。世儒教人事事物物上去寻讨，却是无根本的学问。方其壮时，虽暂能外面修饰，不见有过，老则精神衰迈，终须放倒。譬如无根之树，移栽水边，虽暂时鲜好，终久要憔悴。"①

这里就出现了一个问题，格物本身就是广义的工夫。格物工夫中可以分为本体学问和具体的枝节学问。所以，良知本体是在工夫上用功得来的。这样就和前面阳明拒绝从用中求本体相矛盾了。我们只能说，阳明拒绝从工夫中求本体中的工夫，说的是那些关于事事物物的枝节工夫，但从事事物物中可以展开求本体的工夫。

我们看到阳明在有些场合并不拒绝因用以求体的观点，如他在《答汪石潭内翰》中说：

> 夫喜怒哀乐，情也。既曰不可，谓未发矣。喜怒哀乐之未发，则是指其本体而言，性也。斯言自子思，非程子而始有。执事既不以为然，则当自子思《中庸》始矣。喜怒哀乐之与思与知觉，皆心之所发。心统性情。性，心体也；情，心用也。程子云"心，一也。有指体而言者，寂然不动是也；有指用而言者，感而遂通是也。"斯言既无以

---

① （明）王守仁撰：《王阳明全集》（上），第99—100页。

加矣，执事姑求之体用之说。夫体用一源也，知体之所以为用，则知用之所以为体者矣。虽然，体微而难知也，用显而易见也。执事之云不亦宜乎？夫谓"自朝至暮，未尝有寂然不动之时"者，是见其用而不得其所谓体也。君子之于学也，因用以求其体。凡程子所谓"既思"，即是已发；既有知觉，即是动者。皆为求中于喜怒哀乐未发之时者言也，非谓其无未发者也。朱子于未发之说，其始亦尝疑之，今其集中所与南轩论难辨析者，盖往复数十而后决，其说则今之《中庸注疏》是也。其于此亦非苟矣。独其所谓"自戒惧而约之，以至于至静之中；自谨独而精之，以至于应物之处"者，亦若过于剖析。而后之读者遂以分为两节，而疑其别有寂然不动、静而存养之时，不知常存戒慎恐惧之心，则其工夫未始有一息之间，非必自其不睹不闻而存养也。吾兄且于动处加工，勿使间断。动无不和，即静无不中。而所谓寂然不动之体，当自知之矣。未至而揣度之，终不免于对答说相轮耳。然朱子但有知觉者在，而未有知觉之说，则亦未莹。吾兄疑之，盖亦有见。但其所以疑之者，则有因噎废食之过，不可以不审也。君子之论，苟有以异于古，姑毋以为决然，宜且循其说而究之，极其说而果有不达也，然后从而断之，是以其辩之也明，而析之也当。盖在我者，有以得其情也。今学如吾兄，聪明超特如吾兄，深潜缜密如吾兄，而犹有未悉如此，何邪？吾兄之心，非若世之立异自高者，要在求其是而已，故敢言之无讳。有所未尽，不惜教论；不有益于兄，必有益于我也。①

在这里，阳明论述了体用的关系。这里的体是心之性，即良知，用则是喜怒哀乐之情。他承认，体用一源，即性和情都来自心，而且知体是为了用，知用是为了体，但是体是精微而难知的，用则是显明而易知的，所以直接知体很难，但可以通过用知体，"君子之于学也，因用以求其体。"在这里，阳明并没有否定从本体知体的可能性，却接受了从用知体的可能性。这就和阳明前面的立场有所不同了。他不再坚持说从工夫或用中无法体悟本体的说法。只是强调在事事物物中用工夫时，一定是以悟本体为要，而不是沉溺于事物中做枝节闻见之知的工夫。

在下面这段中，王阳明也开始强调从实事上做工夫，而不是在虚寂本体上做工夫。他说："故致知者，意诚之本也。然亦不是悬空的致知，致知在实事上格。如意在于为善，便就这件事上去为；意在于去恶，便就这件事上去不为。去恶固是格不正以归于正，为善则不善正了，亦是格不正以归于正也。如此，则吾心良知无私欲蔽了，得以致其极，而意之所发，好善去恶，无有不诚矣！诚意工夫，实下手处在格物也。若如此格物，人人便做得，'人皆可以为尧、舜'，正在此也。……众人只说格物要依晦翁，何曾把他的说去用？我着实曾用来。初年与钱友同论做圣贤，要格天下之物，如今安得这等大的力量？因指亭前竹子，令去格看。钱子早夜去穷格竹子的道理，竭其心思，至于三日，便致劳神成疾。当初说他这是精力不足，某因自去穷格。早夜不得其理，到七日，亦以劳思致疾。遂相与叹圣

---

① （明）王守仁撰：《王阳明全集》（上），第146—147页。

贤是做不得的，无他大力量去格物了。及在夷中三年，颇见得此意思，乃知天下之物本无可格者。其格物之功，只在身心上做，决然以圣人为人人可到，便自有担当了。这里意思，却要说与诸公知道。"①

这里的实事上做，就是在良知发用的实事上做，也是对身心之实事展开的工夫，所以所谓的实事上致知，其根本是对身心用工夫。这也就是说，即使是到天下之物中去，也是要通过对事物的观察来格心，通过格心来格物，而非在心物分离的情况下简单对物进行格，所以格物依然是求本体之工夫。

于是，阳明所赞同的从工夫见本体、从用求体的观点始终是以心为基础的。他说："区区论致知格物，正所以穷理，未尝戒人穷理，使之深居端坐而一无所事也。若谓即物穷理，如前所云务外而遗内者，则有所不可耳。昏暗之士，果能随事随物精察此心之天理，以致其本然之良知，则虽愚必明，虽柔必强，大本立而达道行，九经之属可一以贯之而无遗矣。尚何患其无致用之实乎？彼顽空虚静之徒，正惟不能随事随物精察此心之天理，以致其本然之良知，而遗弃伦理，寂灭虚无以为常，是以要之不可以治家国天下。"②

这里阳明开始赞同随事随物能够精察心之良知、心之天理，也就是心本体。这也是对从工夫见本体的接受，但是工夫和接物的前提和目标都是体悟本体，而不是就物来增长见闻知识，工夫依然是体悟本体的工夫，这是阳明始终坚持头脑和根本之学的一贯立场。

---

① （明）王守仁撰：《王阳明全集》（上），第 119—120 页。
② （明）王守仁撰：《王阳明全集》（上），第 47 页。

(五) 王阳明的四句教

阳明良知心学之结晶乃是"四句教"，其四句为：

无善无恶心之体，

有善有恶意之动，

知善知恶是良知，

为善去恶是格物。

如前所述，良知学乃是建立在天理良知这一宇宙论基础上的，所以对四句教的理解也要从宇宙论着手。阳明的宇宙论与现代宇宙论不同，它是宇宙论（或存有论）和价值论的统一。宇宙本体乃是天理良知。

最能阐释四句教的是阳明这段话，他说：

道无形体，万象皆其形体；道无显晦，人所见有显晦。以形体而言，天地一物也；以显晦而言，人心其机也。所谓心即理也者，以其充实氤氲而言谓之气，以其脉络分明而言谓之理，以其流行赋畀而言谓之命，以其禀受一定而言谓之性，以其物无不由而言谓之道，以其妙用不测而言谓之神，以其凝聚而言谓之精，以其主宰而言谓之心，以其无妄而言谓之诚，以其无所倚著而言谓之中，以其物无可加而言谓之极，以其屈伸消息往来而言谓之易，其实则一而已。今夫茫茫堪舆，苍然陨然，其气之最粗者欤？稍精则为日月、星宿、风雨、山川；又稍精则为雷电、鬼怪、草木、花卉；又精而为鸟兽、鱼鳖、昆虫之属；至精而为人，至灵至明而为心。故无万象，则无天地；无吾心，则无万象矣。故万象者，吾心之所为也；天地者，万象之所为也；天地万象，吾心之糟粕也。要其极致，乃见天地无心，而人为之心。心失其正，则吾亦万象而已；心得其正，乃谓之人。此所以为天地立心，为生民立命，惟在于吾心。此可见心外无理，心外无物。所谓心者，非今一团血肉之具也，乃指其至灵至明、能作能知者也，此所谓"良知"也。然而无声无臭，无方无体，此所谓"道心惟微"也。以此验之，则天地日用，四时鬼神，莫非一体之实理；不待有所彼此比拟者。古人之言合德合明、如天如神、至善至诚者，皆自下学而言，犹有二也；若其本体，惟吾而已，更何处有天地万象？此大人之学所以与天地万物一体也。一物有外，便是吾心未尽处，不足谓之学。①

天理良知也就是道，也即太虚，乃是宇宙本源，其是一个灵体，虚灵不昧，自然本然，动静皆定，它不是物质或精神的，而是这两者之源泉。其自然本然之状态则是无所谓善也无所谓恶的，也即至善。其妙用为神，流行为气，凝聚为精。在仅此一次的创世行为中，太虚流行而化为天地万物。在这已发状态中，人乃成为天地之心，而人之心又是人身上最灵明处。作为已发万物中的最灵明部分，人心就是那个已经化生为天地万物的良知天理之凝聚处。就人之心体的极致状态来说，也就最能体现太虚天理无善无恶之特征，正所谓"无善无恶心之体"。

作为已发之心体，则为意；作为已发之天理，则为气。有形质

---

① 束景南、查明昊辑编：《王阳明全集补编·（明）朱得之辑〈稽山承语〉》，上海古籍出版社 2016 年版，第 282—283 页。

之意或气由于方所所累，不能维持在太虚中自然本然之流动状态，就会有过和不及，于是就有了善恶之分，即所谓"有善有恶意之动"或"有善有恶者气之动"。

自然本然状态的过和不及，就形成了恶。恶之形成会伤害自然流行之至善状态，进而有可能导致万物相伤、天地不存。然而天理就如晴空日照，虽偶有阴云，但终不能遮蔽日光。天理不灭，则人心亦不会灭。灵明之心即使是陷溺于已发物欲中，也会感应到未发之至善状态，此即为心体之良知。因此，在天理良知之贯通下，心之良知自然能够区分善恶。这里的善恶是非不仅包括所谓的本然之知（道德知识），也包括见闻之知，即"能作能知"之良知知晓天地间所有事物的知识。此所谓"知善知恶是良知"。

良知的"能作能知"（知行合一）是先天的和潜在的，它要有一个生发成长的过程。这个过程需要良知与万物一起来完成。良知需要在与万物的相遇和切磨中激发展现出对万物的所有知识，这些知识的获得则有助于对万物的安排和照料。在这个过程中，良知不断得到开发，而开发的结果就是万物之本然知识与见闻知识的不断显现，良知则依据这些不断呈现出来的知识使万物各归其位、各得其所、各成其命。因此，格物的过程是良知与万物一起成长完善的过程。这个过程就是亲民、格物的过程，也是明明德、致良知的过程，又是知行合一、成己成物的过程，也即"为善去恶是格物"。

可以说，四句教是一个自上而下的完整过程。这一过程蕴含了自然良知创世、良知为形质事物所陷溺和良知在形质世界重建自身的自然整体过程。所以，阳明将四句教定为其学之宗旨，并非虚言。短短四句可谓道尽了整个天地宇宙之奥秘。

（六）王阳明的大人政治思想

对阳明心学或良知学的研究不胜枚举，但很少有学者注意到阳明的大人思想。[①] 本书将从四个层面来展示阳明大人之学，即大人之志、大人之旨、大小之辨、大人的陷阱等，并在这四个层面基础上，尝试评价其大人之学。

1. 大人之志

王阳明从小就立志做大人。这里的大人包括圣人和英雄。他的偶像很明显，文乃是历代圣贤，武则是东汉名将马援。

阳明十一岁时，曾经问私塾的老师说："何为第一等事?"老师回答说："惟读书登第耳。"王守仁对此有所怀疑，直言："登第恐未为第一等事，或读书学圣贤耳。"[②] 如此大的胸襟和豪气，让私塾先生惊诧不已。

[①]　更多学者是从《大学问》来研究阳明的大人之学和良知之学，如蒋国保《论〈大学问〉乃王阳明哲学纲要》（《教育文化论坛》2015 年第 1 期，第 2—8 页），张连良、陈琦《从〈大学问〉看王阳明"致良知"思想的逻辑结构》，（《社会科学战线》2014 年第 6 期，第 25—32 页），彭国翔《论儒家"万物一体"的生态观——重读〈大学问〉》（《河北学刊》2013 年第 2 期，第 35—38 页），朱雪芳《〈大学问〉——"以天地万物为一体"》（《中国哲学史》2005 年第 2 期，第 86—91 页），林可济《朱熹的〈格物补传〉和王阳明的〈大学问〉——围绕〈大学〉版本的两派分歧》（《福建论坛》（人文社会科学版）2016 年第 3 期，第 43—47 页），张昭炜《阳明学发展的困境及出路》（中国社会科学出版社 2017 年版，第 312—321 页）。这些论述对王阳明的大人政治思想有一定揭示，但对其机理未能深入阐释，对其评价更是阙如。

[②]　（明）王守仁撰，吴光、钱明、董平、姚延福编校：《王阳明全集》（下），上海古籍出版社 1992 年版，第 1221 页。

十五岁时，他随父亲出游居庸关，"慨然有经略四方之志"。① 不久他就做了一个梦，梦见自己去拜谒马援的伏波将军庙。醒来后即赋诗一首："卷甲归来马伏波，早年兵法鬓毛幡。云埋铜柱雷轰折，六字题文尚不磨。"②

这文武之志伴随了他一生。

在他三十四岁之时，开始提倡身心之学，并有慕名而来的求学者。阳明对这些门人说，为学必"先立必为圣人之志"③。可见，起自其儿时的圣人志向不仅没变，反而愈加坚笃。也是在这一年，阳明与湛若水一见定交，"共以倡明圣学为事"④。

终其一生，阳明无时无刻不在强调立圣人之志，如他对弟子们说："你真有圣人之志，良知上更无不尽。"⑤ "诸公在此，务要立个必为圣人之心，时时刻刻，须是一棒一条痕，一掴一掌血，方能听吾说话句句得力。若茫茫荡荡度日，譬如一块死肉，打也不知得痛痒，恐终不济事。回家只寻得旧时伎俩而已，岂不惜哉！"⑥

在给友人的信中也是经常提立志，如他说"坚其必为圣人之志，勿为时议所摇"（《答路宾阳》）⑦，"夫学者既立有必为圣人之志，只消就自己良知明觉处朴实头致了去，自然循循日有所至"（《答刘

---

① （明）王守仁撰：《王阳明全集》（下），第 1222 页。
② （明）王守仁撰：《王阳明全集》（下），第 1222 页。
③ （明）王守仁撰：《王阳明全集》（下），第 1226 页。
④ （明）王守仁撰：《王阳明全集》（下），第 1226 页。
⑤ （明）王守仁撰：《王阳明全集》（上），第 104 页。
⑥ （明）王守仁撰：《王阳明全集》（上），第 123 页。
⑦ （明）王守仁撰：《王阳明全集》（上），第 192 页。

内重》）①，"大抵近世学者，只是无有必为圣人之志"（《与黄宗贤》）②，"非诚有求为圣人之志而从事于惟精惟一之学者，莫能得其受病之源而发其神奸之所由伏也"（《寄邹谦之》）③，"夫苟有必为圣人之志，然后能加为己谨独之功"（《书汪进之卷》）④ 等。

对自己的亲属，阳明更是专门写成立志说，勉励其弟立圣人之志，他说："夫学，莫先于立志。志之不立，犹不种其根而徒事培拥灌溉，劳苦无成矣。世之所以因循苟且，随俗习非，而卒归于污下者，凡以志之弗立也。故程子曰：'有求为圣人之志，然后可与共学。'"（《示弟立志说》）⑤

可以看到，对阳明来说，立大人之志就是成为大人的开始，而大人就是其终点。放到阳明良知学说里，立大人之志就是良知的觉醒，其终点乃是良知之澄明。所以，立志与良知就形成了一个循环，立志需要良知的澄明和觉醒，而良知则需要立志来成就和完善。这也是阳明先天与后天、未发和已发辩证统一逻辑的产物。先天已在后天中，未发也在已发中。良知也已在立志中，但其是潜在的，良知需要立志等环节一步步展开来实现自身。

正是在这种坚定的大人或圣人志向的指引之下，阳明才一步步取得了其辉煌的成就。良知之学的形成也是从立志开始的。

---

① （明）王守仁撰：《王阳明全集》（上），第 196 页。
② （明）王守仁撰：《王阳明全集》（上），第 199 页。
③ （明）王守仁撰：《王阳明全集》（上），第 206 页。
④ （明）王守仁撰：《王阳明全集》（上），第 1024 页。
⑤ （明）王守仁撰：《王阳明全集》（上），第 259 页。

2. 大人之旨及其高明所在

（1）大人乃以天地万物为一体者也

关于大人之旨，在《亲民堂记》《大学问》中，阳明曾经详细交代过，这两篇大部分内容是一样的。他说："大人者，以天地万物为一体也。夫然，后能以天地万物为一体。"① "大人者，以天地万物为一体者也，其视天下犹一家，中国犹一人焉。"② 能够与天地万物融为一体的就是大人。那么，何为万物一体？又如何实现万物一体呢？阳明说："人者，天地之心也；民者，对己之称也；曰民焉，则三才之道举矣。"③

在阳明看来，宇宙就是一个有机整体。在这个整体中，有形天地为身，人为其心，身心一体。关于万物一体之说，阳明曾用"气"来阐释，他说："人的良知，就是草木瓦石的良知。若草木瓦石无人的良知，不可以为草木瓦石矣。岂惟草木瓦石为然，天地无人的良知，亦不可为天地矣。盖天地万物与人原是一体，其发窍之最精处，是人心一点灵明。风、雨、露、雷、日、月、星、辰、禽、兽、草、木、山、川、土、石，与人原只一体。故五谷禽兽之类，皆可以养人；药石之类；皆可以疗疾；只为同此一气，故能相通耳。"④ 在这里，大人之心就是良知。阳明在此说得更为明白，万物一体的前提是天地万物与人"同此一气"，而此"一气"是就良知天理发用处而言的。⑤ 在此发用后的整体一气中，人心良知乃是其最灵明之所在，

---

① （明）王守仁撰：《王阳明全集》（上），第252页。
② （明）王守仁撰：《王阳明全集》（下），第968页。
③ （明）王守仁撰：《王阳明全集》（上），第251页。
④ （明）王守仁撰：《王阳明全集》（上），第107页。
⑤ （明）王守仁撰：《王阳明全集》（上），第62页。

因此其是天地万物之心，而万物则是与此心相应的身体样的存在。所以说，"人的良知，就是草木瓦石的良知。若草木瓦石无人的良知，不可以为草木瓦石矣。"因为草木瓦石自身不够灵明，其自身之心也就无法真正履行心的职能，它们只能通过最灵明的人心来揭示和展现自身，所以草木瓦石这一个身体若没有人心的存在，将不会完善地展现自身和成就自身，"不可以为草木瓦石矣"。例如，天地万物的自然科学知识（见闻之知）和道德知识（本然之知）只有在人心的揭示下才显现出来，人通过这些知识才能使万物各尽其能、各就其位。天地万物与人心的关系皆如此。所以说，人的良知不在，天地之心就不在，天地也就不成其为天地。

要注意的是，阳明虽然用"气"来解释万物一体，但与其说他是气一元论者，毋宁说他是理一元论者。他说：

　　夫良知一也，以其妙用而言谓之神，以其流行而言谓之气，以其凝聚而言谓之精，安可以形象方所求哉？①

　　良知是造化的精灵。这些精灵，生天生地，成鬼成帝，皆从此出，真是与物无对。②

对阳明来说，能作为本源的只能是一个先天灵明之存在，而不是一个后天形气之存在。气只能作为次一级的本源，所以良知天理这种灵明存在才是宇宙本源。良知就是心之本体，而良知的本体又是天理。因此，心学是良知学，也是天理学。③ 万物一体论就是天理

---

① （明）王守仁撰：《王阳明全集》（上），第 62 页。

② （明）王守仁撰：《王阳明全集》（上），第 104 页。

③ 贾庆军：《王阳明天学初探：以四句教为中心的考察》，中国社会科学出版社 2018 年版，第 135 页。

一元论。

到这里就清楚了，这一身心合一的万物一体，同时也是天人合一。当然，这个"人"指的是人类整体，也就是"民"。单个的人都属于"人"或"民"。只是有时为了区分我和他人才在"对己"的意义上说他人是民，同理，自己对别人来说也是"民"，所以说"民"就包含了所有人，而"民"又是天地之心。尽了此心就尽了天地之身，所以一个"民"字就涵尽了天、地、人三才之道。

（2）万物一体的关键在于明明德

就如何尽此人或民之道，阳明接着说：

> 是故亲吾之父以及人之父，而天下之父子莫不亲矣；亲吾之兄以及人之兄，而天下之兄弟莫不亲矣。君臣也，夫妇也，朋友也，推而至于鸟兽草木也，而皆有以亲之，无非求尽吾心焉以自明其明德也。是之谓明明德于天下，是之谓家齐国治天下平。①

人之道或民之道就是儒家的父子、兄弟、君臣、夫妇、朋友五伦。将此五伦推至于天下万物，则天下皆亲，和谐太平。那么，如何知晓这五伦呢？这就要尽心，明明德。

如此，我们就明了了阳明学问之路数：要尽天地万物，就要尽天地之心（人之道）；要尽天地之心，必须尽人之心；人心尽则天地宇宙皆尽。在阳明看来，宇宙中各层各类存在的关键就是其灵魂之所在，也即心。抓住各层事物的关窍之心，各层事物的治理问题莫不迎刃而解。最终阳明之学被称为"心学"，就不是偶然的了。

---

① （明）王守仁撰：《王阳明全集》（上），第251页。

尽人之道，就是尽人之心。人心要做的就是明明德。根据上下文，"明德"肯定是属于五伦这样的存在，而明明德就是将此明德显明并践行。自身明了并践行此明德，则身修家齐；将此明德显明践行于天下，则国治天下平。

（3）两种假明明德

何为明明德？真假如何辨别？阳明列举了两种假明明德，他说：

> 昔之人固有欲明其明德矣，然或失之虚罔空寂，而无有乎家国天下之施者，是不知明明德之在于亲民，而二氏之流是矣；固有欲亲其民者矣，然或失之知谋权术，而无有乎仁爱恻怛之诚者，是不知亲民之所以明其明德，而五伯功利之徒是矣；是皆不知止于至善之过也。是故至善也者，明德亲民之极则也。①

第一种假明明德是佛道两家的养空寂之心。此空寂可表现在两个方面：一是修心不修身，心身分离。空懂一番高明的道理，却从不践行；二是避世独修、与世隔绝，与家国天下无涉。所以阳明说，其不知明明德要亲民。还有一点，按照阳明的观点，这个心并不是一蹴而就的，它是和天地万物一起萌芽和生长的。② 虽然阳明也提到这种可能，即天赋极高之人可以一下顿悟良知一切奥秘，但这种可能是微乎其微的。③ 因为如此的话，此人已经与天地一般了。良知的先天完满及其蕴藏于人心，并不等于说其后天是一蹴而就、瞬间完满的。良知完满是潜在的，其只有在和天地万物一起展开的过程中

---

① （明）王守仁撰：《王阳明全集》（上），第 251 页。
② （明）王守仁撰：《王阳明全集》（上），第 14 页。
③ （明）王守仁撰：《王阳明全集》（下），第 1306、1307 页。

（也即亲民）才会逐渐完善自身，所以空寂心或一个刹那间完满的心都不是阳明所推崇的。第二种假明明德是亲民了，却是带着一颗狡诈之心去亲的，没有仁爱坦诚之心，这就不是明德而是黑德。因此，不知亲民与亲而不明都是假明德，只有两者兼具才是完善的，才能到达至善。至善即是涵纳亲民之明德之大成，是"明德亲民之极则也"。

（4）真正的明明德是良知的展开，即知行合一

真正的明德或至善是什么呢？就是良知。阳明说："天命之性，粹然至善。其灵昭不昧者，皆其至善之发见，是皆明德之本体，而所谓良知者也。"①

这一句交代了天命、至善、明德、良知的关系。天命也即天理、天道，其在万物则为其性，此性即是至善的。由此推理，天理、天道也是至善的。这就显示了传统中国特有的思维，即存在和价值（德）是一体的。也可以说，至善就是天理、天道或性。此至善天理是灵昭不昧的，它会自然显现在人心。其显现就是良知，而此良知乃是明德之本体。换句话说，明德乃是良知之显现。

如此，这几种存在的关系就清楚了。天命、良知、明德都是至善，或者说至善乃天命、良知、明德的本然状态，但它们之间又是体用关系：天命乃良知之体，良知乃天命之发用；良知又为明德之体，明德为良知之发用。在这里，起到桥梁作用的就是良知。此良知贯通了天理和具体伦理。后来阳明又干脆称良知就是天理。② 良知

---

① （明）王守仁撰：《王阳明全集》（上），第 251 页。
② （明）王守仁撰：《王阳明全集》（上），第 45 页。

就成了其学说的根基和核心。所以，明明德就是天理或良知的展开。

在阳明体用合一的逻辑中，这三者又可以是一物，所以阳明会说天理即是明德①、良知即是天理，到后来则用良知统一代表了。

既然至善乃天理、良知、明德的本然状态。那么至善是一种什么状态呢？阳明说：

> 至善之发见，是而是焉，非而非焉，固吾心天然自有之则，而不容有所拟议加损于其间也。有所拟议加损于其间，则是私意小智，而非至善之谓矣。②

至善是从其发用状态显示出来的。这个状态就是让是如其所是、非如其所非。看来至善并不是不分善恶，而是善恶自然分明。如此，至善就是是非之自然状态，而至善之发用就是良知，所以良知本来就是知是知非的。知是知非（知善知恶）之良知乃人心"天然自有之则"，也就是说良知天然是至善的。

这样一来，良知和天命或天理就融为一体了。良知与天理一样，是先天自然至善的存在。任何人为对其进行增减的行为都是私意小智，会破坏至善良知或天理，而天理之至善包含了天地万物（包括人）的是非之则，良知也会如此。于是阳明和朱子就在这里分道扬镳了。

朱子和阳明都承认天理之存在，但朱子认为天理在万物当中，人心则具有认识天理的能力，需要去万物中去体悟认识天理。阳明则认为，天理就在人心之中，不必外求。现在看来，阳明似乎领略

---

① （明）王守仁撰：《王阳明全集》（上），第6页。
② （明）王守仁撰：《王阳明全集》（上），第251页。

到了天人合一、万物一体、人乃天地之心的真意，这一整体是先天就存在的。朱子显然是在天人两分的前提下再求合一的。

在阳明眼中，类似朱子心外求理的行为都是人欲。他说：

> 人惟不知至善之在吾心，而用其私智以求之于外，是以昧其是非之则，至于横骛决裂，人欲肆而天理亡，明德亲民之学大乱于天下。①

没有真正从天人合一、万物一体的前提下来看人心及其良知，就陷入了人欲的境地，自然也就无法理解明德亲民之真意了。不知至善天理先天就在人心，徒劳地奔波于万物当中，难免被物所扰，欲望滋生，至善天理终被埋没，所以只有明了了至善天理先天就存在于人心，然后在亲民之过程中将其逐渐显明践行出来，才是大人之学，圣人之道。如阳明所说：

> 故止至善之于明德亲民也，犹之规矩之于方圆也，尺度之于长短也，权衡之于轻重也。……明德亲民而不止于至善，亡其则矣。夫是之谓大人之学。②

明德亲民从先天至善开始，到最后完全践行至善，而这先天至善就是万物一体之仁。体悟到万物一体的先天自然至善，并在后天中将其逐渐展开和践行开来，才是大人之学。在这里，至善、明德、亲民形成的就是一个逐渐展开的过程。如前所述，至善与明德是体用关系，明德与亲民又是体用关系。这两层的体用又可归为一层，即至善与明德亲民的体用关系。所以，阳明才会说至善与明德亲民

---

① （明）王守仁撰：《王阳明全集》（上），第251页。
② （明）王守仁撰：《王阳明全集》（上），第251—252页。

就是规矩和方圆、尺度与长短、权衡与轻重的关系，这个关系就是体用关系，而这个体用关系展开的过程也就是明明德的过程，所以大人之学就是明明德，也就是良知的展开。

联系阳明对两种假明明德的批判，真正的明明德或良知的展开，也就是阳明所说的另一个宗旨：知行合一。良知必然是接触万物的行之知，也必须是善之知。这也是知行合一必须要具备的两种内涵，所以大人之学万物一体之学，就是明明德，就是良知的展开，也是知行合一。

（5）大人之学、良知、四句教等三者的关系

明眼人可能一眼就看出，这是阳明用自己的理论体系对大学总纲进行的全新的阐释。大学的宗旨就是"明明德""亲民""止于至善"。阳明以自己的宇宙论将这三个宗旨融为一体。至善乃宇宙整体的本然状态，即是是非非之自然本然状态。至善之发见就是人心之良知，此良知乃是明德之本体。明明德就是将良知自然本然状态昭示显现于天下，而亲民则是此自然本然状态的实际展开和关键之处。民乃人之集合，是万物之心，心体良知首先要在民中显现、展开和实践，民安、民治则天地皆治，《大学》所说的修齐治平就如此实现了。

阳明学说的关窍乃在其万物一体之至善，此即良知本体。其良知学说也就是万物一体至善学说，而至善良知本体昭示和实践的关键又在人心，所以阳明强调心的作用就可以理解了，其学说被称为"心学"也很自然。需要知晓的是，此心之根仍在天，即宇宙整体（天理）。其四句教第一句交代的也是这个自然至善的万物整体，即所谓"无善无恶心之体"。无善无恶即自然至善，心之体就是良知，也是天命之性，所以阳明说"良知即是天理"。四句教中的第三句

"知善知恶是良知"对应的是"明明德",第四句"为善去恶是格物"指的就是"亲民"。第一句与第三句是体用关系,第三句和第四句也是体用关系,这种关系模式与"至善""明明德""亲民"之间的关系模式是一致的。

阳明的四句教与《大学》宗旨如此契合,就是因为阳明的良知学说就是在《大学》的宗旨和条目基础上进行的提炼和提升。《大学》所欠缺的是对恶的阐释,所以阳明四句教第二句"有善有恶意之动"是对它的补充,而其他三句与《大学》三宗旨是完全一致的。①

阳明用良知学说或心学对《大学》所做的阐释无疑是非常深刻而独到的,此大人之学的奥秘也只有到了阳明这里才得到如此全面、系统和精深的揭示。拎出良知或心这一关窍,将古人天人合一、万物一体之思想发挥阐释到极致,确乃阳明对中国乃至世界文化的一大贡献。无怪乎阳明自负地说,良知之学乃"彻上彻下"的学问②,敢不信哉!

(6)大人之学的实质及大人的具体质量

如上所述,大人之学也就是良知之学。大人就是具有和践行良知之人。良知要实现的就是万物一体之仁,其具体内涵又包含"明明德,亲民,止于至善"之旨。这个过程也是知行合一的过程,也是致良知。从这里可以看出,阳明所有学说都是贯通的。

在最新发现的阳明《语录》中,对这种大人万物一体思想有更

---

① 贾庆军:《王阳明天学初探:以四句教为中心的考察》,中国社会科学出版社2018年版,第104—110页。

② (明)王守仁撰:《王阳明全集》(下),第1306页。

精微、更系统的表述。此段将阳明所有思想全部贯通。阳明说：

> 道无形体，万象皆其形体；道无显晦，人所见有显晦。以形体而言，天地一物也；以显晦而言，人心其机也。所谓心即理也者，以其充实氤氲而言谓之气，以其脉络分明而言谓之理，以其流行赋畀而言谓之命，以其禀受一定而言谓之性，以其物无不由而言谓之道，以其妙用不测而言谓之神，以其凝聚而言谓之精，以其主宰而言谓之心，以其无妄而言谓之诚，以其无所倚著而言谓之中，以其物无可加而言谓之极，以其屈伸消息往来而言谓之易，其实则一而已。今夫茫茫堪舆，苍然隤然，其气之最粗者欤？稍精则为日月、星宿、风雨、山川；又稍精则为雷电、鬼怪、草木、花卉；又精而为鸟兽、鱼鳖、昆虫之属；至精而为人，至灵至明而为心。故无万象，则无天地；无吾心，则无万象矣。故万象者，吾心之所为也；天地者，万象之所为也；天地万象，吾心之糟粕也。要其极致，乃见天地无心，而人为之心。心失其正，则吾亦万象而已；心得其正，乃谓之人。此所以为天地立心，为生民立命，惟在于吾心。此可见心外无理，心外无物。所谓心者，非今一团血肉之具也，乃指其至灵至明、能作能知者也，此所谓“良知”也。然而无声无臭，无方无体，此所谓“道心惟微”也。以此验之，则天地日用，四时鬼神，莫非一体之实理；不待有所彼此比拟者。古人之言合德合明、如天如神、至善至诚者，皆自下学而言，犹有二也；若其本体，惟吾而已，更何处有天地万象？此大人之学所以与天地万物一体也。

　　一物有外，便是吾心未尽处，不足谓之学。①

　　道即是天理或天道，乃宇宙本源。道有形之形体则是气。此气中万物有粗精之别，而最精者则是人心。因此，天地宇宙就是一个有机整体，人心乃是天地之心，万物乃是其躯体，而灵明之心就是良知、明德。此良知或明德也是最能承载天理或天道之所，而天礼或天道本身即是至善，所以良知或明德也先天是至善的。此至善之天理和良知也即"无善无恶心之体"。此自然至善之体天然知善知恶，知是知非，即所谓"知善知恶是良知"。这里的善恶是非不仅包括本然之知（道德知识），也包括见闻之知，即"能作能知"之良知知晓天地间所有事物的知识。良知的"能作能知"（知行合一）是先天的和潜在的，它要有一个生发成长的过程。这个过程需要良知与万物一起来完成。良知需要在与万物的相遇和切磨中激发展现出对万物的所有知识，这些知识的获得有助于对万物的安排和照料。这个过程就是亲民、格物的过程，也是明明德、致良知的过程，也是知行合一、成己成物的过程，也即"为善去恶是格物"。

　　可见，在这个天理一元万物一体的体系中，关键所在就是良知。良知打开的方式决定了天地万物的存在方式；良知若消亡，天地也将消亡。所谓的大人就是体悟并践行此良知中蕴含的万物一体之真谛之人。如此，人才成其为人，"心得其正，乃谓之人"，也才能是为天地立心，为生民立命，使万物各安其所的大人。

　　要注意的是，说到知识，良知的能知是包括本然之知和见闻之

---

　　① 束景南、查明昊辑编：《王阳明全集补编》，上海古籍出版社2016年版，第282—283页。

知的。本然之知乃是根本上的知识，如整体大道、秩序、道德等，即中国古人最擅长的道学；见闻之知则是具体的、细节的知识，接近于现今的自然科学知识。这一部分恰是古人比较忽略的。古人志向过于高远，总是直接去体悟大道、大学，其理论（本体）和实践（工夫）都是指道的体悟和实践，这就出现道学泛滥而科学滞后的结果，但古人也并不完全否认见闻之知，只是使其归于道学的统领。在阳明的知识谱系中，也是道学优先的，但考虑到良知的完整性，是不排除其关于天地万物的具体知识，所以良知本身是不排斥现代科学知识的，未来对良知这层面的开发将会使其更加完善。①

那么，大人和大人之心具体要具有什么质量呢？从阳明对良知本体的描述中我们可以概括出来。他说：

> 盖吾良知之体，本自聪明睿智，本自宽裕温柔，本自发强刚毅，本自斋庄中正文理密察，本自溥博渊泉而时出之，本无富贵之可慕，本无贫贱之可忧，本无得丧之可欣戚，爱憎之可取舍。（《答南元善》）②

由此可归纳出良知的五种质量：（1）聪明睿智（智慧聪敏、洞悉毫微）。（2）宽裕温柔、发强刚毅（刚柔相济）。（3）斋庄中正、文理密察（庄重正直、细密周知）。（4）溥博渊泉而时出之（广大无垠、生机勃勃）。（5）无富贵之可慕，无贫贱之可忧，无得丧之可欣戚，无爱憎之可取舍（宠辱不惊、无欲则刚、自然自足）。

再简洁一点可归为这四种：聪明睿智、刚柔并济、生机无限、

---

① 贾庆军：《王阳明"知行合一"之"五层"、"二天"、"两型"说》，《中共宁波市委党校学报》2018 年第 6 期，第 54 页。

② （明）王守仁撰：《王阳明全集》（上），第 211 页。

宠辱不惊。这些资料是《中庸》所提出来的，但在阳明良知大人学说中，显得更加系统和明晰。

（7）大人之高明所在

此良知大人在思想史上有何优点或高明之处呢？其厉害就在于其中的天理万物一体思想。

首先是大人万物一体思想在本体论上的优点。在阳明这里，万物一体并不是想象的，而是宇宙生成论或本体论上的。万物的本体就是天理，此天理动而成气，气又化生为万物。在此理气一元论中，就成就了万物一体。在此一体中，只有灵明和粗疏、本和末、头脑和身体之程度区分，没有西方哲学中的主体和客体、物质和精神的本质区分。如此，万物一体之一元论就克服了西方二元对立思维的局限，突破了主体和客体、精神和物质、人类和自然等范畴的对立，实现了物我、人己、内外之统一。在这万物一体中，人乃是最灵明之存在，因此他最能体悟并践行万物一体思想，而这样的人就是良知大人。相对于西方思想中分裂的人，良知大人则是完整的。他在成为完整的人的同时也使整个宇宙成为一个整体，即人与自然是一个和谐的有机整体。这既保证了人及其灵明良知的核心地位，也防止了人类中心主义倾向。西方唯心主义无法圆满解释物质的存在，唯物主义则不能圆满解决低级物质如何产生高级精神的难题。阳明理气合一、万物一体思想则有助于解决这些难题。这都是万物一体思想在本体论上的优势。①

---

① 贾庆军：《王阳明天学初探：以四句教为中心的考察》，中国社会科学出版社 2018 年版，第 47—59 页。

其次是大人万物一体的思想在认识论上的优势。阳明的万物一体本体论为其认识论奠定了基础。此万物一体是一个先后天统一的整体。在先天中，也即在天理中，万物（包括人）是潜在地完善的。由于属于一个整体，人又是这一整体中的灵明所在，所以人具有的良知是先天知是知非、无所不知的。人心良知既含纳万物整体性知识（本然之知），也包含了万物具体的知识（见闻之知），但这些知识是潜在的，其只有在后天和万物一起展开的过程中才能将这些知识开发拓展出来（格物致知）。如贝克莱、康德的不可知论，两者都囿于精神意识和物质的区分，认为精神永远不可通达于物质本身，精神意识只能认知精神意识中的存在，也即被感知的存在（现象或表象）。贝克莱的不可知论水到渠成，康德也保留了"物自体"，但两人都没有思考，感知和现象又如何产生呢？若精神和物质没有一个共在的平台，精神又如何会感知到物质呢？这就是后来的费希特、谢林、黑格尔等对康德不满的地方，他们才想到一个先天统一的整体，即"绝对自我""绝对同一"和"绝对理念"，而唯物主义则通过物质产生精神的方式来解决二元分裂这个矛盾，但问题是，物质如何会生出这个更灵明、高级的存在呢？这就是所谓的唯心论者为何不赞同用物质来解释世界本源的原因。其实，现代唯物主义所谓的"物质"宇宙基本上乃是一个形而上的预设，这个"物质"恰是一个上帝式的存在，这一普遍而不可见的"物质"不知如何诞生了这个宇宙中形形色色具体的物质。在这一意义上，这一上帝般的普遍"物质"恰恰是最大的预设。也就是说，"物质"本身就是道一样的存在，它要想成为世界本源，必须要将灵明性的存在（如精神）作为物质中最高级的部分接受，而不是将精神仅仅作为狭义物质的衍生物。阳明灵明天理的万物一体思想却较好地解决了这一问题，使高级认知得以可能。不仅如此，万物一体、先后天统一认识论还能避免唯心主义的主观任意倾向和唯物主义的僵化物质决定论倾向。①

最后是大人万物一体思想在道德论上的优势。阳明所说的善恶与寻常主观道德善恶理论有本质区别。阳明所说的善恶是天地万物（也包括人）的一种本然自然状态。在这一自然本然状态中，包含着所有存在物的所有层面，既包括所谓自然界的，也包括人类的；既包括所谓人的理性层面的，也包括所谓的情感、欲望、意志等层面的。这是一种从整体上来进行判别的善恶观，而一般的善恶观却是在自然界和人类社会区分的基础上产生的。在人身上，又将理性和本能（情感、欲望、意志等）进行区分，将某一部分视为善的，其他部分视为恶的，如此产生的善恶观其实是一种主客体二元对立善恶观。它不从万物的自然本然状态出发，而是从主观的喜好出发来定义善恶。这种主客观对立产生的善恶道德就具有了一种随意性，而阳明的善恶道德观则超越了主客体之对立，如此才直指善恶之本源，所以西方从古至今的善恶观总是处于一种二元对立逻辑中：神与人的对立，人与自然界的对立，人自身理性与非理性的对立。其善恶选择就在非此即彼的选项中不断变换，却不曾从整体考虑过。尼采试图超越这种两分，以权力意志将理性和非理性统一起来，但

---

① 贾庆军：《王阳明"知行合一"之"五层"、"二天"、"两型"说》，《中共宁波市委党校学报》2018年第6期，第53—57页。

其仍难免顽固的人类中心主义倾向。^① 大人之善或仁乃是一种更根本和整体之善或仁。

综上可知，阳明的大人之学就是其良知之学，其良知学说与《大学》有着密切的关系。阳明借鉴佛道思想形成了自己的宇宙论体系之后，最多的就是借助《大学》这一文本来阐释其良知心学。他借助《大学》中的三纲（明德、亲民、止至善）详细地阐释了良知的出处（至善天理）、性质（灵明）、状态（万物一体）及其发用流行（亲民）等整个体用合一体系。他又从《大学》中得出了其良知心学的最后结晶：四句教。可以说，大学就是良知之学，而大学也是大人（圣人）之学，所以阳明所说的大人就是体悟并践行良知之人。这个大人所具有的具体品德可概括为聪明睿智、刚柔并济、生机无限、宠辱不惊。此大人之学在本体论、认识论和道德论上有其高明之处，此大人乃是一个完美至善之存在。

3. 大小之辨

（1）王阳明的大小之辨

有大人就有小人，阳明如何看待大小之别呢？在其《重修山阴县学记》《大学问》中有详细论述。他说：

> 圣人之求尽其心也，以天地万物为一体也。吾之父子亲矣，而天下有未亲者焉，吾心未尽也……故圣人之学不出乎尽心。……盖圣人之学无人己，无内外，一天地万物

---

① 贾庆军：《王阳明与尼采善恶观之比较》，《浙江社会科学》2017 年第 11 期，第105—107 页。

以为心。(《重修山阴县学记》)①

　　大人者，以天地万物为一体者也，其视天下犹一家，中国犹一人焉。若夫间形骸而分尔我者，小人矣。大人之能以天地万物为一体也，非意之也，其心之仁本若是，其与天地万物而为一也。……是故见孺子之入井，而必有怵惕恻隐之心焉，是其仁之与孺子而为一体也；孺子犹同类者也，见鸟兽之哀鸣觳觫，而必有不忍之心焉，是其仁之与鸟兽而为一体也；鸟兽犹有知觉者也，见草木之摧折而必有悯恤之心焉，是其仁之与草木而为一体也；草木犹有生意者也，见瓦石之毁坏而必有顾惜之心焉，是其仁之与瓦石而为一体也；是其一体之仁也，虽小人之心亦必有之。是乃根于天命之性，而自然灵昭不昧者也，是故谓之"明德"。小人之心既已分隔隘陋矣……及其动于欲，蔽于私，而利害相攻，忿怒相激，则将戕物圮类，无所不为，其甚至有骨肉相残者，而一体之仁亡矣。是故苟无私欲之蔽，则虽小人之心，而其一体之仁犹大人也；一有私欲之蔽，则虽大人之心，而其分隔隘陋犹小人矣。(《大学问》)②

　　通过上文可以看出，大人或圣人的核心特征就是以天地万物为一体。由此生发出对万物之仁心。在此仁心感召下，大人表现出的是无人无我、无己无物（心外无物）、无内无外（心外无理）的至高境界。在此境界中，人们顺自然天命而行，无私无欲，无为而又无

①　（明）王守仁撰：《王阳明全集》（上），第257页。
②　（明）王守仁撰：《王阳明全集》（下），第968页。

所不为。在一体之仁中，中国犹如一家，万物乃有机整体。人人各安其分，各得其宜，万物各依其序，太平和乐。

在人人皆有一体之仁心的意义上，人人皆是大人或圣人，所以阳明才会对学生于中说"尔胸中原是圣人"①，也同意学生王汝止所说的"见满街人都是圣人"②的说法。

为了展现对万物的仁心，阳明还从高到低列举了人对各种事物（人、动物、植物、无机物）的不忍之心。他用人类这种对万物的不忍之心表明，万物先天就是一体的，只有如此，人类才会对其产生仁心。如果没有这个共同一体之平台，仁心是很难发动的。这恐怕是后天人类证明万物先天一体的最佳明证了。

在明朱得之辑《稽山承语》中，对万物一体的宇宙描述得更精微。阳明说：

> 道无形体，万象皆其形体……以形体而言，天地一物也……以其充实氤氲而言谓之气……今夫茫茫堪舆，苍然隤然，其气之最粗者欤？稍精则为日月、星宿、风雨、山川；又稍精则为雷电、鬼怪、草木、花卉；又精而为鸟兽、鱼鳖、昆虫之属；至精而为人，至灵至明而为心。③

可以看到，万物来自天理或天道。在天道所化之气中，万物的区别只是粗精或灵明程度之别（见图4-2）。

---

① （明）王守仁撰：《王阳明全集》（上），第93页。
② （明）王守仁撰：《王阳明全集》（上），第116页。
③ 束景南、查明昊辑编：《王阳明全集补编》，上海古籍出版社2016年版，第282—283页。

整体宇宙

图 4-2　万物一体图

与此相对，小人表现出的则是人我之别、内外之别、心物之别、万物分别。在此分别的基础上，人所表现出的就是占有、争竞之欲望。在小人眼中，分别的人和物都成了占有和竞争的对象。人就成为物欲和其他一切欲望的奴隶。功名利禄之心由此汹涌澎湃。人人"利害相攻，忿怒相激，则将戕物圮类，无所不为"，一体之仁消失殆尽。小人的世界注定要相互残杀、分崩离析。

可以看出，这里所说的大小之辨，也是君子小人之辨、义利之辨与天理人欲之辨。在这一点上，阳明是继承了儒家历来之观点的，只是他阐释得更加深刻。

在阳明的著述中，这种大小之辨随处可见，如他在其"拔本塞源"说中写道：

　　夫圣人之心，以天地万物为一体，其视天下之人，无外内远近，凡有血气，皆其昆弟赤子之亲，莫不欲安全而教养之，以遂其万物一体之念。……当是之时，天下之人熙熙皞皞，皆相视如一家之亲。其才质之下者，则安其农、工、商、贾之分，各勤其业以相生相养，而无有乎希高慕外之心。其才能之异若皋、夔、稷、契者，则出而各效其能……盖其心学纯明，而有以全其万物一体之仁，故其精神流贯，志气通达，而无有乎人己之分，物我之间。……此圣人之学所以至易至简，易知易从，学易能而才易成者，正以大端惟在复心体之同然，而知识技能非所与论也。……圣人之学日远日晦，而功利之习愈趣愈下。……盖至于今，功利之毒沦浃于人之心髓，而习以成性也几千年矣。相矜以知，相轧以势，相争以利，相高以技能，相取以声誉。……记诵之广，适以长其敖也；知识之多，适以行其恶也；闻见之博，适以肆其辨也；辞章之富，适以饰其伪也。①

这里的无人己、内外、物我之分的圣人也就是大人，而执着于功利私欲的则是沉迷于人己、物我之分的小人，所以良知之学就是大人之学，而大小之辨也就是天理人欲之辨。钱德洪为阳明所作的年谱中也明确提到了这一点，他说：

先生自南都以来，凡示学者，皆令存天理去人欲以为本。有问所谓，则令自求之，未尝指天理为何如也。……今经变后，始有良知之说。②

可以看出，天理就是良知。遵循自然天理的就是大人，而违背

---

① （明）王守仁撰：《王阳明全集》（上），第54—56页。
② （明）王守仁撰：《王阳明全集》（下），第1279页。

天理的就是小人。阳明的大小之辨同传统的天理人欲之辨是一脉相承的。从阳明对小人的定义中，可以看到，在阳明这里，最为强调人我、物我、内外之分的西方思想就基本上都是小人思想。

（2）王阳明大小之辨产生的变化——与孔孟大小之辨比较

虽然阳明的大小之辨是对历史上大小之辨的继承，但其大小之辨还是有了变化。孔孟时期的君子小人之辨是稍微缓和与宽容的，而到了宋明理学时期的天理人欲之辨就很尖锐和苛刻了。

孔子的大小之辨。孔子谈到了很多的君子小人之辨，如"君子喻于义，小人喻于利。"（《里仁篇》），"君子坦荡荡，小人长戚戚。"（《述而篇》），"君子和而不同，小人同而不和。"（《子路篇》），"君子上达，小人下达。"（《宪问篇》），"汝为君子儒，无为小人儒。"（《雍也篇》）等。

但在孔子这里，君子和小人并不是势同水火的存在，毋宁说他们是一个社会的不同组成部分。在这个社会中，君子是道的追求和贯彻者，他们是属于统治阶层的，他们负责管理和教化。小人则是术的从事者，他们不能进入管理阶层，其只能为具体的事业奔波，是被君子管理和引导的阶层。如在《子路篇》中有这么一段：

> 樊迟请学稼，子曰："吾不如老农。"请学为圃，曰："吾不如老圃。"樊迟出，子曰："小人哉，樊须也。上好礼，则民莫敢不敬；上好义，则民莫敢不服；上好信，则民莫敢不用情。夫如是，则四方之民，襁负其子而至矣。焉用稼？"

可见，被孔子称为小人的，就是从事各种具体技能（术）的人，也即是普遍的民众，所以这些小人并不是非要被改造为君子，而是尽可能让他们在君子的管理下各尽其能、各司其职。因此，君子是学道之人，而不是要学各种具体的技能，作为管理者，只要把握好礼、义、信等根本之道，自然就会把小人或小民治理好了。由此，孔子批评樊迟学稼就可以理解了。孔子的另一句"君子不器"（《为政》）说的也是类似的意思，即君子不做具体技术性的工作，但他并不反对小人从事之。

在如下段落中，孔子说的也是这个道理，如"子为政，焉用杀。子欲善，而民善矣。君子之德风，小人之德草，草上之风，必偃。"（《颜渊篇》），"君子学道则爱人，小人学道则易使也。"（《阳货篇》），"君子不可小知，而可大受也。小人不可大受，而可小知也。"（《卫灵公篇》）等。在这些描述中，小人就是小民，他们和君子只是分工的不同，两者共同组成了一个完整的社会。君子也不强求小人学道，因为大小之区分正好满足了儒家所定义的天道，即贵贱尊卑等级秩序。小人则是等级中的卑贱部分，他们正是天道中不可或缺的部分，所以孔子对小人的存在是承认的，不会强求其成为君子或者从肉体上消灭。但对孔子来说，小人学道更好，因为这就使他们更容易被管理了，"小人学道则易使也"，所以孔子教化的目的之一是培养君子精英，使其进入统治阶层；另一目的则是要使小人更容易被管理。

那么，孔子既然对小人这么宽容，为何又要诛杀少正卯呢？通过孔子的大小之辨，就容易理解其这一行为了。在孔子眼中，少正卯祸乱的不是术，而是道。孔子可以对术层面的小人宽宏大量，因为小人本身是无足轻重的，掀不起大的波澜，也影响不了道之存在，但是在道之层面的动乱则是非同小可的，它会动摇统治的根基。少正卯的言行表明其已经不仅仅是小人了，而是小人的另类领袖，"居处足以聚徒成群，言谈足以饰邪营众，强足以反是独立，此小人之桀雄也，不可不诛也。"（《荀子·宥坐》）可见，诛杀少正卯，是为了争夺对小人的统治权，是为了道统之纯粹。君子之道，一君而二民（《易经·系辞》）。这里的民也就是小人。小人只能有一个领袖或统治者，这才符合君子之道。和君子争夺对小人的领导权的就不是简单的小人，而是异端了。对于道之层面的异端，必须清除之。可见，对于道之层面的领导权和话语权之争，孔子是毫不妥协的。这也反映出孔子对自身之道的自信甚至是自负。

孟子的大小之辨。在孟子这里，大人或君子也是仁义之人，如孟子所言"居恶在，仁是也。路恶在，义是也。居仁由义，大人之事备矣。"（《尽心上》），"君子所性，仁义礼智根于心，其生色也，睟然见于面，盎于背，施于四体，四体不言而喻。"（《尽心上》）

孟子的大小之辨也和孔子相似，大人小人并不是截然对立的存在，而是组成一个完整社会的不同部分。孟子说："然则治天下独可耕且为与？有大人之事，有小人之事。且一人之身，而百工之所为备。如必子为而后用之，是率天下而路也。故曰：或劳心，或劳力。劳心者治人，劳力者治于人。治于人者食人，治人者食于人。天下之通义也。"（《滕文公上》）在这里，大人就是劳心之人，即思考道之人；小人就是劳力之人，即从事各种具体技艺之人。劳心之大人就是统治阶层，而劳力之小人则是被统治之人，因为心乃身（力）之主。

在《告子上》中，孟子也表达了如上思想：

体有贵贱，有小大。无以小害大，无以贱害贵。养其小者为小人，养其大者为大人。……公都子问曰："均是人也，或为大人，或为小人，何也？"孟子曰："从其大体为大人，从其小体为小人。"曰："均是人也，或从其大体，或从其小体，何也？"曰："耳目之官不思而蔽于物，物交物，则引之而已矣。心之官则思，思则得之，不思则不得也。此天之所与我者，先立乎其大者，则其小者弗能夺也。此为大人而已矣。"

这里说得也很明白，大人和小人在社会中就像一个身体的不同部分的贵贱差别一样，大人乃是用心来思考问题的人，而小人则是以心之外的其他器官来感知的。如此就有了大小之分，但大小都是一个整体的人该有的组成部分，就如其有心和身体一样。用心之大人则是用身之小人的主宰。

在一般情况下，孟子都会赞同大人小人共同存在的。只有在极端情况下，即当两者不得不舍去一方的极端境地时，才会有舍小保大、舍生（身）取义（心，精神）之举，如孟子所说"生，亦我所欲也，义，亦我所欲也，二者不可得兼，舍生而取义者也。"（《告子上》）

因此，对孔孟来说，大人小人都是一个社会的组成部分，其中一个是统治者，一个是被统治者。小人就是民的代称，是这个社会的必要组成部分。小人的存在还满足了传统社会等级贵贱秩序的要求，小人乃是相对卑贱的存在。在孔孟理解的大小等级社会里，道是垄断在统治阶层的。小人主要是术的修习和实践者，他不必去学道。只要小人没有进入道之层面争夺领导权，孔孟对其是宽宏大量的，所以在孔孟这里，道术是可以分离并存的，只是其中道要占据主导地位。这种分离就使小人的存在获得了某种合理性。

王阳明大小之辨的变化。到了宋明理学时期，大人小人之辨变为了天理人欲之辨，小人成了被消灭的对象——人欲。

宋明理学家不满于道术分裂带来的社会上和道德上的混乱。摆在他们眼前的有两种选择：要么全是道（君子、大人），要么全是术（小人）。对于喜欢稳定秩序的前现代人来说，前者肯定是不二之选。于是，精英们开始致力于一种道学的统一和纯化。在吸取了佛道两家高明的辩证法之后，宋明理学家将孔孟儒家学说发展为一种系统的天道或天理学说。这一系统化的结果是道术或道器分离局面的结束。

宋明理学家在体用合一、道事合一、理气合一、未发已发合一、万物一体等逻辑和思想方面做出了卓越的贡献。[①] 正是在这种高明的逻辑和思想下，万物皆融入道中。天道或天理具有了宇宙论和本体论之特征，天地万物皆由天理而生。于是，合乎天道或天理之人就是君子或大人，而不合天道之人则是小人。不合天道或天理在这时被称为"人欲"。所谓的人欲并不是指人的欲望，而是指人为造作的不合天道或天理的欲望，也即欲望的过与不及。合乎天道的人的欲望则属于天理。如果天理乃是自然至善，人欲则是恶。于是"存天理，灭人欲"宗旨的提出也就水到渠成了。

如此，大小之辨就产生了变化。首先，大人的范围扩大了，被孔孟所贬低的从事各种技艺的小人有可能会成为合乎天理的大人。道一统天下的前提下，道就不再局限于孔孟所说的君子统治阶层，

---

① 方东美著：《中国哲学精神及其发展》（下），孙智燊译，中华书局 2012 年版，第 337、342、348、349、385—387、404—420 页。

而是遍及所有人所有物，这就使人人成圣在逻辑上成为可能。阳明对"见满街人都是圣人"这一提法的赞同就是这一逻辑的顶峰。黄宗羲的"工商皆本"思想也是在这道统中才成立。

其次，小人的范围也同时扩大了。不论哪个各阶层、哪种职业，只要不符合天理就是小人。阳明在"拔本塞源论"中所列举的各种人欲表现遍布各个阶层、各种职业，而且他尤其关注的人欲是在求道、求知领域，这个看上去高大上的层面反成了人欲的重灾区。这是孔孟思想中很少见到的。

如此，就体现出了天理学说的一个优势，即公平化倾向。天理的宇宙论、本体论倾向使其超出了世俗各个阶层，无形中造成了对特权阶层的限制和对平民阶层的提升，但是天理学说在呈现出更公平倾向的同时也更严厉和苛刻了。

最后，天理天道的宇宙化、本体化导致道德要求的提高。万物一体之天理学说必然会将人之道德提升到天地宇宙的层面，这本身就意味着其境界的无限提升。阳明所谓的大人要做到无人己、物我、内外之分的至高境界，这是作为宇宙本源的天理才会具有的品性。这种天人合一只能是一种终极的目标，或者是一种终极的现实，但阳明等人却把它当作日常随时随地都要参照的标准，这对于永远走在路上的人来说无疑是巨大的压力。

由于天人合一、万物一体的境界是如此完美、高远和诱人，致使儒生们爱不释手，心向往之，连统治者也是追捧有加。于是，天理学说或者理学就成了宋明时期的统治纲领。这就必然导致了道德上的严苛。按照天理的标准衡量，几乎所有的人都是小人。如此必然是小人泛滥，而对小人的态度就不是孔孟之宽宏了，这时的小人是要被当作人欲来批判、否定并进行惩罚的。如此必然会导致道德上的极端专制。

程朱理学道德专制的特点是用外在的礼仪来规范约束人，因为他们还认为天理是存在于万物中的。人就从万物中找到这个理，并以此理来管理之。① 阳明的逻辑更融通，他已经打通了心物之间的隔膜，走向了心外无物、心外无理的更高境界，因为道德天理就在人心中，而不在心外。所以，阳明的道德更倾向于一种内在的自觉的道德，比程朱外在的道德约束更上一层楼。这种来自良知的道德更加狂放不羁，连程朱所固守的僵化道德规范也在其批判之列。阳明在"拔本塞源论"中批判的小人，就包含了程朱这种将心、理析分为二之人。因此，阳明的道德激情更加气势磅礴。

当道术分离时，孔孟对术还有宽容。随着天道推进到所有层面，就意味着整个社会都没有了宽容精神。难怪戴震会说理学是以理杀人，鲁迅抨击礼教吃人，这都是宋明理学导致的结果。鲁迅所抨击的礼教已经不是孔孟时期相对宽容的礼教，而是理学、道学泛滥时期的道德专制礼教，尤其是程朱理学的礼制。

综上所述，阳明的大小之辨提升并拓宽了大人的内涵，但对小人的态度由孔孟时期的宽容走向了否定，而且大人的高明境界更容易导致道德专制。阳明心学的神奇就在于，它既是宋明理学的顶峰，也是理学的终结。换句话说，物极必反，道统之极致导致道统之消亡。阳明的天理人欲、大小之辨潜在地会导致天理和大人的消亡。因为阳明的理（性）气合一、道事合一、本末合一、体用合一、未

---

① 贾庆军：《王阳明天学初探：以四句教为中心的考察》，第147—148页。

发已发合一、本体工夫合一、万物一体的逻辑和思想已经达到炉火纯青的地步。当阳明说"气即是性""功夫不离本体，本体原无内外""无心俱是实，有心俱是幻"时，体用、本末、道事、理（性）气、本体工夫等已经圆融为一，不分彼此。以此类推，未发是天理（性），已发中的一切都可看成气（情或人欲）。已发未发合一，气即是性，人欲即是天理。虽然阳明仍强调理、性的优先地位，但其逻辑本身潜在地会助长人欲即天理的倾向。①

　　王阳明之后，其弟子王艮所建立的泰州学派就是朝着这一方向努力的。从王艮的"百姓日用即道"到李贽的"穿衣吃饭即人伦物理""人必有私而后其心乃见""童心说"等，都为人欲的合理化打开了大门。即使是批判泰州学派的刘宗周、黄宗羲，也放弃了天理一元论，开始以气作为万物本源。在此基础上，黄宗羲提出了"工商皆本""工夫所致即是本体"的思想。陈确更提出了"人欲恰好处即天理也"的主张，王船山则明确说"天理即在人欲之中"，②天理都要由人欲来决定了。

　　如果我们将人欲即天理、天理即在人欲中的逻辑用于大小之辨，就可推出"小即是大""大即在小中"。于是大小之辨就在这种高明的逻辑下突破了其界限，实现了大小之间的平等和转换。这真是令人匪夷所思，最为严格的大小之辨在造就前所未有的道德专制的同时也在导致道德的消亡。

　　可以说，阳明心学确实走到了传统的极限，它是儒家思想的集

---

① 贾庆军：《王阳明天学初探：以四句教为中心的考察》，第73页。
② 贾庆军：《王阳明天学初探：以四句教为中心的考察》，第148—149页。

大成者，但同时它也蕴含了突破儒家樊篱的可能。与王阳明亦师亦友的黄绾当时已经觉察到了阳明的这一倾向，他批评阳明心学的理由之一就是，阳明的大人万物一体学说破坏了传统儒家爱有差等的观点，从而滑向了墨子平等"兼爱"的异端思想。① 不过，这反倒说明，阳明心学乃是最具开放性的儒家学说。

阳明的良知大人已经达致最高的宇宙天地境界，其中可以涵盖天地间所有的思想，难怪阳明会说"圣人与天地民物同体，儒、佛、老、庄皆吾之用，是之谓大道。二氏自私其身，是之谓小道"②。这里的大道就是大人之道。对阳明来说，此道可涵纳所有学说，而儒家只是其中一种。如果儒家固守一己而不走向天地大道，也就和佛、老一样，乃是自私小道，而这是保守的儒家士人黄绾所不能接受的，他认为这种将儒家和佛道并列的观点是"多放肆而无拘检"③。清朝统治者反感阳明心学而选择程朱理学来作为统治的工具，也是因为看到了阳明心学的这一突破传统的倾向。程朱理学的逻辑还没有阳明心学这么圆融和极致，正好适合建立一种以外在的道德规范来进行统治的专制制度。绝大多数像黄绾这样的保守的传统儒士对此也是没有异议的，所以清代程朱理学的复兴水到渠成。这就是戴震和鲁迅所批判的礼（理）教专制。

4. 大人（良知）的陷阱

看完阳明的大人思想及大小之辨，第一感觉就是莫名兴奋，有

---

① 张宏敏：《黄绾道学思想研究》，中国社会科学出版社 2017 年版，第 239—240 页。
② （明）王守仁撰：《王阳明全集》（下），第 1180 页。
③ 张宏敏：《黄绾道学思想研究》，第 243 页。

一种成贤成圣的冲动，毕竟至善完满的境界是人人都渴望的。大人之说给了我们无限的自信，坚定了我们不断上升、不断完满的决心。可以说，阳明的良知学说或大人学说为我们提供了一个无比超拔的终极目标，并描绘了它的可能性。

兴奋之余，我们是否会想一想，如此高明和超拔的境界，能否在现实中顺利实现呢？几千年的中国历史表明，这一理想从未实现过。当我们静下心来思考的时候，就会发现，在看似高明而完善的良知学说中，隐藏着陷阱。

第一个陷阱：没有良好制度保证的良知大人将会是空中楼阁。可以看到，中国历史上的每个王朝几乎都在鼓励大家做君子、做大人或圣贤，都极尽道德宣扬表彰之事，但最终每个王朝都免不了灭亡的命运。原因为何？因为其从来没有从制度上推进对良知道德的保持。

道德上最基本的精神就是公平正义，而历朝的制度却无法保证这一基本道德。对道德的制度上的破坏总是存在，而最消解道德的就是特权。比烂竞赛就从特权始。孟德斯鸠一眼看出，权力导致正义、公平的破坏。作为地方法院庭长的孟德斯鸠正是深刻体会到王权对法院公平正义的破坏，才奋起而著《论法的精神》，探索如何将特权锁在笼子里，使公平和正义长存天下。

中国历朝历代莫不在处心积虑地加强皇权，而皇权的加强又为破坏法制和公平正义提供了便利。因此，每个王朝都会盛极而衰。私人领域再如何讲求高义，都被公共领域的恶贯满盈驱逐殆尽，所以在历代王朝中，我们可能会见到少许道德高标的闪光，但随着皇权的加强和腐败，社会总体上道德却是越来越败坏。当王阳明喊出致良知、我心光明的口号时，同时代的兰陵笑笑生却写出了《金瓶梅》，这才是当时明朝社会的真实写照。在这里边，没有一个好人，大家都在进行恶的比赛，而最恶的莫过于王公贵族。据说西门庆原型就是严嵩之子严世藩，但真实的严世藩肯定是比西门庆更腐烂多倍了。①

有人说，我们不是有法家的法治吗？法家之法治根本不同于现代法治。法家之法乃是一家之私法，其法对皇权是无法限制的。法家统治下的法治不仅不会限制皇权，还会鼓励其不断加强。历朝历代莫不想尽办法加强监察制度，力图避免下属的贪污腐败、渎职背叛行为，曹魏的校事府、明朝的东厂西厂、清朝的督察院等就是代表，但这反而助长了皇权的更加集中和任性。这样的监察是虚假的，因为最需要监察的皇权总是例外。对臣下的严苛和肆意揉捏反而更增加了皇帝枉法的概率。真正能够破坏法治基础的不是臣子，恰恰是皇帝。人类社会就是这么脆弱和奇妙，哪怕是一丁点的特权枉法，人们也会极为敏感，然后上行下效，整体崩溃。这种败坏是隐秘而迅速的，昨日看上去还风光无限的王朝，可能转眼就土崩瓦解，因为人心已经崩坍。

没有对特权的制度上的限制和消灭，空喊良知，犹如空中楼阁、海市蜃楼，而且空喊良知还会导致一种更消极的倾向，即人们对良知的呼喊淹没和淡化了对法制的建设，而没有法制的良知就只剩下两种功能：愚民的幌子和腐败的遮羞布。我们经常见到一种怪象：昨日还在庙堂大讲道德良知，转眼就沦为阶下囚。这成了对良知的一大羞辱。

---

① 华建新：《阳明心学美学对中晚明文学人物形象塑造的影响》，载宁波市王阳明研究院、宁波市王阳明文化研究促进会编《纪念王阳明逝世 490 年宁波阳明文化论集》，2019年，第 117—119 页。

对此种情况，良知学说也负有责任，即它只是对人之良知充满
自信，却对人皆可成为小人的现实估计不足。它过高估计大人或圣
贤的自律，却对其易变为小人防备不足，而握有权力的大人更容易
堕落和腐败。对此，良知之学只强调人自觉地去人欲存天理，而没
有从制度上去防止和限制其特权腐败。如此，良知终将抵不过现实
的诱惑，无私公正的大人很快会蜕变为更有能力作恶的小人。这种
防御制度的缺失，是良知留下的一个陷阱。由于缺乏一种长久稳定
的制度，无论多么辉煌的功业，最终也是付诸东流。恰如胡适所说：
"人性是不容易改变的，公德也不是一朝一夕造成的。故救济之道不
在乎妄想人心大变，道德日高，乃在乎制定种种防弊的制度。中国
有句古话："先小人后君子"。先要承认人性的脆弱，方才可以期望
大家做君子。故有公平的考试制度，则用人可以无私；有精密的簿
记与审记，则账目可以无弊。制度的训练可以养成无私无弊的新习
惯。新习惯养成之后，保管的责任心便成了当然的事了。"① 正因为
没有一个制度的保证，即使如阳明这样能悟透并运用良知的天才，
也依然无法阻止王朝覆灭的命运。

第二个陷阱：将良知大人搞成群众运动并从制度上强制推行，
带来的将是灾难。不可否认，良知学说非常高明，如同佛道学说一
样。但正因为其高明，就无法被制度化。任何想要将其作为群众运
动的指导或社会治理制度来加以应用的，无不受挫。崇佛的南朝梁
武帝萧衍无疑是最好的例子。其一片佛心导致了制度失序、豺狼入
室，而南朝的道德不仅没有提升，反而为历史上道德最为沦丧的五

---

① 欧阳哲生编：《胡适文集》（4），北京大学出版社 1998 年版，第 26 页。

代十国做了某种铺垫。迷道的嘉靖更是致使朝堂妖孽丛生，还险些被宫女勒死。"文革"也可以看成是一场良知实验。"狠斗私字一闪念"与儒家传统中大公无私之精神是很契合的，但这种无私作为一种个人自愿的修养是一回事，作为一种暴力运动强制推行则是另一回事。与制造大人或天使并行的就是斗权威。斗权威或特权具有某种合理性，但斗的方式却是完全疯狂无度的。靠大规模运动或集体情绪发泄来批判特权的结果就是：在批特权的同时，又形成了无法无天的暴民狂欢。一种限制特权、保证所有人利益的周密制度始终阙如。无论是全民无私还是全面摧毁特权的运动，都没有带来人与人之间真正的平等。强制的人人成圣的结果是人人成了魔鬼，强制人人平等的结果是人人成为集体运动中萧瑟虚弱、被忽略不计的个体。如此形成的整体是干涩空洞、被强制挤压成一块的疯狂暴虐的僵化整体，根本不是万物一体仁之生动活泼的整体；如此出现的个体则是精神萎靡、为集体裹挟的奴隶，怎么也不像是聪明睿智、宽裕温柔的大人。

这就是良知的第二个陷阱，良知革命和运动的陷阱。良知这样高明的境界是不能作为群众运动或从制度上强制实践的。它将使世俗的秩序大乱，摧毁现有的一切。

第三个陷阱：良知心学不是现代自由主义，并不带来现代的自由平等。如前所述，阳明的良知至善学说和佛道学说一样，是从潜在的和终极意义上的善的角度来说的。因此其人人成圣也是从终极意义上来说的。所谓的自由，在大人这里是根本谈不上的，因为良知是和天理融为一体的，人就必须放弃人为的欲望和意志，顺应天理而行。若说良知有自由的话，只有尊奉天理的自由，而没有现代人所追求的满足欲望的自由。只有哪天人们突然悟到，人欲本身就是天理，那么良知倒有可能赞同现代意义的自由。至于平等，良知学说所支持的也只是终极意义上的平等，即只有人完全践行了良知，才是平等的，而在没有领悟并践行良知时，人们就要服从等级的秩序。阳明对本末秩序的强调不是偶然的，他曾经用树和六爻来比喻这种等级关系（《传习录拾遗》）。①

阳明的良知天理之所以高明，就在于它既可以为现实的一切辩护，也可以突破现实的束缚。如前所说，良知天理的本然状态是自然至善。这一自然既可以理解为儒家有形的等级秩序（有善有恶），也可以是佛道无形无相的超越状态（无善无恶）。阳明天理的包容性可见一斑。

阳明的良知学说可能会导致两种极端的结果：当人们的良知未充分得到体悟或者只体悟为儒家等级秩序时，就要遵循各种礼仪。这时的人要受到各种严格礼制的约束，因良知学说而得到辩护的儒家等级秩序就更加顽固了。当其完全领悟良知或将良知领悟为无形无相之自然时，他又是随心所欲，无为无所不为的，这时其不为任何有形规则约束。如前所述，这就是天理学说逻辑中存在的悖论，道统的极致乃是道统的消亡。这时的良知就有可能突破既有礼制的束缚。就因为这两个极端，导致了对阳明良知学说的两种截然不同的态度：看到阳明良知学说为儒家伦理辩护这一面的人，批判阳明为封建专制服务②；看到良知完全实现时的无拘无束这一面的人，则

---

① （明）王守仁撰：《王阳明全集》（下），第 1175—1183 页。

② 何静：《论王阳明的良知说对道家智慧的融摄》，《孔子研究》2005 年第 4 期，第 44 页。

赞颂阳明良知学说具有自由革命精神。①

既然良知本身是具有开放性的，随着良知的展开，也不排除其会有现代自由、平等之内涵，但在阳明的时代，良知学说是肯定没有这些内容的。阳明的主要工作是将儒家的孝悌等级伦理用良知学说进行了阐释。

现代自由主义的自由平等是从现实的恶之人性（小人）来说的，即承认人的脆弱和欲望，人在不完美上是平等的。这就拒绝了人一直能保持圣贤状态的可能，转而建立了一种小人的自由平等。既然都是小人，其自由就不可能是无度的，有底线，即互相保护对方的私有财产和生命安全，由此就产生了现代契约法制国家。②

阳明的良知天理无论是从有形还是无形上来说，都不会赞同小人之自由。因为阳明始终是从至善的角度来看待良知的。如果良知是个等级秩序，那么它的自由就是遵循儒家伦理秩序的自由。这就是孔子所说的"从心所欲不逾矩"（《论语·为政篇》），这样的自由是承认不平等的自由。如果说阳明的良知是无形无相的自然，那么这样的自由是超越一切现有秩序的更高的更完善的状态。这样的自由是不守任何规范的绝对自由。这两种自由都不是西方自由主义中的自由。自由主义的自由是平等的自由和守契约的自由。它首先承认的是人的恶和私欲，人人是平等的；这种平等带来的恰是契约。这样的契约恰好可以保证所有人的生命财产安全。只要遵守了这一

---

① ［日］沟口雄三著：《李卓吾·两种阳明学》，孙军悦、李晓东译，生活·读书·新知三联书店 2014 年版，第 155 页。

② ［美］利奥·施特劳斯著：《现代性的三次浪潮》，丁耘译，载贺照田主编《西方现代性的曲折与展开》，吉林人民出版社 2002 年版，第 88—93 页。

最低限度的契约，人才可以自由，而阳明的两种自由要么着眼于人性之善，要么是超善，对人性之恶是否定和清除的。如果非要将阳明的自由和现代西方自由思想挂钩的话，其自由类似于黑格尔、卢梭、尼采所说的绝对自由。①

阳明即使接受了人欲天理之转换，赞同人欲之解放，但在其高明的逻辑中，这样的人欲也是不受限的。泰州学派的赤子之心、自然人欲的肆意表达，带来的更多的是对一切秩序的破坏，而不是建立一种保护所有人欲望的稳定制度。

西方恰是在平等人性恶的基础上，建立了一个比较稳定的制度，而在阳明的大人逻辑中，无论是从善或超善的角度，还是人欲的角度，都无法建立一个稳定的制度。可以说，西方自由主义恰是补充了阳明学说中所欠缺的部分，如我们在第一个陷阱里所说的，阳明的良知自由无意于建立这样的制度。不过，阳明良知是最具开放性的，日后将自由主义的内容涵纳进去也未可知，如泰州学派的表现已经向这个方向迈出了一步。良知有可能突破天理人欲之辨，实现人欲决定天理之转换，并接受对人欲的各种表达和规范形式，从而不断丰富自身，成为我们不断从中获取灵感和启示的源泉。

第四个陷阱：对良知大人的不当追求可能导致道德绑架，并进而加剧社会上的道德戾气。按照良知理论，良知与天理是一体的。天地万物莫不是天理化生，也莫不是天理流行，而天理流行的方式就是自然无碍、廓然无私，这也是万物一体仁之境界。最能体现天理自然无私状态的莫过于天地了。天地生人并无私地提供各种供养

---

① 贾庆军：《王阳明天学初探：以四句教为中心的考察》，第168—179页。

数据，如土地、水、空气等，它并不因为人之品性不同而区别对待之，而良知的目标就是与天地合德，诚如阳明说："知是理之灵处。就其主宰处说，便谓之心，就其禀赋处说，便谓之性。孩提之童无不知爱其亲，无不知敬其兄，只是这个灵能不为私欲遮隔，充拓得尽，便完；完是他本体，便与天地合德。自圣人以下不能无蔽，故须格物以致其知。"① 所以大人之良知若要和天地一样无私，才是真正的无私。这种无私是自然而然的，不带一丝勉强和强制。其对万物也一样普遍仁慈，并不强迫要求它们怎样，天地只是自然树立了一个榜样，供万物自由模仿。因此，真正的无私是最宽容、仁慈和自信充盈的，但现实中的大人及其良知显然很少能达到这个境界。正因为其没有真正达到这个境界，所以其对天地无私之德的模仿就有可能是欠缺的。

我们寻常所见的无私就少了宽容和仁慈，取而代之的是强制、怨恨和虚荣。这种有欠缺的无私之施与者，由于自身并不是那么自信充盈而仁慈，其施与就如贷款一样，要收回来。换句话说，无私的能力不够，或者说仁爱的能力不够，这种无私或仁爱就有可能转变为恨。② 于是，这种带有不同程度的怨恨的无私行为就有了附加品，即对他人的苛刻和挑剔。对他人的苛求恰是自身虚弱的表现，对这种虚弱的掩饰就是从批判他人中获得的虚假优越感。由此，虚弱的无私或仁爱者就必须进行道德评比和竞赛，以此来满足其虚荣心。

---

① （明）王守仁撰：《王阳明全集》（上），第34页。
② ［德］马克斯·舍勒著：《价值的颠覆》，刘小枫编，罗悌伦等译，生活·读书·新知三联书店1997年版，第17—31页。

稍微做得好一点的，其良知能够达到较高的水平，但这些人也会多少带着道德上的优势，以此为资本来审视和度量他人。他们更多的是从精神上批评和审判他人，而那些良知水平并不高但又自以为是圣人君子的人，可能就不仅仅是从精神上审判、强暴他人了，他们很有可能在虚高的道德激情的泛滥下把精神上的暴力转变为肉体上的审判和惩罚。当这样的人越来越多时，一座道德监狱就无形中建立起来了。

在这种社会中，人人都成了判官，个个都拿一把道德的尺子来衡量裁剪他人，即使其自身烂得一塌糊涂。这就使人产生一种幻觉，似乎在指责和批判他人的同时自己自动就变成了天使。这就是伪圣人、伪天使、伪君子等所特有的荒谬逻辑。整个社会的道德戾气就会因这种荒唐逻辑而日甚一日。如此，社会就犹如一个道德牢笼，锁住和扼杀了对宇宙、社会的各种可能的探索。封闭和落后成为其不可避免的结局。

那么，我们是否不要良知道德了呢？当然不是。鉴于良知的这种特性，最好的办法是将其限制在自身，而不可强行推及他人。如胡适所说，诚意的真正的道德乃是自动的道德，不容有外部的干涉，也不应上升到律法强制推行。强制推行的道德必会变为沽名钓誉的伪道德。① 能够强迫人遵从的规则应该是防止作恶的，而不是苛求成圣成贤的。如此，道德戾气才会得以消减到最低限度。

慎用道德绑架和道德审判，良知的这一陷阱不得不防。

出现这种情况，并不是良知的责任，就如同堕落的僧人和基督

---

① 欧阳哲生编：《胡适文集》（2），北京大学出版社1998年版，第510页。

徒不能怪罪佛陀和耶稣一样，但不得不承认，越是高明的思想和信仰，就越容易被歪曲而成为似是而非的怪物。这也是阳明最担心的，他曾说："'然譬之人有冒别姓坟墓为祖墓者，何以为辨？只得开圹将子孙滴血，真伪无可逃矣。我此良知二字，实千古圣圣相传一点滴骨血也。'又曰：'某于此良知之说，从百死千难中得来，不得已与人一口说尽。只恐学者得之容易，把作一种光景玩弄，不实落用功，负此知耳。'"① 阳明说得明白，良知必要得其真髓，而不只是拙劣模仿，否则就有冒伪为真的危险。越是将良知谈得震天响的，就越可能离良知越远。在各种华丽的宣扬中，良知就成了一种玩弄光景，从为己之学变为为他之学。与此相伴随的是自身本然良知的逐渐消磨，而面对他人产生的虚幻的道德优越感和干涩冰冷的道德戾气却与日俱增。对良知最大的遮蔽和破坏也在于此。果然，阳明之后，良知学由于被谈得过于频繁，变成了玩弄光景，而谈良知人的自身良知却消失殆尽。到最后竟然是人人以谈良知为耻。②

第五个陷阱：大小之辨运用不当，会人为地制造分裂和敌对。良知的高明还会带来另一个困境，即产生了君子小人、天理人欲间极端和激烈的对立或冲突。这种对立除了产生道德戾气之外，还有另外一个结果，即君子和小人的水火不容。如果说在孔孟时期还相对宽容一点的话，随着儒家道统的逐渐完善，这种对立越来越尖锐。这种极端的对峙使其不可能合作共事，于是相互之间的倾轧和斗争成了常态。然而，君子或大人的境界是如此之高，能达到此境的注

---

① （明）王守仁撰：《王阳明全集》（下），第 1279 页。

② 张昭炜：《阳明学发展的困境及出路》，中国社会科学出版社 2017 年版，第 19、88、106、147、363 页。

定是少数，而且在成为君子之前，每个人都不免是小人。于是，小人必定是多数，君子必为少数。如果君子过于极端，那么就是在人为地制造大多数敌人。如此，即可理解为何在历朝历代的政治斗争中，几乎总是以小人的胜利告终。

君子们过度激进的清高排外行为，还导致了历史上多次的惨剧，如东汉的党锢之祸、明末的东林党运动、清末的戊戌变法等。在这些事件中，君子小人之你死我活的辩证逻辑起了推波助澜的作用。大小之辨的截然对立，会将那些潜在的向往君子并很可能会成为君子的人推向了对立面。这就是良知大人的第五个陷阱。

诚如心理学家马歇尔·卢森堡所言，对他人的道德判断本身就是一种暴力行为。他说："由于种种原因，出现了神话，说好生活就是好人惩治并征服坏人。这样的神话似乎可以支撑人们生活在以国王和沙皇为首的专制制度下。这样的制度，我把它称为权力支配社会（有些人认为自己是优越的，可以控制别人），它很擅长定制人们的思维方式，把他们变成善良的死人，使他们去做别人要他们做的事。……我相信，这种思维和行为方式，就是世界上暴力的核心所在。如果你希望维持专制制度，一种很有用的办法是，教育人们相信有些事情是正确的，有些事情是错误的；有些事情是好的，有些事情是坏的；有些事情是自私的，有些事情是无私的。"[1]

可以看到，道德判断的形成乃是基于善与恶、好人和坏人的划分。这种划分本身就是暴力专制的体现，而这在任何一个社会都存

---

[1]　[美] 马歇尔·卢森堡著：《用非暴力沟通化解冲突》，于娟娟、李迪译，华夏出版社 2015 年版，第 90—91 页。

在。于是任何地方都有或多或少的道德暴力和专制的问题。关键在于如何将其降至最低。一个社会的善恶对立越尖锐，其道德意味便越浓，道德暴力、精神暴力便越明显，这种社会的专制程度也越高。君子小人之辨无疑是种尖锐的对立，于是君子对他人的道德暴力、精神暴力就很容易显现出来，伪君子尤其会如此。对于任何一个还未成为君子的小人来说，君子若以一种高高在上的道德优越感来裁判他，他很可能会反感甚至愤怒，由此他就会从慕君子之道而转为敌君子之道。大小之辨所潜藏的这种暴力专制思维就是其一大陷阱。

通过对这五个陷阱的分析，可知良知作为高明的超时代的存在，更适合在私人领域作为个体的修养和信仰，不宜强制普遍实践。强行高义，就如马援所说，画虎不成反类犬。阳明的良知学说与现代自由主义的融合还有待时日。

有人可能会说，前两个陷阱不是互相矛盾吗？一个是良知需要制度化的保障，一个说良知不能制度化。其实两者是不冲突的。良知需要的制度并不是将良知制度化，而是要将破坏良知的权力制度化。这一制度的核心作用就是消灭特权，保证公平正义，这一制度在旧有的良知学说中没有建成，但在现代自由主义这里实现了。在这样一种制度下，良知才能得到培养和保护，而良知作为个人修养，则可弥补制度化的缺失，为正义和公平的推行提供助力。若没有良知，法治将是一种庸俗的形式，也会徇私枉法；良知若没有公平法治制度上的保证，就没有机会发挥其效用。良知与法治互相依赖，互相成就。

话再说回来，如果将阳明的良知学说贯彻到底的话，天下间所有的学问学说无不在良知之中，而且良知是随着时空的展开而不断丰富和完善自己的，良知之学也就不只停留于阳明所说所做。我们现在对良知学说的思考也是对其的完善和发展，而我们所提到的良知陷阱主要是就旧有的良知之学而说的。随着良知本体在现代展开和完善，对这些陷阱的思考和修复，也将是良知学说不可或缺的部分。对此，相信阳明先生是不会有异议的。

经过前面的分析，我们再来看阳明的大人思想及其大小之辨，就更现实和清楚了。阳明所说的大人是潜在的和最终意义上的目标。此目标高明至极，因为其不仅要使整个人类社会发展成为一个和谐稳定的整体，还包括了自然界。这种万物一体比西方的大同社会（康德、黑格尔、马克思等）更高一筹，因为后者只是在谋求人类社会的大同。正因为其境界如此之高，要达到此境就非常难了，而到达此目标之前，我们不免都是小人。因此，更现实的是根据小人的特点设计一套制度，但仅有小人的世界是不可能存在的，如阳明所言，小人的世界终不免分崩离析。因此，小人世界只是个起点，在此小人社会和制度之外，必须用大人之学不断提升每个人的良知修养。如此才会使小人世界保持下去，至少不会向更堕落的境地滑落。

阳明的大小之对比正如当今的社会主义（共产主义）和资本主义之对比。前者强调整体和谐、大公无私；后者强调个体自由、私有权利。经过多年的实践，现在很清楚了，两者是互相需要和互相成就的。大无小则流于玄虚空想（乌托邦），小无大则流于放纵崩坏（世界大战），而且在阳明大小之辨中存在着悖论逻辑，大小是可以转换的。这使其大小之辨更具灵活性和包容性。此外，良知大人也不排斥现代科学知识，对这一领域的开发将会使良知更加完善。良知不仅可以开发科学知识，还能使科学知识更完整、更完善，所以阳明的大人思想及大小之辨对当下依然具有启发性。其思想的高远，使其在任何时代都会熠熠闪光。循着阳明的思路，我们可以总结出一种人生道路：立大人之志，从小处着手，不断突破自我，终至无我（万物一体仁）。

三、阳明心学之评价

在一定意义上，可以说王阳明将传统文化推到了顶峰。理一元论在他这里达到了圆熟的境地。如果说在程朱那里理气、天人、知行、内外、心物、未发已发还分成两截的话，在阳明这里则统统圆融为一。阳明心学可说是经学或理学的最高圆成。阳明心学中体现出来的宇宙论、认识论和善恶观，都达到了极高的水平。阳明万物一体之大人境界可说是人能达到的最高境界，但如前所述，这种极高境界的学说很难制度化操作，其只适合在个人领域自我修行和提升。每个人的自我修养对于整个社会来说，都将是必要的和有益的。理学的完成意味着在思想理论方面将无可再创新。在此之后的理学或心学思想都没有能超出阳明的高度。于是人们能够对心学有所推进的是在知行合一的实践上，主要是在行之方面。这一方面的结果就是实学和史学的兴起，这是明末浙东学术发展的趋势。

第五章 圆通理学或心学之两个向度的阐发

一、王龙溪本体顿悟之学

（一）王龙溪生平

王龙溪（1498—1583），名畿，字汝中，号龙溪，浙江山阴（今绍兴）人。明代阳明学派主要成员之一。他年轻时豪迈不羁。嘉靖二年（1523）参加进士科考，不中，于是返乡向阳明问学。后来，他由于学业精进，就协助阳明指导后学，当时人们称其为"教授师"，成为阳明最欣赏的弟子之一。嘉靖八年赴京参加殿试，途中听闻阳明去世，就奔赴广信料理丧事，并为阳明服心丧三年。嘉靖十三年中进士，官至南京兵部主事，曾任南京武选郎中之职。后因其学术思想为当时首辅夏言所厌弃而被罢免。罢官后，王畿则来往江、浙、闽、越等地讲学，时间长达四十余年，年过八旬仍周游不倦。王畿发明了良知先天之学，常被人认为其学说近于释老。其言行和文章被后人辑为《王龙溪先生全集》。

（二）王龙溪的见在良知之学

1. 王龙溪论良知

对于良知为何，阳明之后众说纷纭，王龙溪将其进行了归纳，并对良知进行了解说，他说：

> 良知宗说，同门虽不敢有违，然未免各以其性之所近拟议掺和。有谓良知非觉照，须本于归寂而始得，如镜之照物，明体寂然，而妍媸自辨，滞于照，则明反眩矣。有谓良知无见成，由于修证而始全，如金之在矿，非火齐锻炼，则金不可得而成也。有谓良知是从已发立教，非未发无知之本旨。有谓良知本来无欲，直心以动，无不是道，不待复加销欲之功。有谓学有主宰，有流行，主宰所以立性，流行所以立命，而以良知分体用。有谓学贵循序，求之有本末，得之无内外，而以致知别始终。此皆论学同异之见，不容以不辨者也。寂者心之本体，寂以照为用，守其空知而遗照，是乖其用也。见入井孺子而恻隐，见呼蹴之食而羞恶，仁义之心本来完具，感触神应，不学而能也。若谓良知由修而后全，挠其体也。良知原是未发之中，无知而无不知，若良知之前复求未发，即为沉空之见矣。古人立教，原为有欲设，销欲正所以复还无欲之体，非有所加也。主宰即流行之体，流行即主宰之用，体用一原，不可得而分，分则离矣。所求即得之之因，所得即求之之证，始终一贯，不可得而别，别则支矣。吾人服膺良知之训，

幸相默证，务求不失其宗，庶为善学也已。①

王龙溪将各种观点都列举了一下：有说良知是个寂之本体；有说良知是个逐渐生成的、不可一蹴而就的存在；有说良知只能从已发看；有的说良知本无欲，不需要去欲之功；有的说良知分为主宰和流行；有的说致良知是一个有本有末、有始有终的循序过程。

王龙溪认为这些观点都是片面的，他归纳了良知之六种特征：

（1）良知既是寂，也是照。寂为体，照为用，体用合一。

（2）良知本是见成的，当下完满的，不是通过修习来完成的。他以仁义之心来比喻，认为此心人本来就完全具备，不需要学习就具有，而且其是不需要学习就能感物神应。因此其是不学而有、不学而能的。良知也是如此。

（3）良知就是未发之中，无知而无不知。

（4）良知本是无欲之体，销欲、去欲乃是复归无欲之工夫。良知在发用中会产生欲，所以销欲之功正是针对发用后有欲才设立的。销欲正是要复归无欲之体，并不是在无欲本体上增加什么东西。

（5）良知乃主宰（体）和流行（用）之一体。良知有主宰，也有流行；主宰为体，流行为用，体用本一源，不可分离。

（6）良知乃是本末一体、始终一贯的。本末不可分离，末乃是有本之末，本乃是有末之本。因果一体、始终一贯，不可支离。

以上王龙溪关于良知的思想，除了第二点，其余思想都和阳明差别不大，而这正是王龙溪的独特贡献，即见在良知。同时，这也

---

① 沈善洪主编，吴光执行主编：《黄宗羲全集》（7），浙江古籍出版社 2005 年版，第272—273 页。

是其局限所在。

如前所述，在阳明那里，良知之完满和具足是先天的和潜在的，它在后天要有一个逐渐显发的过程，"为学须有本原，须从本原用力，渐渐盈科而进……婴儿在母腹时，只是纯气，有何知识？出胎后方始能啼，既而后能笑，又既而后能识认其父母兄弟，又既而后能立能行、能持能负，卒乃天下之事无不可能：皆是精气日足，则筋力日强，聪明日开，不是出胎日便讲求推寻得来。故须有个本原。圣人到位天地，育万物，也只从喜怒哀乐未发之中上养来。后儒不明格物之说，见圣人无不知无不能，便欲于初下手时讲求得尽，岂有此理？""立志用功，如种树然。方其根芽，犹未有干；及其有干，尚未有枝；枝而后叶，叶而后花实。初种根时，只管栽培灌溉，勿作枝想，勿作叶想，勿作花想，勿作实想。悬想何益！但不忘栽培之功，怕没有枝叶花实？"① 为学之本原，便是天理良知。良知无疑是完满的，但其完满是先天潜在的，只有在后天人们随时体悟涵养这个良知，才能不断将潜在的东西开发显现出来。整个世界就是良知不断发用流行之过程。所以，这个良知一定有婴儿、少年、成年等阶段，而不是一下子就成为一个成人。

然而王龙溪却将先天和后天完全等同起来，认为良知无论在先天还是后天，时时刻刻都是完满的和具足的，也即见在具足。这显然是让人一下子成为神仙圣徒。如前所述，阳明也没有完全否定有可能会有一下子完满的人，但这样的人太少了，少到几乎没有，也不适合绝大多数普通人。因此，阳明基本上赞同先天完满而后天长

---

① （明）王守仁撰：《王阳明全集》（上），第14页。

成之路线。此即彻上彻下四句教之路线。王龙溪走的则是神仙圣贤高明路线，其见在良知只对少数天资顶级的人来说是可以操作的。难怪人们埋怨王龙溪玄之又玄，乃至入了禅。因为禅宗之预设也是天资绝顶之人的顿悟。这对于绝大多数凡人来说，可望而不可即。难怪钱德洪会说王龙溪之说的特点是还没给人钥匙却要让其观尽殿堂之妙。这不是水中月、镜中花吗？当然，龙溪也讲体用合一，但其用是一蹴而就的用，直接成仙成圣之用。可谓是仙圣速成之法。尽管如此，龙溪还是给我们展示一种高明的境界。

接下来的描述都可以归纳到这几个方面。其一，良知主宰，流行一体。如"良知之主宰，即所谓神；良知之流行，即所谓气，其机不出于一念之微。"①（《易测》）"人之所以为人，神与气而已矣。神为气之主宰，气为神之流行。神为性，气为命。良知者神气之奥，性命之灵枢也。良知致，则神气交而性命全，其机不外于一念之微。"②（《吴同泰说》）如王畿所说，良知本身也有主宰或体用之分，体为神，用为气。这和阳明的说法稍有出入。阳明说良知本身就是理，即是主宰。理动而成气，理气乃是体用合一，神则是理气之流行之几。如果王畿所说之神乃是阳明之理，则相近了。

其二，良知寂照、体用一体。"良知灵明原是无物不照，以其变化不可捉摸，故亦易于随物。古人谓之凝道，谓之凝命，亦是苦心话头。吾人但知良知之灵明脱洒，而倏忽存亡，不知所以养。或借二

---

① 沈善洪主编，吴光执行主编：《黄宗羲全集》（7），浙江古籍出版社 2005 年版，第 284 页。

② 沈善洪主编，吴光执行主编：《黄宗羲全集》（7），浙江古籍出版社 2005 年版，第 289 页。

氏作话头，而不知于人情事变，煅炼超脱，即为养之之法，所以不免于有二学。若果信得良知及时，只此知是本体，只此知是工夫，良知之外，更无致法，致良知之外，更无养法。良知原无一物，自能应万物之变。有意有欲，皆为有物，皆为良知之障。"①（《鲁江别言》）

在这里，王畿提到了良知之学与佛道之不同。即认为良知乃工夫本体一体之学，而佛道则只是悬空思虑本体之学。由此王畿为自己学说辩护。在他处，王畿也谈到这个问题，"吾儒之学与禅学俗学，只在过与不及之间。彼视世界为虚妄，等生死为电泡，自成自住，自壤自空，天自信天，地自信地，万变轮回，归之太虚，漠然不以动心，佛氏之超脱也。牢笼世界，桎梏生死，以身徇物，悼往悲来，戚戚然若无所容，世俗之芥蒂也。修慝省愆，有惧心而无蹙容，固不以数之成亏自委，亦不以物之得丧自伤，内见者大而外化者齐，平怀坦坦，不为境迁，吾道之中行也。"②

在这里，他也批佛禅乃是虚妄之学，将整个世界看得毫无意义。而儒学则是中行之道，其内外一体、体用合一、不舍物亦不为物累。

其三，关于良知与万物的关系。他说："夫一体之谓仁，万物皆备于我，非意之也。吾之目遇色自能辨青黄，是万物之色备于目也；吾之耳遇声自能辨清浊，是万物之声备于耳也；吾心之良知遇父自能知孝，遇兄自能知弟，遇君上自能知敬，遇孺子入井自能知怵惕，遇堂下之牛自能知觳觫，推之为五常，扩之为百行，万物之变不可

---

① 沈善洪主编，吴光执行主编：《黄宗羲全集》（7），浙江古籍出版社 2005 年版，第285—286 页。

② 沈善洪主编，吴光执行主编：《黄宗羲全集》（7），浙江古籍出版社 2005 年版，第284 页。

胜穷，无不有以应之，是万物之变，备于吾之良知也。夫目之能备五色，耳之能备五声，良知之能备万物之变，以其虚也。致虚，则自无物欲之间，吾之良知自与万物相为流通而无所凝滞。后之儒者不明一体之义，不能自信其心，反疑良知涉虚，不足以备万物。先取古人孝弟爱敬、五常百行之迹指为典要，揣摩依仿，执之以为应物之则，而不复知有变动周流之义，是疑目之不能辨五色而先涂之以丹腰，耳之不能辨五声而先聒之以宫羽，岂惟失却视听之用，而且泪其聪明之体，其不至聋且瞽者几希！"①（《宛陵会语》）"文公谓天下之物，方圆、轻重、长短皆有定理，必外之物至，而后内之知至。先师则谓事物之理皆不外于一念之良知，规矩在我，而天下方圆不可胜用，无权度，则无轻重、长短之理矣。"②

良知乃与万物一体，万物之理皆备于良知。良知流行，则万物各得其理，但良知并不是悬空隔离之存在，所以若说王畿与佛学之别，就在于其对体用合一、寂照一体的坚持。问题在于，他对用和工夫的处理，与对本体是没有区别的。也就是说，在他这里，本体和工夫更加圆融，几乎没有分别。因为他的见在良知要使所有的工夫瞬间都变为本体。如此，即使王畿强调其不遗弃工夫和万物，但给人的印象则都是本体。这样一来，其和佛学之区别就很模糊了。

其四，关于良知之特征。王氏说：

> 良知本顺，致之则逆。目之视，耳之听，生机自然，

---

① 沈善洪主编，吴光执行主编：《黄宗羲全集》（7），浙江古籍出版社 2005 年版，第 274 页。

② 沈善洪主编，吴光执行主编：《黄宗羲全集》（7），浙江古籍出版社 2005 年版，第 293—294 页。

是之谓顺。视而思明，听而思聪，天则森然，是之谓逆。①
（《跋图书》）

从真性流行，不涉安排，处处平铺，方是天然真规矩。
脱入些子方圆之迹，尚是典要挨排，与变动周流之旨，还
隔几重公案。②（《示丁惟寅》）

人心一点灵机，变动周流，为道屡迁而常体不易，譬
之日月之明，往来无停机而未尝有所动也。

万思默问："见孺子入井，怵惕恻隐，则必狂奔尽气，
运谋设法以拯救之，分明已起思虑，安得谓之未起？"曰：
"若不转念，一切运谋设法，皆是良知之妙用，皆未尝有所
起，所谓百虑而一致也。才有一毫纳交要誉恶声之心，即
为转念，方是起了。"

凡处至亲骨肉之间，轻重缓急，自有天则，一毫不容
加减。才著意处，便是固必之私，不是真性流行。真性流
行，始见天则。③（《赠思默》）

心迹未尝判，迹有可疑，毕竟其心尚有不能尽信处。
自信此生决无盗贼之心，虽有褊心之人，亦不以此疑我。
若自信功名富贵之心与决无盗贼之心一般，则人之相信，

---

①　沈善洪主编，吴光执行主编：《黄宗羲全集》（7），浙江古籍出版社 2005 年版，第
284 页。
②　沈善洪主编，吴光执行主编：《黄宗羲全集》（7），浙江古籍出版社 2005 年版，第
286—287 页。
③　沈善洪主编，吴光执行主编：《黄宗羲全集》（7），浙江古籍出版社 2005 年版，第
287 页。

自将不言而喻矣。①（《自讼》）

这些谈的都是良知自然无欲之特征。真性也就是良知，其生机自然，不用安排。若顺良知自然天则，一切皆为不起意、不转念，也即无欲。若刻意执着，则为有欲、起念。

这一句说的是良知未发之中，"未发之中，是太虚本体，随处充满，无有内外。发而中节处，即是未发之中。若有在中之中，另为本体与已发相对，则诚二本矣。"②

接下来这些说的都是良知无所不知，也即知是知非，"良知知是知非，其实无是无非。无者万有之基，冥权密运，与天同游。若是非分别太过，纯白受伤，非所以畜德也。"③（《先师遗墨》）

"良知非知觉之谓，然舍知觉无良知。良知即是主宰，而主宰渊寂，原无一物。吾人见在感应，随物流转，固是失却主宰，若曰：吾惟于此收敛握固，便有枢可执，认以为致知之实，未免犹落内外二见。才有执著，终成管带，只此管带，便是放失之因。且道孩提精神，曾有著到也无？鸢之飞，鱼之跃，曾有管带也无？骊龙护珠，终有珠在，以手持物，会有一时不捉执而自固，乃忘于手者也。惟无可忘而忘，故不待存而存，此可以自悟矣。"④（《答念庵》）

---

① 沈善洪主编，吴光执行主编：《黄宗羲全集》（7），浙江古籍出版社 2005 年版，第284—285 页。

② 沈善洪主编，吴光执行主编：《黄宗羲全集》（7），浙江古籍出版社 2005 年版，第293 页。

③ 沈善洪主编，吴光执行主编：《黄宗羲全集》（7），浙江古籍出版社 2005 年版，第288 页。

④ 沈善洪主编，吴光执行主编：《黄宗羲全集》（7），浙江古籍出版社 2005 年版，第292 页。

"良知知是知非，原是无是无非，正发真是真非之义，非以为从无是无非中来。以标末视之，使天下胥至于惛惛懂懂也。譬诸日月之往来，自然往来，即是无往无来。若谓有个无往无来之体，则日月有停轮，非往来生明之旨矣。"①（《答耿楚侗》）

良知无知，也无所不知；良知无事无非，也知是知非。这是良知有无圆通的结果，也是吸收佛道思想的结晶。这就使良知本体之境界无限高明。

其五，王畿对道家的调息养生之法很感兴趣，也将其引入儒家思想中，于是就有了其独特的关于"息"的思想。如下文所说：

> 双江子曰："仁是生理，亦是生气，理与气一也，但终当有别。告子曰'生之谓性'，亦是认气为性，而不知系于所养之善否。杞柳、湍水、食色之喻、亦以当下为具足，勿求于心，勿求于气之论，亦以不犯做手为妙悟。孟子曰：'苟得其养，无物不长；苟失其养，无物不消。'是从学问上验消长，非以天地见成之息冒认为己有而息之也。仁者与物同体，亦惟体仁者而后能与物同之。驭气摄灵，与定息以接天地之根诸说，恐是养生家所秘，与吾儒之息未可强同，而要以求敛为主，则一而已。"

> 先生曰："仁是生理，息即其生化之元，理与气未尝离也。人之息与天地之息原是一体，相资而生。阴符有三盗之说，非故冒认为己物而息之也。驭气摄灵与呼吸定息之

---

① 沈善洪主编，吴光执行主编：《黄宗羲全集》（7），浙江古籍出版社 2005 年版，第293 页。

义，不可谓养生家之言而遂非之。方外私之以袭气母，吾儒公之以资化元，但取用不同耳。公谓'仁者与物同体，亦惟体仁者而后能与物同之'，却是名言，不敢不深省也。"

　　双江子曰："息有二义，生灭之谓也。攻取之气息，则湛一之气复，此气化升降之机，无与于学问也。予之所谓息者，盖主得其所养，则气命于性，配义与道，塞乎天地，生生之机也。《传》曰：'虚者气之府，寂者生之机。'今以虚寂为禅定，谓非致知之旨，则异矣。佛氏以虚寂为性，亦以觉为性，又有皇觉、正觉、圆觉、明觉之异。佛学养觉而啬于用，时儒用觉而失所养，此又是其大异处。"

　　先生曰："性体自然之觉，不离伦物感应而机常生生。性定，则息自定，所谓尽性而至于命也。虚寂原是性体，归是归藏之义，而以为有所归，与生生之机微若有待，故疑其入于禅定。佛家亦是二乘，证果之学非即以虚寂为禅定也。佛学养觉而啬于用，时儒用觉而失所养，末流之异则然，恐亦非所以别儒学之宗也。"①

从双江的话中可以看出，儒家也曾有"息"的概念，其乃是气之机，也即气之生机所在，但儒家将气息只看成是天地之气息，并没有和人混淆在一起，而且虚寂在双江看来正是气机之体现，不应看作与佛家禅定一样的存在。现今儒者正是缺失对虚寂气机之涵养。

到了王畿这里，他将天地之息与人之息打通，认为其是一体之

---

　　①　沈善洪主编，吴光执行主编：《黄宗羲全集》(7)，浙江古籍出版社 2005 年版，第 305—306 页。

存在。这里的息是生化之源泉。人和天地一样用其来推动生化。人之生化与天地之生化亦融为一体。因此，息就不仅是道家所说的养生之工具了，它是人和万物生长之元，且王畿认为虚寂只是性体，并不是生生之机本身，所以只讲虚寂有些似禅，不接工夫。双江所说的佛和儒的区别是佛家讲觉而儒家不讲虚寂，这只是末流佛家和儒家之别，而真正的儒家恰恰是体用合一的。

此外，王畿还发展出一套养息工夫，"息有四种相：一风，二喘，三气，四息。前三为不调相，后一为调相。坐时鼻息出入觉有声，是风相也。息虽无声，而出入结滞不通，是喘相也。息虽无声，亦无结滞，而出入不细，是气相也。坐时无声，不结不粗，出入绵绵，若存若亡，神资冲融，情抱悦豫，是息相也。守风则散，守喘则戾，守气则劳，守息则密。前为假息，后为真息。欲习静坐，以调息为入门，使心有所寄，神气相守，亦权法也。调息与数息不同，数为有意，调为无意。委心虚无，不沉不乱，息调则心定，心定则息愈调，真息往来，呼吸之机自能夺天地之造化，心息相依，是谓息息归根，命之蒂也。一念微明，常惺常寂，范围三教之宗，吾儒谓之燕息，佛氏谓之反息，老氏谓之踵息，造化阖辟之玄枢也。以此征学，亦以此卫生，了此便是彻上彻下之道。"①（《调息法》）这一人息与天地之息的贯通功法看起来很神秘，但从天人合一、万物一体的理论上看，还是可以理解的。

总之，王畿对良知的阐释大多继承了阳明之观点，但其比阳明

① 沈善洪主编，吴光执行主编：《黄宗羲全集》（7），浙江古籍出版社2005年版，第289—290页。

在良知本体工夫上更加注重融通，所以提出了见在良知，使本体和工夫之差别不再有。另外，王畿将道家养息工夫引入了儒家，这是其创新所在。

2. 见在良知

见在良知乃王畿的特别贡献。在同聂双江的对话中，可见王畿见在良知的内涵。对话如下：

> 双江子曰："邵子云：'先天之学，心也；后天之学，迹也。'先天言其体，后天言其用，盖以体用分先后，而初非以美恶分也。良知是未发之中，先师尝有是言。若曰良知亦即是发而中节之和，词涉迫促。寂性之体，天地之根也，而曰非内，果在外乎？感情之用，形器之迹也，而曰非外，果在内乎？抑岂内外之间，别有一片地界可安顿之乎？即寂而感，存焉，即感而寂，行焉。以此论见成似也。若为学者立法，恐当更下一转语。《易》言内外，《中庸》亦言内外，今曰无内外；《易》言先后，《大学》亦言先后，今曰无先后，是皆以体统言功夫。如以百尺一贯论种树，而不原枝叶之硕茂由于根本之盛大，根本之盛大由于培灌之积累。此鄙人内外先后之说也。良知之前无未发，良知之外无已发，似是浑沌未判之前语。设曰良知之前无性，良知之外无情，即谓良知之前与外无心，语虽玄而意则舛矣。尊兄高明过人，自来论学，只从浑沌初生无所污坏者而言，而以见在为具足，不犯做手为妙悟，以此自娱可也，恐非中人以下所能及也。"

先生曰："寂之一字，千古圣学之宗。感生于寂，寂不离感。舍寂而缘感，谓之逐物，离感而守寂，谓之泥虚。夫寂者未发之中，先天之学也。未发之功却在发上用，先天之功却在后天上用。明道云：'此是日用本领，功夫却于已发处观之。'康节《先天吟》云：'若说先天无个事，后天须用著功夫。'可谓得其旨矣。先天是心，后天是意，至善是心之本体。心体本正，才正心便有正心之病，才要正心，便已属于意。欲正其心，先诚其意，犹云舍了诚意更无正心功夫可用也。良知是寂然之体，物是所感之用，意则其寂感所乘之机也。知之与物无先后可分，故曰'致知在格物'。致知功夫在格物上用，犹云《大学》明明德在亲民上用，离了亲民，更无学也。良知是天然之则。格者正也，物犹事也。格物云者，致此良知之天则于事事物物也。物得其所谓之格，非于天则之外别有一段格之之功也。前谓未发之功只在发上用者，非谓矫强矜饰于喜怒之末，徒以制之于外也。节是天则，即所谓未发之中也。中节云者，循其天则而不过也。养于未发之豫，先天之学是矣。后天而奉时者，乘天时行，人力不得而与。曰奉，曰乘，正是养之之功，若外此而别求所养之豫，即是遗物而远于人情，与圣门复性之旨为有间矣。即寂而感，行焉，即感而寂，存焉，正是合本体之功夫，无时不感，无时不归于寂也。若以此为见成，而未见学问之功，又将何如其为用也？寂非内而感非外，盖因世儒认寂为内、感为外，故言此以见寂感无内外之学，非故以寂为外，以感为内，而于内外之间，别有一片地界可安顿也。既云寂是性之体，性无内外之分，则寂无内外，可不辨而明矣。良知之前无未发者，良知即是未发之中，若复求未发，则所谓沉空也。良知之外无已发者，致此良知，即是发而中节之和，若别有已发，即所谓依识也，语意似亦了然。设谓良知之前无性，良知之后无情，即谓之无心，而断以为混沌未判之前语，则几于推测之过矣。公谓不肖'高明过人，自来论学，只从混沌初生无所污坏者而言，而以见在为具足，不犯做手为妙悟'，不肖何敢当！然窃观立言之意，却实以为混沌无归著，且非污坏者所宜妄意而认也。观后条于告子身上发例可见矣。愚则谓良知在人本无污坏，虽昏蔽之极，苟能一念自反，即得本心。譬之日月之明、偶为云雾所翳，谓之晦耳，云雾一开，明体即见，原未尝有所伤也。此原是人人见在具足，不犯做手本领功夫，人之可以为尧、舜，小人之可使为君子，舍此更无从入之路、可变之几，固非以为妙悟而妄意自信，亦未尝谓非中人以下所能及也。"①

双江子曰："兄谓圣学只在几上用功，有无之间是人心真体用，当下具足，是以见成作功夫看。夫寂然不动者，诚也；感而遂通者，神也。今不谓诚、神为学问真功夫，而以有无之间为人心真体用，不几于舍筏求岸，能免望洋之叹乎？诚精而明，寂而疑于无也，而万象森然已具，无

---

① 沈善洪主编，吴光执行主编：《黄宗羲全集》，浙江古籍出版社 2005 年版，第七册，第 295—297 页。

而未尝无也。神应而妙，感而疑于有也，而本体寂然不动，有而未尝有也。即是为有无之间，亦何不可？老子曰无无既无，湛然常寂，常寂常应，直常得性，常应常定，常清净矣，则是以无为有之几，寂为感之几，非以寂感有无隐度其文，故令人不可致诘为几也。知几之训，《通书》得之《易传》：'子曰：知几其神乎？''几者动之微，吉之先见者也'，即《书》之'动而未形，有无之间'之谓。《易》曰：'介如石焉，宁用终日，断可识矣。'此夫子之断案也。盖六二以中正自守，其介如石，故能不溺于豫，上交不谄，下交不渎，知几也。盱豫之悔，谄也；冥贞之疾，渎也。几在介而非以不谄不渎为几也。《易》曰：'忧悔吝者，存乎介。'介非寂然不动之诚乎？《中庸》曰：'至诚如神'，又曰：'诚则明'，言几也，舍诚而求几，失几远矣。内外先后混逐忘助之病，当有能辨之者。"

先生曰："周子云：'诚神几曰圣人。'良知者，自然之觉，微而显，隐而见，所谓几也。良知之实体为诚，良知之妙用为神，几则通乎体用而寂感一贯，故曰有无之间者几也。有与无，正指诚与神而言。此是千圣从入之中道，过之则堕于无，不及则滞于有，多少精义在，非谓以见成作功夫，且隐度其文，令人不可致诘为几也。《豫》之六二，以中正自守不溺于豫，故能触几而应，不俟终日而吉。良知是未发之中，良知自能知几，非良知之外别有介石以为之守而后几可见也。《大学》所谓诚意，《中庸》所谓复性，皆以慎独为要，独即几也。"①

第一段对话中，双江对王畿将本体和工夫、先天和后天、未发和已发的强行统一之论有所保留，而对这一统一的见成之学也不赞同，认为王畿模糊了所有的界限。这样的玄远之学恐怕只适合高明如王畿之人来玩，中人及以下恐不适合。

看来双江还是看出了王畿见成之学（也即见在之学）的高玄特点，这不是所有人都能操作的路线，但王畿依然坚持自己的融通之论。他以寂和感来概括所有的范畴。寂就是良知本体、未发之中、先天之心，感则是用、已发之和、后天之迹。接下来王畿就强调寂感合一、本体工夫合一。先天、未发之良知本体之功，必须要在后天、已发之用中展开，致知与格物、知和行也是合一的，这就是"即寂而感，即感而寂"，体和用，即本体和工夫完全融为一体，"正是合本体之工夫，无时不感，无时不归于寂也。"其工夫全是用来归于本体的。当然，阳明之其他弟子也强调工夫致本体，但王畿之特色是，工夫瞬间即可致得良知全体，此所谓见成。见成就是王畿致良知之工夫和学问。问题是此工夫几乎没有其他弟子所说的工夫的过程和阶段，而是工夫直接变为整体良知。在这一意义上，工夫和本体已经没有区别。这就是王畿所说的"即寂而感，即感而寂"。这种瞬间即可达致良知整体的也即见在良知。可见这一见成或见在已经不是工夫，而是良知的即时显现了。

王畿说，其所说的"良知之前无未发，良知之外无已发"讲的

① 沈善洪主编，吴光执行主编：《黄宗羲全集》（7），浙江古籍出版社2005年版，第300—301页。

就是这样一个浑然一体之良知。此良知时时见在，时时完满。他说，"良知在人，本无污坏"。当然，在发用中也会有昏蔽，但无论其如何昏蔽，只要一念自反，就会复归本心，"虽昏蔽之极，苟能一念自反，即得本心"。这就像日月一样，日月本身是明亮的，偶然为云雾遮蔽，但云雾一开，明亮依旧，"明体即见，原未尝有所伤也"。也就是说，只要一念自反，良知整体即可复归复现。这样的良知就是见在具足之良知。如此之良知，就不需要那种漫长的、循序的工夫，只需一念，即可完满，所以在这种良知及其工夫下，人瞬间皆可为尧舜，皆可为君子，"此原是人人见在具足，不犯做手本领工夫，人之可以为尧、舜，小人之可使为君子"，而且良知可能只有如此一种显现和通达方式，即见在具足之良知，"舍此更无从入之路"。王畿认为，这种速成的见在良知，并不是盲目自信，也不是那种悬空的妙悟。这种不可言说的见在良知工夫是可以为中人以下所能拥有的，"可变之几，固非以为妙悟而妄意自信，亦未尝谓非中人以下所能及也。"这种见在良知工夫，又被王畿称为"几"。

那么，"几"是如何实现见在良知的呢？这是两人第二段对话讨论的内容。

双江认为，仅仅从"几"上立教是不能令人信服的。"几"不能代表致良知的工夫的全部。因为在对良知的工夫上，最根本的诚和神是最不能忽略的。"诚"即良知本体寂然不动的状态，"神"则是良知发用时"感而遂通"之状态。双江也赞同本体工夫一体，即诚、神既是良知寂、感的具体特征，也是其工夫。诚是良知本体之表现，也是致良知本体的工夫。神既是良知发用的表现，也是良知之感的工夫，但双江不同意的是用诚和神、寂和感之间的一个次级的工夫——几——来代替所有的更本体的工夫。可见，双江和王畿都不赞同钱德洪从事上磨炼的工夫路线，他们都喜欢自上而下用功，也都赞同本体工夫的合一，但双江认为在本体上的工夫应该更绵密一些，而不是以"几"这样草率的枝节工夫来代替所有工夫，而王畿则认为，有"几"之见在工夫就足够了。

王畿也承认，诚是良知本体，神是良知之用，但他认为，能够将诚与神、体和用贯穿起来的就是"几"。"几"本身属于良知，但单说一个"诚"或"神"都不足以表明良知发用的细节，而只有这个"几"能表现出由"诚"到"神"的具体发动机制，所以"几"功能或工夫就成了关窍。诚之工夫的显发和神之工夫的展开都要依赖这一沟通诚和神的"几"。既然"几"能通乎体用、贯穿寂感，那么"几"之工夫就是最为关键的工夫，而《大学》所谓的诚意工夫、《中庸》所谓的慎独工夫就是"几"之工夫，所以王畿认为，"几"这一个工夫就致得完整良知。不仅如此，"几"的特点是见在、见成，即"几"一发动，则良知当下具足。于是，在其余弟子那里循序渐进的诚意、慎独工夫就变成了瞬间完满的见在或见成之工夫。

关于见在工夫的描述，王畿常有提及。他说："见在一念，无将迎，无住著，天机常活，便是了当千百年事业，更无剩欠。"①（《水西别言》）"见在"在这里既是工夫，也是本体，一念即见良知。"思虑未起，不与已起相对。才有起时，便为鬼神觑破，非退藏密机。日逐应感，只默默理会，当下一念，凝然洒然，无起无不起，

① 沈善洪主编，吴光执行主编：《黄宗羲全集》（7），浙江古籍出版社2005年版，第285页。

时时觌面相呈，时时全体放下，一切称讥逆顺，不入于心，直心以动，自见天则。"①（《万履庵漫语》）

在王畿看来，见在一念，已经涵盖了所有的工夫，"千古圣学，只从一念灵明识取。当下保此一念灵明便是学；以此触发感通便是教；随事不昧此一念灵明，谓之格物；不欺此一念灵明，谓之诚意；一念廓然，无有一毫固必之私，谓之正心。此是易简直截根源。"②（《水西别言》）学、教、格物、诚意、正心等工夫都是见在一念的不同表现形式，见在工夫就是万能工夫。

在见在工夫下，一切都是见在的。"念有二义：今心为念，是为见在心，所谓正念也；二心为念，是为将迎心，所为邪念也。正与邪，本体之明，未尝不知，所谓良知也。念之所感谓之物，物非外也。心为见在之心，则念为见在之念，知为见在之知，而物为见在之物，见在则无将迎而一之矣。"③（《念堂说》）在王畿看来，只有见在的，才是正确的，而非见在的就是将迎的，即过与不及的，所以心、念、知、物只有是见在的，才是真正的良知之展现，此时的心、念、知、物也才是一体的。如此，良知也只有是见在的，才是真正的良知，除此则为非。

在给罗洪先的信中，王畿直接提到见在良知，"见在良知，必待修证而后可与尧舜相对，尚望兄一默体之。盖不信得当下具足，到

---

① 沈善洪主编，吴光执行主编：《黄宗羲全集》（7），浙江古籍出版社 2005 年版，第 286 页。

② 沈善洪主编，吴光执行主编：《黄宗羲全集》（7），浙江古籍出版社 2005 年版，第 285 页。

③ 沈善洪主编，吴光执行主编：《黄宗羲全集》（7），浙江古籍出版社 2005 年版，第 289 页。

底不免有未莹处。欲惩学者不用功夫之病，并其本体而疑之，亦矫枉之过也。"①（《答念庵》）在他处，王畿也谈到罗洪先同样的观点，"念庵谓：'世间无有见成良知，非万死工夫，断不能生'。以此较勘虚见附和之辈，未为不可。若必以见在良知与尧、舜不同，必待工夫修证而后可得，则未免矫枉之过。曾谓昭昭之天与广大之天有差别否？"②（《松原晤语》）罗洪先对见在良知信心不足，认为见在工夫不属于真正的工夫，真正的工夫必须循序渐进地修证，才能致得良知，所谓见在良知是不存在的。王畿则认为罗洪先过于不自信了，见在良知就是如此迅捷直至本体的工夫，无须和循序渐进工夫一致。罗氏怀疑这种与本体合一的工夫，是矫枉过正了。这也是对良知本体的不自信。

为了避免见在工夫被说成是空禅，王畿将见在工夫与静坐区分开来，"古者教人，只言藏修游息，未尝专说闭关静坐。若日日应感，时时收摄，精神和畅充周，不动于欲，便与静坐一般。若以见在感应不得力，必待闭关静坐，养成无欲之体始为了手，不惟蹉却见在工夫，未免善静厌动，与世间已无交涉，如何复经得世？"③ 见在工夫并不是空寂之静坐，其对动静一随自然，不执着一处，且见在工夫融通体用，并不是静坐玄想本体，而是要和发用世界一起，将良知整体呈现出来。见在工夫和经世并不是分离的。见在一念之

---

① 沈善洪主编，吴光执行主编：《黄宗羲全集》(7)，浙江古籍出版社 2005 年版，第293 页。

② 沈善洪主编，吴光执行主编：《黄宗羲全集》(7)，浙江古籍出版社 2005 年版，第273—274 页。

③ 沈善洪主编，吴光执行主编：《黄宗羲全集》(7)，浙江古籍出版社 2005 年版，第272 页。

间，即沟通良知体用，并不是遗世遁空，所以见在工夫、见在良知并不是空禅玄道，它是体用合一的。只是其体用合一过于高妙，并不是所有人都能体悟并践行的。如此，王畿见在良知被误认为禅，也是可以理解的。

黄宗羲对王畿之判断部分是合理的，他说："是两先生之'良知'，俱以见在知觉而言，于圣贤凝聚处，尽与扫除，在师门之旨，不能无毫厘之差。龙溪从见在悟其变动不居之体，先生只于事物上实心磨炼，故先生之彻悟不如龙溪，龙溪之修持不如先生。乃龙溪竟入于禅，而先生不失儒者之矩矱，何也？龙溪悬崖撒手，非师门宗旨所可系缚，先生则把缆放船，虽无大得亦无大失耳。"[1]

他说王畿和钱德洪都是见在之学，这是对的。但说王畿只在本体上用功，钱氏则在事物上磨炼，所以王龙溪之彻悟高于钱氏，但其修持不如钱氏，最终王畿入于禅，超出儒家范畴。这样的结论就是对王畿之误解了。王畿的见在工夫是本体和工夫打通的，并不只是在一个空寂不动本体上用功。只是其在良知体用上的工夫只是瞬间，不像钱氏那样循序渐进，才让人误认其为禅，所以说如果王畿见在良知仍属于儒家范围的话，它也只能适合少数天资绝顶的人，对于中下之人来说，是难以操作的。

（三）王畿的工夫论

王畿提出见在良知之后，其工夫特征也就比较明显了。他偏向

---

[1] 沈善洪主编，吴光执行主编：《黄宗羲全集》（7），浙江古籍出版社 2005 年版，第254 页。

于高明路线，即对本体用功。

1. 从先天本体用功

王畿明确是要从先天用功，"吾人一切世情嗜欲皆从意生。心本至善，动于意，始有不善。若能在先天心体上立根，则意所动自无不善，世情嗜欲自无所容，致知工夫自然易简省力。若在后天动意上立根，未免有世情嗜欲之杂，致知工夫转觉烦难。颜子，先天之学也；原宪，后天之学也。"①王畿认为，在先天用功，则没有各种世情嗜欲之干扰，工夫简易，且一切皆善；若在后天意动处用功，则会有不善杂于其间，致知工夫就烦难。颜回就是先天之学。

阳明也不反对从先天用功，只是觉得这很难。因为良知本身就是先后天之统一，良知先天就在人心，所以是可以从先天做功的。王畿则专在先天用功。要将难操作的只适合少数天资绝顶之人的先天工夫强行普遍化，将所有人瞬间变为圣人。因此，他对颜回先天之学不传深为叹息，"良知一点虚明便是入圣之机。时时保任此一点虚明，不为旦昼梏亡，便是致知。盖圣学原是无中生有，颜子从里面无处做出来，子贡、子张从外面有处做进去。无者难寻，有者易见，故子贡、子张一派学术，流传后世，而颜子之学遂亡。后之学者沿习多学多闻多见之说，乃谓初须多学，到后方能一贯，初须多闻多见，到后方能不藉闻见而知，此相沿之弊也。初学与圣人之学，只有生熟不同，前后更无两路。假如不忍觳觫，怵惕入井，不屑呼

---

① 沈善洪主编，吴光执行主编：《黄宗羲全集》（7），浙江古籍出版社 2005 年版，第 271—272 页。

蹴，真机神应，人力不得而与，岂待平时多学而始能？充不忍一念便可以王天下，充怵惕一念便可以保四海，充不屑不受一念，便义不可胜用，此可以窥孔、孟宗传之旨矣。"①

这两段说的也是从本原用功，"立志不真，故用力未免间断，须从本原上彻底理会。种种嗜好，种种贪著，种种奇特技能，种种凡心习态，全体斩断，令干干净净从混沌中立根基，始为本来生生真命脉。此志既真，功夫方有商量处。"②（《斗山会语》）"刘师泉曰：'人之生，有性有命。吾心主宰谓之性，性，无为者也，故须出头。吾心流行谓之命，命，有质者也，故须运化。常知不落念，所以立体也，常运不成念，所以致用也。二者不可相离，必兼修而后可为学。'先生曰：'良知原是性命合一之宗，即是主宰，即是流行，故致知工夫只有一处用。若说要出头运化，要不落念，不成念，如此分疏，即是二用。二即支离，到底不能归一。'"③（《答林退斋》）致知工夫只有一处，即体用合一之良知。

良知本体乃虚明，只要在此做功，时时保有此虚明，则一切妥当。这就是先天之工夫，是在良知未发上所做的工夫。王畿又称这是无中生有，"盖圣学原是无中生有"。也就是说，从良知未发这个无形无相之本体着手做功，如此自然会保证已发之后的有之状态全然皆善，而颜回做的就是这个工夫，子贡、子张却是从发用之有处

---

① 沈善洪主编，吴光执行主编：《黄宗羲全集》（7），浙江古籍出版社 2005 年版，第278—279 页。

② 沈善洪主编，吴光执行主编：《黄宗羲全集》（7），浙江古籍出版社 2005 年版，第273 页。

③ 沈善洪主编，吴光执行主编：《黄宗羲全集》（7），浙江古籍出版社 2005 年版，第276 页。

做功，"颜子从里面无处做出来，子贡、子张从外面有处做进去"。从无做功难，从有做功易，所以颜回之学逐渐失传，而子贡、子张从有处做功之学成为多数学者的路数。这一路就是从有处多学多闻多见，从而下学上达之路线。从有到无和从无到有说的是一回事，都是良知体用合一之路线，但是这两者有生疏和熟练之区别。从无到有的先天路线更加高明圆熟，一念之间即可圆满，自然真机神应；下学或初学路线则更多人力刻意造作，容易生硬和支离。因此，王畿推崇无中生有之上学下达路线，这才是圣人之学、真传宗旨。

接下来这段也是强调要从心体上用功。他说："忿不止于愤怒，凡嫉妒褊浅，不能容物，念中悻悻，一些子放不过，皆忿也。欲不止于淫邪，凡染溺蔽累，念中转转，贪恋不肯舍却，皆欲也。惩窒之功有难易，有在事上用功者，有在念上用功者，有在心上用功者。事上是遏于已然，念上是制于将然，心上是防于未然。惩心忿，窒心欲，方是本原易简功夫。在意与事上遏制，虽极力扫除，终无廓清之期。"① 这里王畿谈到三种做功方式：事上、念上、心上。无论是在事上、念（意）上用功，都是在发用处用功，这些都是烦难之功，且不一定能根本扫除恶。只有在心本体上用功，才能防恶于未然。

在下面的问答中，王畿也强调在根本上用功，如下：

> 问："伊川存中应外、制外养中之学，以为内外交养，何如？"曰："古人之学，一头一路，只从一处养。譬之种

---

① 沈善洪主编，吴光执行主编：《黄宗羲全集》(7)，浙江古籍出版社2005年版，第279页。

树，只养其根，根得其养，枝叶自然畅茂。种种培壅灌溉，修枝剔叶，删去繁冗，皆只是养根之法。若既养其根，又从枝叶养将来，便是二本支离之学。晦庵以尊德性为存心，以道问学为致知，取证于'涵养须用敬，进学在致知'之说，以此为内外交养。知是心之虚灵，以主宰谓之心，以虚灵谓之知，原非二物。'舍心更有知，舍存心更有致知之功'，皆伊川之说误之也。涵养工夫贵在精专接续，如鸡抱卵，先正尝有是言。然必卵中原有一点真阳种子，方抱得成。若是无阳之卵，抱之虽勤，终成鷃卵。学者须识得真种子，方不枉费功夫，明道云：'学者须先识仁。'吾人心中一点灵明，便是真种子，原是生生不息之机。种子全在卵上，全体精神只是保护得，非能以其精神功益之也。"①（《留都会记》）

王畿认为，涵养工夫必须从根上来，根得其养，枝叶自然繁茂。如此也是体用合一、内外合一之正确路数，但伊川和朱熹则将体用、内外分割开来，一个提倡"存中应外、制外养中"，一个提倡"以尊德性为存心，以道问学为致知；涵养须用敬，进学在致知"，这都是支离之病。对阳明和王畿来说，心和知本是一体的，不必分为内外。只要心体工夫纯熟，自然内外圆融、根叶繁盛。因此，王畿说，对良知本体做的工夫才是真功夫，"良知者，性之灵根，所谓本体也。知而曰致，翕聚缉熙，以完无欲之一，所谓工夫也。良知在人，不

---

① 沈善洪主编，吴光执行主编：《黄宗羲全集》(7)，浙江古籍出版社2005年版，第279—280页。

学不虑，爽然由于固有，神感神应，盎然出于天成，本来真头面，固不待修证而后全。若徒任作用为率性，倚情识为通微，不能随时翕聚以为之主，倏忽变化，将至于荡无所归。致知之功，不如是之疏也。"① (《书同心册》) 此工夫犹如没工夫一样，因为良知本来自自然然、不学不虑、盎然天成，不待修证而后全，所以不能在作用处、情识流行处用功，在这里所用的致知之功是粗疏、生硬的。

由于良知之自然特征，在本体上做的工夫就如没有工夫一样，"良知不学不虑。终日学，只是复他不学之体；终日虑，只是复他不虑之体。无工夫中真工夫，非有所加也。工夫只求日减，不求日增，减得尽便是圣人。后世学术，正是添的勾当，所以终日勤劳，更益其病。果能一念惺惺，泠然自会，穷其用处，了不可得，此便是究竟话。"② (《答徐存斋》) 对本体做功就是自然无为之功，不但不能做加法，还得做减法。直到减尽人为增添之工夫，才是良知本体呈现时，所以本体上的工夫就是无工夫，而无工夫才是真工夫。如此，王畿之工夫被误为禅的概率就更大了。

工夫着手处不仅看出其高明与否，还能分辨出人品好坏。"乡党自好与贤者所为，分明是两条路径。贤者自信本心，是是非非，一毫不从人转换。乡党自好，即乡愿也，不能自信，未免以毁誉为是非，始有违心之行，徇俗之情。虞廷观人，先论九德，后及于事。乃言曰'载采采'，所以符德也。善观人者，不在事功名义格套上，

---

① 沈善洪主编，吴光执行主编：《黄宗羲全集》(7)，浙江古籍出版社 2005 年版，第 281 页。

② 沈善洪主编，吴光执行主编：《黄宗羲全集》(7)，浙江古籍出版社 2005 年版，第 281 页。

惟于心术微处密窥而得之。"①（《云门问答》）乡愿和贤者的区别就在于其是从本心出发做人，还是纠缠在事功名义等俗套中。从本原做功，这时就具有了真理性。

2. 本体上的工夫——自然、无欲、慎独

王畿关于本体上自然工夫的描述，如"天机无安排，有寂有感即是安排。"②"人心只有是非，是非不出好恶两端。忿与欲，只好恶上略过些子，其几甚微。惩忿窒欲，复其是非之本心，是合本体的工夫。"③"人心要虚，惟虚集道，常使胸中豁豁，无些子积滞，方是学。"④"问：'应物了，即一返照，何如?'曰：'当其应时，真机之发即照，何更索照?'"⑤"日往月来，月往日来，自然往来，不失常度，便是存之之法。"⑥又如"乐是心之本体，本是活泼，本是脱洒，本无挂碍系缚。尧、舜、文、周之兢兢业业、翼翼乾乾，只是保任得此体，不失此活泼脱洒之机，非有加也。"⑦"良知是天然之灵机，

---

① 沈善洪主编，吴光执行主编：《黄宗羲全集》(7)，浙江古籍出版社 2005 年版，第281 页。

② 沈善洪主编，吴光执行主编：《黄宗羲全集》(7)，浙江古籍出版社 2005 年版，第274 页。

③ 沈善洪主编，吴光执行主编：《黄宗羲全集》(7)，浙江古籍出版社 2005 年版，第275 页。

④ 沈善洪主编，吴光执行主编：《黄宗羲全集》(7)，浙江古籍出版社 2005 年版，第275 页。

⑤ 沈善洪主编，吴光执行主编：《黄宗羲全集》(7)，浙江古籍出版社 2005 年版，第276 页。

⑥ 沈善洪主编，吴光执行主编：《黄宗羲全集》(7)，浙江古籍出版社 2005 年版，第276 页。

⑦ 沈善洪主编，吴光执行主编：《黄宗羲全集》(7)，浙江古籍出版社 2005 年版，第276 页。

时时从天机运转。变化云为，自见天则，不须防检，不须穷索，何尝照管得！又何尝不照管得！"① "当下本体，如空中鸟迹，水中月影，若有若无，若沉若浮，拟议即乖，趋向转背，神机妙应。当体本空，从何处识他？于此得个悟入，方是无形象中真面目，不著纤毫力中大著力处也。"② "吾人思虑，自朝至暮，未尝有一息之停。譬如日月自然往来，亦未尝有一息之停，而实未尝动也。若思虑出于自然，如日月之往来，则虽终日思虑，常感常寂，不失贞明之体，起而未尝起也。若谓有未发之时，则日月有停轮，非贞明之谓矣。"③ 这里的天机、真机、几等说的都是良知之发动，只要任其自然，则无不善。

自然之功还表现为无欲，"乍见孺子入井怵惕，未尝有三念之杂，乃不动于欲之真心，所谓良知也，与尧、舜未尝有异者也。于此不能自信，几于自诬矣。苟不用致知之功，不能时时保任此心，时时无杂，徒认见成虚见，附合欲根，而谓即与尧、舜相对，几于自欺矣。"④ "无欲不是效，正是为学真路径，正是致知真功夫，然不是悬空做得。故格物是致知下手实地，格是天则，良知所本有，犹

---

① 沈善洪主编，吴光执行主编：《黄宗羲全集》（7），浙江古籍出版社 2005 年版，第 276 页。

② 沈善洪主编，吴光执行主编：《黄宗羲全集》（7），浙江古籍出版社 2005 年版，第 278 页。

③ 沈善洪主编，吴光执行主编：《黄宗羲全集》（7），浙江古籍出版社 2005 年版，第 292 页。

④ 沈善洪主编，吴光执行主编：《黄宗羲全集》（7），浙江古籍出版社 2005 年版，第 289 页。

所谓天然格式也。"① 这里出现了对见成的否定。不知道这个"见成"是否是前面见成工夫，如果是的话，王畿就自相矛盾了。如果不是，这里的"见成"只能是习俗或成见的意思。

王畿也曾批评罗汝芳（号近溪）的见在之功。他说："近溪之学，已得其大，转机亦圆。自谓无所滞矣，然尚未离见在。虽云全体放下，亦从见上承当过来，到毁誉利害真境相逼，尚未免有动。他却将动处亦把作真性笼罩过去，认做烦恼即菩提，与吾儒尽精微，时时缉熙，功夫尚隔一尘。"② 推崇见在良知的王畿不是又自相矛盾了吗？我们只能说，王畿这里所用的"见在"一语，可能更多的是指发用中的具体事物、念头、习俗等枝节执着之存在。

还有另外一种致良知的工夫，就是慎独。"千古学术，只在一念之微上求。三月不违，不违此也，日月至，至此也。一念之微，只在慎独。"③ "良知即是独知，独知即是天理。独知之体，本是无声无臭，本是无所知识，本是无所粘带拣择，本是彻上彻下。独知便是本体，慎独便是功夫，只此便是未发先天之学。若谓良知是属后天，未能全体得力，须见得先天方有张本，却是头上安头，斯亦惑矣。"④ "万欲纷纭之中，反之一念独知，未尝不明，此便是天之明命不容磨

---

① 沈善洪主编，吴光执行主编：《黄宗羲全集》（7），浙江古籍出版社 2005 年版，第 291 页。

② 沈善洪主编，吴光执行主编：《黄宗羲全集》（7），浙江古籍出版社 2005 年版，第 278 页。

③ 沈善洪主编，吴光执行主编：《黄宗羲全集》（7），浙江古籍出版社 2005 年版，第 274 页。

④ 沈善洪主编，吴光执行主编：《黄宗羲全集》（7），浙江古籍出版社 2005 年版，第 294 页。

灭所在。故谓慎独工夫，影响揣摩，不能扫荡欲根则可，谓独知有欲则不可；谓独知即是天理则可，谓独知之中必存天理，为若二物则不可。"① "独知者，非念动而后知也。乃是先天灵窍，不因念有，不随念迁，不与万物作对。慎之云者，非是强制之谓，只是兢业保护此灵窍，还他本来清净而已。"② 慎独也就是保存独知，而独知则是良知天理。慎独乃是先天工夫。

3. 从发用处用功

王畿也有一些关于在发用处用功的言论。他说："天生蒸民，有物有则。良知是天然之则，物是伦物所感应之迹。如有父子之物，斯有慈孝之则；有视听之物，斯有聪明之则。感应迹上循其天则之自然，而后物得其理，是之谓格物，非即以物为理也。人生而静，天之性也。物者因感而有，意之所用为物。意到动处，易流于欲，故须在应迹上用寡欲工夫。寡之又寡，以至于无，是之谓格物，非即以物为欲也。物从意上，意正则物正，意邪则物邪。认物为理，则为太过；训物为欲，则为不及，皆非格物之原旨。"③ （《斗山会语》）这里王畿明确提到要在应迹上用寡欲工夫，而应迹即是物。这同其前面所说只能在本体上用功就矛盾了。虽然他说寡欲工夫最终变为无，但依然是从物上开始的。

---

① 沈善洪主编，吴光执行主编：《黄宗羲全集》（7），浙江古籍出版社2005年版，第294页。

② 沈善洪主编，吴光执行主编：《黄宗羲全集》（7），浙江古籍出版社2005年版，第294页。

③ 沈善洪主编，吴光执行主编：《黄宗羲全集》（7），浙江古籍出版社2005年版，第283页。

他还曾说过，"工夫只在喜怒哀乐发处体当，致和正所以致中也。内外合一，动静无端，原是千圣学脉。"① "'继之者善'，是天命流行，'成之者性'，人生而静已上不容说，才有性之可名，即已属在气，非性之本然矣。性是心之生理，性善之端，须从发上始见。恻隐羞恶之心，即是气，无气则亦无性之可名矣。"② （《性命合一说》）这里王畿又承认工夫只能在发用处做，而且几乎所有的概念等都已经是发用之气的产物。这就意味着，所有的工夫只能在发用之气中展开。

在另外一处，王畿还曾反对过气可以为道或者本体，"张子《太和篇》尚未免认气为道，若以清虚一大为道，则浊者、实者、散殊者独非道乎？"③ 前面还说各种概念都是气的产物，在这里又把气视为比道低级的存在。这不是又自相矛盾吗？只能说王畿在本体用功的挑战很大。

不仅如此，接下来王畿又承认良知并不是一蹴而就、生知安行的，这就说明，良知有可能不是见在完满的。他说："良知在人，百姓之日用，同于圣人之成能，原不容人为加损而后全。乞人与行道之人，怵惕羞恶之形，乃天机之神应，原无俟于收摄保聚而后有，此圣学之脉也。尧、舜之生知安行，其焦劳怨慕，未尝不加困勉之功，但自然分数多，故谓之生安。愚夫愚妇其感触神应亦是生安之

---

① 沈善洪主编，吴光执行主编：《黄宗羲全集》（7），浙江古籍出版社2005年版，第288页。

② 沈善洪主编，吴光执行主编：《黄宗羲全集》（7），浙江古籍出版社2005年版，第288页。

③ 沈善洪主编，吴光执行主编：《黄宗羲全集》（7），浙江古籍出版社2005年版，第275—276页。

本体，但勉然分数多，故谓之困勉。"① （《致知难易解》）

这段话几乎彻底否定了在现实中良知能够完满、纯粹的可能性。王畿说，从理论上或者从本然上说，良知在所有人那里包括圣人和百姓都是完善具足的，其自然完满性不允许有任何人为的加减，但是在现实中，良知的这种完满是难以实现的。保有和实现良知的最高境界就是自然的生知安行。可是，即使是圣贤的生知安行也不是纯自然的，它也夹杂了杂质，只是圣贤的自然程度高一点，才会说其是生知安行的，"尧、舜之生知安行，其焦劳怨慕，未尝不加困勉之功，但自然分数多，故谓之生安。"圣贤也不免在俗世中焦、劳、怨、慕，也要困勉用功，才能多些自然知行。百姓就更不用说了，其更易受现实欲望困扰，自然的程度就更低了，所以其困勉之功就更需要了。在生知安行的自然程度上，圣贤自然程度高些，所以称其为"生知安行"；百姓自然程度低，困勉程度高，所以才称其为"困勉"。因此，在现实中，圣贤和百姓都是有困勉的，困勉之功也只能在发用中才能做。

如此，王畿的见在良知和本体见成工夫就只停留在理论上。他也承认"论工夫，圣人亦须困勉，方是小心缉熙。论本体，众人亦是生知安行，方是真机直达。"② 很显然，从现实工夫来看，圣人也需要刻苦勤勉，学后而知之，但从理论上说，所有人是能够生知安行、不学而知、不虑而能的。可以看到，王畿所说的生知安行、真

---

① 沈善洪主编，吴光执行主编：《黄宗羲全集》（7），浙江古籍出版社 2005 年版，第 289 页。

② 沈善洪主编，吴光执行主编：《黄宗羲全集》（7），浙江古籍出版社 2005 年版，第 275 页。

机本体，只是一种理想的、本原性的存在，在现实中很难达到。只是王畿对本体充满了向往，所以就将此作为所有人的终极目标来追求。

在下面这段对话中，王畿更是赞同从人情事变做功的观点，对话如下：

> 问"白沙与师门异"。曰："白沙是百原山中传流，亦是孔门别派，得其环中以应无穷，乃景象也。缘世人精神撒泼，向外驰求，欲返其性情而无从入，只得假静中一段行持，窥见本来面目，以为安身立命根基，所谓权法也。若致知宗旨，不论语默动静，从人情事变彻底炼习以归于玄，譬之真金为铜铅所杂，不遇烈火烹熬，则不可得而精。师门尝有入悟三种教法：从知解而得者谓之解悟，未离言诠；从静中而得者谓之证悟，犹有待于境；从人事炼习而得者，忘言忘境，触处逢源，愈摇荡愈凝寂，始为彻悟。"①
> （《霓川别语》）

在这里，王畿批判了陈献章（世人尊称白沙先生）的养静之说。认为为了避免陷于世俗的干扰，避世养静作为权宜之计是可以的，但不能作为立教宗旨。真正的致知宗旨应该是不论动静的，也不是避世而修的，而是必须在人情事变中彻底锤炼才能真正领悟到良知本体，正所谓"若致知宗旨，不论语默动静，从人情事变彻底炼习以归于玄"。阳明谈到了三种悟良知的方法，一是从语言上的知解入

---

① 沈善洪主编，吴光执行主编：《黄宗羲全集》（7），浙江古籍出版社2005年版，第286页。

手，二是从刻意选择的安静情境中（如避世归隐等）静中证悟，三是从人情事变中修炼习得。这三种方法中，最能够彻悟的是第三种。因为其不分有无言语、环境动静如何，随时随地可以触物而知返本源，由源而安，"从人事炼习而得者，忘言忘境，触处逢源"，而且人情事变越剧烈，越能体悟到良知之纯，这才是真正的彻悟，"愈摇荡愈凝寂，始为彻悟"。王畿显然赞同第三种，而这恰恰需要沉潜在发用现实中锤炼才可得。

那么，这是否说明王畿是自相矛盾的，或者他走向了自己的反面，放弃从未发本体用功，转而承认人情事变中循序渐进的致知格物工夫呢？也不能完全断定。因为对于王畿说，在发用处用功并不能否定对未发本体用功。按照体用一源思想，在发用处的良知也是体用合一的，已发中有未发。他说："良知无分于已发未发、所谓无前后内外而浑然一体者也。才认定些子，便有认定之病。后儒分寂分感，所争亦只在毫厘间。'致知在格物'，格物正是致知，实用力之地，不可以分内外者也。若谓功夫只是致知，而格物无功夫，其流之弊便至于绝物，便是二氏之学。徒知致知在格物，而不知格物正是致其未发之知，其流之弊便至于逐物，便是支离之学。吾人一生学问只在改过，须常立于无过之地，不觉有过，方是改过真功夫，所谓复者，复于无过者也。良知真体，时时发用流行，便是无过，便是格物。过是妄生，本无安顿处，才求个安顿所在，便是认著，便落支离矣。"[1]

---

① 沈善洪主编，吴光执行主编：《黄宗羲全集》(7)，浙江古籍出版社 2005 年版，第 290—291 页。

已发中已经含有未发，所以在发用中并不能完全否定可对未发之知用功。我们看到，王畿在发用处人情事变中所用之功，都是来彻悟良知本体的，"格物正是致其未发之知"，而且工夫越到后来，越无工可做，最后只是无为无欲，使良知自然流行。因此这就不能否定王畿所坚持的在先天本体用功之说。因为先天后天、体用、内外在他这里都是打成一片的。如此，说到极致的话，在发用上用功，也就是在本体上用功。

这样一来，就在发用处体悟本体这一点，王畿和钱德洪区别就不大了。若说有区别的话，只是工夫的时间和程度之区别。王畿过于向往高明的真机寂然本体，并希望在现实中所有人都能瞬间顿悟本体，即见在良知，而钱德洪也向往真机本体，但他对在现实中完全瞬间实现它没有信心，认为必须通过循序渐进的工夫，下学上达，逐渐领悟良知整体，所以性急的王畿往往会抛弃人情事变，直接对心做功，从而走上他所批判的白沙养静之路线。钱德洪则更提倡在事上慢慢磨炼。

下一段则可作为王畿格物致知工夫的总结，他说：

> 思默自叙，初年读书，用心专苦，经书文史，句字研求，展卷意味便浅，自谓未足了此。始学静坐，混混嘿嘿，不著寂，不守中，不数息，一味收摄此心，所苦者此念纷飞，变幻奔突，降伏不下，转转打叠。久之，忽觉此心推移不动，两三日内如痴一般，念忽停息，若有一物胸中隐隐呈露，渐发光明。自喜此处可是白沙所谓"静中养出端倪"？此处作得主定，便是把握虚空，觉得光明在内，虚空在外，以内合外，似有区宇，四面虚空，都是含育这些子

一般，所谓以至德凝至道，似有印证。但时常觉有一点吸精沉滞为碍，兀兀守此，懒与朋友相接，人皆以为疏亢。近来悟得这个意思，些子光明须普散在世界上，方是明明德于天下。一体生生，与万物原是贯彻流通，无有间隔。故数时来喜与朋友聚会，相观相取，出头担当，更无躲闪畏忌，人亦相亲。但时当应感，未免灵气与欲念一混出来，较之孩提直截虚明景象，打合不过。窃意古人寡欲工夫正在此，用时时摄念归虚。念庵所谓"管虚不管念"，亦此意也。但念与虚未免作对法，不能全体光明超脱，奈何？曰："此是思默静中一路功课，当念停息时，是初息得世缘烦恼，如此用力，始可以观未发气象，此便是把柄初在手处。居常一默沉滞，犹是识阴区宇，未曾断得无明种子。昔人谓之生死本，一切欲念从此发，若忘得能所二见，自无前识，即内即外，即念即虚，当体平铺，一点沉滞化为光明普照，方为大超脱耳。"[1]（《赠思默》）

在这里，我们不得不赞叹阳明之高明。因为王畿所践行的致知工夫完全按照阳明所归纳的三个阶段在进行。第一个阶段的工夫是从语言知解上致知。这是初学者大多会用的工夫，但不久人们就会对此感到枯燥厌倦，感到字句研求不能尽意。这是从言语致知的局限。第二阶段，即抛开语言，寻找一个安静场所，在静中证悟。在这一阶段，王畿有很大收获，从自然无为之养静中养出一点光明。

---

[1]　沈善洪主编，吴光执行主编：《黄宗羲全集》（7），浙江古籍出版社2005年版，第287—288页。

其缺点是，光明只局限于自身或自心，外面则是虚空黯淡，且让人觉得外面的虚空就是为涵养自身这点区宇的光明服务的。这种内外有别、内明外虚、万物为我的感觉也使人不愿接触万物和他人，只想享受一己之光明极乐。这可谓是"以至德凝至道"，然而这种向虚空吸精式的保本体光明的工夫，总是让人觉得局促勉强、沉滞不畅，因为其有强烈的刻意和人为之色彩，反而成了一种新的人欲，而且这种小区域光明终究也是小家子气，和外界断绝联系的结果是"兀兀守此，懒与朋友相接，人皆以为疏亢"。脱离了世界的光明是不会有长久生命的，这样的沉滞光明没有超脱、自然、蓬勃之机。这都是内外分隔的结果，所以接下来王畿进入了第三阶段的工夫，即走出隔绝状态，从人情事变中修炼。这时的光明就不是人为聚敛了，而是任其自然流转，普照天下，这也是所谓的"明明德于天下"。这时就会体悟到，良知光明之体与万物是贯通的，"一体生生与万物原是贯彻流通，无有间隔"。只有在与万物相切磨的过程中，良知光明才越超脱和广大、富有生机，所以王畿"故数时来喜与朋友聚会，相观相取，出头担当，更无躲闪畏忌，人亦相亲"。相互切磨、普照的结果就是良知光明能量越发展现出来，越显自然、生生不息。最终，王畿将本体和工夫全部打通。在发用处的工夫是递减的，做到至处就是无欲工夫，此时工夫即是本体。

这个修炼的过程，就是王畿从本体处做功到工夫本体合到一处的过程。在这三段工夫论中，王畿也是有其贡献的，他让各阶段工夫的细节更加清晰和丰满了。这三段工夫比其见在工夫就更全面了。

（四）知行合一

王畿也曾讨论过"知行合一"，其文如下：

> 问："知行合一。"曰："天下只有个知，不行不足谓之知。知行有本体，有工夫，如眼见得是知，然已是见了，即是行；耳闻得是知，然已是闻了，即是行。要之只此一个知，已自尽了。孟子说孩提之童无不知爱其亲，及其长，无不知敬其兄，止曰知而已。知便能了，更不消说能爱能敬。本体原是合一，先师因后儒分为两事，不得已说个合一。知非见解之谓，行非履蹈之谓，只从一念上取证，知之真切笃实即是行，行之明觉精察即是知。知行两字皆指功夫而言，亦原是合一的，非故为立说，以强人之信也。"①

王畿对知行合一的理解无疑是很透彻的。他认为，只要一个知就够了，不必再说一个行。因为良知本来就是体用合一的，行（用）不过是知（体）之流行展开而已，所以阳明会用良知来代替"知行合一"宗旨，因为一个良知就已经包含融通了知行两方面内容了。王畿对阳明的理解还是很到位的，所以他说"天下只有个知，不行不足谓之知"，"只此一个知，已自尽了"，"本体原是合一"。把知、行分开，是不通体用合一之旨的后学所做的事。为了让这些人明白知行乃是一回事，才用"知行合一"这个概念。如果明白了良知体用合一之旨，就不用"知行合一"这一术语了。所以，"知行合一"并不是故意标新立异，而是良知本来就是如此的。

---

① 沈善洪主编，吴光执行主编：《黄宗羲全集》（7），浙江古籍出版社 2005 年版，第282—283 页。

（五）四无之说

阳明四句教将未发已发之整体关系完整描述出来，是功夫本体为一，而两个学生则各执一端，容易偏颇。一个以本体为工夫，其实不用工夫，只需体悟良知至善之本体，即未发之中，并想当然认为已发状态都会合乎未发之至善，从而忽略了已发中会出现偏差和陷溺之状况，也就缺少格物致良知了；一个从工夫悟本体，容易陷溺于枝节和节目时变中，从而偏离或舍去未发之至善本体，所以阳明要它们结合起来。

师徒三人在天泉桥上的一番话对此交代得很清楚。这段对话有两个版本，一个是《传习录》中之版本，一个是《年谱》中之版本。这两个版本互相对照，让我们更清楚地理解四有、四无之争之实质，它们的合理性和局限性又在哪里。原文如下：

（1）丁亥年九月，先生起复征思、田。将命行时，德洪与汝中论学。汝中举先生教言，曰："无善无恶是心之体，有善有恶是意之动，知善知恶是良知，为善去恶是格物。"德洪曰："此意如何？"汝中曰："此恐未是究竟话头。若说心体是无善无恶，意亦是无善无恶的意，知亦是无善无恶的知，物是无善无恶的物矣。若说意有善恶，毕竟心体还有善恶在。"德洪曰："心体是天命之性，原是无善无恶的。但人有习心，意念上见有善恶在，格致诚正，修此正是复那性体功夫。若原无善恶，功夫亦不消说矣。"是夕侍坐天泉桥，各举请正。先生曰："我今将行，正要你们来讲破此意。二君之见正好相资为用，不可各执一边。我这里接人原有此二种。利根之人直从本原上悟入。人心本体原是明莹无滞的，原是个未发之中。利根之人一悟本体，即是功夫，人己内外，一齐俱透了。其次不免有习心在，本体受蔽，故且教在意念上实落为善去恶。功夫熟后，渣滓去得尽时，本体亦明尽了。汝中之见，是我这里接利根人的；德洪之见，是我这里为其次立法的。二君相取为用，则中人上下皆可引入于道。若各执一边，眼前便有失人，便于道体各有未尽。"既而曰："已后与朋友讲学，切不可失了我的宗旨：无善无恶是心之体，有善有恶是意之动，知善知恶的是良知，为善去恶是格物，只依我这话头随人指点，自没病痛。此原是彻上彻下功夫。利根之人，世亦难遇，本体功夫，一悟尽透。此颜子、明道所不敢承当，岂可轻易望人！人有习心，不教他在良知上实用为善去恶功夫，只去悬空想个本体，一切事为俱不着实，不过养成一个虚寂。此个病痛不是小小，不可不早说破。"①

（2）嘉靖六年九月壬午，发越中。

是月初八日，德洪与畿访张元冲舟中，因论为学宗旨。畿曰："先生说知善知恶是良知，为善去恶是格物，此恐未是究竟话头。"德洪曰："何如?"畿曰："心体既是无善无恶，意亦是无善无恶，知亦是无善无恶，物亦是无善无恶。若说意有善有恶，毕竟心亦未是无善无恶。"德洪曰："心体原来无善无恶，今习染既久，觉心体上见有善恶在，为善去恶，正是复那本体功夫。若见得本体如此，只说无功

---

① （明）王守仁撰：《王阳明全集》（上），第117—118页。

夫可用，恐只是见耳。"畿曰："明日先生启行，晚可同进请问。"是日夜分，客始散，先生将入内，闻洪与畿候立庭下，先生复出，使移席天泉桥上。德洪举与畿论辩请问。先生喜曰："正要二君有此一问！我今将行，朋友中更无有论证及此者，二君之见正好相取，不可相病。汝中须用德洪功夫，德洪须透汝中本体。二君相取为益，吾学更无遗念矣。"德洪请问。先生曰："有只是你自有，良知本体原来无有，本体只是太虚。太虚之中，日月星辰，风雨露雷，阴霾馐气，何物不有？而又何一物得为太虚之障？人心本体亦复如是。太虚无形，一过而化，亦何费纤毫气力？德洪功夫须要如此，便是合得本体功夫。"畿请问。先生曰："汝中见得此意，只好默默自修，不可执以接人。上根之人，世亦难遇。一悟本体，即见功夫，物我内外，一齐尽透，此颜子、明道不敢承当，岂可轻易望人？二君已后与学者言，务要依我四句宗旨：无善无恶是心之体，有善有恶是意之动，知善知恶是良知，为善去恶是格物。以此自修，直跻圣位；以此接人，更无差失。"畿曰："本体透后，于此四句宗旨何如？"先生曰："此是彻上彻下语，自初学以至圣人，只此功夫。初学用此，循循有入，虽至圣人，穷究无尽。尧、舜精一功夫，亦只如此。"先生又重嘱付曰："二君以后再不可更此四句宗旨。此四句中人上下无不接着。我年来立教，亦更几番，今始立此四句。人心自有知识以来，已为习俗所染，今不教他在良知上实用为善去恶功夫，只去悬空想个本体，一切事为，俱不著实。此病痛不是小小，不可不早说破。"是日洪、畿俱有省。①

在这两个版本中，《年谱》写得更为详尽和精微。阳明再次强调，天理良知本体不是抽象的实体，而是无形质之太虚。太虚不是绝对的空无，而是天地万物之源头。太虚"一过而化"，于是天地万物并生。太虚与万物为一，却并不受万物之拘束。太虚不受形质所累，乃活泼泼本然自然之存在，此状态也即无善无恶之至善状态。人心之本体与天理良知是一体的，因此也是无善无恶的。作为无形质之太虚，就是未发之中，其已经包含了已发的所有胚胎，所以在未发之中含有已发；已发是未发太虚之形化，其也天然含有未发之虚灵和神明，所以无论在哪个层面，都是体用合一的。未发之太虚自然是至善的，但在已发后，则会产生两种结果：不受形质所累，则仍保持了太虚之至善状态；受形质所累，则会产生过和不及，产生恶，所以阳明会说："性之本体原是无善无恶的，发用上也原是可以为善、可以为不善的。"② 性之本体就是良知太虚了。既然良知天理或太虚终归要发用出来，那么就会产生两种领悟和复归太虚本体的路径：一种是天生不受有形万物影响，心体直接透达良知天理，从而在有形万物中直接贯彻和践行天理；一种是心体陷溺于有形万物，无法一时领悟万物之太虚本体，就不能贯彻万物自然本然之则，但是良知天理及其在人心体上的良知又不是能够被完全遮蔽的，哪怕是良知本体极微小的一束光，也会帮助人们找回良知本体的。③ 对

① （明）王守仁撰：《王阳明全集》（下），第1306—1307页。
② （明）王守仁撰：《王阳明全集》（上），第115页。
③ 如阳明所言："比如日光，亦不可指着方所；一隙通明，皆是日光所在，虽云雾四塞，太虚中色象可辨，亦是日光不灭处。"见（明）王守仁撰《王阳明全集》（上），第111页。

于心体不那么澄明的人来说，这就需要在有形事物上下功夫了。就着心体上那一点光不断在事上磨炼，待得万物条理森然，并生不悖，就会水到渠成、豁然开朗，良知本体自然呈现。这两种路径就是王畿和钱德洪所提到的。

对王畿这种悟性极高的人来说，能够直接透悟未发之中，即直接通达本体良知，进而对于已发之体用合一、内外合一就一目了然了，"一悟本体，即见功夫，物我内外，一齐尽透"。由于王畿直接通达本体，在发用上也是贯彻此本然良知，所以他看到的世界就是完美无瑕的，"心体既是无善无恶，意亦是无善无恶，知亦是无善无恶，物亦是无善无恶。"然而，这样的上根之人是少之又少，连颜回、程明道这样的圣徒都不敢说能直接透达本体，体用、内外一齐尽透，何况是一般之人呢？因此阳明告诫王畿，直接在本体上或未发之中用功，难之又难，一定要慎重，不可轻传，"汝中见得此意，只好默默自修，不可执以接人。上根之人，世亦难遇。此颜子、明道不敢承当，岂可轻易望人？"极少数聪明利根之人，若能直通未发之中的话，最好是自己默修，不要随便"执以接人"。恐怕中下之人不得要领，将未发之中或本体弄成一个悬空抽象之本体，最终是体用、内外、心物分离，只养得个虚寂，这可能是心学最大的弊病，"只去悬空想个本体，一切事为，俱不着实。此病痛不是小小，不可不早说破。"所以，绝大多数人适合钱德洪的从已发状态用功的路径。

钱德洪从事上磨炼之路数也是有其弊病的。虽然它可以避免王畿易陷入悬空之弊端，却容易在具体事为中为物所诱导，从而产生物欲，偏离或抛弃已和发用混为一体的良知本体，所以阳明也提醒钱德洪，不要被外界的物所影响，心物本是一体，心体本来就和良知天理为一，而良知天理乃万事万物之源头，太虚中已然蕴含万事万物。在事和物上磨炼，最终是体悟和复归良知本体，再将良知天理贯彻于事事物物中。只看到有形之万物，而看不到无形之太虚本源，是人心良知受形物诱惑所致，"有只是你自有，良知本体原来无有，本体只是太虚"。良知本体虽孕育万物，却不会陷于有形万物，人心本体良知也是如此，"太虚之中，日月星辰，风雨露雷，阴霾饐气，何物不有？而又何一物得为太虚之障？人心本体亦复如是。"所以在事上磨炼的要旨在于，从有形之万物中体悟无形之本源本体，如此才会使万物皆合良知天理，达至其本然至善状态。这样才是合得本体工夫，"太虚无形，一过而化，亦何费纤毫气力？德洪功夫须要如此，便是合得本体功夫。"这样就避免了在具体工夫中迷失本体的弊病。

从整体上看，无论哪一种路径，都有其合理性，只是其适用的人群不同，然而这两种路径又易产生弊病。为了避免这种情况，阳明建议两人互相资用，"汝中须用德洪功夫，德洪须透汝中本体。二君相取为益，吾学更无遗念矣"。互为补充后的宗旨就莫过于四句教了。这四句教是彻上彻下、上下皆通的工夫，适合于所有人，"此四句中人上下无不接着。我年来立教，亦更几番，今始立此四句"。可见，阳明这四句并不是随随便便提出来的。他早已经考虑到了王畿和钱德洪这两种倾向，因此才想出了这一有无共存的四句。这就同时避免了偏于无和偏于有之弊端。如王畿一样的中上利根之人，可以直接从第一句"无善无恶心之体"体悟到未发之至善状态，从而在已发中可以自如地践行体用合一、心物合一、知行合一之旨；中下之人则可对良知本体的朦胧意识，在具体事物中循序渐进地摸索和体悟其自然本然之理，通过后三句中提到的格物、致知、诚意工夫，最终达到心体的完全澄明。这四句可谓是阳明心学之精粹。

阳明对王畿之思想的特点也已经看得很清楚。阳明并不否定王畿四无之说，也不反对利根之人能刹那间良知完满，体用圆通，但他认为这样的人太少了。对于大多数人来说，其良知必须在与万事万物的切磨中共同成长和开发出来。

二、钱德洪的事上磨炼之学

（一）钱德洪生平

钱德洪（1496—1574），名宽，字洪甫，号绪山。浙江余姚人。他曾经读《易》于灵绪山中，所以人称绪山先生，明嘉靖十一年（1532）进士。他也是王阳明的学生，与同时期的王龙溪齐名。他早年以授徒为业。明正德十六年（1521），王阳明省亲归余姚，钱德洪率子侄门生七十余人迎请阳明于中天阁，齐拜阳明为师。他也成为王阳明的主要教学助手。后来，王阳明奉旨出征广西，钱德洪则主持中天阁讲席，人称其为"王学教授师"。他中进士后，在京任职。嘉靖二十年，他因抗旨入狱，在狱中仍然学《易》不辍。出狱后，他于苏、浙、皖、赣、粤各地讲学，传播阳明学说，培养了大批王学中坚。70岁时，开始居家著述，79岁病逝。

（二）钱德洪之心学：事上磨炼之学

1. 钱氏心学中的天人关系

自从阳明将天人关系融为一体之后，后面的天人关系一般也是在天人合一的基础上来谈论的。钱氏作为阳明最为得意的弟子之一，自然也不例外。

钱氏说："天地间只此灵窍。在造化统体而言，谓之鬼神；在人身而言，谓之良知。惟是灵窍至微不可见，至著不可掩。使此心精凝纯固，常如对越神明之时，则真机活泼，上下昭格、何可掩得？若一念厌斁，即恍惚散漫矣。"①

宇宙就是一个有机体，此有机整体有最灵之处。这个灵窍在天地而言就是鬼神，在人身上而言就是良知，而鬼神不过是良知更为纯明的结果。也就是说，鬼神也是人的一种极致。人们常说则某人有神鬼之功，就是因为其良知开发到了更纯的境界。因此，在这个整体中，人心和天地本就是一个整体。若心常"精凝纯固"，则就有可能"真机活泼，上下昭格"，及于神明。关于良知和鬼神的关系，阳明也曾论述过，他也认为，神鬼不过是良知的一种境界而已，所以充天地间只是良知这个灵明。阳明良知的范围似乎大于钱氏所说的良知。钱氏似乎只将人心之灵明视为良知。没有将整个宇宙之灵明视为一个大的天理良知。

在下面这一段，钱氏才说良知乃是充塞天地的。

充塞天地间只有此知。天只此知之虚明，地只此知之凝聚，鬼神只此知之妙用，四时日月只此知之流行，人与万物只此知之合散，而人只此知之精粹也。此知运行万古有定体，故曰太极；原无声臭可即，故曰无极。太极之运

① 沈善洪主编，吴光执行主编：《黄宗羲全集》（7），浙江古籍出版社2005年版，第255页。

无迹，而阴阳之行有渐，故自一生二，生四，生八，以至庶物露生，极其万而无穷焉，是顺其往而数之，故曰数往者顺。自万物推本太极，以至于无极，逆其所从来而知之。故曰知来者逆。是故《易》逆数也，盖示人以无声无臭之源也。①

这时的天地鬼神都不在良知之外，整个宇宙就是一个良知宇宙。天地万物同此良知。良知这时又有了新名字"太极"，也就是宇宙本源，而太极本无极，即太虚。良知亦是太虚。在此太虚或太极良知中，万物一体、天人合一。

良知又是天理，"良知天理原非二义，以心之灵虚昭察而言谓之知，以心之文理条析而言谓之理。灵虚昭察，无事学虑，自然而然，故谓之良；文理条析，无事学虑，自然而然，故谓之天然。曰灵虚昭察，则所谓昭察者，即文理条析之谓也。灵虚昭察之中，而条理不著，固非所以为良知；而灵虚昭察之中，复求所谓条理，则亦非所谓天理矣。今曰良知，不用天理，则知为空知，是疑以虚元空寂视良知，而又似以袭取外索为天理矣，恐非两家立言之旨也。"②（《上甘泉》）然而钱氏在解释天理的时候是将其局限在心的领域来解释的，天理即是心之良知的天然条理。他并没有将此自然条理追溯到宇宙意义上的天理上。此种阐释既有新意也有局限，仿佛天理只有在人心上才有。在阳明看来，整个宇宙就是个天理。天地万物

---

① 沈善洪主编，吴光执行主编：《黄宗羲全集》（7），浙江古籍出版社 2005 年版，第256 页。

② 沈善洪主编，吴光执行主编：《黄宗羲全集》（7），浙江古籍出版社 2005 年版，第262—263 页。

莫非天理流行，而人心上之天理只不过是最为灵处。

接下来钱氏所说的都是天道人心的合一状态，"思虑是人心生机，无一息可停。但此心主宰常定，思虑所发，自有条理。造化只是主宰常定，故四时日月往来自不纷乱。"① "春夏秋冬，在天道者无一刻停，喜怒哀乐，在人心者，亦无一时息。千感万应，莫知端倪，此体寂然，未尝染著于物，虽曰发而实无所发也。所以既谓之中，又谓之和，实非有两截事。致中和工夫，全在慎独。所谓隐微显见，已是指出中和本体，故慎独即是致中和。"② "人只有一道心。天命流行，不动纤毫声臭，是之谓微。才动声臭，便杂以人矣。然其中有多少不安处，故曰危。人要为恶，只可言自欺，良知本来无恶。"③

这里所说的天道或道也都是良知的不同称呼。人心与天道或道都是合一的，一旦不合，恶即产生。

2. 钱氏心学中的善恶观

良知中的善恶是很明显的，心学的本体论和道德论本就是一体的。良知本就是善。钱氏也是如此说的，"人之心体一也，指名曰善可也，曰至善无恶亦可也；曰无善无恶亦可也。曰善，曰至善，人皆信而无疑矣，又为无善无恶之说者，何也？至善之体，恶固非其所有，善亦不得而有也。至善之体，虚灵也，犹目之明、耳之聪也。

---

① 沈善洪主编，吴光执行主编：《黄宗羲全集》(7)，浙江古籍出版社2005年版，第255页。

② 沈善洪主编，吴光执行主编：《黄宗羲全集》(7)，浙江古籍出版社2005年版，第257页。

③ 沈善洪主编，吴光执行主编：《黄宗羲全集》(7)，浙江古籍出版社2005年版，第260页。

虚灵之体不可先有乎善，犹明之不可先有乎色，聪之不可先有乎声也。目无一色，故能尽万物之色；耳无一声，故能尽万物之声；心无一善，故能尽天下万事之善。今之论至善者，乃索之于事事物物之中，先求其所谓定理者，以为应事宰物之则，是虚灵之内先有乎善也。虚灵之内先有乎善，是耳未听而先有乎声，目未视而先有乎色也。塞其聪明之用，而窒其虚灵之体，非至善之谓矣。今人乍见孺子入井，皆有怵惕恻隐之心，怵惕恻隐是谓善矣。然未见孺子之前，皆加讲求之功，预有此善以为之则耶？抑虚灵触发其机，自不容已耶？赤子将入井，自圣人与涂人并而视之，其所谓怵惕恻隐者，圣人不能加，而涂人未尝减也。但涂人拟议于乍见之后，已淆入于纳交要誉之私矣。然则涂人之学圣人也，果忧怵惕恻隐之不足耶？抑去其蔽，以还乍见之初心也？虚灵之蔽，不但邪思恶念，虽至美之念，先横于中，积而不化，已落将迎意必之私，而非时止时行之用矣。故先师曰‘无善无恶者心之体’，是对后世格物穷理之学，先有乎善者立言也。因时设法，不得已之辞焉耳。”①（《复杨斛山》）

良知可以说就是善，也可以说是至善无恶，也可以说是无善无恶。无善无恶即是良知之自然本然之虚灵状态。心体良知不能有任何执着之物存在，善念亦不能存。良知之善是在与物相接的瞬间自然显发出来的，不是预先想一个善在那里，然后再与万物中的条理相对应。这样就是人欲之善，而非良知自然之善了，所以阳明才说“无善无恶心之体”。钱氏这里对阳明之阐释还是很到位的，其善之

---

① 沈善洪主编，吴光执行主编：《黄宗羲全集》（7），浙江古籍出版社 2005 年版，第264—265 页。

理解较为高明。

接下来的一段，钱氏将心体良知之善的自然状态描述得更为具体，他说："心之本体，纯粹无杂，至善也。良知者，至善之著察也，良知即至善也。心无体，以知为体，无知即无心也。知无体，以感应之是非为体，无是非即无知也。意也者，以言乎其感应也；物也者，以言乎其感应之事也，而知则主宰乎事物是非之则也。意有动静，此知之体不因意之动静有明暗也。物有去来，此知之体不因物之去来为有无也。性体流行，自然无息，通昼夜之道而知也。心之神明，本无方体，欲放则放，欲止则止，放可能也，止亦可能也，然皆非本体之自然也。何也？意见使之也。君子之学，必事于无欲，无欲则不必言止，而心不动。"①

良好本是至善，本是知是知非，自然流行。致良知只是无欲，不加一丝一毫，否则就是过与不及，恶即生矣。

无欲并不是什么都不做，而是仍需要去涵养去觉悟，钱氏说："觉即是善，不觉即是利。鸡鸣而醒，目即见物，耳即听物，心思即思物，无人不然。但主宰不精，恍惚因应，若有若无，故遇触即动，物过即留，虽已觉兴，犹为梦昼。见性之人，真机明察，一醒即觉，少过不及，觉早反呕。明透之人，无醒无觉，天则自著，故耳目聪明，心思睿智，于遇无触，于物无滞。善利之辨，此为未知学者分辨界头，良知既得，又何拟议于意像之间乎？"(《与宁国诸友》)②

---

① 沈善洪主编，吴光执行主编：《黄宗羲全集》(7)，浙江古籍出版社2005年版，第262页。

② 沈善洪主编，吴光执行主编：《黄宗羲全集》(7)，浙江古籍出版社2005年版，第267页。

不能觉悟到良知，那么就只剩下欲望和功利了。保持自然天则，于物无滞碍，则不着于功利。

如前所述，良知自然至善，但其善并不是一个固定的、僵化的存在物，可以被我们把捉和占有，若真成了这样一个实体之善，其已经不是善了。钱氏对此看得很清楚，他说："告子言性无善无不善，与孟子言性善亦不甚远。告子只先见定一个性体，元来不动，有动处只在物感上，彼长我长，彼白我白，随手应去，不失其宜便了，于吾性体淡然无所关涉。自谓既不失内，又不失外，已是圣门全体之学。殊不知先著性体之见，将心与言、气分作三路，遂成内外二截，微显两用，而于一切感应，俱入无情，非徒无益，反凿其原矣。孟子工夫，不论心之动不动，念念精义，使动必以义，无歉于心，自然俯仰无亏，充塞无间，是之谓浩然之气。告子见性在内，一切无动于外，取效若速，是以见为主，终非不动之根。孟子集义之久，而后行无不得，取效若迟，乃直从原不动处用功，不求不动，而自无不动矣。"①

在钱氏看来，告子就是把善当成了一个固定的存在体，并把它牢牢锁在心内。如此就有了这么一个内在性体，再拿这个僵硬的善之体去衡量事物。如此已经是心物分离、内外有别了。这样的善也就成了刻意而人为造作之存在，并不是良知天理自然虚灵，能应万物之善了。告子之善已经为人欲。因此，钱氏反复强调，至善良知乃是太虚自然之存在。在其内，任何存在也需保持自然状态，如此

---

① 沈善洪主编，吴光执行主编：《黄宗羲全集》（7），浙江古籍出版社2005年版，第256页。

皆为善，"圣人于纷纭交错之中，而指其不动之真体，良知是也。是知也，虽万感纷纭而是非不昧，虽众欲交错而清明在躬。至变而无方，至神而无迹者，良知之体也。太虚之中，无物不有，而无一物之住，其有住则即为太虚之碍矣。人心感应，无时不有，而无一时之住，其有住则即为太虚之障矣。故忿懥、好乐、恐惧、忧患，一著于有心，即不得其正矣。故正心之功不在他求，只在诚意之中，体当本体明彻，止于至善而已矣。"①

在太虚良知中，所有事物之自然状态都是善，包括人的各种情感。情感之善也是各种情感的自然流行状态决定的。若情感产生执着，过与不及，也将变成恶。善恶并不只是属人的，整个世界的善恶是一体的，这是良知以万物一体所决定的，"除却好恶，更有甚心体？除却元亨利贞，更于何处觅太极？平旦之气，好恶与人相近，此便是良心未泯。然其端甚微，故谓之几希。今人认平旦之气，只认虚明光景，所以无用功处。认得时，种种皆实际矣。"② 天地之气也即天地万物，他们之善恶和人之善恶是一样的，因为万事万物皆属于良知宇宙。

恶不仅表现为欲望和功利，习心也是恶的表现，习心洗去，则复归良知至善，"此心从无始中来，原是止的，虽千思百虑，只是天机自然，万感万应，原来本体常寂。只为吾人自有知识，便功利嗜好，技能闻见，一切意必固我，自作知见，自作憧扰，失却至善本

---

① 沈善洪主编，吴光执行主编：《黄宗羲全集》（7），浙江古籍出版社 2005 年版，第257 页。

② 沈善洪主编，吴光执行主编：《黄宗羲全集》（7），浙江古籍出版社 2005 年版，第257 页。

体，始不得止。须将此等习心一切放下，始信得本来自性原是如此。"① 不仅是习性会带来恶，人情也会产生恶。对于良知和人情的关系，钱氏论述比较精辟，他说："只求不拂良知，于人情自然通得。若只求不拂人情，便是徇人忘己。"② 只要遵循自然良知，人情自然会妥当显发和存有；若只是顺从人情，则有可能过和不及，即要么为人忘己，要么为己忘人。如此之人情皆不符合自然，这就成了人欲，成为恶了。这里的人情主要是指考虑别人情感的行为，即盲目利他或无私之行为。这种行为在良知心学来看也是恶。这种观点是比较高明的，所以良知至善既不是承认人的所有欲望，也不是否定人的所有欲望，而是要依循自然，该有即有，该去则去，"古人以无欲言微。道心者，无欲之心也。研几之功，只一无欲而真体自著，更不于念上作有无之见也。"③ 这里所说的无欲，不是没有任何欲望，而是要一切归于自然，不人为增减。

总之，钱氏对阳明的良知善恶观理解得还是比较透彻的，而且在某些方面还有所发明。

3. 钱氏的本体工夫论

既然良知至善是最高的存在状态，那么如何致得此良知呢？这就是钱氏的工夫论所解决的问题。

---

① 沈善洪主编，吴光执行主编：《黄宗羲全集》(7)，浙江古籍出版社2005年版，第256—257页。

② 沈善洪主编，吴光执行主编：《黄宗羲全集》(7)，浙江古籍出版社2005年版，第257页。

③ 沈善洪主编，吴光执行主编：《黄宗羲全集》(7)，浙江古籍出版社2005年版，第267页。

（1）首先是工夫应该在哪里做的问题

在这里，钱氏和王龙溪有了分别。钱氏强调工夫只能做在本体已发之后，要在事上磨炼，工夫要做在实处，但无论已发人伦事物、实处是什么，工夫的目的是悟本体。

在下面的问答中，钱氏提倡在人伦事物中悟良知：

> 问"致知存乎心悟"。曰："灵通妙觉，不离于人伦事物之中，在人实体而得之耳，是之谓心悟。世之学者，谓斯道神奇秘密，藏机隐窍，使人渺茫恍惚，无入头处，固非真性之悟。若一闻良知，遂影响承受，不思极深研几，以究透真体，是又得为心悟乎？"①

钱氏还是深得阳明体用合一、知行合一之旨的。良知必然会借人伦事物来显现，因此只有就人伦事物来着实体悟，才能悟得良知，才是真正的心悟，而一般学者则试图从道本体入手，但又认为大道神秘莫测，藏隐无端，渺茫恍惚，根本无处下手，如此则不是真悟，所以若一听良知，就盲目信从，而不深究良知本体工夫的关系，是不能真正心悟的。从这里我们看到钱氏对工夫和人伦事物的强调。

钱氏接着还说："致知之功，在究透全体，不专在一念一事之间。但除却一念一事，又更无全体可透耳。"② 钱氏没有忘要悟良知整体，不应全部关注在一念一事上，但是他又说，整体就是由一念一事显发并组成的，没有这些就没有整体，离开这一念一事，找不

---

① 沈善洪主编，吴光执行主编：《黄宗羲全集》（7），浙江古籍出版社 2005 年版，第259 页。

② 沈善洪主编，吴光执行主编：《黄宗羲全集》（7），浙江古籍出版社 2005 年版，第259 页。

到一个全体可以透悟，所以悟全体一定要在一念一事上用功。最终我们看到钱氏有可能走向这一倾向，即以工夫来取代整体，工夫之全部就是整体。如果忘却在工夫上悟本体，则失却阳明之旨。

在答复王龙溪的信中，钱氏也表达了悟良知本体的困境。他说："久庵谓吾党于学，未免落空。初若未以为然，细自磨勘，始知自惧。日来论本体处，说得十分清脱，及征之行事，疏略处甚多，此便是学问落空处。譬之草木，生意在中，发在枝干上，自是可见。"①（《复王龙溪》）钱氏对空谈良知本体却不将之落在实处即工夫上的行为很担心，这是合理的。阳明本身强调知行合一、体用合一，若不发在用上，良知将是空寂死体。

在接下来的两封信中，钱氏论述本心与事上磨炼及本体和应酬之间的关系，其旨还是与阳明思想相合的。其书曰：

> 人生与世情相感，如鱼游于水，随处逼塞，更无空隙处。波荡亦从自心起，此心无所牵累，虽日与人情事变相接，真如自在，顺应无滞，更无波荡可动。所谓动亦定，静亦定也。若此心不免留恋物情，虽日坐虚斋，不露风线，而百念自来熬煎，无容逃避。今之学者，才遇事来，便苦搅扰，便思静处，及到静处，胸中搅扰犹昔。此正不思动与不动，只在自心，不在事上拣择。致知格物功夫，只须于事上识取，本心乃见。心事非二，内外两忘，非离却事

---

① 沈善洪主编，吴光执行主编：《黄宗羲全集》（7），浙江古籍出版社2005年版，第263页。

物，又有学问可言也。①（《答傅少岩》）

    吾心本与民物同体，此是位育之根，除却应酬，更无
本体，失却本体，便非应酬。苟于应酬之中，随事随地不失
此体，眼前大地何处非黄金？若厌却应酬，心必欲去觅山中，
养成一个枯寂，恐以黄金反混作顽铁矣。②（《复龙溪》）

钱氏所谓的在事上识取本心、随时随地不失本体，保存了阳明
宗旨。阳明所担心的就是在事事物物上求天理会导致对事事物物的
执着，如此反而失去良知天理。诚如阳明所说："随事体认天理，即
戒慎恐惧功夫，以为尚隔一尘，为世之所谓事事物物皆有定理而求
之于外者言之耳。若致良知之功明，则此语亦自无害，不然即犹未
免于毫厘千里也。来喻以为恐主于事者，盖已深烛其弊矣。"③ 如果
随处体认天理首先以明心为要，则没有问题；若迷失在事物中，则
是颠倒了。

在人心上出现的蒙蔽，如何做工夫呢？也是一样的。因为所有
的工夫对心学来说都是在心上做工夫，但在心上做工夫，也是在良
知本体发现出来之后才能做。钱氏说："夫镜，物也，故斑垢驳杂得
积于上，而可以先加磨去之功。吾心良知，虚灵也，虚灵非物也，
非物则班垢驳杂停于吾心何所？则磨之之功又于何所乎！今所指吾
心之班垢驳杂，非以气拘物蔽而言乎？既曰气拘，曰物蔽，则吾心

---

① 沈善洪主编，吴光执行主编：《黄宗羲全集》（7），浙江古籍出版社 2005 年版，第
263 页。

② 沈善洪主编，吴光执行主编：《黄宗羲全集》（7），浙江古籍出版社 2005 年版，第
263—264 页。

③ （明）王守仁撰：《王阳明全集》（上），第 206 页。

之班垢驳杂，由人情事物之感而后有也。既由人情事物之感而后有，而今之致知也，则将于未涉人情事物之感之前，而先加致知之功，则夫所谓致之之功者，又将何所施耶?"① （《答聂双江》）

人心之遮蔽，是由于良知显发之后为气所蔽产生，所以对人心所用的工夫一定是在人心对人情事物产生感应之后才能进行。对于未发之心体是无法用工夫的。

钱氏对王龙溪听取他的建议很高兴，因为后者终于开始注意在事上磨涤了，"龙溪学日平实，每于毁誉纷冗中，益见奋惕。弟向与意见不同，虽承老师遗命，相取为益，终与入处异路，未见能浑接一体。归来屡经多故，不肖始能纯信本心，龙溪亦于事上肯自磨涤，自此正相当，能不出露头面，以道自任，而毁誉之言，亦从此入。旧习未化，时出时入，容或有之，然其大头放倒如群情所疑，非真信此心千古不二，其谁与辨之。"② （《与张浮峰》） 钱氏认为他和王龙溪学问终于互相补充和借鉴了。钱氏悟到了任何工夫必然要体悟本心的重要性，而王龙溪则开始注意从事上切实用功，以体悟本心。钱、王终于可以浑接一体。

钱氏一再强调，在未发之本体上，是无法使用工夫的，他说：

"人有未发之中，而后有发而中节之和。"此先师之言，为注《中庸》者说也。注《中庸》者，谓"未发之中，人皆有之，至发时，而后有不中节"。曰："此未知未发之中

---

① 沈善洪主编，吴光执行主编：《黄宗羲全集》（7），浙江古籍出版社 2005 年版，第 264 页。

② 沈善洪主编，吴光执行主编：《黄宗羲全集》（7），浙江古籍出版社 2005 年版，第 265—266 页。

也。未发之中，譬若镜体之明，岂有镜体既明，而又有照物不当者乎？"此言未为不确，然实未尝使学者先求未发之中而养之也，未发之中竟从何处觅耶？离已发而求未发，必不可得。久之，则养成一种枯寂之病，认虚景为实得，拟知见为性真，诚可慨也。故学者初入手时，良知不能无间，善恶念头杂发难制，或防之于未发之前，或制之于临发之际，或悔改于既发之后，皆实功也。由是而入微，虽圣人之知几，亦只此功夫耳。① （《复何吉阳》）

钱氏认为，离已发求未发必不可得。如果离却已发寻求那个灵明本体，有可能成为一个枯寂之体、虚幻之景。然而他又说可以在本体未发之前、临发之际防止恶的发生，那么这是承认可以对良知本体做工吗？如此就有点矛盾了。

聂双江批评钱氏后天格物工夫的多余，钱氏对此做出回应。他说：

先师曰："无善无恶心之体。"双江即谓"良知本无善恶，未发寂然之体也。养此，则物自格矣。今随其感物之际，而后加格物之功，是迷其体以索用，浊其源以澄流，功夫已落第二义"。论则善矣，殊不知未发寂然之体，未尝离家国天下之感，而别有一物在其中也。即家国天下之感之中，而未发寂然者在焉耳。此格物为致知之实功，通寂

---

① 沈善洪主编，吴光执行主编：《黄宗羲全集》（7），浙江古籍出版社 2005 年版，第266 页。

感体用而无间，尽性之学也。①（《复周罗山》）

聂氏将阳明体用合一的逻辑推到了顶峰，既然良知自然由体及用，那么本体澄明了自然就会使万物格成。为何要在此外再行格物之工夫呢？这对钱氏在后天已发人伦事物上进行的格物之功是个致命的打击。似乎钱氏之所为就是画蛇添足，但是仔细想想，聂氏的思想显然只是一种理想状态。这种理想状态预设了人一生下来就知道是与宇宙本体一体的，也天然领悟此本体乃万物一体、体用合一、知行合一的，即其生而得良知良能之全。这也是孔子、阳明所说的生而知之者。这样的人确实不需要额外的工夫再来体悟本体然后致其于事事物物之中。他本身就在良知本体中，或者他就是良知本体，所以他有念即成行，遇物则物成。所有对其来说都是自然而然、无为而成。本体工夫在他这里浑然一体，一齐通透，无须什么刻意之功。

聂双江和王龙溪追求的就是这种状态，但这种状态是要有前提的，即靠天资生而知之。因为本体上确实是不能做功的，但它却可以是先天具有的。天资高的人先天具有了本体之知后，自然由体及用。这样他就不需要在后天已发状态中再去用功体悟本体，所以聂氏和王龙溪也并不是要在本体上用功，他们要做的只是要使先天本体之知自己显明出来。这时其依靠的更多的是天资自然体悟，即显明本心，已发人伦事物对他们来说就不重要了。

这种本体体悟之学显然是难以操作的，也不适合大多数人。因

---

① 沈善洪主编，吴光执行主编：《黄宗羲全集》（7），浙江古籍出版社 2005 年版，第 266—267 页。

为其主要靠天资而不能夹杂后天工夫，如果天资不够，后天工夫如何努力也是无法突破其界限的，而且越努力反而越破坏本体，成为人为造作之学。只有利根之人才能一瞬间就将自身的良知良能开发到极致，使世界也为之产生巨变，但这样的人实在是少之又少。大多数中下之资的人，必须要通过后天格物工夫才能体悟到良知本体，再将其体悟至于事事物物。因此，其格物致知工夫就包含了两部分：一部分是从人伦日常中体悟良知本体，一部分是将体悟到的良知至于事事物物中。做得更为圆融的可将此两部分打通为一。

钱氏所做的事情主要是第一种，即如何从已发人伦事情中体悟本体。他承认聂氏所说是正确的，但作为凡人的他，必须借助格物工夫来尽性，即体悟本体。

钱氏后天格物之学也要借鉴王龙溪先天本体之悟的工夫，因为没有对先天本体的部分领悟，是不可能在已发事物中体悟出本体的。这就是一个无中生有的逻辑矛盾问题。如果一个人没有对本体的先天的多多少少的领悟，他是不可能有去领悟未发本体的动力的。也就是说，如果人心一点先天良知的影子都没有，他就不必去悟良知了。对阳明来说，任何人都具有良知，只是由于天资而有程度和领域之不同。任何人先天都有对本体的领悟。只有如此，他才能在后天已发中产生对良知的渴望，所以聂双江、王龙溪的理论在某种程度上是合理的。对于本体的领悟，钱氏也部分承认了些，如：

> 问："胸中扰扰，必猛加澄定，方得渐清。"曰："此是见上转。有事时，此知著在事上，事过，此知又著在虚上，动静二见，不得成片。若透得此心彻底无欲，虽终日应酬百务，本体上如何加得一毫？事了即休，一过无迹，本体

上又何减得一毫?"①

在这里,钱氏承认了要先在本体上做工夫,然后才可对事进行处理。如此,本体工夫在这里才融合在一起。在前面的《与张浮峰》中,钱氏也说终于领悟到需要心之体悟,"不肖始能纯信本心"。这里的纯信本心指的就是先天对良知本体之体悟。只不过聂氏和王龙溪对先天本体的体悟程度大小没有区分,想当然地认为所有人都可以像生而知之的利根之人一样一瞬间通透良知全体,从此再无须工夫。于是,对于钱氏这种中等资质之人来说,绝大多数时候还是坚持在已发中做工夫。其在已发中对良知的体悟也不是一蹴而就的,而是体悟一点,展开一点,所以他的工夫就要时时刻刻进行,这就是见在工夫,"格物之学,实良知见在工夫。先儒所谓过去未来,徒放心耳。见在工夫,时行时止,时默时语,念念精明,毫厘不放,此即行著习察实地格物之功也。于此体当切实,著衣吃饭,即是尽心至命之功。"②(《与陈两湖》)

总之,钱氏从工夫求本体的思想是符合阳明之旨的。在后天已发展开格物工夫的同时,钱氏也承认任何人都先天对良知本体有所体悟。否则,就如阳明对钱氏的批评,将会陷入枝节之中,丧失方向。

---

① 沈善洪主编,吴光执行主编:《黄宗羲全集》(7),浙江古籍出版社 2005 年版,第258 页。

② 沈善洪主编,吴光执行主编:《黄宗羲全集》(7),浙江古籍出版社 2005 年版,第266 页。

（2）工夫的具体表现：自然之工夫、戒惧工夫、勿忘勿助之工夫、无为之工夫、去执着之工夫、诚意之工夫

钱氏之工夫都是为悟本体进行的，这和阳明宗旨是一样的。下面具体介绍其悟本体的几种方法。

戒惧工夫。对钱氏来说，戒惧本身就有可能是良知，"戒惧即是良知，觉得多此戒惧，只是工夫生。久则本体工夫自能相忘，不思而得，不勉而中，亦只一熟耳。"[1] 戒惧本身是工夫，但若做到了将此戒惧工夫遗忘，不仅工夫要忘，就连求本体之心也忘掉，就会"不思而得，不勉而中"，良知本体即自然呈现。

有人问戒惧是否要分有事和无事，钱氏说："知得良知是一个头脑，虽在千百人中，工夫只在一念微处；虽独居冥坐，工夫亦只在一念微处。"[2] 不管有事还是无事，只要体悟良知头脑即可，就是在无事独居空寂时，也是体悟这个头脑。戒惧工夫也将如此。

无为之工夫。钱氏有言："去恶必穷其根，为善不居其有，格物之则也，然非究极本体，止于至善之学也。善恶之机，纵其生灭相寻于无穷，是藏其根而恶其萌蘖之生，浊其源而辨其末流之清也。是以知善知恶为知之极，而不知良知之体本无善恶也；有为有去之为功，而不知究极本体，施功于无为，乃真功也。正念无念，正念之念，本体常寂，才涉私邪，憧憧纷扰矣。"[3]

---

① 沈善洪主编，吴光执行主编：《黄宗羲全集》（7），浙江古籍出版社2005年版，第255页。

② 沈善洪主编，吴光执行主编：《黄宗羲全集》（7），浙江古籍出版社2005年版，第258页。

③ 沈善洪主编，吴光执行主编：《黄宗羲全集》（7），浙江古籍出版社2005年版，第258页。

钱氏说，知善知恶的最高境界是无善无恶，即不执着于善恶，所以有为、有去之功，则仍有刻意之嫌，如去恶必穷其根则是明显刻意之为。如何让有为、有去之功成为自然而然的无为，才是真功。就如同正念本无一样，如果刻意求个正念，反而不是真正的正念。无为之功才是致本体之真功。

有人问感人之问题，钱氏回答亦很高明。对话如下：

问："感人不动，如何？"

曰："才说感人，便不是了，圣贤只是正己而物自正。譬如太阳无蔽，容光自能照物，非是屑屑寻物来照。"①

钱氏说，感人是不能勉强的，一想到要感人就着意刻意了，而圣贤只是正己修己，从根本上着手，然后自然能正物化人。不关注自身本体，一味强行去感人照物，则是本末颠倒。以无为自然之工夫悟通本体，自然会感动人。

自然之工夫。钱氏对自然之工夫有着高明的见解，他说："真性流形，莫非自然，稍一起意，即如太虚中忽作云翳。此不起意之教，不为不尽。但质美者习累未深，一与指示，全体廓然；习累既深之人，不指诚意实功，而一切禁其起意，是又使人以意见承也。久假不归，即认意见作本体，欲根窃发，复以意见盖之，终日兀兀守此虚见，而于人情物理，常若有二，将流行活泼之真机，反养成一种不伶不俐之心也。慈湖欲人领悟太速，遂将洗心、正心、惩忿、窒欲等语，俱谓非圣人之言，是特以宗庙百官为到家之人指说，而不

---

① 沈善洪主编，吴光执行主编：《黄宗羲全集》（7），浙江古籍出版社2005年版，第257页。

知在道之人尚涉程途也。"①

真性即良知本体，其是自自然然的，所以体悟良知之工夫也要尽量自然，做到不私自起意，就有可能致得自然真性。此自然不起意之工夫，当然是很高明的了。这种工夫对于天资很高又没有沾染多少习气的人来说尤其有益，但是对于习气比较重的人来说，也想让他不起意，甚至强制其压下所有的念头，这就矫枉过正了。刻意不起意或强制不起意如同禁欲一样，反而成了一种隐蔽的私欲和起意。这就等于将一种假的、伪造的意见塞给了修行之人，如此反而离自然本体更远了。杨慈湖就犯了这个毛病，强行令人不起意、强求自然，并将一系列诚意实功抛弃，如洗心、正心、惩忿、窒欲工夫。这种强求高明、强求自然的做法无疑是对求真性本体的另一种伤害。因此，真正的自然工夫最终也要抛弃对自然的执念。

去执着之工夫。钱氏在狱中去掉了以往的执着和牵挂，反而体悟到良知本体，他说："亲蹈生死真境，身世尽空，独留一念荧魂。耿耿中夜，豁然若省。乃知上天为我设此法象，示我以本来真性，不容丝发挂带。平时一种姑容因循之念，常自以为不足害道，由今观之，一尘可以矇目，一指可以障天，诚可惧也。噫！古人处动忍而获增益，吾不知增益者何物，减削则已尽矣。"②（《狱中寄龙溪》）

当在狱中一切牵挂都消散之后，尤其是平常所因循固念的东西也随之抛掉后，最本真的真性反而呈现。他寻常所坚持的诚意实功、

---

① 沈善洪主编，吴光执行主编：《黄宗羲全集》（7），浙江古籍出版社2005年版，第258页。

② 沈善洪主编，吴光执行主编：《黄宗羲全集》（7），浙江古籍出版社2005年版，第264页。

事上磨炼等估计也在其抛弃之列，平常对这些的坚持无疑成为其悟良知的隐秘障碍。当一切执着去掉，反有大收获。

有时钱氏又赞同从良知本体着手下工夫，并提出很高明的观点，他说："良知不假于见闻，故致知之功从不睹不闻而入。但才说不睹不闻，即著不睹不闻之见矣。今只念念在良知上精察，使是是非非无容毫发欺蔽。"[1] 钱氏这段话都走向了对事上磨炼的否定，直接对不睹不闻的本体下工夫，但他说又不能执着于不睹不闻之念头，否则又是增添新的成见。如此方能致得自然良知。

对于妄念的抛却也是要如此，"良知广大高明，原无妄念可去，才有妄念可去，已自失却广大高明之体矣。今只提醒本体，群妄自消。"[2] 若执着于去妄念，反而增加了这一新的妄念、执念。

接下来是妄念的另一种形式，即忧虑，"学者工夫，不得伶俐直截，只为一虞字作祟耳。良知是非从违何尝不明，但不能一时决断，如自虞度曰：'此或无害于理否？或可苟同于俗否？或可欺人于不知否？或可因循一时以图迁改否？'只此一虞，便是致吝之端。"[3] 各种忧虑妄念无疑是悟本体之障碍。执着于此，则学无所成。

对钱氏来说，不执着于习念，不执着于不睹不闻，不执着于去妄念，不执着于任何东西。到最后，甚至是对良知也不要执着。如此，才有可能通达真正的良知本体。

---

[1] 沈善洪主编，吴光执行主编：《黄宗羲全集》(7)，浙江古籍出版社 2005 年版，第 259 页。

[2] 沈善洪主编，吴光执行主编：《黄宗羲全集》(7)，浙江古籍出版社 2005 年版，第 259 页。

[3] 沈善洪主编，吴光执行主编：《黄宗羲全集》(7)，浙江古籍出版社 2005 年版，第 261 页。

勿忘勿助之工夫。钱氏与湛甘泉的对话提到了这一工夫，其文如下：

先师在越，甘泉官留都，移书辨正良知天理同异。先师不答，曰："此须合并数月，无意中因事指发，必有沛然融释处耳。若恃笔札，徒起争端。"先师起征思、田，没于南安，终不得对语以究大同之旨，此亦千古遗恨也。予于戊申年冬，乞先君墓铭，往见公于增城。公曰："良知不由学虑而能，天然自有之知也。今游先生之门者，皆曰良知无事学虑，任其意智而为之。其知已入不良，莫之觉矣，犹可谓之良知乎？所谓致知者，推极本然之知，功至密也。今游先生门者，乃云只依良知，无非至道，而致之之功，全不言及，至有纵情恣肆，尚自信为良知者，立教本旨，果如是乎？"予起而谢曰："公之教是也。"公请予言。予曰："公勿助勿忘忘之训，可谓苦心。"曰："云何苦心？"曰："道体自然，无容强索，今欲矜持操执以求必得，则本体之上无容有加，加此一念，病于助矣。然欲全体放下，若见自然，久之则又疑于忘焉。今之工夫，既不助，又不忘，常见此体参前倚衡，活泼呈露，此正天然自得之机也。盖欲揭此体以示人，诚难著辞，故曰苦心。"公乃矍然顾予曰："吾子相别十年，犹如常聚一堂。"予又曰："昔先师别公诗有'无欲见真体，忘助皆非功'之句，当时疑之，助可言功，忘亦可言功乎？及求见此体不得，注目所视，倾耳所听，心心相持，不胜束缚。或时少舒，反觉视明听聪，中无挂碍，乃疑忘可以得道。及久之，散漫无归，渐沦于不知矣。是助固非功，忘亦非功也。始知只一无欲真体，乃见"鸢飞鱼跃"与"必有事焉"，同活泼泼地，非真无欲，何以臻此?"公慨然谓诸友曰："我辈朋友，谁肯究心及此?"①

甘泉见阳明弟子都在不思、不学、不虑中体悟良知，认为这才是自然良知。如此导致的反而是纵情恣肆，以任意显发出来的意智为良知。甘泉对此不赞同，认为致良知本应有极为绵密之工夫。

钱氏则将甘泉之观点归纳为勿忘勿助。勿助就是任其本体自然，不人为增加一丝一毫，而加上任何念头都是助之病；勿忘则是散漫无归，沦于不知。现在门人们对勿助的毛病很在意，所以尽力不助，却忘了阳明还有"勿忘"之教。当勿助之功推到极致，自然良知呈现，这时就要加工夫，使本体勿流于消散。若还坚持勿助，全体都放下，就连自然本体也不留存，则会散漫无归，一无所得。这就是犯了忘之病，所以不仅助是病，忘也是病。只有勿忘勿助结合在一起，才能致得自然良知本体。

接下来这段讲的也是勿忘勿助的意思："至纯而无杂者，性之本体也。兢兢恐恐，有事勿忘者，复性之功也。有事勿忘，而不见真体之活泼焉，强制之劳也；恍见本体而不加有事之功焉，虚狂之见也。故有事非功也，性之不容自已也；活泼非见也，性之不加一物也。"②

---

① 沈善洪主编，吴光执行主编：《黄宗羲全集》(7)，浙江古籍出版社 2005 年版，第 259—260 页。

② 沈善洪主编，吴光执行主编：《黄宗羲全集》(7)，浙江古籍出版社 2005 年版，第 262 页。

不忘复性之功、必有事，这是对的。此即勿忘之功，但若对此事过于刻意，则就无形中增加了助念，这种强制性的工夫除了增加自身劳累外，也会累及本体，使其不会自然活泼地呈现。这就是助之病。有事但不刻意，任其自然，则是勿助之功，但如果因有事会导致过度用力而放弃所有有事之功，连本体出现都不加以留驻，任本体散漫无归，则是忘之病。当恍惚间本体呈现而不施以有事之功以留存之，本体也不会活泼泼呈现，反而会流于无着。因此，有事勿忘而没产生功效，乃是因为人为私意过重，为性所不容，"故有事非功也，性之不容自已也"；勿助而性未呈现，则是没有施行任何有事之功，即没有对性施加勿忘之功，"活泼非见也，性之不加一物也"。

接下来这句是批评忘之病，"毋求诸已放之心，求诸心之未放焉尔已。夫心之体，性也。性不可离，又乌得而放也。放之云者，驰于物焉已尔。"① 可见，勿忘勿助之功是何其微妙。

诚意之工夫。对于诚意工夫，钱氏曾详细描述，其文如下：

> 昔者吾师之立教也，揭诚意为《大学》之要，指致知格物为诚意之功，门弟子闻言之下，皆得入门用力之地。用功勤者，究极此知之体，使天则流行，纤翳无作，千感万应，而真体常寂，此诚意之极也。故诚意之功，自初学用之即得入手，自圣人用之精诣无尽。吾师既没，吾党病学者善恶之机生灭不已，乃于本体提揭过重，闻者遂谓诚意不足以尽道，必先有悟而意自不生，格物非所以言功，

---

① 沈善洪主编，吴光执行主编：《黄宗羲全集》（7），浙江古籍出版社2005年版，第262页。

必先归寂而物自化。遂相与虚忆以求悟，而不切乎民彝物则之常；执体以求寂，而无有乎圆神活泼之机。希高凌节，影响谬戾，而吾师平易切实之旨，壅而弗宣。师云："诚意之极，止至善而已矣。"是止至善也者，未尝离诚意而得也。言止则不必言寂，而寂在其中；言至善则不必言悟，而悟在其中，然皆必本于诚意焉。何也？盖心无体，心之上不可以言功也。应感起物而好恶形焉，于是乎有精察克治之功。诚意之功极，则体自寂而应自顺，初学以至成德，彻始彻终无二功也。是故不事诚意而求寂与悟，是不入门而思见宗庙百官也；知寂与悟而不示人以诚意之功，是欲人见宗庙百官而闭之门也，皆非融释于道者也。①

这是钱氏针对王龙溪等从本体做工夫的批判。从本体上做功的人动不动就讲悟、寂，而不讲诚意格物等实在的工夫。如前面聂双江所言，一悟本体意自然生，一归本体之寂万物自然化，因此不必再说一个诚意、格物之功。这是上悟下达的高明路线，但钱氏认为这是过度对本体做功。这种过度求高明之举必然会导致心学平易切实之旨的丧失，即人们不再关心人伦日常，本体活泼圆神之机也会寂灭。强调悟、寂会使人误心学为空谈心性的佛学；过度求高、放肆心智而无节制，会对社会风气产生不良影响。

钱氏接着指出本体之学的虚妄。他断言，心无体，因此不可能在心上做功。做功只能在对万物的感应产生之后才能进行，对心体

---

① 沈善洪主编，吴光执行主编：《黄宗羲全集》（7），浙江古籍出版社2005年版，第261页。

上后天产生的种种念头做精察克治之实功才会不落虚空。这也就是诚意格物之功，而诚意的极致就是到达至善本体。在这个过程中，就会包含悟之工夫，而至善中也包含体之寂，所以诚意就涵纳了悟和寂，但这里的悟和寂乃是诚意最后的工夫，首先要进行的乃是对人伦日常进行的诚意工夫，所以诚意之功乃下学上达之路线。

钱氏对两条路线进行评判，认为高明路线不符合大众学习，因为其未入门就直接进殿堂是不符合常识的。诚意则是包括入门和终极的稳妥整全方法，适合于任何人修行。

钱氏对自己路线的自信可说溢于言表，但钱氏的诚意实功若没有先天本体领悟是不可能展开的。就连阳明也没绝对说过本体上不能做功，他只是说本体上做功很难。钱氏若绝对排斥先天本体之悟，其诚意之功也将失去根基。只有带着先天本体之悟（全部也好，部分也好），然后再在发用处将诚意之功自下而上展开，上下结合，才是圆满。这也正是阳明四句教之旨彻上彻下之特点的体现，所以阳明才让王龙溪和钱德洪互相借鉴补充。

总之，既然要悟本体，其工夫就一定要配得上本体，所以这些工夫都接近良知本体之特征，亦即虚灵、自然、无为、勿忘勿助、诚等。钱氏最后则偏重于诚意实功，而阳明则上下皆可。

第六章 明中后期心学两个向度的发展和扭曲

一、季本气一元论下的主宰说

（一）季本的主宰说

季本不知不觉就把阳明的理一元论修改成了气一元论，尽管在这一气中理还是占有主宰地位，但理其实已经低于气了，因为此时之理是气中之理。气之地位已经超过了理，从而成为一切的源泉。这是季本所没有料到的。所以，他的主宰说表面还维持着理之优越地位，但实际上已经不是那么回事了。其理之主宰说也都是在气一元论下成立的。他的主宰说有多种表现形式，如理主宰说、性主宰说、道主宰说、中主宰说等，但这都是理主宰说的变形。

1. 理主宰说

季本的理主宰说如下：

> 理气只于阳中阴，阴中阳，从微至著，自有归无者见

之。先儒谓阴阳者气也，所以一阴一阳者道也。又曰"不离乎阴阳，而亦不杂乎阴阳"，则似阴阳之中，自有一理也。殊不知理者阳之主宰，气者阴之包含。时乎阳也，主宰彰焉，然必得阴以包含于内，而后气不散。时乎阴也，包含密焉，然必得阳以主宰于中，而后理不昏。此阴中有阳，阳中有阴，所谓道也，通乎昼夜之道而知。知即"乾知大始"之知，正谓主宰。昼之知，主宰之应于外也，虽当纷扰，而一贞自如。夜之知，主宰之藏乎内也，虽入杳冥，而一警即觉。此惟阴阳合德者能之。知主宰之为知，则知乾刚之为理矣。知理则知阳，知阳则知阴矣。①

　　季本喜欢用《易》来阐释自己的思想。他认为，只有抽象地来看，即"自有归无者见之"，才会发现世界乃是由理气造就的，而理气就是个阴阳二气的问题。季本并不反对先儒将阴阳都看作气，他不赞同的是把一阴一阳变换之道看作阴阳二气的主宰。他认为，阳虽然属于气，但它是气中主宰，阴则是在主宰下辅助阳生成变化的气。所以，作为主宰的阳就是理，阴则为流行之气。这里需要注意的是，理并不在气外，而是气之主宰。如此，季本之理气其实都在气中。

　　既然阳为理，那么乾知也就是理，即知为理，所以知也是主宰，"知即乾知大始之知，正谓主宰。""知主宰之为知，则知乾刚之为理矣。"当白天阳气盛时，阳刚之知或理就会显现出来，而当夜晚阴气

---

　　① 沈善洪主编，吴光执行主编：《黄宗羲全集》（7），浙江古籍出版社2005年版，第309—310页。

盛时，阳之知或理就会隐藏起来，但无论昼夜，阳之知为主宰是确定不移的，因为昼夜之道也是通过阳之知才显明的。

季本的理主宰说和阳明的理一元论显然是有差别的。阳明的理一元论中，天理之本源性是很明显的。如前所述，理动而成气。在这个意义上，理气是合一的，但这并不会否定理之本源性。只能是理生成气，而不是气生理。天理成气之后，同时也会生成气之条理，即万物之理或性等。这时的理或性才是气之主宰，而本源天理是气和气中理或性的本源。季本的理气则是去除了天理本源之后的存在。这时的气中主宰之理已经不是宇宙本源，而只是从气中产生的头脑而已。气就取代天理而成为本源性的存在。季本可说是颠覆了阳明的理气秩序。

季本还颠覆了阳明的一个概念——自然。他说："自然者，流行之势也。流行之势，属于气者也。势以渐而重，重则不可反矣，惟理可以反之。故语自然者，必以理为主宰可也。"① 在阳明那里，自然是良知之天则。主宰也是在自然中呈现。到了季本这里，自然成了气之流行状态，而且是散漫无序的。所以，这时的自然就需要一个主宰来统领它，这就是理。如此，季本之理就成了一个不同于自然的存在。这同阳明和其他门人都区分开来。难怪王畿、邹东廓要批评季本对自然的片面理解，王畿说："学当以自然为宗，警惕者，自然之用，戒慎恐惧，未尝致纤毫之力，有所恐惧，便不得其正矣。"东廓说："警惕变化，自然变化，其旨初无不同者。不警惕，

---

① 沈善洪主编，吴光执行主编：《黄宗羲全集》（7），浙江古籍出版社 2005 年版，第310 页。

不足以言自然；不自然，不足以言警惕。警惕而不自然，其失也滞，自然而不警惕，其失也荡。"① 两人都指出自然不等于散荡，而是可以有条理秩序的，所以理可以是自然的，但季本始终坚持自己的观点，"先生自信其说，不为所动。"② 季本不肯将自然用于理，而只是将其赋予阴气。

对于季本这一观点，黄宗羲倒是支持的，因为黄氏所说的气一元论和气中之理与季本是很接近的。他对王畿等自然学说的批评和季本一样，他说："夫良知既为知觉之流行，不落方所，不可典要，一著工夫，则未免有碍虚无之体，是不得不近于禅。流行即是主宰，悬崖撒手，茫无把柄，以心息相依为权法，是不得不近于老。虽云真性流行，自见天则，而于儒者之矩矱，未免有出入矣。"③ 黄氏和季本都认为，把良知主宰看作自然流行就是没有主宰，这是佛老之窠臼，与儒家思想不符，所以季本继续坚持他的阳为理、为主宰，而阴为气、为自然的观点，他说："圣人以龙言心而不言镜，盖心如明镜之说，本于释氏，照自外来，无所裁制者也。而龙则乾乾不息之诚，理自内出，变化在心者也。予力主此说，而同辈尚多未然。然此理发于孔子'居敬而行简'是也。敬则惕然有警，乾道也；简则自然无为，坤道也。苟任自然而不以敬为主，则志不帅气，而随气自动，虽无所为，不亦太简乎？孟子又分别甚明：'彼长而我长

---

① 沈善洪主编，吴光执行主编：《黄宗羲全集》(7)，浙江古籍出版社 2005 年版，第308 页。

② 沈善洪主编，吴光执行主编：《黄宗羲全集》(7)，浙江古籍出版社 2005 年版，第308 页。

③ 沈善洪主编，吴光执行主编：《黄宗羲全集》(7)，浙江古籍出版社 2005 年版，第270 页。

之，非有长于我也；犹彼白而我白之，从其白于外也。'此即言镜之义也。'行吾敬，故谓之内也。'此即言龙之义也。告子仁内义外之说，正由不知此耳。"①

季本不同意将心比作镜，因为这样一来，心就失去了主宰之地位，任由外物来左右。这是自然之镜心的灾难，所以他说心一定要有主宰万物的力量，应该是一颗龙心，也即阳之心、理之心。他说这就是孔子居敬行简的真义。居敬则是保持警惕之心，也即龙心、阳心，而行简则是顺心之主宰而自然无为，这是阴气运行之道，所以季本依然是以主宰来驾驭自然。自然之气若失了统帅，将散荡无归。总之，一定要有一个最强大的内核在，才能驾驭万物之气。季本批判佛家镜心、告子性论乃由外导内，内外秩序颠倒，但他自己却不知不觉陷入内外二分之境地，而其自认为最强大的龙心也可能并不是最强大的。龙心因此成为一个执着的僵硬本体，反而不能成为本源之理。这在王畿对他的批判中可以看到。

王畿评述如下：

丈云："今之论心者，当以龙而不以镜，惟水亦然。"按水镜之喻，未为尽非。无情之照，因物显象，应而皆实，过而不留，自妍自丑，自去自来，水镜无与焉。盖自然之所为，未尝有欲，圣人无欲应世，经纶裁制之道，其中和性情，本原机括，不过如此而已。著虚之见，本非是学，只此著便是欲，已失其自然之用，圣人未尝有此也。又云：

---

① 沈善洪主编，吴光执行主编：《黄宗羲全集》（7），浙江古籍出版社 2005 年版，第312 页。

"龙之为物，以警惕而主变化者也。自然是主宰之无滞，曷
尝以此为先哉！坤道也，非乾道也。"其意若以乾主警惕，
坤贵自然，警惕时未可自然，自然时无事警惕，此是堕落
两边见解。《大学》当以自然为宗，警惕者自然之用，戒谨
恐惧，未尝致纤毫之力，有所恐惧，便不得其正，此正入
门下手工夫。自古体《易》者，莫如文王，小心翼翼，昭
事上帝、乃是真自然。不识不知，顺帝之则，乃是真警惕。
乾坤二用，纯亦不已，岂可以先后论哉！①

这里的"丈"就是季本。面对季本的龙心说，王畿提出不同意
见。他认为，自然就已经包含了主宰之意。圣人以自然无欲来感应万
物，因物而裁制之，自然也并非什么都没有，而是无所不包又无所形
著。如此，自然才具有无上机能，才能随时应物不爽，"盖自然之所
为，未尝有欲，圣人无欲应世，经纶裁制之道，其中和性情，本原机
括，不过如此而已。"所以圣人的自然并非是佛家所说的虚无，而是无
所形著、无所不包之自然，"著虚之见，本非是学，只此著便是欲，已
失其自然之用，圣人未尝有此也。"季本显然是错解了自然之意。

如此，他以龙来取代自然，反而着了行迹，而龙看似强大无比，
但已经执着于某形，成为一个僵化刻意之存在，其就不可能再是能
够应万物之全能本源了。如果万物皆以单一固化的龙心来裁制，才
是人欲泛滥，随意造作。万物反而皆不能各得其所，各归本性。在
更广大的意义上，龙仍是自然的一种，并不高于自然，所以在王畿

---

① 沈善洪主编，吴光执行主编：《黄宗羲全集》(7)，浙江古籍出版社 2005 年版，第
291 页。

看来，季本刻意将龙和自然分开，龙不属于自然之一部分，也就出现了内外两分。季本坚持，具有龙之诚敬警惕（主宰）时就不能流于自然，自然流行时就不能自己产生警惕（主宰），而王畿则说，从《大学》和《易》来看，警惕（主宰）和自然都是相融的。自然为体，而龙之警惕为用。时时警惕，昭事上帝，归于主宰，反而是真正的自然；自然无为，顺帝之则，主宰自然产生，这时的主宰反而是真正的主宰（警惕）。自然与主宰（警惕）浑然一体，没有前后、内外之分，而季本将主宰和自然前后两分、内外两分，这不是圣学应有的表现，"岂可以先后论哉！"说到底，是季本过于需要一个主宰，所以不惜给主宰赋予一个他认为最强大的形象——龙，但这反而限制了主宰之力量。这样的主宰也就不是真正的主宰。自然反而比龙更具有本源性。季本埋怨同辈不赞同他，"予力主此说，而同辈尚多未然"。殊不知阳明和其他门人都已经超出了《易》中以阳为尊的思想范畴，开始以自然来涵摄阴阳，他们都认识到自然的广大，而季本却以为自己有了新发明。

不管怎样，季本仍沉浸在自己的发明里，坚持以《易》表达自己的观点，"'龙战于野，其血玄黄'。六阴晦极而阳未尝亡，犹人心昏蔽已甚而天理未泯也。阳在阴中，惺然复觉，以为受侮于阴，将自振焉，故与之战。主于战者阳也，故以龙言，而所战之地在阴。当阴阳有定位之时，天玄地黄，今阴阳相杂，犹理欲未明也，故曰'其血玄黄'。"[1] 这里的龙就是主宰之理，阴就是流行之气了。如此，

---

① 沈善洪主编，吴光执行主编：《黄宗羲全集》（7），浙江古籍出版社 2005 年版，第317 页。

阳就是善之代表，阴则是恶之体现。

季本之善恶观也和阳明等区分开来。阳明之善恶是以自然为标准的，而在季本这里，自然成了恶，而刻意之主宰成了善。他说："过是天理中流出，顺势自然，无搏节处，势重则偏胜，即为党矣。故曰'人之过也，各于其党'。然人之良知必能自觉，觉处著一毫将就，即自欺而为恶矣。过之发端处，蔼然莫能遏，即是仁之根也。于过处观之，可以知仁。欲人察识过，是仁之流而不中节者也。知其流而不中节，则仁即此而在矣。"[①] 过错是因为遵循自然，而仁或善则是因为良知主宰存在。这一良知主宰是自然之流中的中节处。

有时季本又说出一些莫名其妙甚至自相矛盾的观点，他说："圣人画卦，全在心上见得此理，故其象皆状德之刚柔，盖不待观于天地万物而后可得也。天地万物者气也，德所成之形耳。知德则知天地，万物在其中矣。《大传》'包牺氏仰观'云云，此是春秋以后学《易》者之说。"[②] 这里的先天之理，和阳明良知是相近的，但这样一来，就和季本气一元论产生冲突了。既然理属于气，那么为什么理会在气之先产生呢？我们不得而知。

2. 性主宰说

和理主宰说相同的是性主宰说。季本说："性、命一也，本无彼此之分，但几不由我制者，命之运，则属于气，而自外来者也；由

---

①　沈善洪主编，吴光执行主编：《黄宗羲全集》（7），浙江古籍出版社 2005 年版，第 316 页。

②　沈善洪主编，吴光执行主编：《黄宗羲全集》（7），浙江古籍出版社 2005 年版，第 317—318 页。

我制者，性之存，则属于理，而自内出者也。性命，盖随理气分焉，孟子意正如此。由理之一者而言，虽耳目口鼻之欲，情或得正，亦性也。但既为耳目口鼻，则命之拘也，体常暗塞，是不可以性言于命也。故曰'君子不谓性也'。由气之杂者而言，虽仁义礼智之行，明或不全，亦命也。但既为仁义礼智，则性之善也，体常虚灵，是不可以命言于性也，故曰'君子不谓命也'。此明理欲相胜之几，欲人尽性以制命耳。"①

这里的性命关系和理气关系是一致的。性属于理，命属于气。性为命之主宰。性乃是善，而命则是恶之源。以性制命也就是以理制气或欲，而人之性与天地之性是一样的，天地之性乃是天地之主宰，"谓天非虚，不可。然就以虚言天，则恐著虚而倚于气。其动也为气化，如日月星辰水火土石、风雨露雷、鸟兽虫鱼之类，有随其所重而莫节其过者矣。盖虚贵有主，有主之虚，诚存于中，是为健德。健则虚明感应，因物曲成，无有不得其所者，是物之顺也。夫诚，形而上者也；物，形而下者也，形而下者主于形而上者，则气统于性矣。苟无以成，其德不健，则为著空之虚，物无所主，任其往来而已，形而上者堕于形而下者，则性命于气矣。人之性与天地之性一也，故阴阳和，风雨时，鸟兽若，草木裕，惟健故能顺也。若夫日蚀星流，山崩川竭，岁歉年凶，胎殈卵殰，气之不顺，是健德不为主也。天之性岂有不健哉？为气所乘，则虽天之大，亦有时

① 沈善洪主编，吴光执行主编：《黄宗羲全集》（7），浙江古籍出版社2005年版，第310—311页。

而可憾耳。故所恶于虚者，谓其体之非健也。"①

如前所述，天地之性也就是天地之理，而理则是阳气，所以天地之性或天地主宰就是阳之德，也即健德，"盖虚贵有主，有主之虚，诚存于中，是为健德。"此健德又是诚，乃形而上者，物则是形而下者。所以，形而上之健德主宰形而下之物。健德是性，物是气，气统于性。气统于性，则物顺，天地祥和；若气乱性，则天地崩坏。

在这里，性又成了形而上之存在，气则属于形而下。这形而上（阳）和形而下（阴）之存在又如何属于一气呢？我们还是不得而知。

既然性乃是形而上，那么性就是不可见的，性和仁义礼智等都是要经过其生成才可见，"性不可见，因生而可见。仁义礼智本无名，因见而有名。程子曰'人生而静以上不容说'，谓性之本体无声无臭，不可以言语形容也。又曰'才说性时，便已不是性也'，谓感物而动，生意滋萌，有恻隐之心可见，而其名为仁矣，有羞恶之心可见，而其名为义矣。仁义者，由性而生，相继不绝，善端之不能自已者也，故曰'继之者善也'。自其成善之本而言，则性矣，故曰'成之者性也'。"②

在这里，我们又遭遇了季本的一个矛盾，既然性必须借其生才可见，也就是说性只能在后天可见。那么，为何在前面他又说圣人画卦是不需要参照天地万物呢？为何说理先天就在人心中呢？理就

---

① 沈善洪主编，吴光执行主编：《黄宗羲全集》（7），浙江古籍出版社2005年版，第311页。

② 沈善洪主编，吴光执行主编：《黄宗羲全集》（7），浙江古籍出版社2005年版，第311页。

是这里所说的性。对此，我们又不得而知。因为季本没有考虑好先天和后天的关系。

3. 道主宰说

季本还有自己的道主宰说。不过这里的道不是道家之道，而是儒家之道。他说："《中庸》言'道也者，不可须臾离也'，此处功夫，正见天命之本体，故'不可'二字，非戒之之辞，亦非顺之之辞。言戒，则著意嫌于苦难；言顺，则从心恐流于欲。盖'不可'者，心之所不安处也，与道为一则安，即孟子'心之所同然'也；离道则不安，即孟子羞恶之心也。于不睹不闻之中，而惕然有戒慎恐惧之念，此良知良能之不能自已处，天之则也。故《中庸》言学，惟以天命之性为宗。"①

这里的道乃是天命之本体，即天命之性。季本又将此道体与孟子的良知良能联系起来，认为道体为天性，良知良能为人性，两者合而为一，所以天命本体就是人之良心，即"良心在人无有死时，此天命之本体。圣人作《易》，开之以吉凶悔吝，使人自复其本心而已矣。吉凶悔吝者，心之四德也。为善则吉，吉者心之安处也。为恶则凶，凶者心之不安处也。自凶而趋吉则悔，悔者心有所悟而必欲改也。自吉而向凶则吝，吝者，心有所羞而不欲为也。此皆天命自动而不待于外求者，此心一觉，岂复蹈祸几耶！"② 季本为了显示

---

① 沈善洪主编，吴光执行主编：《黄宗羲全集》(7)，浙江古籍出版社 2005 年版，第311—312 页。

② 沈善洪主编，吴光执行主编：《黄宗羲全集》(7)，浙江古籍出版社 2005 年版，第317 页。

自己的创造性，故意不用良知而用良心这一概念，但天人合一的逻辑还是沿用阳明的。人心合天则善，否则为恶。

季本将儒道与道家之道进行了区分，他说："圣门所谓道者，自人率性而言，以刚健而主宰乎气化者也。故其发也，至精不离，谓之中节。若不就主宰上说道，则浮沉升降，自去自来，乃气之动耳，犬牛与人全无所异。佛、老之学，于义不精，随气所动，惟任自然，而不知其非者矣。"① 季本又将理气之别用在了儒道和道家之道的区分上。他认为，儒家之道有主宰，即以刚健之阳为主宰，如此气则顺，而佛老之道皆是自然之气，随气而动，则无主无依。此道非至正大道。

4. 中主宰说

季本还把主宰看作中，他说："求和即是求中。求中者，非可著意推求也，凡几上有倚著处，即是不和。觉而化去，觉即是中为主处，故致和即所以致中也。但功夫未能合一，则止是一事之中耳。"② 这里的中倒是有几分自然的意思。

季本在这一段的最后将所有主宰说一网打尽，他说："自然者，顺理之名也。理非惕若，何以能顺？舍惕若而言顺，则随气所动耳。故惕若者，自然之主宰也。夫坤，自然者也，然以承乾为德，则主乎坤者乾也。命，自然者也。命曰天命，则天为命主矣。道，自然

---

① 沈善洪主编，吴光执行主编：《黄宗羲全集》(7)，浙江古籍出版社 2005 年版，第312 页。

② 沈善洪主编，吴光执行主编：《黄宗羲全集》(7)，浙江古籍出版社 2005 年版，第315 页。

者也。道曰率性，则性为道主矣。和，自然者也。和曰中节，则中为和主矣。苟无主焉，则命也、道也、和也皆过其则，乌得谓之顺哉？故圣人言学，不贵自然，而贵于谨独，正恐一入自然，则易流于欲耳。"①

在这里，气、坤、命、道、和等都是自然者，理、乾、天、性、中等都是主宰，所以季本依然视自然为消极、低级存在，主宰为尊。

（二）季本的工夫论

1. 本体工夫

季本如此强调主宰，那么他的工夫就主要集中在主宰上。在这一点上，他和王畿倒很接近，都在本体上做工夫。王畿也承认做功是要在发用处，在发用处悟本体。季本则已经将本体和发用割裂，只在本体上用功。

他说："圣人之道，不于用上求自然，而于体上做工夫。故虽至圣，犹孜孜亹亹以自勉，此工夫也。工夫只在不睹不闻上做，不睹不闻，盖人所不知，最微之处也。微则不为闻见所牵，而反复入身。其入身者即其本体之知也。故知为独知，独知处知谨，则天理中存，无有障碍，流行之势，自然阻遏不住。故自然者，道之著于显处以言用也。然非本于微，则所谓显者，乃在闻见，而物失其则矣，不可以言道。凡言道而主于自然者，以天道之不勉而中、不思而得者观之，似亦由中流出，不假人为。然谓之中，则即是勉；谓之得，

① 沈善洪主编，吴光执行主编：《黄宗羲全集》（7），浙江古籍出版社 2005 年版，第310 页。

则即是思，而慎独功夫在自然中所谓知微之显者，即此是矣。舍慎独而言自然，则自然者气化也，必有忽于细微而恣于理义之正者，其入于佛老无疑矣。"①

这种把本体和发用分为两截，然后单独追寻本体的工夫，估计就只有季本了。把主宰本体拯救出来之后，发用的自然之气中似乎就没有本体了，所以就不能在用中做功，只能在本体之微上做功。这和阳明所说的已发中含有未发不同。阳明也赞同工夫要用在发用处，即使是对本体做功也是在发用处做工夫的。这就不像季本这么执着，非要将本体拎出来单独去慎独而知。慎独之功也不能具有自然特征，因为自然是无主宰之气的表现，所以慎独就不能是不勉而中、不思而得之自然存在，而是一定要勉，一定要思的。季本对自然的据斥和对主宰的执着、刻意，是一以贯之的，但是有时季本又说工夫即本体，"道之显者谓之文，条理分明，脉络通贯，无过不及之美名也。礼即天理之节，文之所从出也。苟非嘉会合礼，则妄行无序，乌得为文？故自本体而言，则以达德行达道，诚而明也。自工夫而言，则曰'博学于文，约之以礼'，明而诚也。本体工夫初无二事，盖道之所显者用也，而工夫则归于本体。故凡言用者皆属动，言工夫者皆属静。既曰文，则显于用而可见可闻者也。曰学，则归于静，而戒慎不睹，恐惧不闻，不为见闻所动者也。为见闻所动，则纷乱而不得为文矣。学之外，无复有所谓约礼，而礼之约处，即

---

① 沈善洪主编，吴光执行主编：《黄宗羲全集》（7），浙江古籍出版社2005年版，第313—314页。

是达德之一。道之本体如是，故工夫即本体也。"①

在这里，季本沿用了阳明体用合一、本体工夫合一的逻辑，但是他却又将本体看作静的，发用看作动的，动处不能做功，因而只能在本体上做功，所以工夫也是静的，且和发用无关。这种动静区分在阳明那里是没有的，无论本体还是工夫，体还是用，都是动静一体的。将工夫视为静的，且只能在静之本体上做功，是季本之发明。这也是为了配合他的静之主宰和动之自然的区分而发明的。如此倒还真成就了季本独特的工夫即本体观。因为他的工夫与本体都是静的，和发用是区别开来的，而阳明之工夫和发用是一处的，所以季本博学之工夫就不能在发用处用了，只能将学置于本体处，远远看着发用处用功。这不还是要将眼睛盯在发用处吗？

2. 慎独或敬

既然工夫要用在本体，其具体表现形式又有什么呢？如前所述，就是慎独或敬。"世儒多以实训诚，亦有倚著之病。夫仁义礼智合德而为诚，诚固未有不实，但就以实为诚，则不可。仁义礼智，虚明在中，如谷种之生机未尝息，何尝有所倚著？是德虽实，不见其有实之迹者也，故言诚，惟惺惺字为切。凡人所为不善，本体之灵自然能觉。觉而少有容留，便属自欺，欺则不惺惺矣。故戒慎恐惧于独知之地，不使一毫不善杂于其中，即是惺惺而为敬也。"② 致本体

---

① 沈善洪主编，吴光执行主编：《黄宗羲全集》（7），浙江古籍出版社 2005 年版，第315—316 页。

② 沈善洪主编，吴光执行主编：《黄宗羲全集》（7），浙江古籍出版社 2005 年版，第313 页。

之德本应是诚，但季本认为诚经常与实相应，而本体不应为实，所以虚灵之诚才能致得本体，这个虚灵之诚就是敬，而敬本身也是慎独。在这里，季本又将主宰本体视为虚灵之存在，这和自然又有何区别呢？

关于敬的工夫，季本还在他处谈道："敬义本合内外之道，犹曰存心致知云耳。盖敬即戒慎不睹、恐惧不闻之功，收敛此心，反入于内，故曰存心也。义即不睹不闻中之能分别事理者，此在独知处求致其精，故曰致知也。然能知者即是此心，于知上知谨，则心便在内，岂有二哉？敬义至于立处，即是本体之德。敬存乎静虚之中，则以不偏而为正；敬行乎感应之际，则以得宜而为义。正则遂其本性，无所回曲，是其直也。直者，用之顺而其主在内，故云直内。义则因其定理，无所变迁，是其方也。方者，体之恒而其制在外，故云方外。此《易》之所谓敬义，盖以成德言也。德成则本体中正不疑，其所行而为顺，故以言于《坤》之六二。若自工夫言，则当云以敬直内，以义方外，主乎健矣。敬义不正助处即是顺，安可外健以言敬义哉？"①

敬以存心，则是本体工夫，义则是本体工夫之外显。因此说以敬直内，以义方外。内外有别，乃是季本思想之特色。

存心工夫也是慎独，"操则存，存其心也。苟得其养，无物不长，养其性也。存养二字，本于此。夫心是仁义植根之处，而性则仁义所以能生生之理也。理根于心，心存则性得所养，而生生之机

---

① 沈善洪主编，吴光执行主编：《黄宗羲全集》（7），浙江古籍出版社 2005 年版，第316—317 页。

不息，故养性工夫，惟在存心。心为物牵，不能自觉，是不操也，然后谓之不存。自觉则物来能察，一察即是操。操者，提醒此心，即是慎独，岂有所着意操持哉！一操心即存矣，故省察之外，无存养，而省察之功，即是立大本也。在《易》之《颐》，以养为义，其卦震上艮下，动而止也。心动于欲则不止，止则不动于欲。所谓存也，养道尽于此矣。"① 性、理根于心，因此存心就是存养本体。存心不能放任自认，必须操心，操心则是慎独之功。

对季本来说，圣人之学也就是个慎独，"圣人之学，只是慎独，独处人所不见闻，最为隐微，而己之见显莫过于此。故独为独知，盖我所得于天之明命，我自知之，而非他人所能与者也。若闲思妄想，徇欲任情，此却是外物蔽吾心之明，不知所谨，不可以言见显矣。少有觉焉，而复容留将就，即为自欺。乃于人所见闻处，掩不善而着其善，虽点检于言行之间，一一合度，不遁有愆，亦属作伪，皆为自蔽其知也。故欺人不见之知，乃十目所视，十手所指之处也，不可以为独知。然则独知者，其源头不杂之知乎？源头不杂之知，心之官虚灵而常觉者也。杂则着物，虽知亦倚于一偏，是为耳目之官不思而蔽于物矣。"② 这里，季本又将本体追溯到天命。慎独则是自己对天命的诚实领悟，不得自欺。自欺、欺人都不是慎独。

季本还想将格物工夫维持在本体上，他说："明明德工夫，要于格物，此是实践处。盖外物而言德，则德入于虚矣。第其所谓物者，

---

① 沈善洪主编，吴光执行主编：《黄宗羲全集》(7)，浙江古籍出版社2005年版，第313页。

② 沈善洪主编，吴光执行主编：《黄宗羲全集》(7)，浙江古籍出版社2005年版，第314页。

与'万物皆备于我'之物同，盖吾心所见之实理也，先师谓'心之感应谓之物'是也。心未感时，物皆已往，一有感焉，则物在我矣。物之所感，但见其象，往过来续，不滞于心，则物谓之理。滞而成形，则为一物，不可以理名矣。《易》曰：'见乃谓之象，形乃谓之器。'器则形而下之名也，故物与理之分，只在形而上下之间耳。成形之后，即为外物，而吾心之所感者，亦不过顺应乎此而已，正不当为其所滞也。知此，则物不违则而谓之格矣。"①

一开始，季本认为格物不能无物，否则就为虚功。那么如何既格物又不能脱离本体呢？季本将物分为了形而上之物和形而下之物。形而上之物即为物之理，形而下之物则为物之器。季本则将格物之功停留在形而上之物理上，也即格物就是格心上之理。那么心上之理从哪里来呢？如果不对照器物，如何能激发出心之理呢？难道可以未卜先知、不睹不闻而知理？阳明虽认为良知先天具足，但那也是潜在的，其必须在接物、格物、应物过程中开发出来。季本这一不着物之理又如何产生呢？悬空格理，这个理又能自己展开成长吗？这都是季本将主宰和流行分割开来产生的矛盾。

（三）知行合一

在知行合一观上，季本基本继承了阳明体用合一之旨，"慎于独知，即致知也。慎独之功不已，即力行也。故独知之外无知矣，常知之外无行矣，功夫何等简易耶！良知良能本一体也，先师尝曰：

---

① 沈善洪主编，吴光执行主编：《黄宗羲全集》（7），浙江古籍出版社 2005 年版，第316 页。

'知良能是良知，能良知是良能，此知行合一之本旨也。'但自发端而言，则以明觉之几为主，故曰：'知者行之始'。自致极而言，则以流行之势为主，故曰：'行者知之终'。虽若以知行分先后，而知为行始，行为知终，则知者即是行，所行者即是知也。"① 季本将良知又称为独知。季本以阳明知能一体、体用合一之观点来阐释知行合一。这是符合阳明之旨的。

他还将知行合一用于仁义礼智的探讨上，"先儒以知行分为二者，正为不知仁义礼智之本明，故以智为明，而仁义礼之行则若藉智以知者，是以仁义礼别为一物，继智用事而智则照之，义袭之根，生于此矣。智发于仁，仁达于礼，礼裁于义，义归于智，因动静分合而异其名耳。故本体之明，智也，因其本体而行焉，仁也。礼义之明不过属于仁智而已，安得谓知行之非合一哉？"② 一般人将智看作知，将仁义礼看作依照知展开的行，认为这是知行合一，但季本认为，这样是将知行分为两段了。知行应该是体用的关系，智为体，而仁义礼为用，体用本来一体，这才是知行合一。

总之，季本虽然意图继承阳明良知思想，但其在本体论、工夫论上多有对阳明之旨的背离。他以气一元论取代阳明理一元论，以主宰、自然分离观取代阳明的体用合一、未发已发合一思想，以只在本体上做功取代阳明本体发用一起用功之旨。最后，季本的思想就停留在一个分离的形而上主宰本体上。

---

① 沈善洪主编，吴光执行主编：《黄宗羲全集》（7），浙江古籍出版社2005年版，第315页。

② 沈善洪主编，吴光执行主编：《黄宗羲全集》（7），浙江古籍出版社2005年版，第312—313页。

二、真空派（趋佛）和已发工夫派（趋朱子）

（一）真空派：万表

万表的"真空"这一标签来自黄宗羲，黄宗羲之言如下：

> 先生尝言："圣贤切要工夫，莫先于格物。盖吾心本来
> 具足、格物者，格吾心之物也，为情欲意见所蔽，本体始
> 晦，必扫荡一切，独观吾心，格之又格，愈研愈精，本体
> 之物，始得呈露，是为格物。格物则知自致也。龙溪谓：
> '古人格物之说，是千圣经纶之实学。良知之感应谓之物，
> 是从良知凝聚出来。格物是致知实下手处，不离伦物感应
> 而证真修。离格物则知无从而致矣。'吾儒与二氏毫厘不
> 同，正在于此。"其实先生之论格物，最为谛当。格之又
> 格，而后本体之物呈露，即白沙之"养出端倪"也。宋儒
> 所谓未发气象，亦即是此。龙溪之伦物感应，又岂能舍此
> 而别有工夫？第两家之言物不同，龙溪指物为实，先生指
> 物为虚。凡天下之物摄于本体之物，本体之物又何尝离伦
> 物哉！然两家皆精禅学，先生所谓本体呈露者，真空也；
> 龙溪离物无知者，妙有也，与宋儒、白沙之论，虽似而有
> 差别，学者又当有辨矣。①

黄宗羲眼光还是独到的，他看出了万表和王畿之异同。万表和
王畿都是注重在本体上做功的人，即如黄宗羲所说，对未发本体用

---

① 沈善洪主编，吴光执行主编：《黄宗羲全集》（7），浙江古籍出版社 2005 年版，第
355—356 页。

功。这是他们的共同点。他们的差别在于，万表只希望在心上用功，格心之物，而王畿除了希望在本体上用功外，还赞同在发用人事中体悟本体，虽然他强调这种体悟应该是瞬间完满的。

黄宗羲认为万表所格之物乃是虚物，即这些物并不是现实发用中的实物，也不是万物在心上引起的感应，而只是未发之心体所呈现出来的存在。因此，这可以说是一颗不染俗尘、与世隔绝的心。如此之心可谓是真空，因为其根本不容现实之物。这样的心就接近寻常佛家之心了。这就似乎超出了儒家所能接受的范围，但我们仍然不能否定有这样的可能，即我们不用接触万物，就能从先天本体种子处体悟出万物生成后的所有奥秘。我们只能说这样的人只能是天纵神才，能直接通达宇宙本源，但如果没有这样的天资而强用此功，则会有画虎不成反类犬之嫌。

王畿显然更有一点自知之明。虽然他也意识到有万表所说的从真空中悟本体，但他更强调在发用中去悟本体。不过王畿的追求还是很高的，即希望在刹那间就能实现良知完满，所以就其还在实物中格物来说，是"有"，而就其瞬间将"有"悟透，直贯本源来说，则是"妙有"。黄宗羲之评价可谓精当。

尽管如此，万表和王畿之本体之悟都使浸染在俗世的凡夫俗子所难以企及。万表则更是近乎禅了。

关于其具体的真空工夫，万表说："学不顿悟，才涉语言，虽勘到极精切处，总不离文字见解。圣学功夫，只在格物。所谓格物者，格其心之物也。凡不于自己心性上透彻得者，皆不可以言格。到得顿悟见性，则彻底明净，不为一切情景所转，如镜照物，镜无留物；如鸟飞空，空无鸟迹。日用感应，纯乎诚一，莫非性天流行，无拟议，无将迎，融识归真，反情还性，全体皆仁矣。"[1]

顿悟性天不仅万物不接，连文字也不需要借助，因为这终究会给人以牵绊。因此，只要在此心上做格物工夫就可以了。格物就是格心之物，而不是实在的天地万物。因为万表坚信，万物根源就在心，只要格心，就能将万物本体格出来。当格之又格，终于见到性体时，则可触机神应、应物自然，整体至善，"日用感应，纯乎诚一，莫非性天流行，无拟议，无将迎，融识归真，反情还性，全体皆仁矣。"看来万表不是不应物，而是要等到本体透悟后才去应物。这和一般务虚的佛家思想又有所不同。万表还是要在世俗中生活的，只不过他要等到拥有了照妖镜之后才去把世俗完全过成本体、真性、神明的，而阳明和王畿是要将照妖镜在世俗中磨光的。只不过王畿性急，要求磨得迅速点。

这样一来，除了工夫的不同，万表与阳明等还有另外的不同，即他将本体和发用、知和行分为了两段，这与阳明体用合一、知行合一之旨有差异。

在给罗念庵的回信中，万表又将自己的顿悟心得进行了分享，他说："兄夙发真心，固应有此入处。然此犹涉解悟，未可遽以为是。正好着力研穷，必尽去此碍膺之物，触处洞然，头头明了，此便是尽心知性，须一毫不要自瞒过去为好。第一要远口谈性命之友，惧其作混，转为所蔽，不见自心。第二要将一切世事俱看得破，方

---

① 沈善洪主编，吴光执行主编：《黄宗羲全集》（7），浙江古籍出版社 2005 年版，第 356 页。

不碍此性天作用。愿兄愈加珍重，愈加精彩，如钻木逢烟，切莫住手。"①

万表认为念庵的体悟仍然是解悟，还不是顿悟、彻悟。也就是说，还是掺杂了人为理解或造作的东西。把这些障碍去除，才能尽心知性。万表又谈到了自己顿悟的秘诀，即一要远离他人的各种见解，二要远离世事或看破一切世事，不为其影响。这和他上面所说是一致的。远离各种先见，也就是不要各种言语上的见解。

接下来万表讨论了妙悟的三种不同方法，即超脱、放心、戒慎恐惧。其文如下：

> 或问"易简超脱"。先生曰："性命玄妙，更无可拟议，易简超脱，只在妙悟。如欲易简超脱，便不易简超脱也。盖悟入即其碍处，便是超脱。今之超脱，便是滞碍。此即谓之玄关。若于方寸不超脱处，不要放过，极精研思，不随人语言文字作解，自然有个悟入处，则脱洒滞碍自不相妨也。即此滞碍处，便是格，便是玄关，便是参性命之要，无出于此。"②

> 绪山以"收放心说"质先生。先生曰："子谓'求之未放之心，使不驰于物'，无乃有以制之乎？求是寻求之义，苟求得其体，则千条万绪，纷然而驰者，皆此体之呈见，即无放与不放也。不得其体，虽时时存之，犹放也。以心

---

① 沈善洪主编，吴光执行主编：《黄宗羲全集》(7)，浙江古籍出版社 2005 年版，第 358 页。

② 沈善洪主编，吴光执行主编：《黄宗羲全集》(7)，浙江古籍出版社 2005 年版，第 357 页。

制心，是二之也。循其所是而去其所非，是取舍之心未忘，乃知识也，非不识不知也，皆放也。子谓'性不可离，又恶得而放'，是矣！而又云'驰于物'，又谁驰也?"①

　　戒慎恐惧，虽是工夫，实无作用。不睹不闻，即是不识不知，便常是戒慎恐惧矣，故曰："不睹不闻即戒慎恐惧也。"人心上何可加此四字？二义各殊，而体用极为微妙，须精察之。②

关于超脱，万表认为就在于妙悟。一旦心存超脱之念，反而成为滞碍，但这又并非坏事，因为工夫就做在滞碍处，若格透此滞碍，方得真解脱，而且这样的滞碍会时时存在，就在这些滞碍处悟和格，才会不断切近本体。

钱绪山与万表讨论收放心的问题。万表认为，只要求得自然本体，则无所谓收与放。不得本体时，即使时时存心，也如放一样。本体本在，而刻意去收个心或放个心，乃是以心制心，心外有心。这就将本体一分为二了，本体又何尝有两个？所以收放心本身就是人为造作之功，反而是画蛇添足，心上添心。本体从未离开，不必它求，更不必在物上求。

关于戒慎恐惧，万表认为越自然越好，越刻意则越成为滞碍。戒慎恐惧自然到不睹不闻时，工夫就到了。

对于人能彻悟本体如此自信，是因为对于人自身能力的自信，

---

①　沈善洪主编，吴光执行主编：《黄宗羲全集》（7），浙江古籍出版社2005年版，第357页。

②　沈善洪主编，吴光执行主编：《黄宗羲全集》（7），浙江古籍出版社2005年版，第357—358页。

这在克己工夫中可以看出来。克己的最高境界就是自然本性之呈现，万表说："世论克己，浅之乎其论颜子也！夫视、听、言、动而溺焉，己也；视、听、言、动而止焉，己也；视、听、言、动而不溺不止焉，亦己也。礼者，中也，即吾之性也，仁之体之，不可丝毫容意于其间也，是故无思无为，感而遂通，不识不知，顺帝之则，克之至也。"① 什么是己呢？就是人为造作产生的一切，即人欲。属于人欲的有三种：沉溺于视、听、言、动，止于视、听、言、动，不溺不止于视、听、言、动。只有放弃自己私意，无思无为、不识不知，顺帝之则，才会使自然本性显现。这才是克己的真义。

万表对阳明自然至善、无善无恶之心体的领悟较为透彻，而自然至善并不妨碍为善去恶。只要善恶不执着于心，即是无善无恶。如有兵宪问"慈悲解脱之说"，万表曰："于人无所不爱，是为慈悲。贪官污吏之害人者，毅然去之，是为解脱。二者惟君所行，但看时节因缘一见之耳。"② 恶不妨除去，只要不执着于心，为此纠结，即是解脱。为善去恶，一随自然。

总之，万表的超拔境界甚至远在王畿之上。这也使人经常给他贴上禅的标签。其实换个角度，他也可以是儒家一种极高境界的体现。

（二）主事派：张元忭

1. 已发工夫

张氏将工夫的范围扩大了，他认为凡是说出来的皆是工夫，"杨

---

① 沈善洪主编，吴光执行主编：《黄宗羲全集》（7），浙江古籍出版社 2005 年版，第356—357 页。

② 沈善洪主编，吴光执行主编：《黄宗羲全集》（7），浙江古籍出版社 2005 年版，第357 页。

复所谈本体，而讳言功夫，以为识得本体便是功夫。某谓本体本无可说，凡可说者皆工夫也。识得本体，方可用工夫。明道言'识得本体，以诚敬存之'是也。"①

他认为本体是不可说的，可以说的都是工夫。这和老子所说的道有点相似。如此一来，所有的言语都将是工夫，本体就是超越于语言之上的。

那么，既然语言难以描述本体，怎么识本体呢？那只能是超出语言的某种能力，比如万表所说的顿悟等。问题是，如果说出顿悟一词，是否顿悟也已经在语言中了？它又将如何通达本体呢？再进一步说，本体也是被说出来的，那么这样的本体已经不是那个说不出的本体了。这不是自相矛盾吗？既然已经说出了本体，为何又说其不可说呢？问题出在哪里呢？很明显，根源在于张氏武断地将本体视为不可说的，而工夫是可说的，其结果是导致本体的消失，而这又将导致工夫的消亡。张氏的矛盾我们可以一点启示，即本体和工夫的区别不在于可不可说。那么，张氏如此划界是为了什么呢？显然是为了批判那些空谈本体的行为，如王畿、陈复等人所为。

接下来，张氏则明确坚持在发用处用功。他说："周子曰：'几，善恶。善有善几，恶有恶几。'于此而慎察之，善必真好，恶必真恶，研几之学也。吾兄论几，则曰：'善恶是非，未落对待，而以念上用功为几浅，非第一义。'窃谓未然。所谓独者，还是善念初动之时，人不及知，而己独知之，非无可对待之谓也，无对待则不可以

---

① 沈善洪主编，吴光执行主编：《黄宗羲全集》（7），浙江古籍出版社2005年版，第372页。

言几矣。人心之欲，固以先事预防，禁于未发，为不犯手工夫。然岂易言哉！此心即是天理，方其未动，本无人欲，才一萌动，则有天理便有人欲。此危微之训，尧、舜所为惓惓也。"① 张氏强调"几"，即是强调发用。因为"几"就是连接未发和已发之关窍。他接受善恶之几的相对存在，但不同意同门所说善恶不相对待，也不同意同门对在已发之念上做功的否定。张氏觉得，在未发做功是很难的，所以最好是在念上做功。

他批评颜回在本体做功，"颜子当仰钻瞻忽时，只是于本体上想像追寻，终不可得。后来得夫子之教，却于博文约礼用工夫。工夫既到，而后本体卓尔，如有可见，始悟向者想像追寻之为非也。"② 从细节着手做功，下学上达，才有可能悟得本体，所以知几、克念就成了他所认为的圣学工夫，"人心少有无念之时，方其未萌，着一防字，即属思善一边，是一念矣。克念作圣，只在一念之间，不分有事无事。此念常存，正是动静合一之学，恐无浅深先后之可言也。"③ "几，一而已矣。自圣人言，则为神化之几；自吾人言，则为善恶之几，其实非有二也。作圣之功，则必由粗以入精，由可知以进于不可知，而知几之学毕矣。"④

这里的几和念都是在已发范畴里，张氏从粗入精、由可知到不

---

① 沈善洪主编，吴光执行主编：《黄宗羲全集》(7)，浙江古籍出版社 2005 年版，第371 页。

② 沈善洪主编，吴光执行主编：《黄宗羲全集》(7)，浙江古籍出版社 2005 年版，第376 页。

③ 沈善洪主编，吴光执行主编：《黄宗羲全集》(7)，浙江古籍出版社 2005 年版，第371 页。

④ 沈善洪主编，吴光执行主编：《黄宗羲全集》(7)，浙江古籍出版社 2005 年版，第372 页。

可知的路径和朱子是有些相似。

在说到致良知之功时，张氏也强调致和修的重要性，"近时之弊，徒言良知而不言致，徒言悟而不言修。仆独持议，不但曰良知，而必曰致良知；不但曰理以顿悟，而必曰事以渐修，盖谓救时之意。"①（《答周海门》）"窃疑世儒口口说悟，乃其作用处，殊是未悟者。悟与修分两途，终未能解。龙溪曰：'狂者志大而行不掩，乃是直心而动，无所掩饰，无所窝藏，时时有过可改，此是入圣真路头。世人总说修持，终有掩饰窝藏意思在，此去圣学路径，何啻千里？'定宇曰：'所贵乎不掩藏者，为其觉而能改也，非谓其冥然不顾，而执之以为是也。'予谓定宇曰：'昨所言天地都不做，得无骇人之听耶？'定宇笑曰：'毕竟天地也多动了一下。'予曰：'子真出世之学，非予所及也。然尝谓此体真无而实有，天不得不生，地不得不成，譬如木之有根，而发为枝叶花实，自不容已。天地亦何心哉？佛氏以大地山河为幻妄，此自迷者言之耳。苟自悟者观之，一切幻相皆是真如，而况于天地乎？'定宇曰：'学在识真，不假断妄，子言得之矣。'"② 张氏在这里对后天人为做功的强调是明显的。这也是其担心良知落入空寂的结果。对王畿、定宇的顿悟本体之工夫，张氏不敢苟同。前者强调自然无执着，甚至对天地万物的关注都是一种执着和掩藏，对此都要格掉。张氏则认为天地是真实存在的，一切工夫都应在万物上做，而不是看空一切。张氏所说有一定道理，

---

① 沈善洪主编，吴光执行主编：《黄宗羲全集》（7），浙江古籍出版社2005年版，第374页。

② 沈善洪主编，吴光执行主编：《黄宗羲全集》（7），浙江古籍出版社2005年版，第375页。

但其对万物的执着有可能阻碍对良知之悟。王畿等也不一定要看空一切，只是强调要更自然。张氏对后天工夫的执着是明显的。

张氏有时也强调上下结合、下学上达，但其对上的理解和重视显然也低一些，"吾兄谓摹拟古人之言行，庶几可进于忘物，以此为下学而上达。窃谓摹拟古人之言行，一一而求其合，所谓博而寡要，劳而无功也。曷若摹拟于吾一心之为易且简乎？万事万物皆起于心，心无事而贯天下之事，心无物而贯天下之物，此一贯之旨也。故不离于事物言行之间，而穷理尽性以至于命，下学上达无二事也。若以摹拟为下学，忘物为上达，是二之矣。"①（《答田文学》）张氏的心物合一在一定程度上是符合阳明宗旨的，但他所说的心更像是一颗空无所有的认知心，而在阳明那里，心是一切具足的。

张氏对良知的阐释也是从后天来看的。他认为，良知是有善无恶的，而不是无善无恶的，"人有知觉，禽兽亦有知觉，人之知觉命于理，禽兽之知觉命于气。今但以知觉言良知，而曰良知不分善恶，不将混人性物性而无别耶？夫所谓良者，自然而然，纯粹至善者也。参之以人为，蔽之以私欲，则可以言知，而不得谓之良知矣。谓良知有善无恶，则可；谓良知无善无恶，则不可。致知之功，全在察其善恶之端，方是实学。今人于种种妄念，俱认为良知，则不分善恶之言误之也。"②张氏对阳明的无善无恶心之体产生了怀疑，这使他和钱德洪一样，认为良知一定是有善无恶的，然而他所说的善，

---

① 沈善洪主编，吴光执行主编：《黄宗羲全集》（7），浙江古籍出版社 2005 年版，第 370 页。

② 沈善洪主编，吴光执行主编：《黄宗羲全集》（7），浙江古籍出版社 2005 年版，第 371 页。

已经是已发后天中落入对待的人为之善了。本体之善乃是超越后天之善恶的。阳明要超出世俗人为善恶的窠臼，从而找到一个真正的本源之善。张氏对此显然不解。他恐怕阳明无善无恶落入佛家妄言，所以他才以人为的善恶来看良知。如此，就将良知降低了。

他对知行合一的理解也有了对后天致的强调，"有不善，未尝不知，良知也；知之，未尝复行，致良知也。知行合一以成其德，其颜子之学乎?"① 知行合一本是一个自然的整体过程，但从这里看，张氏则似乎又将知和行分开了，转而强调以行致知。

在他谈心和物的关系时，他分别了心之理与物之理，这就使其思想又向朱子靠近了。他说："近世谈学者，但知良知本来具足，本来圆通，窥见影响，便以为把柄在手，而不复知有戒慎恐惧之功。以嗜欲为天机，以情识为智慧，自以为寂然不动，而妄动愈多，自以为廓然无我，而有我愈固，名检荡然，阳明之良知，果若是乎?一念之动，其正与否，人不及知而己独知之，即此是独，即此是良知，于此格之，即是慎独，即是致良知。物与知无二体，格与致无二功也。但于意念之间，时时省克，自然欲净理还。来教以则训格，谓物物皆有定则，一循其则而不违，是为格物也。知体无穷，物则有定，若然，是将以知不足恃，而取则于物矣；是将舍吾心之天则，又索之于外矣；是将歧知与物而二之矣。请就兄之言而反复之，知体无穷，物之体亦无穷，何也?凡物之理，千变万化，不可为典要，若云有定，不为子莫之执中乎?物则有定，知之则亦有定，何也?

① 沈善洪主编，吴光执行主编：《黄宗羲全集》(7)，浙江古籍出版社2005年版，第371页。

帝降之衷，天然自有，不爽毫发，若曰无穷，则将舍规而为圆，舍矩而为方乎?"①（《与许敬庵》）由此可见，虽然他强调知物一体，理在人心，批评许子将知与物一分为二，却也承认了物具有自己的理则。只是他将知之天则与物之则统一起来，若无穷皆无穷，若有定皆有定，于是心和物成了相互独立和对应的存在。这就违背了阳明心外无物、心外无理的宗旨。

他对万物一体的解释也差强人意。他说："仁之为物，未易名状，故孔门罕言仁，凡所言者，皆求仁之功而已。其曰'仁者，人也。仁人，心也'。此则直指仁体矣。生生不已者，天地之心也。人之生，以天地之心为心，虚而灵，寂而照，常应而常静，谓其有物也，而一物不容，谓其无物也，而万物皆备。无物，无我，无古今，无内外，无始终，谓之无生而实生，谓之有生而实未尝生，浑然廓然，凝然炯然，仁之体倘若是乎!（《寄查毅斋》）"② 这里的万物一体更像是心对万物的感应或想象。如此乃是人与物分离前提下的统一，而不是本体论上的一体。

他有时也会谈到未发已发，但在他这里，它们似乎又是分裂的，"意者，心之所发。心本无意也，动而后敬，言而后信，此心之本体，有时而息矣。不动而敬，敬以心也；不言而信，信以心也，此心之中，无非敬信，未发已发，纯乎天理矣。"③ 他谈心和意时分别

① 沈善洪主编，吴光执行主编：《黄宗羲全集》（7），浙江古籍出版社2005年版，第373页。

② 沈善洪主编，吴光执行主编：《黄宗羲全集》（7），浙江古籍出版社2005年版，第372—373页。

③ 沈善洪主编，吴光执行主编：《黄宗羲全集》（7），浙江古籍出版社2005年版，第372页。

了未发和已发，也分别了动和静。这和阳明之旨是有区别的。

以上就是张氏对阳明心学的修正。他的修正使其朝着朱子的方向前进了不少，但他还是继承了心学的某些宗旨的。

2. 对心学的继承

有时，张氏对心无内外的阐释还是符合阳明之精神的。他说："释氏以心为槁木死灰，而尽外闻见，吾儒亦从而宗之，是以吾心为有内也。心无内外，无隐显，无寂感。不见不闻，此心也；独见独闻，此心也；共见共闻，此心也。目之视也，可得而见也，谓视非心也，可乎？耳之听也，可得而闻也，谓听非心也，可乎？天之高也，地之广也，鸢飞鱼跃于其间，礼仪三百，威仪三千，则孰非心也？而谓其偏于空虚，可乎？"①

他对心和道的关系的阐释看上去也没毛病，"心外无道，言心而曰易偏、易恣者，即非心也。道外无心，言道而不本于心者，即非道也。夫惟析心与道而为二，是故舍我喜怒哀乐本然之情性，而求之于难穷之物理，舍我事亲敬长本然之知能，而索之于无常之事变，考之愈勤，讲之愈彻，而以之应感、酬酢，漠然愈不相关，此则学术之过也。（《与毛文学》）"② 在这里，心相当于良知，道则是理。这里表达的是心外无理的思想，但其说"道外无心"就有些令人费解，因为阳明没有说过"理外无心"。

---

① 沈善洪主编，吴光执行主编：《黄宗羲全集》（7），浙江古籍出版社2005年版，第372页。

② 沈善洪主编，吴光执行主编：《黄宗羲全集》（7），浙江古籍出版社2005年版，第374页。

在存心养心上，张氏也继承了心学之精髓，"兄又尝问'圣学之要'。对曰：'在心。'兄曰：'心不足以尽天下之理，必存心以察天下之理，而后可以入圣。'弟曰：'万物皆备于我，非心外有理也。孔、孟之学，但曰正心，曰存心，心正则理无不正，心存则理无不存，千古圣贤何曾于心外加得一毫。'"①

其关于体用的观点也较为稳妥，"立人达人，毕竟是仁发用处。仁自有体，就如喜怒哀乐是心之发用处，心自有体也。"②

总之，张氏为了避免良知变为空寂的顿悟工夫，强调在发用处用功，有接近朱子的趋势，但其对心学的精神还是有所继承的。

---

① 沈善洪主编，吴光执行主编：《黄宗羲全集》（7），浙江古籍出版社 2005 年版，第373—374 页。

② 沈善洪主编，吴光执行主编：《黄宗羲全集》（7），浙江古籍出版社 2005 年版，第374 页。

第七章 明后期心学理一元论向气一元论的转化

一、刘宗周气一元论的产生

(一) 刘宗周生平

刘宗周（1578—1645），初名宪章，字起东，号念台，绍兴府山阴县（今浙江绍兴）人。后因其讲学于山阴县城北蕺山，学者尊称其为蕺山先生。他自幼丧父，随母于外祖父家中长大。其外祖父章颖是当时浙东有名的儒者，陶望龄、周应中等著名学者和官僚都出自他的门下。刘宗周秉承家学，学问精进。

天启初年，刘宗周为礼部主事。因弹劾魏忠贤等，被削籍归家。崇祯初年，起顺天府尹，因上奏未被报，因病请辞。不久他又被授工部侍郎、左都御史，又因义救贤良而被革职。福王监国时，又被起用。因其弹劾马士英、阮大铖等未被采用，请求归乡。后金入关，崇祯自缢。当杭州失守，刘宗周绝食二十三日而亡。刘宗周著述有《刘蕺山集》十七卷，及《刘子全书》《周易古文钞》《论语学案》

《圣学宗要》等。

刘宗周可说是明代最后一位儒学大师，清初大儒黄宗羲、陈确、张履祥等都是这一学派的传人。牟宗三甚至认为，刘宗周之后，传统文化再无生机。

（二）刘宗周气一元论与气质即性说的本质及其影响

1. 气一元论中的天与人

刘宗周也接受了阳明的天理人欲说。对刘子来说，天理就是自然状态，人欲就是对自然状态的破坏。他说：

> 有不善未尝不知，是谓良知；知之未尝复行也，是谓致知。盈天地间皆道也，学者须自择乎中庸。事之过不及处，即为恶事，则念之有倚着处，即为恶念。择言非择在事上，直证本心始得。《识仁》一篇，总是状仁体合下如此，当下认取活泼地，不须着纤毫气力，所谓我固有之也。然诚敬为力，乃是无着力处，盖把持之存，终属人伪，诚敬之存，乃为天理。只是存得好，便是诚敬。存，正是防检，克己是也；存，正是穷索，择善是也。若泥不须防检穷索，则诚敬之存，当在何处？未免滋高明之惑。①

对刘子来说，盈天地间皆道，此道即天理。其特征是自然而然，流行不已。此道需诚敬以存之，即体悟道之自然，不将其当作一固定或抽象之物来把捉。把持之存，存的就不是天道，如此之存属于人私意穿凿，也就是人伪，也可称为人欲。能保持道之自然本然状

---

① 沈善洪主编，吴光执行主编：《黄宗羲全集》（8），第 892 页。

态的只有诚敬之存。可见，天理人欲之对立很明显，而诚敬就是区分天理人欲的关键。对于自然之道与诚敬的关系，刘子还在别处强调：

> 道本无一物可言，若有一物可言，便是碍膺之物；学本无一事可着，才有一事可着，便是贼心之事。如学仁便非仁，学义便非义，学中便非中，学静便非静，止有诚敬一门，颇无破绽。然认定诚敬，执着不化，则其为不诚不敬也，亦已多矣。夫道即其人而已矣，学如其心而已矣！

> 此心绝无凑泊处，从前是过去，向后是未来，逐外是人分，搜里是鬼窟，四路把绝，就其中间不容发处，恰是此心真凑泊处。此处理会得分明，则大本达道，皆从此出。

> 心无物累便是道。莫于此外更求道，此外求道，妄也。见为妄见，思为妄思，有见与思，即与消融去，即此是善学。①

可见，道不是固定的万事万物，但它又是与万物一体，为万物之源。执着于一固定之物，为物所累，就会失去对道之本体的体悟。将心物分离，向心外个别事物寻求道，也就将道与心分离。如此所求之道皆为妄。道并不在心外，物也不在心外。悟透万物一体、心物合一，诚敬以存，则心体自现、道体自明，所以明天理之自然也就是明心体之自然，若将心看作空白之知之器官，向外物一一求其理，则是人欲与人伪，天、人之自然状态就皆被破坏。因此，天人关系的核心就是诚敬，也就是刘子所说之"慎独"。

---

① 沈善洪主编，吴光执行主编：《黄宗羲全集》（8），第893页。

对天理人欲的强调使刘宗周对任何的欲望都不承认。对他来说，任何破坏天理浑然一体状态的行为皆为人欲，他写道："此心放逸已久，才向内，则苦而不甘，忽复去之。总之，未得天理之所安耳。心无内外，其浑然不见内外处，即天理也。先正云：'心有所向，便是欲。'向内向外，皆欲也。"① 如果得天理之真髓，一循天理，那么就无所谓向内与向外，也即无所谓内在修养与外在事功之刻意区分。心与物没有内外之分，天理也没有内外之分，任何的内外之分本身就破坏了天理中万物一体、心物一体之逻辑，就是人欲之表现。因此，在涉及天人关系时，一定要诚敬，切不可以一己之私意破坏天理，"心之官则思，思曰睿，睿作圣。性之德曰诚，诚者不勉而中，不思而得，从容中道，圣人也。此心性之辨也。故学始于思，达于不思而得。又曰：'诚者，天之道也；思诚者，人之道也。'"② 所谓"诚者"，就是自然如是、无妄无欺者，这就是天道之特征。而人就是追寻体悟天道之人。其最高境界就是，人之道与天之道合一，即天人合一，但即使如此，我们也会看出，在天人合一之前，天人是有别的。这一区别来自天理之浑然自然，而人则会有私意。因此，人会犯错误之可能性使之必须通过对天道的领悟和追寻来弥补，这就需要以人去合天。对于天人之别，刘宗周以讨论动静的方式揭示出来，他说："动中有静，静中有动者，天理之所以妙合而无间也。静以宰动，动复归静者，人心之所以有主而常一也。故天理无动无静，而人心惟以静为主。以静为主，则时静而静，时动而动，即静

---

① 沈善洪主编，吴光执行主编：《黄宗羲全集》（8），第892页。
② 沈善洪主编，吴光执行主编：《黄宗羲全集》（8），第895页。

即动，无静无动，君子尽性至命之极则也。"①

天理是浑然至善、自然流转的，不需要依赖任何事物。在其运转过程中，是动静一体无间的，无所谓动与静。尽管人在天理中，但经常被私欲蒙蔽不识天理，这就需要他时时去体悟和追寻天理，人之生存状态就与天理之无动无静不同了。他主要体现在静之一面，唯有静才能体认天理无遗。静是天理中主宰之状态，也是天理在人心的存在状态。人心以主宰之静驾驭一气之动，并使动复归于静，最终也会达到天理无动无静之境界。因此，人心之静并不是单一的静，它的最高境界也和天理一样体用合一、动静合一。在刘宗周与他人的问答中，亦可见其对"静"的解释：

> 问："未发气象，从何处看入?"曰："从发处看入。""如何用工夫?"曰："其要只在慎独。"问："兼动静否?"曰："工夫只在静，故云主静立人极，非偏言之也。""然则何以从发处看入?"曰："动中求静，是真静之体；静中求动，是真动之用。体用一原，动静无端，心体本是如此。"②

人心以静为主，所谓"主静立人极"，但这一静并不是动静中片面之静，"非偏言之也"。此静已经包含了动静之全部内容。在心体之静中，实现了体用一原、动静合一。换句话说，人心若要回复到天理状态中的话，必须以静为功夫，最终通过静，体悟和实现天理体用合一、动静一体之旨。此静也被称作"慎独"，所以"慎独"并不是人们寻常理解的内心静养，它恰是通达完整天道的关键。唯有

---

① 沈善洪主编，吴光执行主编：《黄宗羲全集》（8），第894页。
② 沈善洪主编，吴光执行主编：《黄宗羲全集》（8），第894页。

在慎独中，才会体物不遗、心物合一，所以在刘宗周的气一元论中，天理的位置应该是优先的。人心要以天理来矫正。在天人关系中，人应该是处于从属位置的，这与佛家学说无限提高人心的做法明显不同。刘宗周曾明确批判佛家这一倾向，他说：

> 释氏之学本心，吾儒之学亦本心，但吾儒自心而推之意与知，其工夫实地，却在格物，所以心与天通。释氏言心，便言觉，合下遗却意，无意则无知，无知则无物。其所谓觉，亦只是虚空圆寂之觉，与吾儒体物之知不同；其所谓心，亦只是虚空圆寂之心，与吾儒尽物之心不同。象山言心，本未尝差，到慈湖言无意，分明是禅家机轴，一盘托出。①

儒家所言之心，是万物一体中之心，亦是天人合一中之心，此心与天、万物相通。要明此心，需尽天地万物之性，也即整体天理，但佛家之心却是一个空荡荡之心，不敬天地，不涉万物。因此，诚敬或慎独能在儒家出现，在佛家却是没有。

综上所述，在刘宗周的思想中，天理应该是处于优先地位的，人要以心合天。在其讨论体用一原的思想时，我们也能看到这点，他说：

> 问"体用一原。"先生曰："体用一原之说，乃先儒卓见道体，而后自是言。只今以读书为一项事，做官为一项事，岂得成体用？更复何一何原？须知此理流行，心目之前，无用非体，无体非用。盖自其可见者而言，则谓之用，自其不可见者而言，则谓之体，非截然有两事也。日用之

---

① 沈善洪主编，吴光执行主编：《黄宗羲全集》（8），第893页。

间，持而循之，便是下学，反身之地，默而成之，即是悟机。此所谓即学即达，非别有一不可思议之境界也。故知道者，疏水曲肱，与金革百万，用则同是用，体则同是体也。善乎知止之说，其入道之门乎？艮其止，止其所也，止其所者，心脊之间，天理正当之位也。此位运量无方，一掬不谓小，上天下地，往古来今不为大，何有于外境乎？知乎此者，谓之知微，惟其无微非显，是以无体非用，惟其显微无间，是以体用一原。然则吾侪学道，只从微字讨消息可乎？"①

刘宗周说得明白，体用一原并不是两件事，两者本指一事，所谓"无用非体，无体非用"。体用皆属一气，自其可见而言就是用，自其不可见而言，则谓之体。而"可见"者是对眼而言，"不可见"是对心而言，其所对皆是一事。同一事物，用眼睛来看是"用"，而用心来看则是"体"。两者结合才能看到事物的全部，执偏则不见整体天道，所以只有心、眼结合的，才能体悟体用一原，才能明白正当天理。因此，只看见事，而不用心体悟事，终究是执道之偏。人只有心眼结合，体悟道事合一，才是正途。

予尝谓学术不明，只是《大学》之教不明。《大学》之教不明，不争格致之辨，而实在诚正之辨。盖良知与闻见之知，总是一知，良知何尝离得闻见？闻见何尝遗得心灵？水穷山尽，都到这里。诚正之辨，所关甚大。辨意不清，则以起灭为情缘；辨心不清，则以虚无落幻相。两者相为表里，言有言无，不可方物。即区区一点良知，亦终日受

---

① 沈善洪主编，吴光执行主编：《黄宗羲全集》（8），第933—934页。

其颠倒播弄，而不自知，适以为济恶之具而已。视闻见支
离之病，何啻霄坏！一诚贯所性之全，而工夫则自明而入，
故《中庸》曰"诚身"，曰"明善"，《大学》曰"诚意"，
曰"致知"，其旨一也。要之，明善之善，不外一诚，明之
所以诚之也；致知之知，不离此意，致之所以诚之也。本
体工夫，委是打合。①

在这里，刘宗周强调耳目闻见之知与心灵本体之知的合一。这
种合一之知，即良知，也即诚。《中庸》的"诚身""明善"、《大
学》的"诚意""致知"指的都是这种合一之良知。对刘子来说，
这是通达真正学术的唯一途径。可见心、眼合一的重要性。闻见之
知与心灵之知本是一体的，如此，也就没有工夫本体之分了。

在天道那里，体用是一体的，而只有在人这里，事物才有了差
异。人们一般只用眼来看事物，而不用心，如此体和用、道和事始
终处于分裂状态，所以天道本是至善，只有到了人这里，才出现了
恶，刘子说：

人心一气而已矣，而枢纽至微，才入粗一二，则枢纽
之地，霍然散矣。散则浮，有浮气，因以有浮质；有浮质，
因以有浮性；有浮性，因以有浮想。为此四浮，合成妄根。
为此一妄，种成万恶。差乎！其所由来者渐矣。②

到了人这里，会出现气之散浮，因此便产生了妄念和私欲，才
有了恶，而天道本身是全然为善的。如此，对人而言，天道之优先

① 沈善洪主编，吴光执行主编：《黄宗羲全集》（8），第914—915页。
② 沈善洪主编，吴光执行主编：《黄宗羲全集》（8），第908页。

地位是明显的。换句话说，虽然刘子强调天人一体、天人一气，但其中仍有本然与非本然之分。在天那里，一切皆属本然，但到了人这里，则会出现非本然之妄念。

黄宗羲对其师思想的总结可谓精到，他说：

> 先生之学，以慎独为宗，儒者人人言慎独，唯先生始得其真。盈天地间皆气也，其在人心，一气之流行，诚通诚复，自然分为喜怒哀乐、仁义礼智之名，因此而起者也。不待安排品节，自能不过其则，即中和也。此生而有之，人人如是，所以谓之性善，即不无过不及之差，而性体原自周流，不害其为中和之德。

> 学者但证得性体分明，而以时保之，即是慎矣。慎之工夫，只在主宰上，觉有主，是曰意，离意根一步，便是妄，便非独矣。故愈收敛，是愈推致，然主宰亦非有一处停顿，即在此流行之中，故曰"逝者如斯夫！不舍昼夜"。盖离气无所为理，离心无所为性。佛者之言曰："有物先天地，无形本寂寥，能为万象主，不逐四时凋。"此是其真赃实犯。奈何儒者亦曰"理生气"，所谓毫厘之辨，竟亦安在？而徒以自私自利，不可以治天下国家，弃而君臣父子，强生分别，其不为佛者之所笑乎？先生大指如是。此指出真是南辕北辙，界限清楚，有宋以来，所未有也。识者谓五星聚奎，濂、洛、关、闽出焉；五星聚室，阳明子之说昌；五星聚张，子刘子之道通，岂非天哉！岂非天哉！①

---

① 沈善洪主编，吴光执行主编：《黄宗羲全集》(8)，第890—891页。

对黄宗羲来说，刘宗周的慎独思想是在气一元论基础上提出的。道体、性体皆属一气，人只有体悟此道和性，才是圣学工夫。如此，就体现了天道之完整和优先性。人道必须合于天道，才为正道。否则就是私意穿凿、自私自利。牟宗三先生对刘宗周这一以心合天的特征剖析得最为精微，他说：

> 心性之别只是同一实体之主客观地说之异。象山、阳明、五峰、蕺山皆如此理解也。唯阳明虽亦如此分说性与心两字眼，然彼与象山同，亦是特重心体、知体，且只就良知说，而且亦是一说便说到极，并不分别地特说性天之尊，性天只是捎带着说，终于良知即是性，心体即是天，此其所以为心学，亦为显教也。但蕺山归显于密，则必先特设性天之尊，分设心性，以言形著关系以及自觉与超自觉之关系，以"见此心之妙，而心与性不可分合言"，而总归是一也。及其总归是一，则与心学亦无以异矣。故吾在《心体与性体》中总说此两系为同一圆圈之两来往，而可合为一大系也。①

在牟宗三先生看来，心与性或心与天指的都是一物，即万物一体之宇宙。心不过是从人的角度来看的"天"，所以心是主观之天，性乃客观之天。最终心性皆是一。阳明只言心体，但同时就是在说性天，只是他不明确说出来，心学是天人合一之学，并非单指一内修之心。刘宗周深通阳明天人合一之旨，但为了怕心学被误解为随心所欲放纵之学，他才特意强调客观之性天之存在，人则以心来著

---

① 牟宗三：《从陆象山到刘蕺山》，上海古籍出版社 2001 年版，第 318—319 页。

性天，所以无论是阳明的以心述天，还是刘宗周的以人合天，皆是在承认天人一体的前提下展开的。在他们看来，整个宇宙是一个有机整体，在这个整体中，每一部分皆能体现整体的特性，人也是其中之一部分。人的独特在于他能自觉体认天道或天理，而其他物种则是被动遵循天理，所以牟先生对刘子学说特征之描述还是恰当的，只是其论述的方式让人略觉不妥。其主客观之描述概念似与阳明、蕺山之本来思想不符。在后者看来，整体宇宙无所谓主观和客观，它是一个浑然一体、运转不息之存在。人心也无所谓主观与否，因为它本身就是这一整体的一部分。这样一来，就不能说人心是主观的，天是客观的。①

通过以上分析，可见刘宗周天人一体思想的大致轮廓，但人们对刘宗周的思想往往会产生误解。当刘氏在体用一原的基础上提出气质即性、盈天地皆物等思想时，人们可能就会将其理解为务实和唯物思想。这样就将刘氏从心眼合一之综合角度提出的思想，误解为单从眼见角度提出的思想了。

2. 盈天地皆物、气质即性等思想及其逻辑后果

（1）盈天地皆物

在《原心》篇中，刘宗周提到了"盈天地皆物"的思想。他说：

---

① 牟宗三：《从陆象山到刘蕺山》，上海古籍出版社 2001 年版，第 317—318 页。牟先生将刘宗周之心与朱子认知之心区分开来，认为此心为真心，而刘子之性也非朱子之静态之理，此性乃流动之性。真心与性皆为流动之存在，所以两者最终同一，但在认识到心性皆为整体有机之物之后，牟先生又说，性乃客观（超自觉）的说，心乃主观（自觉）的说，似有画蛇添足之嫌。作为一个整体，心已经包含在性天之中，为何又有不同之性质，即客观（超自觉）和主观（自觉）之分呢？这是否又会将浑然一体之天理分为两段呢？康德的二元思维方式对于理解中国传统文化来说，似乎有局限性。

盈天地间，皆万物也。人其生而最灵者也。生气宅于虚，故灵，而心其统也，生生之主也。其常醒而不昧者，思也，心之官也。致思而得者，虑也。虑之尽，觉也。思而有见焉，识也。注识而流，想也。因感而动，念也。动之微而有主者，意也。心官之真宅也。主而不迁，志也。生机之自然而不容已者，欲也。欲而纵，过也。甚焉，恶也。而其无过不及者，理也。其理则谓之性，谓之命，谓之天也。其着于欲者，谓之情，变而不可穷也。其负情而出，充周而不穷者，才也。或相十百，气与质也。而其为虚而灵者，万古一日也。效灵于气者，神也。效灵于质者，鬼也。又合言之，来而伸者，神也，往而屈者，鬼也。心主神，其为是乎？子曰："鬼神之为德，其盛矣乎！"此夫子统言心也，而言岂一端已乎？约言之，则曰"心之官则思"也。故善求心者，莫先于识官，官在则理明，气治而神乃尊。自心学不明，学者往往以想为思，因以念为意，及其变也，以欲拒理，以情偶性，以性偶心，以气质之性分义理之性，而方寸为之四裂。审如是，则心亦出入诸缘之幻物而已，乌乎神！物以相物，乌乎人！乌乎人！[1]

在这里，刘子依然是在心物一体的逻辑内进行讨论的。万物一体皆为气，气中有主宰，即是理，是命，是天。人亦是万物之一，而独得气之灵，得以与主宰相通。人之心性即天理在人身之体现。因此，人与物之关系就可以表述如下：首先，人与物皆是物，皆属

---

[1]　沈善洪主编，吴光执行主编：《黄宗羲全集》(8)，第 949 页。

一气所成。由于气与气之主宰是一体的，人与物也不是单一散乱之物，而是物与物之条理一体存在的，其中物有物之条理（物则），人有人之条理（人之性）。人与物之条理皆是天道、天理之体现，所以在天理之下或万物一体中，人与物是一个整体，没有区别。其次，人与物又有所区别。这一区别就是人乃万物之灵，这主要是因为人心之故。人心能同天理，这就是心之意。此"意"能够使人洞察天理，从而使人遵循天道，但人外之物却没有人心之灵动，它们只能被动遵循天道，而不能像人那样洞察天道并迎合天道，但正是人心这一优越之处，又给他带来了其他烦恼。因为心之意有可能被物之外表所惑，不能再领会万物一体之旨，忘却主宰天理之存在，于是就产生了欲、念、情。恶正是从这里产生的，所以人与物的关系就可以概括为：当人悟到心物一体、万物一体的时候，人与物皆是一物，同属一天理，没有内外之别；当人心堕落时，便会将整个世界一分为二，即义理与气质之两分。这一两分又导致了心与物之分、道与器（事）之分、内在道德与外在事功之分。心物分离后，便只有耳目闻见之知，无心灵本然之知。如此看世界，就是一个四分五裂、变幻无章之世界。如此，当刘宗周说盈天地皆万物时，他是在万物一体、心物一体的逻辑内说的。这里的物就不是近代唯物主义所说之物，即不是主客观二元思维下之客观之物。这一物是天道之显现，是整体有机之物。如其所说：

> 盈天地间，万事万物，各有条理，而其条理贯通处，浑无内外人己感应之迹，亦无精粗大小之殊，所谓一以贯之也。一本无体，就至不一，会得无二无杂之体，从此手提线索，一一贯通。才有壅淤，便与消融；才有偏枯，便

与圆满。时时澄彻，处处流行，直将天地万物之理，打合一处，亦更无以我合彼之劳，方是圣学分量。此孔门求仁之旨也。①

在这一逻辑下，万事万物、心与物就没有内外之别，浑然一体。任何的向内向外之求皆是欲，可能就是恶之源头。如刘子所说：

此心放逸已久，才向内，则苦而不甘，忽复去之。总之，未得天理之所安耳。心无内外，其浑然不见内外处，即天理也。先正云："心有所向，便是欲。"向内向外，皆欲也。②

在刘子看来，佛家学说正是没有体悟到心与物的这种合一特征，才陷入了虚无，他说：

释氏之学本心，吾儒之学亦本心，但吾儒自心而推之意与知，其工夫实地，却在格物，所以心与天通。释氏言心，便言觉，合下遗却意，无意则无知，无知则无物。其所谓觉，亦只是虚空圆寂之觉，与吾儒体物之知不同；其所谓心，亦只是虚空圆寂之心，与吾儒尽物之心不同。象山言心，本未尝差，到慈湖言无意，分明是禅家机轴，一盘托出。③

儒家体万物一体之物，心与物皆从天理，心就能体物尽物，还天理自然，而佛家却将心物分离，以空无之心看到空无之物，到头来一切皆空。将心物分离，所见皆是散乱之物、滞碍之物，便会产

---

① 沈善洪主编，吴光执行主编：《黄宗羲全集》（8），第985页。
② 沈善洪主编，吴光执行主编：《黄宗羲全集》（8），第892页。
③ 沈善洪主编，吴光执行主编：《黄宗羲全集》（8），第893页。

生两种极端倾向：一是被任意一物或多物所获，心意滞留于物，便是欲，到头来便是私欲横流、恶贯满盈；一是为物欲所扰日久，便寻求超脱之法，进而否定所有物欲，将万物看成虚妄，这便是佛家做法。无论哪一种倾向，皆是在心物分离的基础上产生的，皆是物欲之过和不及之反应。这都否定了万物之自然天理，而真正的体物之法便是儒家万物一体、心物一体之法。如此才能看到万物本然之状态和流行之条理，才能见物而不役于物、惑于物，心不滞留于固定之物。如此也才不会盲目肯定或否定物，才能真正尽物之性，尽物之理。如此之物就不是寻常耳目所见之固定之物，而是整体流行之物。如此，我们才能理解，刘子以下言论，他说：

> 道本无一物可言，若有一物可言，便是碍膺之物；学本无一事可，才有一事可，便是贼心之事。如学仁便非仁，学义便非义，学中便非中，学静便非静，止有诚敬一门，颇无破绽。然认定诚敬，执着不化，则其为不诚不敬也，亦已多矣。夫道即其人而已矣，学如其心而已矣！……心无物累，便是道，莫于此外更求道，此外求道妄也。见为妄见，思为妄思，有见与思，即与消融去，即此是善学。①

这里所说之物，是只就物的一方面特征而言的，就是有方所之物，也即耳目闻见之物。心和道都不是这种固定之物的表现，若被其所扰，皆非正道和真心。心与道都超越了方所之物的表面，它们是方所之物与物之本然条理结合的表现，这一结合就是顺畅流行之整体天理。因此，完整的物、本真的物就是闻见之物与物之天理的

---

① 沈善洪主编，吴光执行主编：《黄宗羲全集》（8），第893页。

合一，而完善之知也就是闻见之知与本然之知的合一。两者缺一不可，故刘子会说：

> 心以物为体，离物无知。今欲离物以求知，是张子所谓反镜索照也。然则物有时而离心乎？曰："无时非物。"心在外乎？曰："惟心无外。"①

心物本是一体，不过心只是多了能自身反观的功能，而这就是知。对万物一体的感知乃为完善之知或良知。此知仍与物为一体，是为物中之主宰，不可须臾离却物。与物分离之知就非良知，如此之知不能通晓完整天理。在这意义上，心就是知，知就是物，心外无知，心外无物。

> 《大学》之言心也，曰忿懥、恐惧、好乐、忧患而已。此四者，心之体也。其言意也，则曰好好色，恶恶臭。好恶者，此心最初之机，即四者之所自来，故意蕴于心，非心之所发也。又就意中指出最初之机，则仅有知善知恶之知而已，此即意之不可欺者也。故知藏于意，非意之所起也。又就知中指出最初之机，则仅有体物不遗之物而已，此所谓独也。故物即是知，非知之所照也。《大学》之教，一层切一层，真是水穷山尽，学问原不以诚意为主，以致良知为用神者。②

心、知、意、物是为一体。正如刘子所说：

> 独体只是个微字，慎独之功，亦只在于微处下一著子，

---

① 沈善洪主编，吴光执行主编：《黄宗羲全集》（8），第894—895页。
② 沈善洪主编，吴光执行主编：《黄宗羲全集》（8），第896页。

总是一毛头，立不得也。故曰"道心惟微"。心一也，合性
而言，则曰仁；离性而言，则曰觉。觉则仁之亲切痛痒处，
然不可以觉为仁，正谓不可以心为性也。又统而言之，则
曰心；析而言之，则曰天下、国家、身、心、意、知、物。
惟心精之合意知物，粗之合天下国家与身，而后成其为觉。
若单言心，则心亦一物而已。凡圣贤言心，皆合八条目而
言者也，或止合意知物言。惟《大学》列在八目之中，而
向脉仍是一贯，正是此心之全谱，又特表之曰"明德"。①

在万物一体、心物一体之下，天下、国家、身、心、意、知、
物皆为一，我们也可统称之为心。此心是气质之心与心之主宰的合
一，与整体之天、整体之气是同一的，即包含了气及其主宰。此心
之精就是意、知、物。这三物皆是物之精微之表现，或可说是心之
主宰之表现。天下、国家、身这三者可看成是物之粗疏之表现，然
而无论是精还是粗，皆属一心一气，不可将其分裂为闻见之物与心
性之物。只有明白心性为一、精粗为一，才可说"明德"或致良知。

牟宗三先生对刘子"物即是知"一句颇为费解，最后他终于搞
清楚，刘子这里的"物"和"知"都不是闻见意义上的，而是整体
（存有论）意义上的。刘子在谈论时也总将这两者混淆，一会儿在闻
见层面，即感性层面来谈，一会儿又在存有论层面，或超越层面来
谈，而且有时上半句是超越地谈，下半句就感性地谈，如"物即是
知，非知之所照"一句即是如此。上半句是在超越层面来说物和知，

---

① 沈善洪主编，吴光执行主编：《黄宗羲全集》（8），第 895—896 页。

而下半句则从感性层面谈知。① 虽然牟先生所分感性和超越两层面是我们所不能接受的，但刘子这种混杂谈论方式是存在的，这是我们要注意的。不过按刘子自身的逻辑来说，不是区分感性和超越，而是闻见层面与本心层面，而且如前所述，刘子往往是以两者综合的形式来谈论物物或知，并不偏于一面。

正因为刘子对物的论述多有混杂，在理解其思想时就容易出现偏差。当刘子在综合的意义上来谈论物时，人们往往将其理解为感性之物，于是就产生了陈确、刘汋、潘用微等对物的误解。如刘宗周说：

> 体认亲切法：身在天地万物之中，非有我之得私；心在天地万物之外，非一膜之能囿。通天地万物为一心，更无中外可言；体天地万物为一本，更无本心可觅。

> 阳明先生言良知，即物以言知也。

> 盈天地间一气而已矣。有气斯有数，有数斯有象，有象斯有名，有名斯有物，有物斯有性，有性斯有道，故道其后起也。而求道者，辄求之未始有气之先，以为道生气，则道亦何物也，而遂能生气乎？

> 或曰："虚生气。"夫虚即气也，何生之有？吾之未始有气之先，亦无往而非气也。当其屈也，自无而之有，有而未始有；及其伸也，自有而之无，无而未始无也。非有非无之间，而即有即无，是谓太虚，是谓太极。

> 天者，万物之总名，非与物为君也；道者，万器之总

---

① 牟宗三：《从陆象山到刘蕺山》，上海古籍出版社，2001年版，第330—338页。

名，非与器为体也；性者，万形之总名，非与形为偶也。

一心也，而在天谓之诚，人之本也；在人谓之明，天之本也。故人本天，天亦本人。离器而道不可见，故道器可以上下言，不可以先后言。有物先天地，异端千差万错，从此句来。一气之变，杂然流行，类万物而观，人亦物也。而灵者不得不灵，灵无以异于蠢也。故灵含蠢，蠢亦含灵，类万体而观，心亦体也。而大者不得不大，大无以分于小也。故大统小，小亦统大。

天命流行，物与无妄，言实有此流行之命，而物物付畀之，非流行之外，另有个无妄之理。①

在上述思想中，心、道、天、性、命、知等都不再是独立于物（气、器、形）的存在，它们与物为一，成为浑然之宇宙。如此之物就不仅仅是单一的闻见之物，而是一种综合体。但人们往往意识不到这些，反而常常将这种思想看成是近代唯物思想的体现，认为这有助于对实践的推动。② 于是，我们可以说，在误解的基础上，刘宗周的思想就会变成近代思想。如果让刘宗周对这一误解也要承担责任的话，就是其思想过于微妙了，正如前面他对自己慎独之学所说的一样，所谓"道心惟微""人心惟危"。③ 他还说：

心一也，形而下者谓之人，形而上者谓之道。人心易溺，故惟危；道心难着，故惟微。道器原不相离，危者合

---

① 沈善洪主编，吴光执行主编：《黄宗羲全集》（8），第897—901页。

② 汪晖：《现代中国思想的兴起》（上），生活、读书新知书店三联2004年版，第326—329页。

③ 沈善洪主编，吴光执行主编：《黄宗羲全集》（8），第895—896页。

于微而危，微者合于危而微，两物一体。合人与道言心，
而心之妙始见，其蕴始尽，所以圣贤千言万语，阐发无尽，
事心之功亦无尽。乃其要只在精与一，精以析人心道心之
几，而一则以致其精也。两心揉杂处，止患不精，不精便
不一，精而一之，则人心道心妙合无间，而心性流行之妙，
无往而非中矣！①

道是如此微妙，心稍微不诚敬，便把握不住，而人心又是如此
容易受诱惑，时时处于危险境地，道心之微加上人心之危，通达圣
学真是难上加难。天人合一、体用合一、万物一体之微妙正是如此，
它很容易被误解。对"盈天地皆物"的误解就形成了陈确、戴震等
人的人欲思想，而推动对这一倾向的还有刘子"气质即性"的思想。

(2) 气质即性

在气一元论中，理就不是气外之理，而是气本身的自然条理，
理气天然一体。刘子说：

理即是气之理，断然不在气先，不在气外。知此，则
知道心即人心之本心，义理之性，即气质之本性，千古支
离之说，可以尽扫。而学者从事于入道之路，高之不堕于
虚无，卑之不沦于象数，道术始归于一乎？②

如此，就没有朱子所说的义理之性与气质之性的两分。义理之
性就是气质之性，而气质之性并不在气质之外。在某种意义上，也
可说，气质即性。刘子说：

---

① 沈善洪主编，吴光执行主编：《黄宗羲全集》(8)，第991—992页。
② 沈善洪主编，吴光执行主编：《黄宗羲全集》(8)，第900—901页。

　　圣人之所谓道者，率性而已矣。盈天地间皆性也，性
一命也，命一天也，天即心，即理，即事，即物，而浑然
一致，无有乎上下、精粗之岐，所以谓中庸之道也。后之
言道者，妄意所谓形而上者，而求之虚无，既遁有而入无，
又遁无而入有，有无两遣，善恶不立，其究也，归之断灭
性种，而犹谓之见性，何哉？①

　　继"盈天地间皆万物"之后，刘子又说出"盈天地间皆性"这
一命题，也即在承认气即物之后，他又承认气即性。在气一元论中，
最终刘子承认"天即心，即理，即事，即物，而浑然一致，无有乎
上下、精粗之岐"，这恰是圣学极致，即中庸之道。② 道或性就不是
形而上的虚幻存在，而是就在气质之中，气质（天）即事，即理，
即心，即物。性气终归于一。刘子因而批形上形下两段之说，他能

---

　　① 沈善洪主编，吴光执行主编：《黄宗羲全集》（8），第 907 页。
　　② 在《天命章说》中，刘子亦如是说："独之外，别无本体；慎独之外，别无工夫。
此所以为中庸之道也。乃虞廷言心，则曰'人'，曰'道'，而《中庸》直指'率性之
道'，无乃混人道而一之乎？此言心言性之别也。虞廷言心，非分言之则不精，不精无以为
至一之地；《中庸》言性，性一而已，何歧之有？然性是一，则心不得独二。夫天命之所
在，即人心之所在，人心之所在，即道心之所在，此虞廷未发之旨也。或曰有'气质之
性'，有'义理之性'，则性亦有二与？为之说者，本之人心道心而误焉者也。程子曰：
'论性不论气不备，论气不论性不明，二之则不是。'若既有气质之性，又有义理之性，将
使学者任气质而遗义理，则'可以为善，可以为不善'之说信矣！又或遗气质而求义理，
则'无善无不善'之说信矣！又或衡气质义理而并重，则'有性善有性不善'之说信矣！
三者之说信，而性善之旨复晦，此孟氏之所忧也。须知性只是气质之性，而义理者气质之
本然，乃所以为性也。性只是人心，而道者人之所当然，乃所以为心也。人心道心，只是
一心，气质义理，只是一性。识得心一性一，则工夫亦可一。静存之外，更无动察；主敬
之外，更无穷理。其究也，工夫与本体亦一，此慎独之说也。而后之解者，往往失之。"
（见沈善洪主编，吴光执行主编《黄宗羲全集》（8），第 971 页）悟到体用一源、理气合
一，就是中庸之道。如此，气质、义理之分皆是误人。

接受的形上形下是一体的。他说：

> 形而下者谓之气，形而上者谓之性，故曰："性即气，气即性。"人性上不可添一物，学者姑就形下处讨个主宰，则形上之理即此而在。孟夫子特郑重言之，曰"善养浩然之气"是也。然其工夫实从知言来，知言知之至者也。知至则心有所主，而志尝足以帅气，故道义配焉。今之为暴气者，种种蹶趋之状，还中于心，为妄念，为朋思，为任情，为多欲，总缘神明无主。如御马者，失其衔辔，驰骤四出，非马之罪也，御马者之罪也。天道即积气耳，而枢纽之地，乃在北辰，故其运为一元之妙，五行顺布，无愆阳伏阴以干之。向微天枢不动者以为之主，则满虚空只是一团游气，顷刻而散，岂不人消物尽？今学者动为暴气所中，苦无法以治之，几欲仇视其心，一切归之断灭。殊不知暴气亦浩然之气所化，只争有主无主间。今若提起主人翁，一一还他调理，调理处便是义，凡过处是助，不及处是亡。亡助两捐，一操一纵，适当其宜，义于我出，万里无不归根，生气满腔流露，何不浩然？云浩然，仍只是澄然湛然，此中元不动些子，是以谓之气即性。只此是尽性工夫，更无余事。①

就刘子来说，他能接受的形上形下的关系是这样的：形上不过是形下处流行之主宰，形上并不在形下之外。在这一意义上，形下之气就是形上之性，"天道即积气耳"。而那些将形上形下截然二分

---

① 沈善洪主编，吴光执行主编：《黄宗羲全集》（8），第956—957页。

者，就不得圣学之旨：

> 盈天地间，凡道理皆从形器而立纪，不是理生气也。
> 于人身何独不然？《大易》"形上""形下"之说，截得理
> 气最分明，而解者往往失之。后儒专喜言形而上者，作推
> 高一层之见，而于其所谓形而下者，忽即忽离，两无依据，
> 转为释氏所藉口，真开门而揖盗也。①

将形上形下分为不相干之两段，最终是两者皆失，这样二分之
逻辑也就不得性学之要旨：

> 告子曰："性无善无不善也。"此言似之而非也。夫性
> 无性也，况可以善恶言？自学术不明，战国诸人，始纷纷
> 言性，立一说复矫一说，宜有当时三者之论。故孟子不得
> 已而标一善字以明宗，后之人犹或不能无疑焉。是又导而
> 为荀、杨、韩，下至宋儒之说，益支。然则性果无性乎？
> 夫性因心而名者也。盈天地间一性也，而在人则专以心言，
> 性者，心之性也。心之所同然者理也，生而有此理之谓性，
> 非性为心之理也。如谓心但一物而已，得性之理以贮之而
> 后灵，则心之与性，断然不能为一物矣。盈天地间一气而
> 已矣，气聚而有形，形载而有质，质具而有体，体列而有
> 官，官呈而性着焉，于是有仁义礼智之名。仁非他也，即
> 恻隐之心是；义非他也，即羞恶之心是；礼非他也，即辞
> 让之心是；智非他也，即是非之心是也。是孟子明以心言
> 性也。而后之人，必曰心自心，性自性，一之不可，二之

----

① 沈善洪主编，吴光执行主编：《黄宗羲全集》（8），第 948 页。

不得，又展转和会之不得，无乃遁已乎！至《中庸》则直以喜怒哀乐，逗出中和之名，言天命之性，即此而在也，此非有异指也。恻隐之心，喜之变也；羞恶之心，怒之变也；辞让之心，乐之变也；是非之心，哀之变也。是子思子又明以心之气言性也。子曰："性相近也。"此其所本也。而后之人，必曰理自理，气自气，一之不可，二之不得，又展转和会之不得，无乃遁已乎！呜呼！此性学之所以晦也。然则尊心而贱性，可乎？夫心囿于形者也，形而上者谓之道，形而下者谓之器也，上与下一体两分，而性若踞于形骸之表，则已分有尝尊矣。……故将自其分者而观之，灿然四端，物物一太极；又将自其合者而观之，浑然一理，统体一太极。此性之所以为上，而心其形之者与？即形而观，无不上也；离心而观，上在何处？悬想而已。我故曰："告子不知性，以其外心也。"先儒之言曰："孟子以后道不明，只是性不明。"又曰："明此性，行此性。"夫性何物也，而可以明之？只恐明得尽时，却已不是性矣。为此说者，皆外心言性者也。外心言性，非徒病在性，并病在心，心与性两病，而吾道始为天下裂。子贡曰："夫子之言性与天道，不可得而闻也。"则谓之性本无性焉，亦可。虽然，吾固将以存性也。①

气性两分、形上形下道器两分、心性两分皆不得性之精髓。气生而有性（理），两者本一体，但是刘子在别处又批判气质即性的说

---

① 沈善洪主编，吴光执行主编：《黄宗羲全集》（8），第949—951页。

法，这不是自相矛盾吗？如他说：

> 说者谓孔子言性，只言近，孟子方言善、言一。只为
> 气质之性、义理之性分析后，便令性学不明，故说孔子言
> 性，是气质之性；孟子言性，是义理之性。愚谓气质还他
> 是气质，如何扯着性？性是就气质之中，指点义理，非气
> 质即为性也。清浊厚薄不同也，是气质一定之分，为习所
> 从出者。气质就习上看，不就性上看，以气质言性，是以
> 习言性也。①

这又是刘子矛盾之处，恐怕也是其气一元论的内在矛盾表现。因为他不得不面临"恶"的问题。对于恶的来源，他赞同孔子的教诲，即来自"习"。"习"来自哪里呢？既然盈天地皆气，它也只能来自气质了，但一气只有一性，即性善，恶又怎样产生呢？不得已，刘子只能说，气质有本然和非本然之分。善就是气质之本然，即气质之主宰或天理（性），也即气质之性，而恶则是非本然之气质，也即气质之清浊不同、过与不及。② 如此一来，就不能说气质即性了，只能说本然之气质才能是性，而非本然之气质要留给"习"，所以前面的气质即性的命题就要加上一个限制，即本然之气质即性。换句话说，当刘子说气质即性时，这一气质必须是本然之气质。关于这一点，刘子在下面这段话中明确指出来，他说：

> 程子曰："论性不论气不备，论气不论性不明，二之则
> 不是。"若既有气质之性，又有义理之性，将使学者任气质

---

① 沈善洪主编，吴光执行主编：《黄宗羲全集》（8），第991页。
② （明）刘宗周：《论语学案》卷九，文渊阁《四库全书》本。

而遗义理，则"可以为善，可以为不善"之说信矣！又或遗气质而求义理，则"无善无不善"之说信矣！又或衡气质义理而并重，则"有性善有性不善"之说信矣！三者之说信，而性善之旨复晦，此孟氏之所忧也。须知性只是气质之性，而义理者气质之本然，乃所以为性也。性只是人心，而道者人之所当然，乃所以为心也。人心道心，只是一心，气质义理，只是一性。识得心一性一，则工夫亦可一。静存之外，更无动察；主敬之外，更无穷理。其究也，工夫与本体亦一，此慎独之说也。而后之解者，往往失之。①

这里说得很清楚，性不在气质之外，性只是气质之性，但不能说气质即性，性（义理）乃气质之本然。如此，当刘子说到"气质"时，我们就要注意区分，他到底是在本然的意义上来说的，还是从非本然的意义上来说的，抑或是从总体上来说的。如此，我们也才能理解他下面这句话：

人之气质，不失之高明，则失之卑暗。而气质之性，终不锢其理义之性，狂者必直，侗者必愿，悾悾者必信，自习染胜而三者并漓，人心之变，可胜穷乎？②

"人之气质"中之"气质"是在总体的意义上来说的，既包括本然之气质，也包括非本然之气质。气质之性，则是指气质之本然，也即义理。盲目追逐气质，则不见真性，最终将和告子一样，将气

---

① 沈善洪主编，吴光执行主编：《黄宗羲全集》（8），第971页。
② 沈善洪主编，吴光执行主编：《黄宗羲全集》（8），第987页。

质一概看作性，则性必是无善无恶：

> 圣贤教人，只指点上一截事，而不及下截。观《中庸》
> 一书可见。盖提起上截，则其下者不劳而自理，才说下截
> 事，如堂下人断曲直，莫适为主，谁其信之？"形而上者谓
> 之道，形而下者谓之器"是也。人生而有此形骸，便有此
> 气质，就中一点真性命，是形而上者。虽形上不离形下，
> 所以上下易混作一块。学者开口说变化气质，却从何处讨
> 主脑来？《通书》曰："性者刚柔善恶，中而已矣。"中便是
> 变化气质之方。而《中庸》曰："喜怒哀乐未发谓之中。"
> 却又无可力处。从无可力处，用得工夫，正是性体流露
> 时，此时刚柔善恶，果立在何处？少间便是个中节之和，
> 这方是变化气质工夫。若已落在刚柔善恶上，欲自刚而克
> 柔，自柔而克刚，自恶而之于善，已善而终不至于恶，便
> 落堂下人伎俩矣。或问："孟子说'善养浩然之气'如何？"
> 曰："才提起浩然之气，便属性命边事。若孟施舍、北宫
> 黝、告子之徒，只是养个蠢然之气，正是气质用事处，所
> 以与孟子差别。"①

在刘子看来，形上形下皆在气质中，而形上之主宰才是真性命，
此主宰就是气质之本然，即为性，但告子等人误将所有气质（无论
本然还是非本然）皆看为性，结果是善恶不分，性学不明。因此，
当说气质为性时，一定要有限定，即本然之气质才为性。

如此，气质有本然和非本然之分，其反映在物上，物也就有本

---

① 沈善洪主编，吴光执行主编：《黄宗羲全集》（8），第968—969页。

然和非本然之分。所以，我们也要注意，当刘子提到物时，要清楚
他是在哪种意义上谈的。他在万物一体的意义上谈到物时，皆是在
本然的意义上来说的，如他说：

> 盈天地间，只是此理，无我无物，此理只是一个。我
> 立而物备，物立而我备，恁天地间一物为主，我与天地万
> 物皆备其中。故言万物则天地在其中，天亦一物也。《西
> 铭》之意，就本身推到父母，又就父母以推到兄弟，方见
> 得同体气象，早已是肝胆楚、越矣。陶先生谓："我所自
> 有，不受于天，只恐灵明者亦是一物，而更有不物于物者，
> 以为之主。物无不坏，而不物于物者，终不坏。"鄙意与陶
> 先生不无异同耳。禅家以了生死为第一义，故自私自利，
> 留住灵明，不还造化。当是其果验，看来只是弄精魂伎俩。
> 吾儒既云万物皆备于我，如何自私自利得？生既私不得，
> 死如何私得？夕死可矣，分明放下了也。①

又：

> 仁者以天地万物为一体，此一语须看得破，乃是人以
> 天地万物为一体，非仁者以天地万物为一体也。若人与天
> 地万物本是二体，却借个仁者意思，打合着天地万物，与
> 之为一体，早已成隔膜之见矣。人合天地万物以为人，犹
> 之心合耳目口鼻四肢皆备之心。今人以七尺言人，而遗其
> 天地万物皆备之人者，即不知人者也。今人以一膜言心，
> 而遗其耳目口鼻四肢以为之心者，不知心者也。证人之意，

---

① 沈善洪主编，吴光执行主编：《黄宗羲全集》(8)，第943页。

其在斯乎？学者若于此信得及，见得破，天地万物本无间隔，即欲容其自私自利之见，以自绝于天，而不可得也。不须推致，不须比拟，自然亲亲而仁民，仁民而爱物，义理智信一齐俱到此，所以为性学也。然识破此理，亦不容易。"诚敬存之"一语，直是彻首彻尾工夫。若不用"诚敬存之"之功，又如何能识破？至此，以为既识破后，又须诚敬工夫，作两截见者，亦非也。大要只是慎独，慎独即是致中和，致中和即是位育，此是仁者一体实落处，不是悬空识相也。①

这里谈到的物，皆是在本然的意义上来说的。这样的物和天理是同一的，没有一物不出于天理中。人只能从这些本然之物着手，才能体悟天道或天理，而要体悟物之本然必须耳目和心灵并用，不可偏废。耳目所见之物，是天理之用，心灵所见之物，乃天理之体，体用合一才是圣学之全。如此，现实之物就并非皆为本然之物，因为气运有过不及，物也就有非本然之物，所以人要认知天理就会遇到两重障碍：一是不能够完全从现实之物来体悟天理，因为有的物是天理之偏的体现，它们造就了习，因此要对物进行区分；二是对本然之物要避免陷入耳目之惑，否则就会溺于单独之物，而无法体悟天理之活泼和整全。如此，在刘子万物一体之逻辑中，我们就要注意进行区分。当他谈到本然之物时，他可以说事实皆是天理，必须体物不遗；当他谈到包含非本然之物的现实物之总体时，他就会

---

① 沈善洪主编，吴光执行主编：《黄宗羲全集》（8），第944—945页。相关论述还见该册第979、980、985页。

提出用天理之权度来衡量物，以便区别出本然与非本然之物。关于前者，刘子说：

> 应事接物，相为表里，学者于天下不能遗一事，便于天下不能遗一人。自落地一声，此身已属之父母；及其稍长，便有兄弟与之比肩；长而有室，又有妻子与之室家。至于食毛践土，君臣之义，无所不在。惟朋友联合，于稠人广众之中，似属疏阔，而人生实赖以有觉。合之称五伦。人道之经纶，管于此也。然父子其本也，人能孝于亲，未有不忠于事君与友于兄弟、信于朋友、宜于家室者。夫妻一伦，尤属化原。古来大圣大贤，又多从此处发轫来，故曰："刑于寡妻，至于兄弟，以御于家邦。"盖居室之间，其事最微渺而易忽，其恶为淫僻。学者从此关打破，便是真道德，真性命，真学问文章，不然只是伪也。自有五伦，而举天下之人，皆经纬联络其中。一尽一切尽，一亏一切亏。第一要时时体认出天地万物一体气象，即遇恶人之见，横逆之来，果能作如是观否？彼固一体中人耳，才有丝毫隔绝，便是断灭性种。至于知之之明与处之之当，皆一体中自作用，非关权术。人第欲以术胜之，未有不堕其彀中者，然此际煞合理会。陆象山先生曰："除了人情事变，无可做工夫。要知做工夫处，果是何事？若不知此事，只理会个人情事变，仍不是工夫。"学者知之。①

在这里，在本然之物的限度内，刘子会说体物不遗、体事不遗，

---

① 沈善洪主编，吴光执行主编：《黄宗羲全集》(8)，第965—966页。

因为这里的万事万物皆是天理之体现。

关于后者，在其《静坐说》和《应事说》中有明显体现，刘子说：

> 人生终日扰扰也，一著归根复命处，乃在向晦时，即天地万物，不外此理。于此可悟学问宗旨，只是主静也。此处工夫最难下手，姑为学者设方便法，且教之静坐。日用之间，除应事接物外，苟有余刻，且静坐。坐间本无一切事，即以无事付之，即无一切事，亦无一切心，无心之心，正是本心。瞥起则放下，沾滞则扫除，只与之常惺惺可也。此时伎俩，不合眼，不掩耳，不趺跏，不数息，不参话头，只在寻常日用中。有时倦则起，有时感则应，行住坐卧，都在静观，食息起居，都作静会。昔人所谓勿忘勿助间，未尝致纤毫之力，此其真消息也。

> 学者静中既得力，又有一段读书之功，自然遇事能应。若静中不得力，所读之书，又只是章句而已，则且教之就事上磨炼去。自寻常衣食以外，感应酬酢，莫非事也。其间千万变化，不可端倪，而一一取裁于心，如权度之待物然。权度虽在我，而轻重长短之形，仍听之于物，我无与焉，所以情顺万事而无情也。故事无大小，皆有理存，劈头判个是与非。见得是处，断然如此，虽鬼神不避；见得非处，断然不如此，虽千驷万钟不回。又于其中条分缕析，铢铢两两，辨个是中之非，非中之是，似是之非，似非之是。从此下手，沛然不疑，所行动有成绩。又凡事有先着，当图难于易，为大于细。有要着，一着胜人千万着；失此

不着，满盘败局。又有先后着，如低棋以后着为先，多是见小欲速之病。又有了着，恐事至八九分，便放手，终成决裂也。盖见得是非后，又当计成败，如此方是有用学问。世有学人，居恒谈道理井井，才与言世务便疏。试之以事，或一筹莫展。这疏与拙，正是此心受病处，非关才具。谚云："经一跌，长一识。"且须熟察此心受病之原，果在何处，因痛与之克治去，从此再不犯跌，庶有长进。学者遇事不能应，只有练心法，更无练事法。练心之法，大要只是胸中无一事而已。无一事乃能事事，便是主静工夫得力处。又曰："多事不如少事，省事不如无事。"①

在这里，刘子又强调静坐的重要，并不是在说遗物无知。这说明他暗示现实之物中夹杂之非本然之物，若一头扎进现实，必受其扰，所以必须回归内心，以本心接天理，领会天理之权度。再以此权度来衡量现实之物，自然知道取舍进退。② 因此这时就"只有练心法，更无练事法"。只有心法才能体悟天理之自然，这样就不会为事所扰，胸中只有自然流行天理，无一滞留事来扰，如此也才能事万

---

① 沈善洪主编，吴光执行主编：《黄宗羲全集》（8），第 963—965 页。

② 关于权度，刘子曾作出解释："权者道之体也，道体千变万化，而不离于中，非权而何？《易》曰'巽以行权'，言入道之微也。权居无事，因物付物，而轻重准焉，言天下之至静而不可测也，言天下之至动而不可离也。权之理主常，而准诸事主变，理即事，事即理，其常也，乃所以为变也。汉儒反经合道之说，诚非；朱子谓权之与经，亦须有辨，亦非也。天下有二道乎？嫂溺援之以手者，权也。正是道理合当如此，乃所为经也。故权非反经而为言也。然则经何辨乎？曰经者权之体，权者经之用，合而言之道也。礼仪三百，威仪三千，皆经也。神而明之，妙用出焉，权也。二而一者也。"（见沈善洪主编，吴光执行主编《黄宗羲全集》（8），第 988 页）本来"权"是一种暂时的权宜，但经刘子发挥，已然是天理之另一种表现形式。此权就不会被物所左右，而是由它来衡量和规范着混杂之物的流行。

事，"无一事乃能事事，便是主静工夫得力处"。所以刘子又会说，向外逐物不如向内求心。因为即使是本然之物，如果只用闻见之知去追逐索求的话，也不会还其本来面目。他说：

> 今为学者下一顶门针，即"向外驰求"四字，便做成一生病痛。吾侪试以之自反，无不悚然汗浃者。凡人自有生以后，耳濡目染，动与一切外物作缘，以是营营逐逐，将全副精神，都用在外，其来旧矣。学者既有志于道，且将从来一切向外精神，尽与之反复身来，此后方有下手工夫可说。须知道不是外物，反求即是，故曰："我欲仁，斯仁至矣。"无奈积习既久，如浪子亡家，失其归路，即一面回头，一面仍住旧时缘，终不知在我为何物。又自以为我矣，曰吾求之身矣，不知其为躯壳也；又自以为我矣，曰吾求之心矣，不知其为口耳也；又自以为我矣，曰吾求之性与命矣，不知其为名物象数也。求之于躯壳，外矣；求之于耳目，愈外矣；求之于名物象数，外之外矣。所为一路向外驰求也。所向是外，无往非外，一起居焉外，一饮食焉外，一动静语默焉外，时而存养焉外，时而省察焉外，时而迁善改过焉外，此又与于不学之甚者也。是故读书则以事科举，仕宦则以肥身家，勋业则以望公卿，气节则以邀声誉，文章则以腴听闻，何莫而非向外之病乎，学者须发真实为我心，每日孜孜汲汲，只干办在我家当，身是我身；非关躯壳；心是我心，非关口耳；性命是我性命，非关名物象数。正目而视之，不可得而见，倾耳听之，不可得而闻，非惟人不可得而见闻，虽吾亦不可得而见闻也。

于此体认亲切，自起居食息以往，无非求在我者，及其求之而得，天地万物，无非我有，绝不是功名富贵，气节文章，所谓自得也。总之道体本无内外，而学者自以所向分内外。所向在内，愈寻求愈归宿，亦愈发皇，故曰："君子之道，暗然而日章。"所向在外，愈寻求愈决裂，亦愈消亡，故曰："小人之道，的然而日亡。"学者幸早辨诸！①

向外驰求，便是将心物分离，同时也是将万物与天理分离。此时所见皆是纷乱之形体，不见其中主宰。如此，就是将本体之心搞成一个空洞的认知器官，其知且只局限于闻见，人也就为物所役。向外驰求越甚，离道愈远，所以刘子会说："所向在外，愈寻求愈决裂，亦愈消亡。"圣学不明，正是因为沉溺于物之形体诱惑，不悟万物一体流行之理，刘子写道：

自圣学不明，学者每从形器起见，看得一身生死事极大。将天地万物都置之膜外，此心生生之机，早已断灭种子了。故其工夫颛究到无生一路，只留个觉性不坏，再做后来人，依旧只是贪生怕死而已。吾儒之学，直从天地万物一体处，看出大身子。天地万物之始，即吾之始，天地万物之终，即吾之终。终终始始，无有穷尽，只此是生死之说。原来生死只是寻常事。程伯子曰："人将此身放在天地间，大小一例看也。于此有知，方是穷理、尽性、至命之学。藉令区区执百年以内之生死而知之，则知生之尽，只是知个贪生之生；知死之尽，只是知个怕性死之死而已。

---

① 沈善洪主编，吴光执行主编：《黄宗羲全集》（8），第 966—967 页。

然则百年生死，不必知乎?"曰:"奚而不知也。子曰'朝闻道，夕死可矣'是也。如何是闻道? 其要只在破除生死心。此正不必远求百年，即一念之间，一起一灭，无非生死心造孽。既无起灭，自无生死。"又曰:"尽语默之道，则可以尽去就之道;尽去就之道，则可以尽生死之道。生死非大，语默去就非小，学者时时有生死关头难过，从此理会透天地万物，便是这里，方是耳道。"①

在这里，通过对生死的论述，刘子进一步阐发了万物一体之思想。人们关注生死，只因其将自身看作独立且分离的形体，没有看到自己与万物的合一。如此便只是私欲萌发。其心被形体所役，整日思虑一己之生死。既然独个形体必然要死，其思索出来的解脱之法，也只能是寄希望于不死之觉性。此即佛氏所为。但即使如此，也不会真正突破生死，到头来依然是贪生怕死。只有突破形体之局限，悟到万物一体，才不会为单个形体之生灭所困扰。万物一体流行，无始无终，其中生生灭灭，一循天理之自然，当生则生，当死则死，只是平常事。天理自然而然，勿忘勿助，过度关注，天理便堕为人欲，反而累己。对于天理之自然，前面有所提及，这里我们再次阐明，刘子说:

程子曰:"心要在腔子?"此本孟子求放心而言，然则人心果时放外耶? 即放外，果在何处? 因读《孟子》上文云:"仁，人心也。"乃知心有不仁时，便是放。所谓"旷安宅而弗居也。"故阳明先生曰:"程子所谓腔子，亦即是

---

① 沈善洪主编，吴光执行主编:《黄宗羲全集》(8)，第970—971页。

天理。"至哉言乎！程子又曰："吾学虽有所授，然天理二字，却是自家体认出来。"夫既从自家体认而出，则非由名象凑泊可知。凡仁与义，皆天理之名象，而不可即以名象为天理，谓其不属自家故也。试问学者，何处是自家一路？须切已反观，推究到至隐至微处，方有著落。此中无一切名象，亦并无声臭可窥，只是个维玄维默而已。虽维玄维默，而实无一物不体备其中，所谓天也。故理曰天理，才着人分，便落他家。一属他家，便无归宿。仔细检点，或以思维放，或以卜度放，或以安排放，或以智故放，或以虚空放，只此心动一下，便是放。所放甚微，而人欲从此而横流，其究甚大。盖此心既离自家，便有无所不至者。心斋云："凡有所向，有所见，皆是妄。"既无所向，又无所见，便是无极而太极。无极而太极，即自家真底蕴处。学者只向自家寻底蕴，常做个体认工夫，放亦只放在这里，求亦只求在这里，岂不至易？岂不至简？故求放心三字，是学人单提口诀，下士得之为入道之门，上根得之即达天之路。①

天理不是书本上的概念和教条，而是需要自得的，自得的方式就是"放心"。"放心"不是将心放在外物上，而是放在天理中，这就需要人反观心之至隐至微处。在这里，无名无象，无声无臭，只是维玄维默，但就在这玄默之中，自然流行之天理才灿然呈露。万物也皆体备在这玄默之中，所谓无极而太极。要达到这个玄默境地，

---

① 沈善洪主编，吴光执行主编：《黄宗羲全集》（8），第963页。

也即要体悟天理，就要使心达到无极而太极的地步，心要放下一切思虑，一切向度，如此才能通达自然天理。通过思维、猜测、安排、智计、否定的方式来放其心皆是虚妄的，这不是放心，而是动心，心一动则是人欲人伪，所谓"才着人分，便落他家"。人心之自然才能达至天理之自然。

综上所述，当刘子说气质即性时，首先是说性只是气质之性，离气质无以为性；其次他又强调，性只是本然之气质，不是说所有气质皆为性。这反映到现实之事物上，就可以说，天理存在于现实事物中，离事物无以为天理，但并不是所有事物皆是天理，只有本然之物才是天理。如此，性与气质、天理与万物就不是截然两段之存在，而是天然为一的。正是在这一逻辑下，才有了陈确的人欲即天理之思想及其实学思想，然而陈确对刘子之理解亦有穿凿之处。

3. 对气质即性的误读及其历史合理性

在万物一体、天人合一的逻辑内，刘子才强调缘物求性，缘物求知，也才说功夫即是本体、知行合一。由于他看到阳明心学末端又走向心物分离之路，将心说成一个放纵无羁之存在，所以才力倡格物之重要性。对格物之看重，似乎给人以唯物的印象。殊不知刘子所谓之格物，与朱子明显不同。如他说：

> 朱子……谓慎独之外，另有穷理工夫，以合于格致诚正之说。仍以慎独为动，属省察边事，前此另有一项静存工夫。近日阳明先生始目之为支离，专提"致良知"三字为教法，而曰"良知只是独之时"，又曰"惟精是惟一工夫，博闻是约礼工夫，致知是诚意工夫，明善是诚身工

夫"，可谓心学独窥一源。至他日答门人"慎独是致知工夫，而以中为本体，无可着力"，此却疑是权教。天下未有大本之不立，而可徒事乎道生者。工夫用到无可着力处，方是真工夫，故曰："勿忘勿助，未尝致纤毫之力。"此非真用力于独体者，固不足以知之也。大抵诸儒之见，或同或异，多系转相偏矫，因病立方，尽是权教。至于反身力践之间，未尝不同归一路，不谬于慎独之旨。后之学者，无从向语言文字生葛藤，但反求之吾心，果何处是根本一着，从此得手，方窥进步，有欲罢不能者。学不知本，即动言本体，终无着落。学者但知即物穷理为支离，而不知同一心耳，舍渊渊静深之地，而从事思虑纷起之后，泛应曲当之间，正是寻枝摘叶之大者，其为支离之病，亦一而已。将恃此为学，又何成乎？又何成乎？①

在这里，刘宗周批判了两种格物倾向：一种是格心外之物，一种是格内心之物。这两种倾向在刘子看来本旨是一样的，都是心物分离之产物，都陷入支离泥潭。真正之格物是在心物一体、万物一体基础上才能实现，而这样的格物就是慎独，也即阳明之致良知。如此格物不是去格分散之形体之物，也不是否定万物寻求空寂之心性，它格的是整体之物，正是在这一意义上，刘子才说因物有知、知物合一，他写道：

圣学本心，维心本天，维玄维默，体乎太虚。因所不见，是名曰独。独本无知，因物有知，物体于知，好恶立

---

① 沈善洪主编，吴光执行主编：《黄宗羲全集》（8），第971—972页。

焉。好恶一机，藏于至静，感物而动，七精著焉。自身而家，自家而国，国而天下，庆赏刑威，惟所措焉，是为心量，其大无外，故名曰天。天命何命？即吾独知。一气流行，分阴分阳，运为四气，性体乃胅，率为五常，殊为万事。反乎独知，独知常止。全体具知，本无明暗，常止则明，纷驰乃暗，故曰"暗然日章"，"的然日亡"。君子知之，凛乎渊水。于所不睹，于所不闻，日夕兢兢，道念乃凝。万法归一，不盈此知，配天塞地，尽性知命。此知无始，是为原始，此知无终，是为反终。死生之说，昼夜之常，吾生与生，吾死与死。夷彼万形，非吾得私。猥云不死，狂驰何异！①

在这里，独知就是天命或性体，是天或气或物中之主宰，独知不在物外，亦不在事外。这里的物和事皆是整体意义上的。

正是在整体格物的意义上，刘宗周才批评离物之知和离物之悟：

此道身有之，则不言而信，以归于慆慆之地，所谓躬行君子也，故云默识。识如字，谓信诸心也。默识之学，精神毫不渗漏，彻首彻尾，以此学，即以此教，何厌倦之有？自默字讹解，而学者遂以语言道断当之，谓圣学入手，只在妙悟，学都从悟中来。不知圣学自下学，则自反躬体，岂有堕于杳冥玄默之见乎？……

世谓闻见之知，与德性之知有二。予谓聪明睿知，非特乎睿知之体，不能不窍于聪明，而闻见启焉。性闻见也，

---

① 沈善洪主编，吴光执行主编：《黄宗羲全集》(8)，第983页。

效性而动者学也。今必以闻见为外，而欲堕体黜聪，以求睿知，并其睿知而槁矣，是堕性于空，而禅学之谈柄也。张子曰："非天聪明，不成其为人，圣则天聪明之尽者耳。"天聪天明，耳辨闻，目辨见，是天聪明之尽，则夫子"多闻择其善者而从之，多见而识之"是也。曰"知次"者，人次于天以见天，非人不尽也！①

这里的"下学"和"闻见之知"就是即物之学，在刘子看来，人们把其目为支离，因而否定之，并另寻达道之学，依然不是真正圣学。真正之学是在"下学""闻见之知"中体悟天道，而不是离之他求。圣学本是一体之学，下学与上达、闻见与心灵不可分割，两者一亡皆亡。也正是在一体之意义上，刘子才说本体就在工夫中：

学者只有工夫可说，其本体处，直是着不得一语。才着一语，便是工夫边事。然言工夫，而本体在其中矣。大抵学者肯用工夫处，即是本体流露处，其善用工夫处，即是本体正当处。非工夫之外，别有本体，可以两相凑泊也。若谓两相凑泊，则亦外物而非道矣。董黄庭言："为善去恶，未尝不是工夫。"陶先生切切以本体救之，谓："黄庭身上，本是圣人，何善可为？何恶可去？"然不能无疑于此也。既无善可为，则亦无所事于为善矣；无恶可去，则亦无所事于去恶矣。既无本体，并无工夫，将率天下为猖狂自恣，流于佛、老矣。故某于此，只揭"知善知恶是良知"一语，就良知言本体，则本体绝非虚无；就良知言工夫，

---

① 沈善洪主编，吴光执行主编：《黄宗羲全集》（8），第986页。

则工夫绝非枝叶。庶几去短取长之意。昔者季路，一日有
事鬼神之问，不得于鬼神；又有知死之问，总向无处立脚。
若于此进一解，便是无善无恶一路。夫子一则曰："未能事
人，焉能事鬼?"一则问："未知生，焉知死?"——从有处
转之。乃知孔门授受，只在彝伦日用讨归宿，绝不于此外
空谈本体，滋高明之惑。只此是性学。所云"知生便是知
性处"，所云"事人便是尽性处。"孟子言良知，只从知爱
知敬处指点，亦是此意。知爱知敬，正是本体流露正当处，
从此为善，方是真为善；从此去恶，方是真去恶。则无善
无恶之体，不必言矣。今人喜言性学，只说得无善无恶心
之体，不免犯却季路两问之意。浸淫不已，遂有四无之说，
于"良知"字全没交涉，其为坏师门教法，当何如者!①

这段话恐怕是其继承者最易误解之处。在这里，刘宗周强调本
体与工夫一体之意。本体不在工夫之外，只能从工夫中寻。性学也
是如此。人要寻性，只能从日常生活之中，从人自身寻求，不能外
求。这是其性不在气质之外命题的延伸。所以，跟气质即性的命题
一样，如果说工夫即本体，就要加上一个限定，即工夫之本然就是
本体。这本然功夫也就是刘子所说"肯用工夫、善用工夫"。如此，
就不能泛说工夫即本体、人生即性、日常即性。

刘子谈论本体和工夫、气质与性、物与知的关系时，始终有一
个前提，那就是良知或慎独，即要承认万物一体、心物一体。在这
里，万事万物都不是孤立地存在。在这个一体中，虽整体为一，但

---

① 沈善洪主编，吴光执行主编：《黄宗羲全集》（8），第 945—946 页。

工夫并不即是本体，气质不是性，物并不直接是知，在这几对关系中，只有前者之本然才能成为后者。因此，刘子突出的依然是本然之存在，这就是天理。其优先地位是明显的，所以他还是承认良知的重要性：

> 知行自有次第，但知先而行即从之，无间可截，故云一。后儒喜以觉言性，谓一觉无余事，即知即行，其要归于无知。知既不立，一亦难言。噫！是率天下而禅也。①

虽然这里对知行合一有误解，但对良知重要性之强调是明显的。这一良知就是天理，是气质之主宰。后人不知此理，舍主宰而泛谈气质，并最终承认气质即性，人欲即天理，这恐怕不是蕺山本意。

陈确之学就是如此。陈确的性学已偏离了其导师，这一倾向在其《性解》《气情才辨》《无欲作圣辨》《与刘伯绳书》篇中有明确显示。虽然他还承认人道要复天道，人性本善，但能否实现此善就要看人后天的学习和修习了，所谓"物成然后性正，人成然后性全"。他说：

> 人性无不善，于扩充尽才后见之也。如五谷之性，不艺植，不耘耔，何以知其种之美耶？故尝谆谆教人存心，求放心……学者果若此尽其心，则性善复何疑哉？……《易》"继善成性"，皆体道之全功，正对仁智之偏而言。……继之者，继此一阴一阳之道，则刚柔不偏，而粹然至善矣。……成之者，成此继之之功……向非成之，则无以见天付之全，而所性或几乎灭矣。故曰：成之谓性。

---

① 沈善洪主编，吴光执行主编：《黄宗羲全集》（8），第891页。

故曰：言体道之全功。……盖孔、孟之言性，本天而责人，诸家之言性，离人而尊天。离人尊天，不惟诬人，并诬天矣，盖非人而天亦无由见也。是故蔗衰勤而后嘉谷之性全，怠勤异获，而曰䵆麦之性有善恶，必不然矣。涵养熟而后君子之性全，敬肆殊功，而曰生民之性有善恶，必不然矣。

又：

资始、流形，天之生物也，各正性命，天之成物也，物成然后性正，人成然后性全。物之成以气，人之成以学。人物之性，岂可同哉？……今老农收种，必待受霜之后，以为非经霜则谷性不全，此物理也，可以推人理矣。……是故资始、流形之时，性非不具也，而必于各正保合，见生物之性之全。孩提少是之时，性非不良也，而必于仁至义尽，见生人之性之全。继善成性，又何疑乎？①

在他这里，人性要经历一个过程，就是性的回复过程，其纯度要随着经验和年龄的增长而提升。如此，陈确的性学就发生了两种转变。首先，他把质的存在变成了量的存在。人性不再是一个能随时被完整体悟和践行的存在，而是成了一个历史过程，人性只有进入历史，才能从残缺不全回复到完整。人性从超时空之质的存在变成了一种受制于时空的量之存在。从这一点来看，似乎可以说陈确是现代历史主义的古代代表。其次，进入历史以后，人就逐渐占主导位置了。天道的回复要依赖于人的努力，所谓"人道不修，而天

---

① （清）陈确：《陈确集》，中华书局 1979 年版，第 447—451 页。

道亦几乎息矣"。① 那么所谓的人道又怎样呢？它还是不是天道的反应呢？这时的人道（人性）已然有脱离天道之倾向，它已经完全被经验所奴役，也即泛泛之气质，它不再是本然气质之体现。气质与性、天与天命不再有任何区分，一起散为无主之气质。将性分为气、情、才就是其明显表现。刘子有条件之气即性之命题就变为无条件的了。② 如此之人性最终将陷于告子无善无恶之境地，其无人欲即无天理之结论就水到渠成了。③ 如此，也就成就了陈确的实学思想，他认为阳明知行合一才是真正的实学，而其对知行合一的理解是近代意义的实践之学，④ 这与阳明和蕺山所说圣学整体之实大相径庭。性学的世俗化也导致陈确其他观念的世俗化，如生死问题。在刘子那里生死皆随天理（义），当生则生，当死则死。到了陈确这里，治生已被他视为学者首要大事，"治生尤切于读书"。⑤ 这是他将性压在经验层面后的结果，所以他便受制于人欲，一顺人欲，则只能趋乐避苦，而不会舍生取义了。在《死节说》中，他说："义可兼取，则生不必舍，仁未能成，而身亦不必杀也。"⑥ 这离苟且偷生已经不远了。潘平格等人言论近似陈确，这里不再赘述。

总之，出现这样的误解，除了陈确等人自身的识力之外，刘宗周本身也有一定责任。因为天人合一、万物一体逻辑中不能很好地处理本然和非本然之关系，所以阳明、蕺山等只能靠着强力意识维

---

① （清）陈确：《陈确集》，第 447—451 页。

② （清）陈确：《陈确集》，第 451—452、466 页。

③ （清）陈确：《陈确集》，第 461 页。

④ （清）陈确：《陈确集》，第 442 页。

⑤ （清）陈确：《陈确集》，第 158—159 页。

⑥ （清）陈确：《陈确集》，第 152 页。

系着气质之主宰与气质之间的同异微妙关系，而一旦不接受这一区分，转而抹杀一切差别，真正而彻底地贯彻万物同一的逻辑，那么气质即性、人欲即天理的命题就是自然而然的了。如此，我们似乎就可以说，心学内在的逻辑发展与明清实学思潮——一种与阳明、蕺山心目中的实学截然不同的实学——有着密切关系。我们并不能轻易地说，实学是对心学的反动和纠正。相反，实学有可能是对心学的扭曲。

二、经学或理学由精微到粗疏之转化：朱舜水实心实学的产生

（一）朱舜水生平

朱舜水（1600—1682），名之瑜，字鲁玙，号舜水，明浙江绍兴府余姚县人。松江府儒学生，拜松江府学者吏部左侍郎朱永佑、东阁大学士兼吏户工三部尚书张肯堂和武进学者礼部尚书吴钟峦等为师，研究古学，尤擅长《诗》《书》。崇祯十一年（1638）以"文武全才第一"荐于礼部，而朱之瑜见"世道日坏、国是日非"，"官为钱得，政以贿成"，朝政紊乱，自己不能为流俗所容，就放弃仕途，专注于学问。自崇祯开始，前后被朝廷征召十二次，皆力辞不就。

崇祯十七年（1644），朱舜水四十五岁时，李自成攻陷北京，崇祯皇帝自缢。顺治二年（1645）五月，清兵攻陷南京，福王出走，方国安、马士英、阮大铖投降清军。福王败亡后，明室产生了两个领导力量，即唐王（朱聿键）政权和鲁王（朱以海）政权。不久，清兵攻取福建，杀了唐王。此时，鲁王率领部下进占南澳岛，然后

457

攻取了舟山群岛。朱之瑜曾两次赴日本筹饷。后来舟山和四明山寨都被清兵攻陷。鲁王走避厦门。

鲁王在监国九年（1654）降诏征召五十五岁的朱之瑜，但因其东西漂泊，住处不定，玺书辗转两年后才到他手中。急于回国报效的朱舜水，终于在永历十一年（清顺治十四年，1657）正月等来了日本船，准备乘舟渡海归国，不料在二月遭安南供役之难，被羁五十余日。

顺治十七年（1660），朱之瑜受郑成功、张煌言邀，返国抗清，于是即刻动身，于十月十九日返归厦门。1661年夏，郑成功和张煌言会师北伐，收复瓜洲，攻克镇江，朱之瑜都亲历行阵。七月，北伐军在南京城外被击败。张煌言则数年后被捕遇害。朱氏最后一次东渡日本。安东守约等人为其在日定居奔走。最后得日本政府批准，让他在长崎租屋定居下来，朱之瑜就此结束了十多年的海上漂泊生活。

朱之瑜定居日本时曾反复强调自己并非想倡明儒学于异域，仅是为了蹈海全节。康熙四年（1665），他在长崎正准备购地躬耕之际，日本国副将军（大将军德川家纲之叔父）、水户侯德川光国欲兴庠序之教，派儒臣小宅生顺到长崎礼聘朱氏为国师，要朱到江户（今东京）去讲学。朱之瑜最后答应了德川光国的要求，于翌年六月抵江户。德川光国亲执弟子礼，竭诚尽敬。德川光国认为朱氏年高德重，不敢直接称名称字，要他取一名号以称呼。朱之瑜就以故乡"舜水"为号，意为"舜水者敝邑之水名也"，以示不忘故国故土之情。从此，朱氏往来于江户、水户两地，公开讲学。

康熙九年（1670），日本初造学宫，朱之瑜绘画图纸，度量尺寸，亲临施工现场指导，事后撰《学宫图说》。又造古祭器簠、簋、豆、登等，率学生习释奠礼，改定仪注，详明礼节。康熙十一年（1672），德川光国设置彰考馆，由之瑜门生安积觉任主编，聘请之瑜指导，编纂鼓吹"尊王一统"之说的《大日本史》，其影响直至二百年后的"明治维新"。德川光国对朱之瑜敬爱有嘉，就任藩主之际朱氏也随同前往江户，朱之瑜与同为德川光国编纂《大日本史》的安积澹泊、木下道顺、山鹿素行结为好友，并对水户学的思想产生很大影响。

康熙二十一年（1682）朱之瑜因水土不服而致病，并于次年四月在日本大阪逝世，享年 83 岁，葬在历代水户藩主的墓地瑞龙山（茨城县常陆太田市）。朱氏死后，德川光国派人整理了他的遗稿，刊行了《舜水先生文集》二十八卷。

（二）朱舜水之实学思想

朱舜水的实学思想其实就是复古思想。朱对孔孟古儒的崇拜无以复加。这一点董根洪先生看得比较准。他说，朱舜水的经世致用实学，一个明显的特征是其间充盈着强烈的"回到原始儒学去"的气息。朱舜水积极倡导"实学"，而他的"实学"就是"夫子之道""圣贤之学"，是"儒教"，也就是原始儒学。其基本内容是：礼乐刑政的政治，孝悌忠信的道德，经邦弘化、修齐治平的宗旨。朱舜水倡导的"实理实学"，其特征有二：一是这种"实理实学"是"明明白白、平平常常"的"现前道理"，具有简朴浅显的易懂性。它和极尽玄妙精微的宋明理学截然不同，后者虽然精致玄妙，但无益于世用，而朱氏的实理实学却"一概都说到明明白白、平平常常来，似乎肤浅庸陋",然"万一世能大用之,自能使子孝臣忠,时和年登,政治还醇,风物归厚"(卷七《书简四》)。二是这种"实理实学"是实实在在、切于实用的,毫无华而不实的空玄性质。由于追求这种切于百姓日用、国计民生的"实用""实功",所以朱舜水排斥不能直接带来"实用""实功"的一切学问,"'空梁落燕泥',工则工矣,曾何益于治理!'僧推月下门',核则核矣,曾何补于民事!'鸡声茅店月,人迹板桥霜',新则新矣,曾何当于事机!"(卷八《书简五》)①

1. 批道学家高谈性命之学,认为孔子圣学只是日用下学

在《勿斋记》中,朱舜水对理学家们玄妙高远的道学体系冷嘲热讽,认为其已经远离圣人之道了,因此他呼吁回到孔子的圣学模式,这就是孔子的日用礼学。其文如下:

> 世之学圣人者,视圣人太高,而求圣人太精。谓圣人之道,一皆出于自然,而毫无勉强。故论议臻于寥廓,析理入于牛毛,而究竟于圣人之道去之不知其几千万里已!几千万里而已也,容有至之之时,卒之马牛其风,愈趋而愈远,是皆好高喜新之病害也。

> 古今之称至圣人者莫盛于孔子,而聪明睿知莫过于颜渊。及其问仁也,夫子宜告之以精微之妙理,入于言思俱断之路,超越于"惟精惟一"之命,方为圣贤传心之秘;何独曰"非礼勿视,非礼勿听,非礼勿言,非礼勿动"?夫

---

① 转引自董根洪《论黄宗羲实学与朱舜水实学的区别》,《孔子研究》1997 年第 4 期,第 80—81 页。

视听言动者，耳目口体之常事，礼与非礼者，中智之衡量，
而"勿"者下学之持守，岂夫子不能说玄说妙、言高言远
哉？抑颜渊之才不能为玄为妙，骛高骛远哉？……而遇生
民未有之孔子，其所以授受者，止于日用之能事，下学之
工夫；其少有不及于颜渊者，从可知矣。故知道之至极者，
在此而不在彼也。……

　　余常患不得使天下之人皆可以为尧为舜，奈何问焉而
不对，举焉而不详，而必以士大夫相遇之礼律之也？……
毋舍"四勿"之功力，而肤言仁之体用已。①

朱氏说得很明确，孔子的礼学就是关注寻常日用的下学工夫，
根本用不着多么高远玄妙的言说。具体的下学工夫就是"四勿"了，
即"非礼勿视，赤礼勿听，非礼勿言，非礼勿动"。所以，从寻常的
视听言动、耳目口体所及就能分辨出哪些是合乎礼的，哪些是不合
乎礼的，用不着说玄说妙、言高言远。对朱氏来说，只要把日用之
礼学好了，人人都能成为尧舜。所以，舍弃"四勿"这样的切实功
夫，空言理学家的体用之辨、知行合一、心物一体等玄论，就是浅
陋的。在这里，朱氏反而将细致入微的理学体系看成了是肤浅的，
这是传统实学的一大特点，即这种实学的返朴反智倾向。

在《典学斋记》中，朱氏也强调了这种日用礼学，他说："夫学
者，所以学为人尔。子臣弟友，皆为学之地，忠孝谨信，皆为学之
方，出入定省，皆为学之时，诗书执礼，皆为学之具。终身处于学

---

　　①　（明）朱舜水著，朱谦之整理：《朱舜水集》（下），中华书局1981年版，第484—
485页。

之中，而一心越于学之外，欲求如古圣先贤也，其可得乎？"① 在现实生活之外求学，就是虚妄，日用礼节皆可为学。

在其他文中，他又说："仲尼之道如布帛菽粟，诚无鬼怪离奇，如他途之使人炫耀而羡慕。"（《谕安东守约规》）② "知圣贤要道，止在彝伦日用。彼厌平淡而务空虚玄远者，下者心至颠蹶，上者亦终身沦丧已而。究竟必无所益也。"（《颜子像赞》）③ "不佞之学，木豆瓦登，布帛菽粟而已"（《与安东守约书二十五首》）④ "吾之学功如布帛菽粟，衣之即不寒，食之即不饥，非如彼邪道说玄说妙，说得天花乱坠，千年万年，总来无一人得见。所云有悟者，亦是大家共入窠臼中，未有一句一字真实。可惜无限聪明人，俱被他瞒却，诚可哀痛！吾道明明现前，人人皆具，家家皆有。政如大路，不论上下、男妇、智愚、贤不肖，皆可行得，举足即有其功。贤君能主之于上，宰相能严之于下，不至数年，风俗立改；若至十年，王化可行，何止变其风俗而已。"（《答小宅生顺问六十一条》）⑤

这里都体现了朱氏对理学的厌恶和对孔子礼学之推崇。对他来说，圣人之道就是日常的、实实在在的且必需的布帛菽粟，而不是需要多大的悟性去发现什么玄妙理论。只有孔子的日用礼学才能满足这种需求。这种礼学的日常是父子、兄弟、夫妇之伦，而极致则是贤君、严相之王化仁政。

---

① （明）朱舜水著，朱谦之整理：《朱舜水集》（下），中华书局1981年版，第488页。
② （明）朱舜水著，朱谦之整理：《朱舜水集》（下），中华书局1981年版，第578页。
③ （明）朱舜水著，朱谦之整理：《朱舜水集》（下），中华书局1981年版，第561页。
④ （明）朱舜水著，朱谦之整理：《朱舜水集》（上），中华书局1981年版，第162页。
⑤ （明）朱舜水著，朱谦之整理：《朱舜水集》（上），中华书局1981年版，第407页。

2. 尚礼教、王道、仁政

如前所述，对宋明理学的厌恶导致朱氏对古礼学的推崇，这种推崇在《答明石源助书》一文中表达得淋漓尽致。其文如下：

> 盖士君子之相接也，有情，有文，有礼，未可苟焉而已也。如其苟焉而已，则亦何以异于市井负贩百工伎术之徒哉？是以君子慎之。礼，三摈三介而后相见，不然则已亵，三揖三让而后升，不然则已逼。古之君子岂好为烦琐，而不近于事情，缘礼不可渎耳！不佞虽亡国之遗民，来此求全，情文即不能备，然而不敢隙越者，徒以礼为之防也。不佞总角时，恒见先人与士大夫相接，冠裳济济，言论丰采、进退周旋，皆雍容彬彬焉。斯时太平气象，致足尚也。其后，士大夫好为脱略而恶言礼，以为厌物，以为王道。所谓王道者，非尊之也，亦借名斥绝之辞耳。未能二十年而国已沦亡。前年至厦门，赴国姓之召，见其将吏并寄居荐绅，皆佻达自喜，屏斥礼教，以为古气，以为骨董。不佞知其事必无成，故万里端行，不投一刺而返。不幸果无所济，今纷纷未有所底。可见礼也者，不特为国家之精神荣卫，直乃为国家之桢干。在国家为国家之干，在一身为一身之干，未可蔑也。故曰："礼乐不可斯须去身。"知礼之国，当藉君、卿、大夫，爱惜存全之；未知礼之国，当赖明哲贤豪，讲求而作兴之，以登进于有礼。不然，其何以自异于椎结、箕踞、雕题、凿齿之属哉？礼者，乃天理自然之节文，初非苛礼多仪之谓也。然讲求而作兴，非博览旁搜，寤寐孜孜焉不可得已，故学问之道为贵也。

来谕欲绝今而学古，惧其死于茅茨之下，恐无了期。恐之诚是也，惧之诚是也；若实实如此，气亦奋而志亦苦矣。诚可嘉尚！《书》曰："学古有获。"《志》曰："懵前经而不耻，语当世而解颐。"是言不知古之可耻也。可耻则宜恐宜惧矣。气恒奋而不靡，志恒苦而不弛，何脚跟之不能立定，而圣贤之不可几及哉？最吃紧者，无如"我亦秉彝之民不可不行"之语，诚知其在我，则亦何必他求！若使馈于斯，粥于斯，歌于斯，哭泣于斯，则亦世俗之民尔已，非所贵乎豪杰之士也。夫千人之中，万人之中，翘翘特拔，谓之豪杰；混混然随波逐流，同声附和，谓之乡人。二者惟足下择而安焉尔。①

在朱氏看来，这些烦琐的礼节比那些烦琐的理学体系更实用。只有礼能建立其一个有序的等级秩序。所以，礼"不特为国家之精神荣卫，直乃为国家之桢干。在国家为国家之干，在一身为一身之干"。人人讲礼，举国讲礼，家国才能稳定兴旺，否则就会灭亡。

在讲到礼的本质时，朱氏忍不住使用了理学家们的逻辑，说"礼者，乃天理自然之节文"。在前面，朱氏还义正词严地斥责理学家的自然之道、天理学说，在这里又偷偷借用他们的成果，不知朱氏如何面对自己的尊严和大义凛然。鼓励"绝今而学古"的朱氏是否真绝得了当今之理学吗？

抛开朱氏的矛盾，按照他的逻辑，礼学的极致就是王道、仁政，

---

① （明）朱舜水著，朱谦之整理：《朱舜水集》（上），中华书局1981年版，第82—83页。

所以在他和日本学生和友人的通信中，经常谈论这些问题。如他说："今且使仁心仁闻达乎四境，使含恩之民欢欣鼓舞，歌颂君德。"（《与冈崎昌纯书二首》）① "恭惟圣人之大德，莫重于施仁政。……以贤君而行善政，则探囊而取物，随手即得，无往也。"（《元旦贺源光国书八首》）② "恭惟上公阁下……仁义裕于天常，孝悌诚堪世则。……伫看仁政被于八纮。"（《与源光国启十六首》）③

在《答小宅生顺书十九首》中，则体现了其对王道之尊崇。他说：

> 仆幼学之时，固有用行之志。逮夫弱冠不偶，彼时时事大非，即有退耕之心。……仆事事不如人，独于"富贵不能淫，贫贱不能移，威武不能屈"，似可无愧于古圣先贤万分之一。一身亲历之事，固与士子纸上空谈者异也。今寂寥海壖，只希十亩之园，闲闲泄泄，多者二十余亩，种植瓜蔬，易粟馎口，非为固厄，何有咨嗟？至于我道泰否，气运盛衰，仆不敢与闻。仆固非其人也。若果士大夫专意兴圣人之学，此诚天下国家莫大之福，莫重之典，莫良之务，惟台台共相敦勉焉。仆虽远人，不惟举手加额，亦日夜拭目思见德化之成也！……
>
> 上公、元侯、大夫、君子，果能知先王之道之为美，修而明之，力而行之，作而兴之，威而惩之；则政治自善，

---

① （明）朱舜水著，朱谦之整理：《朱舜水集》（上），中华书局1981年版，第100页。

② （明）朱舜水著，朱谦之整理：《朱舜水集》（上），中华书局1981年版，第114—117页。

③ （明）朱舜水著，朱谦之整理：《朱舜水集》（上），中华书局1981年版，第136—137页。

而风物聿新。洪水平而鸟兽之害人者消，圣教明而异端之害民者亦消，又何待于除之而后去哉？此非和阳五山、京师五山，能遗臭流毒巢穴而荟塞之，是乃主持政务者之过也。

……

……彼诚知圣王之道之为美，则名教之中，自有乐地，君臣父子之际，无限精微，家修之尚惧不足，何有余功及于邪径耶？仆故曰是主持政教者之过也。

或者谓贵国"尚武，何必读书"，是未知古来名将读书者之多也。为将而不读书，则恃勇力而干礼义；能读书，则广才智而善功名，彼恶知之？[①]

朱氏又批了一通纸上空谈者，强调自己乃是崇尚有用能行之学。这个用包括精神和气节。然后就大赞王道之美，希望其能在日本成行。朱氏尚用之学还没有到灭智不读书的境地，所以他还是劝日本人多读书。当然，读的都是强调日用可行的礼学之书。

王道乃是朱氏一生追求的大愿，"孔子历聘七十二君，求一日王道之行而不可得。以仆之荒陋而得行其志，岂非人生之大愿？"[②]

3. 尚实功、实用、实心

批完理学家空谈之后，朱氏的礼学自然就成了实学，所以崇实用成为朱氏的一大标签。在《答小宅生顺问六十一条》中，朱氏明

---

① （明）朱舜水著，朱谦之整理：《朱舜水集》（上），中华书局 1981 年版，第 311—312 页。

② （明）朱舜水著，朱谦之整理：《朱舜水集》（上），中华书局 1981 年版，第 406 页。

确说道："为学当有实功，有实用。不独诗歌辞曲无益于学也，即于字句之间，标新领异者，未知果足为大儒否？果有关于国家政治否？果能变化于民风土俗否？台台深知其弊，必不复蹈于此。果能以为学、修身合而为一，则蔡传、朱注、胡传，尽足追踪古圣前贤；若必欲求新，则禹、稷、契、皋陶、伯益，所读何书也？"①

实功、实用成了朱氏的求学目标。那么这个实功、实用有何界定呢？朱氏简单描述了一下。属于实功、实用范围的是：关于国家政治的，能变化民风土俗的，能够修身的。不属于实功、实学的是：诗歌辞曲，及对于经典字句进行标新立异解读的。

这段实学宣言足以表明，朱氏之学已经实到灭智灭情的地步。这样的话，朱氏心目的王治其实只剩下了一样东西，即吃饭穿衣。只要把百姓像养猪一样养起来，就是王道了。难怪朱氏总把自己和孔子的学问比作布衣菽粟。在他眼中，只有这些才是真实，其余皆是虚幻的。于是，朱氏无疑是带领我们回到洪荒原始社会，只要考虑动物性的吃穿就可以了。

就连孔子都没有迂腐到这种地步，反对诗歌辞曲和反对创新。孔子之礼学乃是礼乐之学，诗歌辞曲是礼教不可或缺的组成部分。孔子也反复教导学生要温故而知新，举一反三。到了朱氏这里，只剩下强制和僵硬的寻常礼节、读的只是强调这些不能更改的礼节的书，然后就是吃穿。朱氏理还直气壮地说，禹、稷、契、皋陶、伯益等先贤读过什么书，求过什么新异之事呢？他们不过是把人吃穿这点事打理好就行了。朱氏的王道大同看来比希特勒的超人帝国还

---

① （明）朱舜水著，朱谦之整理：《朱舜水集》（上），中华书局1981年版，第406页。

无趣。

此外，朱氏又提出了实心的观点，他说："学贵有用，先生之学有用……先生平生仕宦履历，虽小官必尽其心，奏其效，是有用也。""存心贵实，善性欲灵。不实无以立本，不灵无以造于虚。"①

朱氏对程子的谬赞完全是其自己思想的投射。明道之学尚高明虚灵，在这里则被朱氏给强行拖进了实用的门槛。他将明道之学判断为有用之学的标准，并不是明道的学说，而是明道为官的政绩。这简直是风马牛不相及。除了将明道之学判为实学外，朱子对明道所谈之心也实化了。朱氏这实心藏的是什么内容呢？很容易理解，无非是那些没有诗歌辞曲的礼节和吃穿。

在《答安东守约书三十首》中，朱氏又显露出某种向智的倾向，因为他把心放在了第一位，他说："来札云：不佞非能言不能行者，此贤契极有眼力处。不佞生平无有言而不能行者，无有行而不如其言者。至若文章合道，行谊合天，此是子思、孟子一流人；伊川先生以下或多愧焉。不佞岂敢当之？今贤契恳恳求不佞之为人，不佞敢自评骘。不佞之为人也，心为上，德次之，行又次之，文学又次之，而书法为下。不佞之心，尧、舜、禹、稷、契、皋陶暨伯益之心也，而无其位。方龀而先大夫即世，未闻君子之大道。立身行己与人之要，俱从暗中摸索，故德次之。事不足以及远，功不足以长世，故行又次之。三者同条共贯，而为之区别者时与遇之故也。学与文者，仅仅咿唔涂抹而已，岂能望见古人。书法无师承，无功力，抑又不足言矣。勉旃勉旃！共明斯学，于贤契有厚望焉！不佞一息

---

① （明）朱舜水著，朱谦之整理：《朱舜水集》（下），中华书局1981年版，第569页。

尚存，亦未肯少懈也。贤契既好圣贤之学，自然能知能行；未能知未能行，非所患也。况今日所知所行，种种皆是能事，但贵引而伸之。他日圣贤真种子崛起，当在贵国，毋多让也。"①

朱氏先强调了一下自己的言行合一，然后谈到了自己为人的标准。他将自己身上各种活动进行了排序。他把心放在第一位，德放在第二位，行又放在第三位，文学则是第四位，书法最末。

首先，他把心放在第一位，是否意味着他崇尚智慧和知识探索呢？答案是否定的。心放在第一位是因为任何人包括动物去行动都要有意识和观念。动物是依靠本能意识，人则依靠心之知性了。任何人都要从心而行，那么是否所有人都是尚智之人呢？不是。是否尚智还要看其心里想的是什么。如果一个人心里想的是探索宇宙人生的奥秘，探索精神领域的新知，那么这是有尚智倾向的；如果他想的只是吃穿住行，反对此外一切的创新和探索，反对对精神和头脑的进一步开发，那么这就是反智的。朱氏显然属于后者。他认为他头脑里想的是和尧、舜、禹、稷、契、皋陶、伯益等想的一样的，而他认为后者想的只是吃穿问题。因此，朱氏之心就是反智的。

其次，他把德放在第二位，是因为德就是他所尊崇的礼的实践。为了和禽兽区别开来，朱氏特别要强调礼，但由于其实用和反智倾向，他的礼只停留在僵化的、烦琐的君臣父子礼节上。

再次，他把行放在第三位，并不是说他不崇尚行。实学重视的就是实用和实功，行是重要的一环。他的行并不是动物的盲目之行，这一点朱氏还是有自觉的，所以他的行要在心和礼的指导之下进行。

①　（明）朱舜水著，朱谦之整理：《朱舜水集》（上），中华书局1981年版，第187页。

最后，才是他喜欢的文学和书法，这些务虚的东西在朱氏看来是无关紧要的，要不是他身上还有这些冲动，他巴不得将其清除。既然喜欢文学，那么上面所说的诗歌辞曲为何不能学呢？难道只是因为朱氏自己不喜欢就要清除之？这么一来，朱氏所谓的实学也就不过是一己兴趣的武断选择。对阳明来说，符合天理良知的皆为实学。朱氏听凭自己兴趣从中捡取了几样来说这就是实学，就有点任性了。实学的范围在朱氏这里进一步狭隘化且形而下化。

4. 尊朱抑王

虽然朱氏对宋明理学道学都反感，但其最反感的乃是阳明心学。朱、王相比之下，朱舜水更不讨厌朱子理学。在《答佐野回翁书》中，他对此有所回答。其文如下：

> 来问朱、王之异，不当决于后人之臆断，寒暖之向背，即当以孔子断之。生知之资，自文王、周公而后，惟孔子、颜渊而已。孔子曰："我非生而知之者，好古敏以求之者也。"又曰："十室之邑，必有忠信如某者焉，不如某之好学也。"他如"学而不厌"，"下学上达"，不一而足。其于颜渊也，不称其"闻一知十"，而亟道其"不迁怒、不贰过"为"好学"，是可见矣。
>
> 朱子道问学、格物致知，于圣人未有所戾。王文成即有高才，何得轻诋之？不过沿陆象山之习气耳！王文成固染于佛氏，其欲排朱子而无可排也，故举其格物穷理，以为訾议尔已。愚谓此当争其本源，不当争其末流。孟子于伯夷、伊尹、柳下惠尚曰"不同道"。周公、召公分陕而

治，德教相似，治效相方，犹且不相悦。此岂有所是非耶？

孔子之道，宜可万世无弊已。何以学者各得其性之所近，分处诸侯之国，遂有异同？子夏之教行于西河，一再传而遂有吴起、庄周之祸，岂孔子之道非耶？若使从其善者，改其不善者，阙其疑而黜陟者，三人行，尚有我师。若愚不肖，必不可化。陈子禽、叔孙武叔尚毁孔子，二人固及门之徒也，又何有于考亭耶？

王文成为仆里人，然灯相焰，鸣鸡相闻。其擒宸濠，平峒蛮，功烈诚有可嘉，官大司马，封新建伯。后厄于张璁、桂萼、方献夫，牢骚不平之气，故托之于讲学。若不立异，不足以表见于世。故专主良知，不得不与朱子相水火，孰知其反以伪学为累耶？愚故曰："文成多此讲学一事耳。"

是故古今人惟无私而后可以观天下之理，无所为而为而后可以为天下之法。今贵国纷纷于其末流而急于标榜，愚诚未见其是也。又何论朱与王哉！①

朱氏说得很明白，要评价朱熹、王阳明的是非对错，只能根据孔子的立场来看。在朱氏看来，孔子说得"万世无弊"。那么孔子学说的特点是什么呢？就是好学，"学而不厌""下学上达"，而且其学习的特点是从下往上，踏踏实实学习，不好高骛远。这是一个从无到有、积少成多、积小成为大成的循序渐进过程。

---

① （明）朱舜水著，朱谦之整理：《朱舜水集》（上），中华书局1981年版，第84—85页。

按照这个标准，较符合的当然是朱熹。朱熹一贯强调学以成圣，圣人可学而至。他学说的特征就是让人从周围事物中一点一点学习其理，下学上达，积少成多。其学习的过程也是一个从无到有、从少到多的过程。朱子的道问学、格物致知讲的都是这个道理。

阳明和朱子正好颠倒过来，他认为，人先天就具有天理，具有是非善恶等知识。也就是说，人之良知先天就是完满的，但是这种完满是潜在的，它必须在后天与万事万物的相遇相磨中逐渐开出来，同时也成就万物，这就是成己成物。这也是阳明格物致知之旨，所以阳明之学是先天完满、大成，后天则逐渐显发出来。这是一个先天完满而后天不过是回复这一先天的过程。这就和孔子、朱熹大不相同了。这两者的好学和格物致知都是从零开始的。如此，怎么不教孔子的忠实粉丝懊恼抓狂呢？所以朱舜水当然要将阳明贬得一文不值。对他来说，这就是如象山一样的异端邪说，是饶舌多嘴。

朱舜水还为阳明的这种邪说找了理由，认为他是气不过张桂等人的迫害，才故意说这些呓语疯话来发泄不满的。他觉得阳明的事功才是他最大的价值体现，而讲学纯粹是画蛇添足，"多此讲学一事耳"。

这说明作为老乡的朱舜水对阳明真是一无所知。阳明幼年时就有做圣贤之志，成人后也以圣学为业，而军功政事对他来说只是浮云，所以阳明一生所重的就是讲学论学。经过其艰苦卓绝之努力，终于打通儒家学说所有关窍，从而弥补了孔子、朱熹学说中无中生有（认知何以可能）的漏洞，为儒学的完善做出了巨大贡献。其贡献之巨，使其名声历久弥宏，可见其学价值所在。反之，朱舜水停留在自己狭促的思想内，妄断阳明为异端伪学，其见识又何其短陋。

同样的批判还出现在《答小宅生顺问六十一条》中。他说，"如王守仁、王龙溪、林之中、袁了凡者，淫老佛，不免三脚猫。……若王阳明先事之谋，使国家危而复安，至其先时击刘瑾，堪为直臣；惜其后多坐讲学一节，使天下多无限饶舌。王龙溪虽其高第门人，何足复道？"①　阳明之学又被说成是三脚猫、饶舌。朱氏能够承认的只有勤王勤政之事。

对阳明的批评还表现在他对阳明后学的批判中，如他对刘宗周等的批判。在《答林春信问七条》中，他说："明朝中叶，以时文取士。时文者，制举义也；此物既为尘饭土羹，而讲道学者又迂腐不近人情，如邹元标、高攀龙、刘念台等讲'正心诚意'，大资非笑。于是分门标榜，遂成水火，而国家被其祸；未闻所谓巨儒鸿士也。巨儒鸿士者，经邦弘化、康济艰难者也。"②

在《答野节问三十一条》中，他写道：

> 问：前日闻刘宗周道学之徒也，吴甡、郑三俊，亦其徒乎？尝见《明季遗闻》，有北京殉死之士皆赐谥之事。顷日考之，不载王侍郎，无赐谥乎？邹漪不知而不载乎？
>
> 答：刘念台盛谈道学，专言正心诚意。其为大京兆也，非坐镇雅俗之任也矣，而其伎止于此。……
>
> ……
>
> 答：明季以道学之故，与文学之士，互相标榜，大概党同伐异。邹漪，南直之常镇人，朋党之俗不能除，故其

---

① （明）朱舜水著，朱谦之整理：《朱舜水集》（上），中华书局1981年版，第405—406页。

② （明）朱舜水著，朱谦之整理：《朱舜水集》（上），中华书局1981年版，第383页。

毁誉不足尽信；且其笔亦非史才，但取其时事以备采择耳矣。

问：邹漪亦文章之徒乎？

答：大明之党有二：一为道学诸先生，而文章之士之黠者附之，其实踏两船，占望风色，而为进身之地耳。一为科目诸公，本无实学，一旦登第，厌忌群公高谈性命。一居当路，遂多方排斥道学，而文章之士亦附之。仆平日曰：明朝之失，非鞑虏能取之也，诸进士驱之也。进士之能举天下而倾之者，八股害之也。①

在这两处，朱氏都攻击刘宗周等讲"正心诚意"乃是迂腐务虚之学，无益于世事。

有时朱氏又承认阳明思想的正确，这就自相矛盾了。如在《答小宅生顺问六十一条》中，他承认了阳明"格物"之解释。其文如下：

问：郑玄云："格，来也；物，事也。"司马温公云："格，扞也；物，外物也。"王阳明云："格，正也；物，事物也。"

答：格兼至、正二义，扞字全非。扞格之格，非格物之格。

问：或人评至、正二义曰："上已曰正心，下何又曰正物？所谓床下架床者。"此说如何？

---

① （明）朱舜水著，朱谦之整理：《朱舜水集》（上），中华书局 1981 年版，第 389—390 页。

答：床下安床，屋下阁屋，非此之谓也。若如此，上已曰"明明德"，何下复曰"致知"？

问：物，物理也。正物理，则虽不及致知，而无妨乎？

答：至、正有相兼之义，非以正物也。

问：程子曰："今日至一事，明日至一事"，此说仆亦不信，先生谓之何？然至字义则格。至，正也；物，物理也。先生亦从此说否？

答：格者随其物而格之，亦非今日至一事，明日至一事。若今日之事，关系父子君臣夫妇，又将如之何？

问：修身正心，敢问其要。

答：心无邪无枉，无党无偏，便谓之正。故《大学》不言正心之功，而历言心之不得其正。心若不在，则视听饮食俱非矣。程子云："心要在腔子里。"既能时时在腔子里，如何得有不正？至于修身者，亦非如释子修行之修，只是还其本来无欠缺之身，便是修了。①

在这里，朱氏部分承认了阳明"格"字乃"正"之解，然而朱氏自己的理解则依然停留在心物两分、天人两分的朱子理学格局中，没有融通。他将心重新缩回到器官之心的老路上，于是内外、理气、心身之别及其局限就又出现了，而从阳明的视角来看，孔子、朱熹、朱舜水等的毛病则一目了然，"所谓心者，非今一团血肉之具也，乃指其至灵至明、能作能知者也，此所谓'良知'也。然而无声无臭，

---

① （明）朱舜水著，朱谦之整理：《朱舜水集》（上），中华书局1981年版，第412—413页。

无方无体，此所谓'道心惟微'也。以此验之，则天地日用，四时鬼神，莫非一体之实理；不待有所彼此比拟者。古人之言合德合明、如天如神、至善至诚者，皆自下学而言，犹有二也；若其本体，惟吾而已，更何处有天地万象？此大人之学所以与天地万物一体也。一物有外，便是吾心未尽处，不足谓之学。"（《稽山承语》）① 也就是说，孔子根本就未考虑到先天万物一体之本体的问题，朱熹讨论了一点但根本没有打通天人、心物之关系，所以孔子、朱熹等只能在心物分离的前提下，以一颗白纸之心去向天地万物求理，下学而上达，然而孔子和朱熹都没有解决这个问题，即一颗与物分离的腔子里的器官之心，凭什么能认知万物之理呢？它若不是事先与物融通，它又怎能通达万物之理呢？阳明则是在本体意义上谈心的。其心具有宇宙本体之意，其先天就与万物一体，因此其自然就能涵纳和认知万物之理。朱舜水不能理解阳明之良苦用心，依然是以一颗器官之心妄自嘲讽阳明。

此外，在他处朱氏也接受了理学的许多观点。这说明，朱氏根本不可能完全摒弃理学的影响。

5. 朱氏的善恶观

朱氏的善恶观深深打上了理学的印记，他用理气学说来讨论善恶和性的问题，而这是孔子所未提及的。在《答安东守约八条》中，他写道：

> 问：黎民参天地之间，在气质之清浊。二气相合则

---

① 束景南、查明昊辑编：《王阳明全集补编》，上海古籍出版社2016年版，第283页。

生，二气散则死。贤者受其清，愚者受其浊。清者全性情之纯粹，可归其本。然自上古迄今，贤者少而愚者多，如彼不肖者，二气散则其浊气归何处，依何地？据天地之变化，为鸟兽哉？为草木哉？贤不肖其精神所归，差别如何？

答：贤者受其清，愚者受其浊，儒者固有是说，不足异也。然此天赋之乎，抑人受之乎？既有受之者，则必有予之者矣。果尔，则天地常以清气私贤智，而以浊气困愚不肖，如种瓜得瓜，种豆得豆。然则愚不肖之不为不善，乃其理所应尔，是则天地有过，而愚不肖无罪也。又何以天则降之百殃，而人主则施之刑戮耶？至于"虽愚必明，虽柔必强"者，或有改行从善者，又何以称焉？岂清浊气相杂而禀欤？抑前禀其浊而后禀其清欤？亦有素行皆贤，一旦为利回，为害怵，不保其末路者，又何以称焉？尧、舜之民，比屋可封，桀、纣之民，比屋可诛。岂尧、舜之民之气皆清，而桀、纣之民之气皆浊哉？试观孩提之童，无不知爱其亲，无不知爱其兄，乳之则喜，威之则啼，薄海内外，天性无少异也。及其长也，父母之训教也无方，世俗之引诱也多故，习之既久，灵明尽蔽，昏惑奸狡横生，相去遂有万万不侔者。《书》曰："巧言令色，孔壬。"盖大为奸恶之人，言必巧，色必令，其所以营私败俗者，心思无所不至。若夫礼义道德之训，昏昏而不知，是皆习俗之害也。子思子曰："天命之谓性。"则既莫不与之以仁义礼智矣。刘康公曰："民受天地之中以生，所谓命也。"如是则天地岂有偏私厚薄于其间哉？人自取其清，人自取其浊耳。譬之水然，渭之源，至清也，及其支流派别，入于潢污，小秽者小浊，大秽者大浊，是岂渭之有所区别哉？譬之鉴然，时时磨莹，光烛须眉；委之泥涂，昏翳如铁、如瓦砾，不辨形貌，是岂鉴之本然哉？譬之大路然，君子履之，趋以"采齐"，步以"肆夏"，周旋中规，折旋中矩。狂瞽邪忒者入焉，踉跄奔蹶，汗肤喘急，是岂道路之独厚于君子哉？诗云："周道如砥，其直如天，君子所履，小人所视。"故曰："自爆也，自弃也。"故曰："清斯濯缨，浊斯濯足，自取之也。"天曷尝以浊气限人哉？孔子曰："性相近也，习相远也。"又曰："唯上智与下愚不移。"夫上智下愚，世宁有几人哉？

若夫死生之际，君子道其常不道其异；尽其所以生之礼，不穷其所以死之事。季路问死，夫子曰："未知生，焉知死？"此之谓也。虽然，彼生存之日，无一而非禽兽矣，焉有死而不禽兽焉者？彼形体百骸，心思智虑，居然而草木矣。焉有死而不草木焉者？①

在这里，朱氏完全使用了理学的思维模式，以气之清浊来定贤愚、善恶。

在《答古市务本问二条》中，朱氏又讨论性善恶的问题，他写道：

———————————

① （明）朱舜水著，朱谦之整理：《朱舜水集》（上），中华书局1981年版，第377—378页。

问：仆经星霜，向二十余年，汲汲世事，皇皇职务，而虽不知圣贤之道脉，遂不归老佛之徒，仅欲尊信王道。然天所赋之性，或为人欲，辄被遮蔽，无由得其全。孟子曰："性善也。"仆性非善。荀子曰："性恶也。"且亦非恶。胸次之间，不能解其迷。噫嘻，致"克己复礼"之工夫，则岂不得性之全哉？幸希示焉。

答：性非善亦非恶，如此者，中人也。中人之性，习于善则善，习于恶则恶，全藉乎问学矣。学之则为善人，为信人；又进而学之，则为君子；又进而学之不已，则为圣人。《书》曰："惟圣罔念作狂，惟狂克念作圣。"无所迷，无不可解者也。既能学，自知人欲之非，自不受其蔽；既能学，自知王者圣贤之道之为美，自知老佛之徒之邪之伪，不待辨而自明矣。若夫汲汲世事，皇皇职务，遂谓荒废学业，则必明窗净几，伊吾咕哗，而后谓之学矣；则身体力行者非学，而吟诗作文者为学矣。是殆不然。先儒谓当官之法，惟有三事：曰清，曰慎，曰勤。知斯三者，则知所以持身矣。孰谓知所以持身而非学哉？但问日夕之所以汲汲皇皇者，公私利欲之间何如耳！苟或背公植党，营其私家，则罪也；如果勤思职业，宣君德，达民隐，访贤良，察奸慝，恤鳏寡，赒困穷，则汲汲皇皇，乃学问之大者，又何病焉！

所谓"克己复礼"者，未易言也。"非礼勿视，非礼勿听，非礼勿言，非礼勿动"，可循循而学也；循循而学之，可能也。己克而礼复，则仁者之事，已得其性之全矣，未可一蹴而至也。但在吾子勉之而已矣！强勉不已，遂成自然，人固未易量也。①

朱氏反对性无善无恶或半善半恶的提法，认为这是中等人的水平。这样的人最容易受环境影响，环境是善的他就会变成善人，反之则变成恶人。儒家要求的是做一个善人，这就需要不断学习了。善人或圣人是通过艰难而恒久的学习才达到的，而学习要务实学而非虚文之学。所谓的实学就是身体力行之学和孔子的礼，吟诗作文之学则被排挤到边缘。确实，我们在朱氏的文集中很少看到诗词歌赋，而他也不想做太多的文章，所以其文章写得也少，大多数是回信和答问。他还真做到了言行一致。

那么，要学礼就要做到"四勿"，也即"克己复礼"。这样，就可以成为善人了。

最后，我们将对朱氏之学做一总结评价。

朱舜水的日本学生安积觉对他的评价比较客观，安积觉在《朱舜水先生文集后序》中说："盖先生天资豪迈，不以循行数墨为学，而以开物成务、经邦弘化为学；大而礼乐刑政之详、小而制度文物之备，靡不讲究淹贯。而其教人，未尝高谈性命、凭虚骛究，惟以孝弟忠信诱掖奖励。其所雅言，不离乎民生日用彝伦之间。本乎诚而主乎敬，发于言而征于行。涵育薰陶，亹亹不倦，务欲成就人才以为邦家之用。而以君义臣忠、父慈子孝、夫和妇顺、兄友弟恭，而朋友敬信，为天下之至文。故其为文典雅庄重，直自肺腑中流出，

———————

① （明）朱舜水著，朱谦之整理：《朱舜水集》（上），中华书局 1981 年版，第 378—379 页。

不肯蹈袭前人片言只字。而其机杼错综，未尝不与古之作者合辙连镳而并驱争先也。本之《四书》、《六经》，而佐之以《左》、《国》、子、史，意之所到，不期文而自文。如化工之随物赋形，布帛菽粟之不可一日而废。蔚然而光，锵然而鸣，其可不谓天下之至文哉！盖明末学者竞为尖新纤巧，心术既坏，风俗颓靡。世方以灵通为宗，斫丧淳朴，以祸社稷，而先生独为古学。世方以八股为工，缘饰制义，以邀利禄，而先生独为古文。圆柄方凿，绝不相入。而先生毅然不顾，自信笃而自期远，不为流俗之所泊。则其平日所养为何如哉？安南之役，白刃加颈而不挠；辽东之帽，丹旐在堂而不变，岂非明末全节之伟人耶哉？"①

安氏点出了朱氏为学之要点，即黜虚求实。虚的就是高谈性命、八股文章、诗词歌赋等，实的就是寻常日用、身体力行之礼学：在家父慈子孝、夫妇和顺、兄友弟恭，在朝则君义臣忠。朱氏欲全面复兴礼学，而这既是朱氏可取之处，也是其局限所在。董根洪先生对此有精辟评价，他说：

> 然而，我们也应看到，朱舜水在反对玄虚之宋明理学，力倡平实之原始儒学时，他过于强调为学的实用性，只要求学术关心人伦日用、关注平平常常的"眼前道理"，而拒斥一切非感性的抽象的形而上学道理，反对去探讨和把握理学家们讨论的理气心性问题，从而未免带上狭隘经验论和实用论的弊病。这对于提高民族的理论思辨能力，推动

---

① （明）朱舜水著，朱谦之整理：《朱舜水集》（下），中华书局1981年版，第786—787页。

哲学的发展起着消极的作用。过于推崇原始实用性而否定理学思辨性，使朱舜水的实学在理论思维水平上倒退了一步。朱舜水的实学思想是当时实学思潮代表人物中最无哲学思辨色彩的实学思想。①

可以说，以朱氏为代表的所谓实学家、古学家对阳明以来的极度高明的儒家思想体系的据斥，导致了之后儒家思想水平的下降，无怪乎牟宗三先生说刘宗周之后圣学即绝，而且对礼学的绝对尊崇导致了对专制君权的绝对维护：

> 就朱舜水而言，他的实学所要求的重要内容是实行封建纲常伦理，"夫学者，所以学为人尔。子臣弟友，皆为学之地；忠孝谨信，皆为学之方。"（卷十六《记》）其实学的实用实功也在能维护封建纲常制度，实现封建政治繁荣："不佞之道，不用则卷而自藏耳。万一世能大用之，自能使子孝臣忠，时和年登，政治还醇、风物归焉。"（卷七《书简四》）其实学希冀的是实现君主贤良，官吏廉洁，百姓安足，政治清明，国家安定的"仁政"，最终达到"三代之治"的"大同"社会。在朱舜水的实学中，忠实维护封建制度，要求"敦父子，正君臣，定名分，和上下"是其不渝的原则。认为"君臣、父子、夫妇、昆弟、朋友，天地间之定位也"（卷十一《问答三》），绝对不可移易。这一点集中表现在他对封建君权的竭力维护上。他虽然呼吁君

---

① 董根洪：《论黄宗羲实学与朱舜水实学的区别》，《孔子研究》1997 年第 4 期，第 81—82 页。

王要做"明君"，指出"君子之一身，上以承天之明命，下以作民之父母，是故以一人劳天下，不以天下奉一人"（卷十三《说》），要求君王辛劳为天下，而不是相反。但从根本上，他把君权视为"天命"所赋、具有神圣不可侵犯性，君王是"民之父母"，具有至高无上性。由此，他指出"君相者，造命者也，主张道理者也"，把君相看成是一国命运的主宰者，法律制度的决定者。肯定了君王具有"专制一方、生杀予夺皆出乎手"（卷十二《箴》）的专制性权力。进而要求臣民无限忠于君王，"事君以忠，贵在乎勿欺矣。"（卷十二《铭》）"臣之所以事君，忠为上，功为次"。要人做"宁可含恨而殁、不可视息而生"（卷二十一《祭文》）的"忠臣"。这种绝对维护君权的"忠臣"观是其作为明朝"遗民"强烈的"中兴"大明的心志所激，所以他在总结明亡的原因时，发出"莫大之罪，尽在士大夫"（卷一《中原阳九述略》）的呼声。①

据本书考察，对理学极尽批判的朱氏并没有完全摆脱理学的影响，其部分思想依然需要理学的支撑，这成了朱氏学说中的难言之隐。

---

① 董根洪：《论黄宗羲实学与朱舜水实学的区别》，《孔子研究》1997 年第 4 期，第83 页。

第八章　明代浙东学术的总结和评价

一、明代浙东学术的发展脉络

纵观明代浙东学术的变迁，可以看到这样一条线索：受宋元理学的影响，明初学术基本上是在朱子理学范围内展开的。刘基、宋濂、方孝孺、王祎等都接受了朱子理学，以理气思想来理解和解释这个世界。虽然他们还有些微的区别，但基本上都延续了朱子理气、心物、知行二分的思维方式。虽然方孝孺和宋濂尝试打通先天和后天、天与人的关系，宋濂还提出了自己的心学思想，但他们都没能达到圆通境界。除此之外，明初学者也兼治史，只不过他们的史学是以道或理为指导的，即以经统史或以道统史。史的地位是从属于经或道的。这也是朱子理学中道事二分逻辑的结果。理的优先性使史处于从属地位。

尽管明初理学发展有各种理论上的不完善，但其依然为后来的阳明心学奠定了基础。明中期的阳明一举突破理学中支离之病，从万物一体的角度实现了理气合一、天人合一、知行合一、心物一体、体用合一等旨。虽然说阳明心学还是理一元论，但其中道与事已经圆融一体。阳明四句教就是心与物、道与事、下学与上达相互融通的过程，但阳明体系中处于对本源地位的还是理、道、心等灵明性的存在。虽然阳明强调要知行合一、心物一体、道事合一，做得比较中庸，但其继承者则对其片面发挥，尤其是王畿、万表这一脉，将极少数人凭天赋才能做到的事普及给所有人，片面强调顿悟和速成，如此就会导致对工夫和事物的忽视。这就使心学在人们眼中逐渐变为蹈虚之学，这也是阳明所担心的。

于是物极必反，对理、心、道的强调反而激起了对它的反抗。明末浙东学者开始强调气、史、事的重要性，这就是刘宗周、朱舜水所提倡的。刘宗周以气一元论来取代理一元论。虽然他还强调气中理为枢纽和核心，但这一理已经从属于气了。如此，就出现了对史和事的重视，理学或经学之鼎盛时代就结束了。朱舜水则强调立足于现实经验世界的实心、实学，这和阳明的以天理为主导的实学是不同的。对于实学的不同理解，也使明末对史和事的强调更加明显。

可以看到，从明初的强调先天之理，到阳明的先天与后天融合为一，再到明末的强调后天之道或事，是明代浙东学术的一个明显规律。这一规律也影响了中国的学术发展。因为明代浙东学术的繁荣，已经使其成为中国学术的风向标。

为了更清晰和具体地理解这一变化。我们将通过对王阳明和章学诚关于道和事的关系的看法的研究来进行展示，而他们关于道事关系的思想主要集中在"六经皆史"和"五经皆史"这两个命题中。

二、章学诚"六经皆史"与阳明"五经皆史"之比较

实斋"六经皆史"与阳明"五经皆史"的关系，经常被学者提及，如钱钟书、三田村泰助、苏庆彬等，① 但较少学者展开论述。黄兆强先生也注意到其联系和区别，惜未及详论。② 有学者曾进行了分析，但仍有不明之处③。笔者在这里冒昧补充。

要理解其关联，首先要搞清楚实斋之道论与阳明良知天理学说之关系，因为这是他们命题的基础。

---

① 黄兆强：《章学诚研究述评（1920—1985）》，台湾学生书局 2015 年版，第 61、93、155、180—184 页。

② 黄兆强：《章学诚研究述评（1920—1985）》，台湾学生书局 2015 年版，第 93、155 页。

③ 蒋国保：《章学诚"六经皆史"说新论》，《华东师范大学学报》（哲学社会科学版）2007 年第 6 期，第 52—57 页。该文对阳明的"五经皆史"进行过分析，认为阳明的经（道）、史（事）关系是紧密相贯的。这样的理解仍有将道事先分离然后再统一的意味。林安悟在其《中国近现代思想观念史论》一书中也专门论述过两者之区别，他认为阳明"五经皆史"一语旨在说明，我们是经由经史来理解道、彰显道的，并不是将六经销归于史，也不是去发现经籍的历史性。历史只是作为道德实践的教言而已，并没有独立地位，而实斋"六经皆史"则指的是"古无经史之别"，一切皆统归于史官之手，这就形成了实斋的"反历史主义的历史主义"倾向。说他是历史主义者，因为其"六经皆史"强调"理事合一""道器合一"，这里蕴含着历史主义的倾向，而其"六经皆史"中又包含"官师合一"、复归"三代"思想，这就导致了其专断威权主义倾向，此乃"反历史主义的"的气氛（台湾学生书局 1995 年版，第 140—155 页）。林先生的比较有一定道理，但仍未深入到道论本身。山口久和也谈到了章学诚和阳明之对比，他认为阳明"五经皆史"承认了经和史的同等地位，但阳明的唯心主义心学使其对史比较漠视；而章学诚的"六经皆史"则强调史之作用，甚至认为史可以取代经（见［日］山口久和著《章学诚的知识论——以考证学批判为中心》，王标译，上海古籍出版社 2006 年版，第 113—126 页）。山口氏显然认为章学诚是阳明之继承者，只不过其侧重点不同而已。此论亦有待商榷。

（一）实斋道论与阳明良知天理学说之比较

学者们对实斋之道论也有所探讨，黄兆强先生对其曾进行过综述，如李长之、冈崎文夫、侯外庐、刘汉屏、倪德卫等的研究。李长之认为，实斋的本体论就是道论，一切事物不过是道的表现，道是有必然性的。道不是物，而是理。唯物主义者所说的历史（事物）和历史规律（道）与实斋道论相似，由此，李长之称其为唯物论者。冈崎文夫则认为实斋是将史家所记人类之事看成是道的表现。侯外庐先生认为实斋既继承了先秦之自然天道观，也继承了清初的道器论。刘汉屏也认为实斋继承了先秦的天道自然的思想，具有朴素唯物主义倾向；实斋在"行事中体道"的主张还具有实践检验之特征；"以天道协人事"则突出了其人类社会进化论倾向。黄兆强先生也表达了自己对实斋道论之理解。他认为，实斋所说的"道"就是大自然演进变化的轨迹，甚至就是大自然本身。道是先天地而生的，"是未有人而道已具"。只有在人出现之后，道才能被认知，所以说"天地生人，斯有道矣"。因此，"道"有存在论和认知论之分，两者并不矛盾。人类社会秩序的建立，不过是人将上天赋予人类之道落实下来而已。圣人则是在众人协助下的临门一脚者，将道之必然者落实和实现。① 倪德卫用西方的唯物唯心二元思维模式来套东方思想，这就产生了问题。他认为实斋之道论是一种神秘主义，即道之不可言说，而实斋在道论基础上产生的"六经皆史""道器合一"等主要

---

① 黄兆强：《章学诚研究述评（1920—1985）》，台湾学生书局 2015 年版，第 47、50—52、92、119—121、162—164 页。

思想表达的就是对独立学术和知识体系的反对。① 有时倪德卫又将实斋的"自然"（道之自然）观念认为是现代意义上的自然界。②

综观学者们对实斋"道"之理解，多有慧见。不过，笔者仍觉其中有未尽之意。实斋之道论实有三层意蕴。

1. 实斋道论之三层意蕴

人们对于实斋之道论产生不同见解，概因为实斋"道"之含义的复杂性和混乱。如果对其混乱不加以区分，则容易产生歧义。据笔者对其道论之考察，他一共提到了三个层面的"道"，则其道器合一之思想也就有三个层面的。我们逐一论述。

首先，第一层次的道和道器合一。此"道"乃万物之所以然，是没有形名的，如老子所说之道。这里只是勉强称之为道。实斋曰：

《易》曰："一阴一阳之谓道，"是未有人而道已具也。继之者善，成之者性。是天著于人，而理附于气，故可形其形而名其名者，皆道之故，而非道也。道者，万事万物之所以然，而非万事万物之当然也。……

当日圣人创制……此皆一阴一阳往复循环所必至，而非可即是以为一阴一阳之道也。

道有自然，圣人有不得不然……不得不然者，圣人所

---

① ［美］倪德卫著：《章学诚的生平与思想》，王顺彬、杨金荣等译，方志出版社2003年版，第151—153、238、242、245—251页。

② ［美］倪德卫著：《章学诚的生平与思想》，王顺彬、杨金荣等译，方志出版社2003年版，第105—112页。

以合乎道，非可即以为道也。①

　　在这里，道是万物之本源或所以然，但是道又必须要在万物中显现，所谓"天著于人而理附于气"。天或理在万物中最基本的表现就是一阴一阳谓之迹，也正是在这阴阳之迹中，形成了第一层面的道器合一。在这种道器合一中，道之优先性是明显的。圣王正是借由这一阴一阳之迹来创制，使其尽量合乎道，但是圣王之创制或圣王之道并不是道本身，而是合乎道之产物。圣王之道就是第二层道。

　　第二层的道和道器合一。圣王参照第一层"道"的形气化轨迹而制定合乎道之制度法规，就是第二层之"道"，也即周公之道。实斋曰：

　　　　"道之大原出于天"，天固谆谆然命之乎？曰：天地之前，则吾不得而知也；天地生人，斯有道矣，而未形也；三人居室，而道形矣，犹未著也；人有什伍而至百千，一室所不能容，部别班分，而道著矣。仁义忠孝之名，刑政礼乐之制，皆其不碍已而后起者也……

　　　　故道者，非圣人智力之所能为，皆其事势自然，渐形渐著，不得已而出之，故曰"天"也。……

　　　　后圣法前圣，非法前圣也，法其道之渐形而渐著者也。三皇无为而自化，五帝开物而成务，三王立制而垂法，后人见为治化不同有如是尔。

　　　　圣人求道，道无可见，即众人之不知其然而然，圣人

――――――――――

　　①　（清）章学诚撰，吕思勉评：《文史通义》，上海古籍出版社2008年版，第33—34页。

所藉以见道者也。故不知其然而然，一阴一阳之迹也。……集大成者，周公所独也。①

在这里出现的道，只能从阴阳有形之迹中观察出来。这有形之迹积累越大越能体现出道之轨迹，所以至少要有三人才有道之初迹，而到什伍千百之后，道就越明。从众人中体察出来的道才越接近道本身，但众人自己观察不出来，能观察出来的是三皇、五帝、三王等圣王，而到周公则成为集大成者。这就是周公之道。

这样，我们就看到了两种不同之道。一种是第一层的"万物之所以然"之道，周公之道乃是第二层的"道"，此乃当然世界的"不知其然而然"之道、"不得不然"之道。所以，我们看到实斋看似矛盾的论述，就不要奇怪了，他是将两层道混在一起了。如他一会儿说"一阴一阳谓之道""未有人而道已具也"，一会儿又说"不知其然而言，即道也"，而"不知其然而然，一阴一阳之迹也"。前者说的是第一层之道，此道是在万物之先的，后者说的是第二层之道，乃是在万物之中或之后的。"故道不可见，人求道而恍若有见者，皆其象也"②，说的是第一层道；"道之大原出于天""天地之前，吾不得而知也""道也者，成相之谓也"等说的都是第二层之道。

顺便一提的是，实斋所说之"天"也是有两层含义：第一层天与第一层之道相若，乃先天万物之本源，"天著于人而理附于气"，"言性与天道不可得闻也"③；第二层天与第二层之道相应，乃后天有

① （清）章学诚撰，吕思勉评：《文史通义》，上海古籍出版社 2008 年版，第 33—35 页。

② （清）章学诚撰，吕思勉评：《文史通义》，上海古籍出版社 2008 年版，第 7 页。

③ （清）章学诚撰，吕思勉评：《文史通义》，上海古籍出版社 2008 年版，第 42 页。

形之天，如"道之大原出于天"、"故道者……渐形渐著，不得已而出之，故曰'天'也。"① "夫天，浑然而无名者也。三垣、七曜、二十八宿、一十二次、三百六十五度、黄道、赤道，历家强名之以纪数尔……天定胜人，人定亦能胜天"② 等。实斋提到的更多的是第二层意义上的天。这和他受《易经》影响有关，他所阐释的易学中的天，都没有超出原典之范围，即《易经》中的"天"都是后天有形之天，"在天成象，在地成形，变化见矣……圣人设卦观象……《易》与天地准，故能弥纶天地之道。仰以观天文，俯以察地理……圣人有以见天下之赜，而拟诸其形容，象其物宜，是故谓之象。圣人有以见天下之动，而观其会通，以行其典礼。"③ 这里的圣人所行之典礼与实斋所言周公之制典章如出一辙。

第二层的道器合一就好理解了，因为道（圣王治道）就出自器（有形世象、人伦日用），在这一种道器合一中，器就具有优先性了。这种道器合一是实斋论述中最为普遍的了④。"古人未尝离事而言理"⑤；"先王典章，未尝离事而著理"⑥；"夫天下岂有离器言道，离影存形者哉！"⑦ 等说的都是此种道器合一。

---

① （清）章学诚撰，吕思勉评：《文史通义》，上海古籍出版社2008年版，第33页。

② （清）章学诚撰，吕思勉评：《文史通义》，上海古籍出版社2008年版，第92—93页。

③ 杨天才、张善文译注：《周易·系辞上》，中华书局2011年版，第561、565、569、576页。

④ 山口久和先生也看到实斋道器论中"器"之优先性，见［日］山口久和著《章学诚的知识论——以考证学批判为中心》，王标译，上海古籍出版社2006年版，第82页。

⑤ （清）章学诚撰，吕思勉评：《文史通义》，上海古籍出版社2008年版，第1页。

⑥ （清）章学诚撰，吕思勉评：《文史通义》，上海古籍出版社2008年版，第29页。

⑦ （清）章学诚撰，吕思勉评：《文史通义》，上海古籍出版社2008年版，第39页。

正因为有这两层道和天之混杂，使实斋之道论难以辨识。更复杂的是，还有第三层之道和道器合一。

第三层之道是载入典籍中的道。载入典籍中的道乃是孔子所述之道，而此道的根源是周公之道。换句话说，经学典籍中的道是周公之道的文字化或学术化。因此，对实斋来说，我们认为的孔子六经之道其实并不是道，而是器，真正的道乃是周公之道。实斋说：

> 三代之衰，治教既分，夫子生于东周，有德无位，惧先圣王法积道备，至于成周，无以续且继者而至于沦失也，于是取周公之典章，所以体天人之撰而存治化之迹者，独与其徒，相与申而明之。此六艺之所以虽失官守，而犹赖有师教也。①

> 周公集羲、轩、尧、舜以来之大成……周公既集群圣之成，则周公之外，更无所谓学也。周公集群圣之大成，孔子学而尽周公之道，斯一言也，足以蔽孔子之全体矣。……"述而不作"，周公之旧典也；"好古敏求"，周公之遗籍也。……周公集其成以行其道，孔子尽其道以明其教……周公集治统之成，而孔子明立教之极……以周公为先圣，孔子为先师，盖言制作之为圣，而立教之为师。②

实斋耗费大量笔墨来说明周公和孔子之道的不同。周公之道乃是治道，是根据众人世象得来的治世之政教典章，孔子之道乃是教之道或学之道，他将周公之道记录下来，并传之后世，此为立教之

---

① （清）章学诚撰，吕思勉评：《文史通义》，上海古籍出版社2008年版，第27页。
② （清）章学诚撰，吕思勉评：《文史通义》，上海古籍出版社2008年版，第35—37页。

始，所以周公乃制作之圣，孔子乃立教之师。这就是孔子"述而不作"的原因，如黄先生所说，"述而不作"不是不求道、没观点，而是尽量原封保持周公之道，不加入自己的私意，所以实斋认为周、孔同为集大成者，只是孔子之集大成并非如孟子所说是集伯夷、尹、惠之大成，而是集周公之道之大成。①

孔子所立之道或教就在六经当中。于是六经就成了载道之书，所载的乃是周公之道。这就形成了第三层面的道器合一，即周公之道与六经之合一。六经就从道的地位降下来，成了器。在这一层中，如实斋所说："道不离器，犹影不离形。后世服夫子之教者自六经，以谓六经载道之书也，而不知六经皆器也。……夫子述六经以训诂后世，亦谓先圣先王之道不可见，六经即其器之可见者也。"② 因此，研读六经并不是要训诂章句，考求名物，而是要明在于其中之道，"夫六艺者，圣人即器而存道……古者寓道于器，官师合一……后儒即器求道，有师无官，事出传闻而非目见，文须训故而非质言，是以得之难也。……训诂章句，考求名物，皆不足以言道也。"③ 后世之学，训诂名物、撰述文辞等皆是溺于器而不知道。如果学者不知六经不过是道之器皿，只知在器皿上下功夫，则是玩物丧志、本末倒置。在这一层的道器合一中，道（周公之道）是优先的。而且，六经还并不体现道之全部，因为孔子并没有尽周公之学，实斋曰："周公之外别无所学乎？曰：非有学而孔子有所不至。"④ "事变之出

---

① （清）章学诚撰，吕思勉评：《文史通义》，上海古籍出版社 2008 年版，第 35—36 页。

② （清）章学诚撰，吕思勉评：《文史通义》，上海古籍出版社 2008 年版，第 38 页。

③ （清）章学诚撰，吕思勉评：《文史通义》，上海古籍出版社 2008 年版，第 40 页。

④ （清）章学诚撰，吕思勉评：《文史通义》，上海古籍出版社 2008 年版，第 36 页。

于后者，六经不能言，固贵约六经之旨而随时撰述以究其大道也。"①
六经所载来自周公之道，而后者来自当然世界，即来自人伦日常
（也即事或史），所以随着历史的推衍，要根据世象的发展来补充完
善六经。不能把六经绝对化和教条化。这一点宋儒看得很清楚，所
以宋儒离弃六经而寻求性天之道。在实斋看来，宋儒性理之学离器
离事而求道，也矫枉过正了，不合先王之道，因为先王之道乃来自
世象，不可空言。宋儒不仅离弃六经这一器皿，还抛弃了世象或史
事这样的更根本的器皿，不符合各个层面的道器合一之旨。②

根据前面所述，关于这三层道之关系是很明显的，即是一个自
上而下的决定和从属关系。实斋曾说："集大成者，周公所独也。时
会适当然而然，周公亦不自知其然也。"③ 这是说第二层的周公之道
是受制于更高的时会的，而时会的根源则是第一层之天道。实斋又
说："周公集治统之成，而孔子明立教之极，皆事理之不得不然……
此道法之出于天者也。"④ 这里又指出，第三层的孔子教之道与第二
层的周公治之道，皆来自于第一层的天道。

在实斋的论述中，经常论到的就是第二、第三层道，而第一层
则较少涉及。因为他害怕如宋儒一样陷入性天空言之中，"嗟乎！道
之不明久矣。《六经》皆史也。形而上者之谓道，形而下者之谓器。
孔子之作《春秋》也，盖曰：'我欲托之空言，不如见诸行事之深切
著明。'然则典章事实，作者之所不敢忽，盖将即器而明道耳。……

---

① （清）章学诚撰，吕思勉评：《文史通义》，上海古籍出版社 2008 年版，第 41 页。
② （清）章学诚撰，吕思勉评：《文史通义》，上海古籍出版社 2008 年版，第 42 页。
③ （清）章学诚撰，吕思勉评：《文史通义》，上海古籍出版社 2008 年版，第 35 页。
④ （清）章学诚撰，吕思勉评：《文史通义》，上海古籍出版社 2008 年版，第 36 页。

道不明而争于器，实不足而竞于文，其弊与空言制胜华辩伤理者，相去不能以寸焉，而世之溺者不察也。"① 这里谈到的就是两种道器。典章是第二种道，事实则是典章之器，在这里，器高于道；六经之道其实是器，是典章之道的载体，在这里，道高于器。实斋曰："学于圣人，斯为贤人；学于贤人，斯为君子；学于众人，斯为圣人。非众可学也，求道必于一阴一阳之迹也。"② 这里谈到的也是两种道，即孔子经书之道和周公治之道。学于圣人、贤人的都是从经书上学的，也即六经之道；学于众人则是从众人之世象来体悟治之道，这是圣王所做的工作，这种道又是六经之源泉，所以实斋所论之道，常追溯到第二层，即来自有形世象的周公之治道。

综上所述，实斋提出"六经皆史"这一命题就不是偶然的了。因为六经所载乃周公之道，即先王之政典。周公之道的根源是人伦日常、有形世象，而这些世象最终都是史事。六经说到底是对史事的体察。这是从第三层之道向第二层之道的回溯。它体现的是两个层面的合一：第三层面的道器合一和第二层面的道事合一。

在阐述了实斋之道论之后，再来看其道论之特性及其在思想史上的定位。实斋这三层道论中，第一层和第三层道论突出了道之优先性，容易给人以唯心之感；第二层则突出了器或事之优先性，容易给人以唯物之感。如此，就可以理解，看到实斋第一层和第三层道论的学者，往往会强调实斋之唯心倾向，如倪德卫、山口久和

---

① （清）章学诚撰，吕思勉评：《文史通义》，上海古籍出版社 2008 年版，第 153 页。
② （清）章学诚撰，吕思勉评：《文史通义》，上海古籍出版社 2008 年版，第 34 页。

等①。看到其第二层道论之学者，会将其看成是唯物派，如侯外庐、李长之等，②而看到实斋道论之矛盾性的则会指出其复杂性，如何炳松、余英时、黄兆强等。③

那么，实斋之道论到底属于何派呢？我们看到，实斋常论的乃是后两层之道器，尤其是第二层之道器论往往成为其最终归属。在第二层道器论中，第一层先天之道形化为气或事或史，圣王则从中体察治世之道。在这一层中，器或事比道有优越性。

在上述意义上，实斋可能是朱子之传人，而不是他所说的阳明、蕺山和梨洲之传人。朱子将理气二分，即本然之性（天地之性）和气质之性之分（《朱子语类》卷四），并且强调即物（气）求理，如阳明所说："朱子所谓格物云者，在即物而穷其理也。即物穷理是就事事物物上求其所谓定理者也，是以吾心而求理于事事物物之中，析心与理为二矣。"④ 实斋也是理气二分的。他所说的道器合一，前提是道器分离，合一只不过是要即物求道，以气合理，下学上达。他说："学于形下之器，而自达于形上之道也。"⑤ "盖谓必习于事而后可以言学，此则夫子诲人知行合一之道也。"⑥ "气合于理，天

---

① 山口久和先生也看到实斋道器论中"器"之优先性，见［日］山口久和著《章学诚的知识论——以考证学批判为中心》，王标译，上海古籍出版社2006年版，第82页。

② 黄兆强：《章学诚研究述评（1920—1985）》，台湾学生书局2015年版，第47、51、52页。

③ 黄兆强：《章学诚研究述评（1920—1985）》，台湾学生书局2015年版，第179—185、222页。

④ （明）王守仁撰：《王阳明全集》（上），第44—45页。

⑤ （清）章学诚撰，吕思勉评：《文史通义》，上海古籍出版社2008年版，第43页。

⑥ （清）章学诚撰，吕思勉评：《文史通义》，上海古籍出版社2008年版，第45页。

也。"① 他和荀子、朱子一样，强调后天之学的重要性，所以说到和浙东学派的关联，实斋更接近类似朱子的蕺山和梨洲等人。这师徒二人都是气一元论者，即气之精华灵明则为无形之理，气之粗疏则为形质方所。虽然二人也接受了阳明理气合一、内外合一、道事合一、万物一体等宗旨，但他们最终将其置于一气之基础上，理也内属于气。尽管对他们来说气有本然（无形之性、道、理等）和非本然（有形之气质）之分，但很容易让人误解为全部为气质之气。如此就将只有形气之一层了。其后，潘平格、陈确等的格物求理之学水到渠成，又回到了朱子理气两分之逻辑内。如此，明末清初朱子学之复苏就不是偶然的了。②

可以说，实斋、蕺山、梨洲等只是接受了阳明宗旨之外形，而在精神内核上都有所修改。蕺山、梨洲知道朱子理气、心物二分之困境，因此接受阳明心学之心物合一、理气合一之旨，但阳明理气合一乃统一在"理"这里，蕺山等则统一在"气"里。阳明说："夫良知一也，以其妙用而言谓之神，以其流行而言谓之气，以其凝聚而言谓之精。"③ 此良知乃为宇宙之本源，即天理良知。精、气、神乃本源良知之三种不同表现形式。精为阴，气为阳，阴阳之用为神，这三者乃是化生天地万物之基础。阳明深知低级状态不能化生高级状态之理，所以他把"理"或"道"作为世界的本源。在性气

---

① （清）章学诚撰，吕思勉评：《文史通义》，上海古籍出版社 2008 年版，第 66 页。
② 贾庆军：《黄宗羲的天人之辨》，中国社会科学出版社 2014 年版，第 60—65、94—95、121—122 页。
③ （明）王守仁撰：《王阳明全集》（上），第 62 页。

合一、理气合一、知行合一等旨中，性、理、知之优先性是明显的。① 阳明这一逻辑最明显体现在这一句："良知不由见闻而有，而见闻莫非良知之用。故良知不滞于见闻，而亦不离于见闻。"② 这里说的也是道器合一、理气合一，道、理是本源，必借气和事来显现，但它们不由事物所决定。道、理之优先性是明确的，然而蕺山和梨洲则将理气完全等同起来，并以气来决定理，如此就降低了理之本源地位，气或者物之优先性就越来越明显。

2. 实斋道论与阳明良知天理说之比较

与蕺山和梨洲相比，实斋则更加背离了阳明之旨。阳明的良知天理学说是更完整的宇宙学说。在阳明这里，先天之道与后天之道完全融合在了一起。③ 这也就直接贯通了章氏所言的三个层次的道，而章学诚只关注后天的两个层面的道。于是，王、章二人之道学就有了不同。

首先，在天人合一上，两者是不同的。实斋也强调天人合一，但这只是后天意义上的合一，即人在后天有形之世界中创制立法，"羲、农即以卦画为历象，所谓天人合于一也。"④ "有天地自然之象，有人心营构之象……盖圣人于天人之际，以谓甚可畏也。《易》以天道而切人事，《春秋》以人事而协天道。"⑤ 这里所说的天或天道皆

---

① （明）王守仁撰：《王阳明全集》（上），第100—101页。

② （明）王守仁撰：《王阳明全集》（上），第71—72页。

③ 贾庆军：《阳明良知之宇宙存有论和道德存有论释义——兼论牟宗三之道德存有论》，《贵州大学学报》（社会科学版）2016年第1期，第40—46页。

④ （清）章学诚撰，吕思勉评：《文史通义》，上海古籍出版社2008年版，第5页。

⑤ （清）章学诚撰，吕思勉评：《文史通义》，上海古籍出版社2008年版，第7—9页。

是后天之象，也即人伦日用。人在这样的天地中，只要合于人伦日用，就是天人合一了。虽然实斋也说"尽其天而不益以人"①，但这里的天也是有形之天。阳明之天人合一则无论是先天还是后天都为一。"性一而已：自其形体也谓之天，主宰也谓之帝，流行也谓之命，赋于人也谓之性，主于身也谓之心。"②"天地鬼神万物离却我的灵明，便没有天地鬼神万物了。我的灵明，离却天地鬼神万物，亦没有我的灵明。如此，便是一气流通的，如何与他间隔得？"③"理一而已。以其理之凝聚而言则谓之性，以其凝聚之主宰而言则谓之心，以其主宰之发动而言则谓之意，以其发动之明觉而言则谓之知，以其明觉之感而言则谓之物。……天下无性外之理，无性外之物"④。在阳明这里，良知天理也即性或道，为宇宙之本源。天、帝、命、精、气、神、心、意、知、物等皆是良知天理或性的不同变形。良知（或性、道）乃未发之中，气则为良知（或性）已发之态，但性气从来都是一体的，未发和已发是一个良知天理（或性、道）的不同阶段之状态而已，这两个状态显现的都是一个存在。在未发之中，已蕴含万物之根苗，可说未发已发为一、万物乃一；已发之后，良知（或性）化生为天地万物，与万物为一，性气融为一体，亦可说未发已发为一。⑤

其次，两者天人合一观之不同，导致知行合一之旨的不同。与

---

①　（清）章学诚撰，吕思勉评：《文史通义》，上海古籍出版社 2008 年版，第 66 页。

②　（明）王守仁撰：《王阳明全集》（上），第 15 页。

③　（明）王守仁撰：《王阳明全集》（上），第 124 页。

④　（明）王守仁撰：《王阳明全集》（上），第 76—77 页。

⑤　贾庆军：《阳明良知之宇宙存有论和道德存有论释义——兼论牟宗三之道德存有论》，《贵州大学学报》（社会科学版）2016 年第 1 期，第 40—46 页。

后天的天人合一相对应，实斋的知行合一也是后天的，他强调的是后天的学习和考察，通过后天努力来认知万事万物之道理。① 如此之人心在认知之前很像一块白板。阳明之心则截然不同。在阳明看来，既然良知天理分为未发已发两个阶段，那么知行合一也有两种：一种是良知天理未发之时，知行合一乃先天合一。如前所述，知就是理、道、性等是头脑性之存在，行就是气、物、身等躯干性之存在，而在先天良知天理中，它们是一体的。另一种则是在天理已发之后的知行合一。已发后，人心乃天地之心，而人先天就具有天地万物之知识，不能知只是因为被后天形气所蔽塞了，所以人要做的就是恢复其良知，并将其良知天理至于万事万物之中。"若鄙人所谓致知格物者，致吾心之良知于事事物物也。吾心之良知，即所谓天理也。"② 此即是后天的知行合一。可见，即使是在后天的知行合一中，仍然以良知之先天存在为基础。实斋之知行合一则完全限定在后天里，因为其没有触及根源上的天人合一之道或天。

实斋之道论最后停留在第二层，这使其更接近朱子。余英时先生将朱子学问的这一倾向说成是智识主义，而在阳明眼中，出于闻见之知的智识很可能成为私智，成为良知智慧之阻碍。将气或事物绝对化，并把它看成道的最高源泉，反而会阻碍人之智慧的发展。阳明所尊之天理、天道反而更具有灵明和智慧特征。

如此就使我们更进一步认清了实斋思想之本质。当他以周公之道批判六经考证之学和僵化之道时，他就能够超越载籍教条、恪钉

---

① （清）章学诚撰，吕思勉评：《文史通义》，上海古籍出版社 2008 年版，第 45 页。
② （明）王守仁撰：《王阳明全集》（上），第 44—45 页。

考证之学问，提出所谓的"神解精识"。这就给人以唯心、现代自由个体意识甚至革命的印象，还有超出教条的智识主义之倾向，① 而当他认为周公之道乃是最高之道，将有形器物、事物看作道之最后来源，神话现实世界及先王之政典时，其道就又受到事或史之限制。如此，就会给人以唯物和专制保守之印象。在这时，既会产生余英时所谓的从客观事实获得知识的智识主义，② 也会产生以事实来压制精神和灵性的反智识主义。所以，实斋之道德专制倾向不是因为其对某个特定统治者的拥护和支持，而是因为其思想导致的对所有圣王之崇拜。在实斋后天之道论中，就隐含着这一系列矛盾和混乱的东西。这也是实斋难以被理解的原因。

最后，如余英时和黄兆强先生所言，实斋和戴震确实代表了清中期之学术倾向，即朱子道问学之倾向。无论是实斋之尊德性还是戴氏之道问学，都是通过同一路径实现的，即后天之学问。这样，实斋以为他是站在陆王立场上来批判戴氏之程朱立场，实际上他们更像是一种同室操戈。诚如实斋所说："但门户既分，则欲攻朱者必窃陆、王之形，欲攻陆王必窃朱子之形似。……则自命陆王以攻朱

① ［日］山口久和著：《章学诚的知识论——以考证学批判为中心》，王标译，上海古籍出版社 2006 年版，第 15—17 页。

② 余英时：《论戴震与章学诚——清代中期学术思想史研究》，生活·读书·新知三联书店 2000 年版，第 328—345 页。这里似乎就有了两种不同的智识主义和反智识主义标准：余氏以从客观事实求知求道为智识主义，离事而言知言道则为反智识主义；山口氏则认为有主体性存在的就是智识主义，无主体性的则是反智识主义，然而这两种智识主义和反智识主义的根源是一样的，即都是在主客体分离的前提下提出来的。余氏抓住客体而言，山口氏则抓住主体而言，无论哪一种推到极致，都会产生反智识主义。阳明对这两种体系都提出了批判，阳明"道在事中显但不由事中生"的思想就避免了道（近似主体性）或事（近似客体性）之一边倒的倾向。

者固伪陆王，即自命朱氏以攻陆王者亦伪陆、王，不得号为伪朱也。……陆、王之攻朱，足以相成而不足以相病。伪陆、王之自谓学朱而奉朱，朱学之忧也。"① 实斋确实深具慧眼，他已经看到，真正的陆、王之学和朱学是不矛盾的，甚至是可以涵纳和提升朱学的。因此，真正的陆、王学者是不会否定朱学的。攻击陆王和朱学的只能是伪陆王者。实斋自认为是一个真正的陆王学者，他攻戴氏考证训诂是因为其根基不足。饾饤考证、文辞诵记不足以尽道，如此之学问不是朱学，只能是冒为朱学的伪陆王之学。为了完善和提升经学，使其更符合朱学，实斋要将经学置于更高的基础上。他不满于宋明性理之学之空疏，欲寻求一种更真实之本源，于是他硬生生造出了一个和孔孟经学相对立的道统，即周公之治统，且将周公政治典章看作孔孟经学之源泉，而周公政典皆出自史事、人伦日常，于是史就成了经学之源。如此，实斋就可以放心大胆地批判一切称为经学的著述和流派，至于在经学基础上产生的训诂考证更不值一提了。然而，实斋并不是一个真正的陆王继承者。陆王并不会将现实有形世界绝对化，并将之看成道之唯一源泉。实斋停留于后天有形世界，使他更接近于一个朱学者。黄先生也不赞同将实斋学术渊源追溯到阳明和蕺山，他的理由是后两者并不治史，而没有指出实斋与阳明思想之差异②。其实实斋自己以及大多数学者将其看为阳明之继承者，主要是从思想精神上来说的，而据我们的分析，在思想上实斋也背离了阳明。

---

① （清）章学诚撰，吕思勉评：《文史通义》，上海古籍出版社 2008 年版，第 78—79 页。

② 黄兆强：《章学诚研究述评（1920—1985）》，台湾学生书局 2015 年版，第 197 页。

如果说实斋非要和阳明扯上关系的话，可能与阳明后学有一定联系。阳明晚期曾在天泉证道中讨论其弟子悟道的两条路径：（1）王畿直接悟道的途径（四无说），即以本体为工夫，只需体悟良知至善之本体或道本身就行了，然后直接将道至于万事万物。（2）钱德洪从工夫悟本体之路径（四有说），即从具体事物中体悟道。阳明则认为他们都有缺陷，要他们互相结合起来才完善。后人则多继承钱德洪从功夫悟本体之路径，指责王畿流入了玄虚禅学，然而阳明早就指出，从工夫悟本体不可陷溺于枝节条目，在事和物上磨炼，最终是体悟和复归良知本体，再将良知天理贯彻于事事物物中。只看到有形之万物，而看不到无形之道，容易在具体工夫中迷失本体之道①。蔡先生对这两种路径的评价还是很到位的，他说"四无"说与阳明良知教的义理并不悖违，其是实践达到的化境。"四有"乃道德实践之普遍的乃至必然的方式，"四有"不是单纯沉溺在后天，而是必须有良知作为超越的根据，即必须以"四无"为调适之依据。②

后人在继承"四有"之下学上达之路径时，忘记了阳明的教导，自下而上的认知必须要有先天之自上而下的灵悟为参照，因为人先天是和道合二为一的。没有这先天之灵明为指引，人容易迷失在事物之中。蕺山和梨洲还强调这一先天良知的重要性，不忘理在气中的主导地位，但到了陈确、潘平格、实斋、戴震等人这里，就删去了先天之道这一部分，只留下了后天形气及从中自下而上认知道的路径。余英时先生曾经看到这一路径和阳明后学的关联，但没有指

---

① （明）王守仁撰：《王阳明全集》（下），第 1306—1307 页。

② 蔡仁厚：《儒家心性之学论要》，（台湾）文津出版社 1990 年版，第 54 页。

出其对阳明学的背离和歪曲。①

清代学术思想是越来越向形而下的路向延续，直到经世实学的全面开花，最后是和近代功利主义的接轨。②

根据以上分析，学者们对实斋道论之阐释是值得商榷的。将道看成是大自然演进变化的轨迹，甚至就是大自然本身。它是先天地而生的。这似乎符合实斋"是未有人而道已具"之观点，对应实斋之第一层道论，但先于人之道恰是实斋所不愿论及的，他认为它是无形的存在，人不可得而知。人能知的只能是道有形之后的世界。把先于人之世界看成了有形之大自然，并称这是实斋之存在论。这是现代人的主客观逻辑之结果，恐与实斋之道不符。对实斋来说，先于人之存在是无形的，不可得而知，而实斋"天地生人，斯有道矣"一句常被理解为人的认识论。认为只有在人出现之后，道才能被认知。人类社会秩序的建立，不过是人将上天赋予人类之道落实下来而已。③ 这部分符合实斋的第二层道论，即人只能在有形界来体察道并依此来治世，但这并不仅仅是认识论，而是集存在论和认识论于一体的。

解开实斋道论之谜，他的其他思想也就迎刃而解，尤其对于理解其"六经皆史"之思想是便利的。

---

① 黄兆强：《章学诚研究述评（1920—1985）》，台湾学生书局 2015 年版，第 82 页。
② 刘巍：《经典的没落与章学诚"六经皆史"说的提升》，《近代史研究》2008 年第 2 期，第 4—25 页。
③ 黄兆强：《章学诚研究述评（1920—1985）》，台湾学生书局 2015 年版，第 162—164 页。

（二）"六经皆史"与"五经皆史"的关系

关于对实斋"六经皆史"的阐释，已经浩如烟海。有学者进行了归纳，认为有六种提法：反对空疏学风说（廖晓晴等）、史料说（胡适、张舜徽等）、救治乾嘉考据流弊说（钱穆）、双重针对说（仓修良、叶建华）、双重挑战说（余英时）、正反含义说（山口久和）。① 黄兆强先生对 20 世纪 90 年代之前的"六经皆史"研究进行了总结，他主要提及了孙德谦、内藤虎次郎、冈崎文夫、金毓黻、柴德赓、戴密微、周予同、汤志钧、余英时、许冠三、仓修良等的研究。② 经过比较之后，黄先生最后支持了戴氏和余氏的阐释，即"尊史而不抑经"甚至"尊史抑经"。这种两种阐释都是在实斋的哲学思想背景上得出的，深得实斋之意。黄先生也进一步指出，实斋所说之经学，已经非传统意义的了，这里的"经"乃是道之体现，即宇宙人生之大道理，是永恒者、普遍者。是圣贤的"神圣制作"。他还将对"六经皆史"的阐释综合为三个层面（就六经制作者来说，六经乃是一种寓有精神、理想的"神圣制作"，而绝非仅是材料而已；对实斋来说，六经乃是吾人祖先（在先王治理天下的情况下）的人伦日用具体生活的一份历史记录；就古史的研究者来说，六经则仅为史料而已）。在余氏、钱氏论述的基础上，黄先生更进一步提出"以史概经"之观点，即"六经皆史"甚至将"经"降为了个别、特殊之事。这无疑会推进此命题的研究。

---

① 蒋国保：《章学诚"六经皆史"说新论》，《华东师范大学学报》（哲学社会科学版）2007 年第 6 期，第 52—57 页。

② 黄兆强：《章学诚研究述评（1920—1985）》，台湾学生书局 2015 年版，第 50—61、90—101、138、145、152、207、215—218、442—444 页。

还有学者提出了一种新的阐释，认为章学诚此命题之根源是其文史校雠之学。此命题之意蕴是在历史过程中建立的，是多元的，包括由"六经皆周官掌故"与"古无私门之著述"所指涉的"道器合一""官师合一""治教合一"的价值观念；由与经学的抗争而激起的从"述作"角度诠释的"以史明道"的主张；由"史籍考"的编纂而凸显的"尊史"思想；由修志实践而悟到的以"府史之史"（即书吏）的卑微身份以道自任的主体意识；从以史通今的立场出发，既视经典为"一代之实录"，又深深维护其为"万世之常法"的思想等。①

接下来，笔者将对实斋"六经皆史"与阳明"五经皆史"的含义进行剖析，并指出其联系和区别。

如上所述，实斋"六经皆史"之命题是第三层之道向第二层之道的溯源，这是实斋道论的结果。实斋不满于经学考证，反对从六经中抽象出道，为了纠正经书之道的片面性和扭曲化，他为六经之道找到了更为原始和丰富的源泉，这就是圣王尤其是周公之治道。周公之治道或政道不仅是孔孟经学之教道的对立面，更是其本源。周公之道的载体是政典，来自人伦日常、有形世象，这些可看为事或史。这些事或史正是道之展开和形著。周公之道即由此而来。因此，从本源上说，六经皆来自史或事。在这一意义上，"六经皆史"。如此，六经在实斋这里的地位就开始降低了。作为史或事之产物，六经不仅不能与史或事相提并论，还低史一等。黄先生之感觉是有

① 刘巍：《章学诚"六经皆史"说的本源与意蕴》，《历史研究》2007 年第 4 期，第 63—88 页。

道理的，实斋最后的倾向是尊史抑经，甚至是以史概经①。

再来看阳明的"五经皆史"论。其论之背景如下：

　　爱曰："先儒论《六经》，以《春秋》为史。史专记事，恐与《五经》事体终或稍异。"先生曰："以事言谓之史，以道言谓之经。事即道，道即事。《春秋》亦经，《五经》亦史。《易》是包牺氏之史，《书》是尧、舜以下史，《礼》、《乐》是三代史；其事同，其道同，安有所谓异？"

　　又曰："《五经》亦只是史，史以明善恶，示训戒。善可为训者，时存其迹以示法；恶可为戒者，存其戒而削其事，以杜奸。"爱曰："存其迹以示法，亦是存天理之本然；削其事以杜奸，亦是遏人欲于将萌否？"先生曰："圣人作经，固无非是此意，然又不必泥着文句。……《诗》非孔门之旧本矣。"②

从这段话来看，阳明不止说的是"五经皆史"，他说"《春秋》亦经，五经亦史。"实际上也是"六经皆史"，只是在五经中他不承认《诗经》是孔门经典。他所说的"五经皆史"要从其良知天理学说来理解。如前所述，在阳明看来，良知天理就是世界之本源，良知天理化生为天地万物，而人之良知则是良知天理化生之精华与核心所在，是为天地之心。在天地万物皆由天理或道化生而来这一角度看，即理解阳明万物一体、理气合一、知行合一、体用合一、心物合一、未发已发合一、内外合一之宗旨了。所谓的理、知、体、

---

　　① 关于实斋对史之尊崇的论述，莫过于刘巍的《章学诚"六经皆史"说的本源与意蕴》（《历史研究》2007年第4期，第63—88页）一文了。

　　② （明）王守仁撰：《王阳明全集》（上），第10页。

心等不过是化生后宇宙之头脑，而气、行（身）、用、物等则是躯干。头脑和躯干乃是一个浑然整体，头脑并不是虚寂抽象之存在，必在躯干中显。① 理、知、体（本体）、心就是良知天理生化之后的"道"，气、行（身）、用、物等则是生化之后的"事"。

如此，阳明之道也可分为三层：第一层乃宇宙本源，即天理或天道；第二层乃化生后的人心之道，即心体良知；第三层乃是心体良知转化为文字记载的经学之道②。前两层表现为两种道事合一：第一层天道与化生的万物（事）为一，即未发和已发之合一；第二层的心体良知（人心之道）作为已发万物（事）中的头脑，天然就与事合一。第三层的道乃心体良知之文字化，此乃道心合一。

阳明在说道事合一时，无论是第一层还是第二层，皆以道为体，事为用。其所谓的经学之道，乃是心之道的文字化，而心之道不源于事（实斋则源于事），而是源于天道。五经就不过是心之道的文字化，而心之道乃是万事万物中的头脑，心之道与事（史）天然一体，所以五经可以说是事（史）之灵明头脑或精华的文字化。在这个意义上，"五经皆史"或"六经皆史"。

事（史）与六经皆以人心之道为本，经不过是人心这一头脑的文字化和固定化，所以经这一固化的头脑依然是事的头脑，它们本就属于一个身体，所以说"六经皆史"也可，说"《春秋》亦经"也可。

---

① 贾庆军：《阳明良知之宇宙存有论和道德存有论释义——兼论牟宗三之道德存有论》，《贵州大学学报》（社会科学版）2016年第1期，第40—46页。
② 在《博约说》《尊经阁记》中，阳明详细阐述了道与六经之关系。见（明）王守仁撰《王阳明全集》（上），第254—267页。

虽然说阳明承认道事合一、理（性）气合一、知行合一，但是前提要承认道、理、性、知之头脑地位。如其在性气合一中的讨论："'生之谓性'，'生'字即是'气'字，犹言气即是性也。……若见得自性明白时，气即是性，性即是气，原无性气之可分也。"① "若晓得头脑，依吾良知上说出来，行将去，便自是停当。然良知亦只是这口说，这身行，岂能外得气，别有个去行去说？……气亦性也，性亦气也，但须认得头脑是当。"② 若明白气乃性之发用时，可说气即是性，性即是气，但一定要明白性乃气之源头。如果说气即是性，认为气和性完全等同，气能生性，则本末颠倒了。

尽管阳明说"五经皆史"、道即是事，但经和道之优先性还是明确的。史或事是从更高的道化生而来，道不是由事所生。从第一层的本源之道（良知天理）看，是道化生了气或事物；从第二层的道（人心良知）来看，人心良知乃万物之心，它拥有万物之知识，会对万物进行合理的安排，使其符合良知天理。道之优先性是明显的。经乃是对道的记载，尽管有时会出现错误，但其指导作用还是要肯定的。阳明这三层道都显示出了对事的优先性。

如此，实斋和阳明经史之说的联系和区别就清楚了。两者之相同点如下：（1）都承认道事合一。（2）都承认经学典籍相对于道的局限性。（3）都承认人在体道过程中的重要性。

两者之不同点在于：（1）对道的层次挖掘不同。阳明将第二层面的道和事都追溯到第一层本源之道（良知天理），并详细描述了其

---

① （明）王守仁撰：《王阳明全集》（上），第 61 页。
② （明）王守仁撰：《王阳明全集》（上），第 101 页。

生化之过程。这样，道、事、人先天就为一体，就更有助于理解道事合一、心物一体之本义。实斋则对第一层道持沉默态度，只在第二层中谈论道，致使人、经、道、事相分离，而其合一也是后天的黏合和统一。先分后合之逻辑使人难以从本质上理解合一之义。（2）对经史之关系和地位定位不同。对阳明来说，虽然说道事合一、经史合一，但道和经乃是万物精华和核心所在，是具有优先性的，① 而实斋则有尊史抑经，甚至是以史概经之倾向。这是其将气或事之地位提升的结果。（3）关于政教之关系的不同定位。在阳明这里，现实世界和政教不会被绝对化，因为它们皆来自一个更高的本源——良知天理或道。在政教都要依循天道之前提下，教似乎离道更近一点，因为它是形化世界中较具有灵性和智性之存在。圣王之治理的根本就是教化民众。教化所依赖的典籍即是经教之产物，这也是人心对天理的体悟。既然天理人心本为一，那么所有人都可以体悟到天理，所有人都可以为道之体悟做出贡献，而不是只归圣王。如此，阳明就比实斋开明多了。圣王所体悟之道也失去了绝对性，圣王之治亦需要道及其典籍之指引。实斋批判经学之僵化，不是诉诸更高之道，而是提出了以政导教、教附属于政之观点。黄先生也看出实斋抬高政而忽视教之倾向。② 这样就将政治绝对化了，在某种程度上会形成威权主义和反智主义倾向。在制定政典过程中，实斋将其权力只赋予了圣王，其精英主义倾向比阳明更明显和绝对。（4）关于人在道中之地位的不同定位。在阳明之道事合一中，人处于核心地

---

① 在《博约说》《尊经阁记》中，阳明详细阐述了道与六经之关系。见（明）王守仁撰《王阳明全集》（上），第254—256、266—267页。

② 黄兆强：《章学诚研究述评（1920—1985）》，台湾学生书局2015年版，第410页。

位，人之良知乃万物之精华。由于人先天与良知天理合一，所以人潜在地具有万物之知识，其接触万物是来恢复其潜在的知识。所谓的经典不过是人触物之后对潜藏在自己内心之道的发掘和显现而已。所谓良知（道）不由见闻而生，但必由见闻而显，所以阳明将先天之认知与后天之认知完善结合起来，为知提供了宇宙论基础。在实斋这里，人没有先天之知识，其知识乃是后天获得，[①] 而且只能通过对史或事的体察比拟而得。如此，失去宇宙论根据的认知就会将人和现实绝对化，从而导致保守和专制。在实斋这里，圣王之典章对事之依赖性就很大。事或史之地位的提升在所难免，所以阳明提倡人之良知，侧重于人之灵明之知，由此就突出了人之地位，其宇宙论基础在提升人的同时也不放纵他；实斋虽提到人之知的灵性，但由于其过度依赖于事和典章，反而对人形成了压制和束缚。

经由上述分析，实斋和阳明思想的关系就清楚了。实斋借用了阳明思想之形式，借此突破经学的束缚和饾饤考证、文辞诵记的陷阱。因为阳明早就在其"拔本塞源"之论中对这些有所批判。[②] 实斋出于对阳明的不解或误解，并没有将天理或道之三层意蕴打通，而只是停留在了第二层。如此就形成了其不同于阳明的"道器论"和

---

① 黄先生也多次提到"前修未密，后出转精"（见黄兆强《章学诚研究述评（1920—1985）》，第124、139、158页）一语，强调后天之知的重要性（见黄兆强《章学诚研究述评（1920—1985）》，第115页）。这有部分道理，但认知并不局限于或只源于现实世界，还要有先天之基础，否则一块毫无认知力和认知结构之白板怎样去认知呢？现代现象哲学所探讨的先验认知结构恰如阳明所说的良知之先天特征，而良知更深化和具体，并不仅仅是一种认知结构，它似乎潜在地拥有整全之知，恰如一颗待萌芽之种子。后天认知恰似这一种子的开花结果。因此，先天蕴含与后天进化论认知之结合，才可能接近认知的完整性。

② （明）王守仁撰：《王阳明全集》（上），第53—56页。

"六经皆史"观。

（三）章学诚与王阳明思想之定位：兼论礼制儒学与心性儒学

通过以上的对比分析，我们对实斋之道论和"六经皆史"就有了进一步的了解。实斋的道论和道器合一有三个层次：第一层次的道乃万物之所以然之"道"，是没有形名的，此道必借世间万物来显示，这是第一层面的道器合一；第二层的道乃圣王参照第一层"道"的形气化轨迹而制定合乎道之制度法规，也即周公之治道，其道器合一表现为道（圣王治道）出自器（有形世象、人伦日用）；第三层之道乃是载入典籍中的道，即孔子所述之道，而此道的根源乃是周公之道。因此，对实斋来说，我们认为的孔子六经之道其实并不是道，而是器，真正的道乃是周公之道。此层面的道器合一乃是周公之道与六经之合一。实斋之道论最后停留在第二层，这使其更接近朱子而不是阳明。其"六经皆史"之论乃是第三层之道向第二层之道的回归，即六经之道向周公之道的回归。

实斋"六经皆史"与阳明"五经皆史"相比较，只是形似而内核大相径庭。阳明乃将三层道融合为一，天理与人心、道与事、知与行皆出一源，但在这一元中，道、理、性之优先性明显的。实斋则停留在第二层之道，强调气、器、事、物之优先性。实斋就成了清中期朱学之代表。那么，朱子学和阳明学在儒学史上具有什么地位呢？

儒学在大方向上基本可分为两种：一种是礼制儒学，一种是心性儒学。礼制儒学的创始人无疑是孔子，但其源头可追溯到周公。这一支儒学强调人们使用后天之认知能力，参照着有形世界建立起人类社会的秩序，这一秩序基本上是个等级秩序。这一认知能力的载体是圣王和精英，所以这个等级社会也由这些精英来管理和维持。这一支儒学主要靠外在的、具有强制性的礼来管理社会和教化民众，所以我们称其为礼制儒学。对这一支儒学做出贡献的有荀子、董仲舒、程颐、朱熹、章学诚等。孔子不愿言天，他只是在参照已生万物以及周公之礼的基础上建立了君、臣、父、子之礼义之道。孔子认为人要区别于禽兽，就要有秩序，所以要用礼来教化和约束之。这一礼并不先天就在人们身上，而是需要后天修炼和培养才会具有的。孔子相信人会通晓和践行礼义之道的，对于人类这一认知和践行能力之自信，使孔子认为人性乃善。能习得此礼而不去修习，就会导致此礼之丧失，人性亦难实现，此即为"性相近也，习相远也"（《论语·阳货》）。正是对礼之修习程度有别，才形成了孔子的等级统治思想。荀子在某种程度上是将礼制从宇宙论的角度确立了下来。荀子言天，但他不提神秘造化之天，而只认后天形化之天。他认为天地万物包括人初生时都是恶的，善则来自人后天的学习，尤其是圣王后天之努力，这一学习的结果就是礼义之道的形成。在荀子这里，礼同样是从外面塞给人的属性，只不过荀子将孔子的性和习颠倒了一下，而对善之定义他们是一致的。荀子的人性恶思想导致了礼制的严酷和专制的加强，使儒家思想有了法家的味道。董仲舒则将孔荀之思想朝着宇宙神秘论的方向推进了一步，但董子之宇宙依然是后天形化世界。他将形化世界用阴阳五行理论进行解释，并将其与人之礼义社会融合在一起，形成了汉代独特的天人合一思想。这可能还是荀子天论思想的倒退，因为荀子专门批判了对有形天地间各种怪异现象作神秘解释的做法。将有形万物与人类事物作神秘解释就导致了术数之盛行。儒家礼制与片面的有形世界建立了神秘互动关系，就使儒学朝着僵化和神秘化方向发展，使人更受制于外在天地万物所提供的神秘密码，这就更加剧了礼制的专制色彩。程颐、朱熹则将儒家礼制学说推向了顶峰，他们不仅克服了董子神秘五行之影响，还补充完善了荀子、董子的片面宇宙论。程朱将宇宙论从后天追溯到了先天。其已发未发、动静一体之思想较完满地解决了人性之宇宙根基问题。在此宇宙论前提下，荀子的化性起伪、性伪相合论变为了理气合一论。理乃宇宙本源，是人本然之性（善）的来源，气乃是习，是气质之性（恶）的来源。所以，人先天性善，只是受了后天习气之影响，从而产生了恶。因此，程朱提倡"存天理，去人欲"，而如何存天理呢？还是要向圣王学习，因为只有圣王能凭着其聪明禀赋而尽其本然之性，从而能够成为众人之导师，但朱子等又将天理和人心、理和气分成两段，理就似乎又成了人身外之存在。作为理之条理的礼也就依然是在人心之外，所以朱子教导人去格物穷理，即从事事物物中去体悟天理。人之修心养性也就通过对日常礼节的遵守来进行。朱子虽然将礼制建立在更完整的体宇宙论基础上，但其心、理之二分使礼法依然像从外面强加给人的礼物。这就使礼法成了一种外来的束缚，人们所做之事和遵从之礼节就都成了一种强迫和命令，而且朱子穷理之对象又局限于有形之物，就更容易形成僵化保守的礼法。因此，朱子从整体宇宙出发，最后却又如孔子、荀子一样将礼义之道的根基局限于后天形质世界，其最终结果也会形成某种专制。难怪戴震等人要批判朱子以理杀人，鲁迅等近代作家也批评礼教吃人。程朱理学的一大贡献是破除了对易象术数的迷信和依赖，他们认为人们不能由于有限的现象就决定了一生之命运，人们更应该在广大的天理指导下生活。天理所告知我们的是大的行事原则和方向，而不是术数在具体事件上僵化的指导。在此之后，易学研究越来越朝着义理化发展，术数一层则逐渐被遗弃。

礼制儒学及其特点在章学诚时得到了总结。如前所述，实斋为了和戴震等考据学派论战，提出了"六经皆史"的主张。在阐述他这一主张的时候，他发现了礼制儒学的脉络，并将其源头追溯到了周公。因此，虽然实斋自认为是一个真正的陆王学者，但他并未真正继承陆王之宗旨。陆王并不会将现实有形世界绝对化，并将之看成道之唯一源泉。实斋停留于后天有形世界，使他更接近于朱学。其将六经之源头追溯到周公治道，也就是将孔子儒学追溯到了周公礼制。于是，实斋就成了礼制儒学的最后完成者。他首次清晰地描述了这一学统的脉络和源流。

实斋批判经学之僵化，不是诉诸更高之道，而是提出了以政导教、教附属于政之观点。如他说做学术"皆不背于名教"，而名教又来自于圣王之典章。因此，所谓的合乎天就是要合乎圣王之治道，这就是实斋道论之结果。把天局限在有形之界，必然会导致对政典之崇拜，这样就将其礼制政治绝对化了。在某种程度上，会形成威权主义和反智主义倾向。在制定政典过程中，实斋将其权力只赋予了圣王，难怪学者们要批判实斋是封建礼教专制主义的辩护者。刘蕺山、黄梨洲、王船山等虽然也受到阳明影响，通晓理气合一、道器合一之理，但他们最终都强调气和器之优先性，这样的倾向就又接近朱子和实斋了。

心性儒学这一支的源头要追溯到孟子，对其做出贡献的还有程颢、陆九渊、王阳明等。① 孟子明确提出人心本善。他从人心之四端来证明（恻隐、羞恶、辞让、是非）之。从人心之善来证明人性之善，这同孔子和荀子所看到一个认知心是不同的。对他们来说，礼是外在于心的。孟子则认为善本身就在人心，礼也存在于人心，只要此本心在，听从本心去作为，所有事为就莫不合乎礼义。如此，就承认了人天生之善性，但孟子并没有从宇宙论上来论证人性之善，他的论据依然停留在后天已发之世界。他所谓的心也是日常经验之心，心也是停留在人身的形气之心。② 从宇宙论上论证人心性之善的是陆九渊。他将孟子人心之四端看成是本心已发之结果，且只是心体发散出来的部分结果。在未发心体中，本心乃是天理、天道之全。如此，象山就将已发心体或天理追溯到了先天未发，就使心性有了宇宙论根基。本心即是天理，即是天道，本心与宇宙合二为一，"宇宙内事乃己分内事。己分内事乃宇宙内事"，"宇宙便是吾心，吾心便是宇宙"（《陆象山全集》卷三十六《年谱》）。虽然象山将本心与天理合二为一，但是象山并没有在宇宙生成论的角度来解释其关系，也没有阐明它们在先天和后天中的具体状态及其转换过程。这就使其不能完善解决理和气的关系，也不能回答朱子关于人和物孰为先生的质问。这些问题都有待阳明来解决。阳明四句教将朱熹的宇宙论和象山的心学结合了起来，从宇宙论角度论证了天理和人心合二为一，同时也阐明了天理良知之先天化生宇宙和人心良知后天化生之具体内涵。人心之先天与后天之状态得到了详细的描述。理

---

① 蔡仁厚：《儒家心性之学论要》，文津出版社 1990 年版，第 39—49 页。
② 朱谦之：《日本的古学及阳明学》，人民出版社 2000 年版，第 317 页。

与气、性与情、天与人、心与意、善与恶、知与行、体与用等关系都得到了解决。阳明良知之学就是心性儒学之集大成者。

这两种儒学各有优劣。礼制儒学常常成为主流，因为其主要依靠外在的规范和制度，容易操作，也易见效果。它拥有广泛的群众基础和现实基础，因为大多数人在日常生活中总是显现出贪婪和欲望，这就需要进行制度上的约束和引导。礼制儒学的缺点是，过度依靠执政者的聪明智慧，所以执政者的才干能否得到有力保障，其官僚体系能否保持活力，是这种自上而下统治模式的关键所在。如果不能保证其聪明智慧，就不能根据民众的能力来调整其制度，以保证人的成长和发展。其不当的结果是：在官僚统治阶层，能力的缺失导致官僚体系的膨胀和腐败；在民众，人们被僵化的体制所束缚，各种矛盾愈来愈激化，而来自上层的腐败传染给整个社会，社会风气日益没落，各种危机将纷至沓来。局限于形象世界的礼制儒学很容易僵化和堕落。

心性儒学看起来要比礼制儒学更完整和高明些。心性儒学并不是礼制儒学的对立面，反而是礼制儒学的提升和完善。如果说礼制儒学是以外在的制度规训和引导民众的心性和行为的话，心性儒学则将一切外在的制度变为内在心性的外显结果，即所谓内圣而外王。这就为礼制找到了更坚实的基础，也使其更容易操作和运转，因为一切外在行为都看起来是人们随心所发的自然而然之行为。如蔡先生所说，象山的本心和阳明的良知，都是天所赋予的"实理"，此实理显发为行为，即是"实行"；表现为人伦日用家国天下之事，则是

"实事"，所以心性儒学并不是虚学，而是"实学"。① 由于良知立足于宇宙本体，具有无限的开放性和活力，因此它会不断对既有的规范和制度进行调整和完善。其对民众良知的信心也使其比礼制儒学更加开明。甚至我们可以设想，随着人们对天道领悟和开发的程度的提升，每一个人都成了高度智慧之人，到那时，整个世界将成为一个高层次的自治民主社会，而来自西方近代社会的民主自治乃是低层次的表现，因为其前提是人性之恶。正因为人性恶，所以才必须要成立民选政府来互相监督和制约，而阳明之良知将会激发人们身上的潜能，使人们达到极高的智慧和道德水平，从而实现不需要政府的完全自治自主自为之社会，如老庄所说的无为而无不为之自然世界。

当然，这只是一个愿景。但这个愿景是可以期待的。现今的互联网技术正在逐渐推进这一社会的形成。当所有人都在互联网实现资源和信息的共享，中介机构将逐渐退出舞台，包括政府。所有行为都是在高度自主自治下直接进行的，所以有理由相信，未来世界将会越来越进步。

古代的礼制儒学和心性儒学都会受到限制，即使高明的良知学，也会承认等级礼制之正确性。这是因为良知在实践过程中要受到现实条件之束缚。虽然从理论上说人人皆可为尧舜、人人皆可成圣人，但由于当时的生活条件、交通条件、教育条件等的局限，人们不可能都受到同等的教育。受生活所迫，大多数人也没有闲暇来体悟天理，人们之间的不平等是明显的，所以现实可行的依然是精英统治，

---

① 蔡仁厚：《儒家心性之学论要》，文津出版社 1990 年版，第 48—49 页。

但我们不能因此来否定心性儒学的开放性。在现今各种条件都充分发展的前提下，阳明所期盼的所有人的高度发展和平等是可以期待的。

通过对比可知，礼制儒学稍显低级和僵化，但其具有可操作性，拥有广泛的群众基础；心性儒学相对高玄，但在现实中难以操作，所以它要和礼制儒学相配合才能推行。不过，正因为心性儒学之玄远，它才更有生命力，能够不断地为各种礼制制度输送营养和血液。

在现实社会中，我们看到，荀子造就的法家儒学、董仲舒发展的阴阳五行儒学和朱子的理学儒学往往成为儒学的主流样态，而心性儒学一直受到非难和排斥，被认为和佛道一样玄虚。近代知识分子在批评礼制儒学时将心性儒学也一并给否定了。这不仅是儒学的损失，也是近代社会的损失。无论是礼制儒学还是心性儒学中的天道思想，依然具有强大的生命力，是我们应当予以保存的宝贵遗产。

还需注意的是，宋明理学和心学乃是传统礼制儒学和心性儒学的完善和提升，是将其建立在宇宙论上的尝试。这无疑会给予传统儒学更大的发展空间，但有些学者坚持先古之立场，坚决抵制宋明理学心学，如明代中后期出现的文学复古运动。"前七子"以李梦阳为首，"后七子"以李攀龙、王世贞为首，他们都批判宋明以来的理学和心学，认为其已经背离古儒，流于佛道邪说。他们主张在文学上回到先秦和汉唐。受李攀龙、王世贞影响，在日本则形成了以获生徂徕为首的萱园学派（古文辞学派）。获生徂徕更极端，直接说要回到先秦西汉，东汉以下绝不涉猎。他立足于孔孟原典，坚持孔子的礼乐教化之道，批判宋明理学心学体系，排斥其宇宙论、天道论。

由于拒绝言天，正合荀子之旨，所以在诸子中获生徂徕最尊荀子。①
这种复古的主张在一定程度上使人们认清了古儒之面貌，但同时也
使其故步自封，不能对古人之道发展和完善。

　　放眼当今世界，礼制儒学的发展空间似乎是有限的。在制度性
设计上，现代人权政治设计可能更具有操作性，但现代政治设计只
是在人性最低限度上有所保障，它的存在和发展需要高明人性思想
资源的滋润，而礼制儒学和心性儒学在这一方面则是可以提供帮助
的，尤其是心性儒学。心性儒学所具有的深厚的宇宙论基础，使其
在当今社会以至未来，仍会有其强大的生命力。

---

① 朱谦之：《日本的古学及阳明学》，人民出版社 2000 年版，第 114—161 页。

跋

书稿整理并编校完成，即将付梓，然而斯人已去！

作为本书作者贾庆军的爱人，回想起他搜集材料和写作的过程，我百感交集。庆军是一个一心向学的单纯书生，为了学问，他往往不顾一切，与别人有不同见解时，能争得面红耳赤，每每有灵感时，便会手舞足蹈。平时除了去学校上课，他基本都窝在家里闷头读书和写作。多年来，他在科研工作中，经常是晨昏颠倒、废寝忘食，而我也早已习惯了家里四处摆放的杂乱书籍和没日没夜的键盘敲击声。然而，万万没想到，庆军突然在 2022 年 5 月底患病。之后急转直下，加之疫情感染，更是雪上加霜，终于回天无力，于 2023 年 1 月下旬，恋恋不舍地离他热爱的工作和爱他的人而去。在他学术创作的黄金阶段，事业未竟身先卒，这命运的玩笑开得如此之大！

对庆军来说，学术就是他的命根子。即使在他病情急剧恶化，甚至在弥留之际，他念念不忘的依然是自己的教学任务和书稿出版事宜。可以说，电脑里留下的一大堆待处理的书稿和论文，都是他的呕心沥血之作。

本书系作者前几年已完成作品，因诸多原因一直未能公开出版。庆军去世后，为了完成他的心愿，与大家分享他的研究成果，作为庆军的接棒人，我联系了他生前工作单位宁波大学人文与传媒学院的李乐院长、龚缨晏老师、童杰老师等，学院开会研究决定，由学院对此书进行资助出版，在此十分感谢宁波大学人文与传媒学院全体老师们的支持。另外，在庆军生病期间，学院也积极组织了募捐活动，借此机会再次感谢人文学院的师生，特别是李乐院长、张佩芬书记、黄维琴老师一直的关心与帮助。也感谢庆军的诸多学生对他的追忆与追念，让我了解了贾老师课堂上的另一面，诙谐幽默的课风，亦师亦友的师生关系。因他博士一毕业就到学校担任班主任，年龄又与学生相仿，与很多学生都很谈得来，没有代沟，也是这些学生的到访和交谈，使我坚定了为庆军出版遗作的信心；还有庆军生前挚友冯革群老师和陈芳老师，也对出版此书给予了很大的鼓励与支持，在此一并感谢。

本书的成功出版，还要感谢人民出版社的邵永忠老师付出的心力，感谢郝艳华等老师对此书的编辑、校对。在此一并感谢所有促成此书出版的老师及朋友们，也借此机会感谢从庆军生病后，一直记挂着我们一家的老师、学生和朋友们。

马晓霞（贾庆军之妻）

2024 年 1 月

责任编辑:邵永忠
封面设计:胡欣欣

图书在版编目(CIP)数据

明代浙东学术史/贾庆军 著. —北京:人民出版社,2024.1
ISBN 978-7-01-026247-5

Ⅰ.①明… Ⅱ.①贾… Ⅲ.①学术思想-思想史-浙江-明代
Ⅳ.①B248.05

中国国家版本馆 CIP 数据核字(2024)第 012328 号

明代浙东学术史
MINGDAI ZHEDONG XUESHUSHI

贾庆军　著

人 民 出 版 社 出版发行
(100706　北京市东城区隆福寺街 99 号)

北京中科印刷有限公司印刷　新华书店经销

2024 年 1 月第 1 版　2024 年 1 月北京第 1 次印刷
开本:710 毫米×1000 毫米 1/16　印张:33　字数:430 千字

ISBN 978-7-01-026247-5　定价:135.00 元

邮购地址 100706　北京市东城区隆福寺街 99 号
人民东方图书销售中心　电话 (010)65250042　65289539

版权所有·侵权必究
凡购买本社图书,如有印制质量问题,我社负责调换。
服务电话:(010)65250042